챗GPT로 만나는
우리집 AI 주치의

챗GPT로 만나는 우리집 AI 주치의

가정의학과 전문의가 알려주는 진짜 챗GPT 활용법

초판 1쇄 발행 2025년 5월 26일

지은이 안상현 / **펴낸이** 전태호
펴낸곳 한빛미디어(주) / **주소** 서울시 서대문구 연희로2길 62 한빛미디어(주) IT출판2부
전화 02-325-5544 / **팩스** 02-336-7124
등록 1999년 6월 24일 제25100-2017-000058호 / **ISBN** 979-11-6921-389-9 03510

책임편집 홍성신 / **기획 · 편집** 박혜원
디자인 박정우 / **전산편집** 다인
영업마케팅 송경석, 김형진, 장경환, 조유미, 한종진, 이행은, 김선아, 고광일, 성화정, 김한솔 / **제작** 박성우, 김정우

이 책에 대한 의견이나 오탈자 및 잘못된 내용은 출판사 홈페이지나 아래 이메일로 알려주십시오.
파본은 구매처에서 교환하실 수 있습니다. 책값은 뒤표지에 표시되어 있습니다.
한빛미디어 홈페이지 www.hanbit.co.kr / 이메일 ask@hanbit.co.kr

Published by HANBIT Media, Inc. Printed in Korea
Copyright © 2025 안상현 & HANBIT Media, Inc.
이 책의 저작권은 안상현과 한빛미디어(주)에 있습니다.
저작권법에 의해 보호를 받는 저작물이므로 무단 복제 및 무단 전재를 금합니다.

지금 하지 않으면 할 수 없는 일이 있습니다.
책으로 펴내고 싶은 아이디어나 원고를 이메일(writer@hanbit.co.kr)로 보내주세요.
한빛미디어(주)는 여러분의 소중한 경험과 지식을 기다리고 있습니다.

챗GPT로 만나는
우리집 AI 주치의

안상현 지음

> 들어가며

다양한 건강 고민을 안고
살아가는 이들을 위해

우리는 항상 건강에 대한 크고 작은 걱정을 안고 살아갑니다. 혹시 다음과 같은 순간에 '나만의 맞춤 주치의'가 있으면 좋겠다고 생각한 적이 있으신가요?

- 진료실에서 시간에 쫓겨 질문을 다 못하고 나왔을 때
- 처방받은 약, 복용법이나 부작용이 더 궁금할 때
- 이 증상이 왜 생긴 것인지, 어떤 질환인지 더 잘 알고 싶을 때
- 복잡한 건강검진 결과를 받은 후 이해하기 어려울 때
- 나만을 위한 맞춤형 건강 관리를 받고 싶을 때
- 유튜브나 인터넷에서 검색해봐도 판단이 잘 서지 않을 때
- 지인이나 인터넷 카페에서 얻은 정보가 왠지 불안할 때

이 중 하나라도 공감하셨다면 '나만의 AI 주치의'가 큰 도움이 될 것입니다. 우리는 정보의 홍수 속에서 살아갑니다. SNS, 유튜브, 블로그 등에서 점점 더 다양한 정보를 접하지만 오히려 정확하고 유용한 정보를 가려내기는 더 어려워지고 있습니다. 때로는 정보가 부족해서가 아니라 넘쳐나서 더 혼란을 느끼고 판단을 내리기 어려운 순간이 오곤 합니다.

이때 AI 주치의는 단순 정보 검색을 넘어 365일 24시간 여러분의 건강을 체계적으로 관리할 수 있도록 돕는 건강 관리 동반자 역할을 해줍니다. 복잡한 의료 정보의 바다에서 길잡이가 되어줄 것입니다.

이 책은 제 의료 현장에서의 경험과 AI 기술에 대한 깊은 이해를 바탕으로, 챗GPT를 각종 건강 고민을 해결하는 데 어떻게 활용할 수 있는지 알려드리기 위해 썼습니다. 실제 진료실에서 만난 환자들의 다양한 고민과 질문들을 바탕으로 AI 주치의를 안전하고 효과적으로 활용하는 구체적인 방법을 단계별로 안내합니다. 또한 빠르게 발전하는 AI 기술을 통해 신뢰할 수 있는 의료 정보를 찾아내는 방법과 언제 의사의 진료가 필요한지 판단하는 기준도 함께 제시합니다. 챗GPT와 같은 기술을 활용하면 건강을 관리하는 방법뿐만 아니라, 개인 맞춤형 건강 관리 노하우도 익힐 수 있습니다.

여러분이 이 책을 다 읽고 나면 몸에 이상이 있을 때나 아이가 아플 때, 혹은 만성질환을 관리할 때도 한결 든든함을 느낄 수 있을 겁니다. AI 주치의가 여러분에게 어떤 새로운 가능성을 열어줄지 함께 확인해보려 합니다. 정보에 압도되지 않고 한계를 인식하며 더 나은 선택을 할 수 있는 힘을 이 책과 함께 얻어가시길 바랍니다.

이제 저와 함께 나만의 AI 주치의를 만나러 가볼까요? 건강한 삶을 위한 새로운 여정을 시작해봅시다!

2025년 4월
안상현

지은이 소개

안상현 ansang2@naver.com

가정의학과 전문의로서 AI와 디지털 헬스케어 분야에서 폭넓은 경험을 쌓아온 의료 전문가입니다. 현재 ㈜모바일닥의 CMO(최고의료책임자)로 '열나요' 서비스를 개발 및 운영하고 있습니다. 미국 MoDoc AI의 의학 알고리즘 디렉터로서 Fevercoach를 개발하고 운영하며 AI와 디지털 헬스케어 영역에서 선도적인 역할을 수행하고 있습니다.

아기부터 어르신까지 폭넓은 연령층을 진료해온 풍부한 임상 경험을 바탕으로 '열나요' 네이버 카페(회원 수 10만)를 통해 수천 건의 의료 상담을 진행해왔습니다. 또한 충남근로자건강센터에서 근로자들을 대상으로 건강 교육과 상담을 제공하고 있어 다양한 계층의 건강 니즈를 깊이 이해하고 있습니다. 의료 콘텐츠 크리에이터로서 의학 및 건강 관련 서적을 저술 및 번역하고 정보 글을 생성하는 등 대중과 소통하는 데 열정을 가지고 있습니다. 의사와 일반인을 대상으로 한 풍부한 강의 경험을 통해 복잡한 의학 정보를 쉽고 효과적으로 전달하는 방법을 지속적으로 연구하고 있습니다. 이러한 다양한 경험과 전문성을 바탕으로 AI 기술과 의학 지식을 결합하여 일반 독자들이 쉽게 이해하고 활용할 수 있는 '나만의 AI 주치의' 가이드를 제시하고자 합니다.

추천의 말

AI는 더 이상 미래의 기술이 아니라 우리의 일상과 의료 현장을 변화시키는 강력한 도구로 자리 잡고 있습니다. 『챗GPT로 만나는 우리집 AI 주치의』는 그 변화의 최전선에서 AI를 '도구'로서 안전하고 현명하게 활용하는 방법을 제시하는, 매우 시의적절한 안내서입니다.

저는 디지털 헬스케어와 AI 기반 만성질환 관리 솔루션을 제공하는 IT 기업에서 근무하며, AI 기술이 환자 중심 케어에 어떻게 기여할 수 있을지를 고민해 온 의료인으로서 이 책의 가치를 깊이 공감합니다. AI 주치의는 의료진을 대체하는 존재가 아니라 보조하는 파트너로서, 건강 정보의 홍수 속에서 신뢰할 수 있는 정보를 제공하고 의료 접근성을 높이는 역할을 합니다. 이 책은 그 가능성과 한계를 균형 있게 설명하며 독자들이 AI를 일상에 안전하게 적용할 수 있도록 친절히 안내합니다.

AI와 의료의 만남이 가져올 변화를 고민하는 모든 독자, 그리고 나와 내 가족의 건강을 지키기 위해 올바른 정보를 얻고자 하는 이들에게 이 책을 자신 있게 추천합니다.

김준환 내과 전문의/카카오헬스케어 상무이사

이 책은 AI와의 대화를 통해 건강을 관리하는 새로운 흐름을 제시합니다. 우리는 이제 인터넷 검색을 넘어 AI와 직접 소통하며 건강 정보를 얻는 시대에 살고 있습니다. 정보의 신뢰성이 그 어느 때보다 중요한 지금, 이 책은 방대한 자료 속에서 핵심을 선별하고 주체적으로 건강을 돌보는 힘을 기르도록 돕는 훌륭한 안내서입니다.

의료 인공지능 연구자로서 이 책이 단순한 기술 설명서를 넘어 AI를 일상에 안전하게 적용할 수 있는 실질적인 길잡이라는 생각이 듭니다. 저자는 챗GPT와 같은 대화형 AI를 활용해 증상을 해석하고, 건강 관리 계획을 세우고, 의료진과 잘 의사소통하는 법을 알아보는 등 다양한 상황에서 AI를 활용하는 방안을 풍부한 사례를 통해 제시합니다. 특히 눈에 띄는 점은 AI의 한계와 윤리적 쟁점까지 정확히 짚어내어 사용자가 유의해야 할 부분까지 세심하게 안내하고 있다는 점입니다.

오늘날 의료 인공지능은 의료진을 대체하는 기술이 아니라, 환자와 의료진 간의 소통을 돕고 개인의 건강 관리 역량을 지원하는 실용적 도구로 자리 잡고 있습니다. 이 책은 이러한 기술의 역할과 가능성을 균형 있게 보여줍니다. 과도한 정보 속에서 건강에 관한 올바른 판단을 돕는 시의적절하고 신뢰할 만한 참고서입니다. 디지털 헬스케어의 확장이 가속화되는 지금, 이 책은 기술과 의료가 만나는 지점에서 사용자가 기술을 잘 이해하고 적응할 수 있도록 다방면에서 도와줍니다. 의료와 인공지능의 접점에 관심이 있다면 꼭 읽어보기를 강력히 추천드립니다.

김휘영 연세대학교 의과대학 교수/의료 인공지능 연구자

이 책의 구성

이 책은 총 3부, 11개의 장으로 구성되어 있으며 독자 여러분이 챗GPT를 '나만의 AI 주치의'로 쉽게 활용하여 건강 관리에 적극적으로 도움을 받을 수 있도록 안내합니다.

먼저 **제1부 AI 주치의, 나만의 건강 도우미 만나기**에서는 AI가 의료 분야에 가져온 변화와 챗GPT의 기본적인 개념과 작동 원리를 살펴봅니다. AI 주치의가 왜 우리 삶에 필요한지 명확하게 설명하고 AI에 대한 흔한 오해와 편견을 바로잡아줍니다. 또한 챗GPT 계정 만들기부터 좋은 질문(프롬프트) 구성법, 나만의 AI 주치의 설정법, 개인정보 보호 수칙까지 AI 주치의를 안전하고 효과적으로 활용하기 위한 필수 지식을 친절하게 안내합니다.

제2부 AI 주치의와 함께하는 실전 건강 관리에서는 실생활에서 마주치는 다양한 건강 고민과 질병을 AI 주치의와 함께 해결하는 구체적인 방법을 제공합니다. 처방받은 약물 정보 확인, 피부 트러블, 갑상선질환, 과민성 대장증후군 등 일상적인 건강 문제부터 고혈압, 당뇨병과 같은 만성질환 관리, 불안장애, 우울증과 같은 마음 건강 돌보기, 그리고 건강하게 나이 들기 위한 조언까지 포괄적으로 다룹니다. 또한 건강검진 결과 해석, 병원 방문 준비, 응급 상황 대처, 여행 중 건강 문제 해결 등 상황별로 바로 적용 가능한 실용적 가이드라인도 제시합니다.

제3부 AI 주치의와 함께하는 미래에서는 의료 전문가들이 의료 현장에서 챗GPT를 어떻게 활용하는지 살펴보고 의료 AI의 최신 트렌드와 미래 전망을 조망합니다. AI가 지닌 본질적 한계와 윤리적 고려사항을 균형 있게 논의하면서 AI 기술과 함께 건강한 미래를 만들어가기 위해 우리가 준비해야 할 현실적이고 구체적인 방안을 제공합니다.

부록에서는 독자들이 AI 주치의와 더 원활히 소통할 수 있도록 AI와 의학 용어 사전, 유용한 프롬프트 모음, 신뢰할 수 있는 의료 정보 사이트 목록을 제공합니다.

이 책을 통해 AI 주치의가 여러분의 든든한 건강 동반자가 되어 보다 건강한 삶을 적극적으로 관리할 수 있기를 바랍니다.

목차

들어가며 ·· 4
지은이 소개 ·· 6
추천의 말 ··· 7
이 책의 구성 ··· 9

PART 01 AI 주치의, 나만의 건강 도우미 만나기

CHAPTER 01 챗GPT와 AI 주치의의 필요성

1.1 AI 기술의 발전과 의료 분야에서의 활용 ················· 20
1.2 챗GPT의 기본 개념과 작동 원리 ····························· 26
1.3 AI 주치의의 필요성 ·· 35
1.4 AI에 대한 오해와 편견 바로잡기 ······························ 38

CHAPTER 02 AI 주치의 특징 및 주의사항

2.1 AI 주치의 활용 Do & Don't ····································· 45

CHAPTER 03 챗GPT 시작 & AI 주치의 스마트하게 활용하기

3.1 무작정 따라하기 – 프롬프트의 이해 ························· 59
3.2 좋은 질문 만들기 – 프롬프트 엔지니어링 ················· 65

3.3 나에게 맞춘 주치의 만들어보기 – 페르소나 활용 ·················· 67
3.4 AI 주치의 활용법 – 프로젝트, 맞춤형 GPTs ······················ 73
3.5 AI 주치의 안전하게 활용하기 – 개인정보 보호 ···················· 83

AI 주치의와 함께하는 실전 건강 관리

CHAPTER 04 일상적인 건강 고민 해결하기

4.1 이 약을 처방받았는데 적절한가요? – 약물 정보 ················ 89
[더 알아보기] 숫자에 약한 AI ·································· 98
4.2 피부에 갑자기 뭐가 났어요 – 피부 질환 ······················ 102
4.3 자꾸 체중이 늘고, 몸이 붓고 피곤해요 – 갑상선 질환 ·········· 113
4.4 스트레스 받으면 배가 아프고, 설사를 해요 – 과민성 대장증후군 ······ 119
4.5 잠을 많이 자도 피곤하기만 해요 – 수면무호흡증 ·············· 127
4.6 밤마다 다리가 저리고 쥐가 나요 – 하지불안증후군, 혈액순환장애 ··· 135

CHAPTER 05 감염병과 발열 관리하기

5.1 들어보지 못한 감염병이 유행이라고 해서 걱정이에요 – 신종 감염병 ··· 145
5.2 요즘 독감이 유행한다는데 어떻게 해야 하나요? – 유행 감염병 ······ 153
5.3 우리 아이가 백일해에 걸렸어요 – 급성 감염병 ················ 160
5.4 아이가 열이 나는데 어떻게 해야 할까요? – 소아 발열 ·········· 167

CHAPTER 06 만성질환·고질병 관리하기

6.1 건강검진에서 콜레스테롤이 높아요 – 고지혈증/이상지질혈증 ········ 177

6.2 혈압약을 먹어야 한다는데, 평생 먹어야 할까요? – 고혈압 ········ 185

6.3 혈당이 높아요. 이제 어떡하죠? – 당뇨병 ·· 192

6.4 어떻게 하면 살을 뺄 수 있을까요? – 비만 ······································ 200

6.5 피부가 건조하고 가려워요 – 아토피피부염 ···································· 209

6.6 암 치료 후 일상생활은 어떻게 하면 좋을까요? – 암 환자/암 생존자 ··· 216

6.7 담배를 끊고 싶은데 어떻게 해야 할까요? – 금연 ························· 224

CHAPTER 07 마음 건강 돌보기

7.1 불안하고, 사람 만나는 게 무서워요 – 사회불안장애/공황장애 ········ 233

7.2 우울하고 무기력해요 – 우울증 ·· 242

7.3 사춘기 우리 아이, 어떻게 대해야 할까요? – 아이 마음 건강 ········ 259

7.4 집중이 잘 안 되고 산만해요 – ADHD ··· 268

[더 알아보기] 마법의 프롬프트(GPTs) ·· 277

CHAPTER 08 건강하게 나이 들기

8.1 젊게 살고 싶어요 – 저속노화 ·· 282

8.2 얼굴이 화끈거리고, 감정 기복이 심해졌어요 – 갱년기 ··················· 288

8.3 계단을 내려가면 무릎이 아파요 – 관절 건강 ································ 296

8.4 큰 병에 걸리지 않고 나이 들려면 어떻게 해야 할까요? – 질병 예방 … **305**

8.5 자꾸 깜빡깜빡 하는데 저 치매인가요? – 치매 …………………… **312**

CHAPTER 09 상황별 활용법

9.1 건강검진 결과를 어떻게 해석해야 할까요? – 건강검진 ………… **322**

9.2 병원 방문 전 준비하기 – 진료를 더 잘 받는 방법 ……………… **328**

9.3 심근경색, 뇌졸중 초기 증상 인지 및 대처 – 심폐소생술 ……… **334**

9.4 여행 중 건강 문제 대처하기 – 여행 의학 ……………………… **341**

[더 알아보기] 챗GPT를 활용한 번역, 통역 기능 …………………… **349**

PART 03 AI 주치의와 함께하는 미래

CHAPTER 10 의료 전문가를 위한 챗GPT 활용

10.1 챗GPT와 의료 현장 …………………………………………… **356**

10.2 챗GPT 활용 사례 – 의료의 디지털 동반자 …………………… **358**

10.3 챗GPT 활용 시 유의점 ………………………………………… **366**

10.4 미래 전망과 준비해야 할 점 …………………………………… **371**

CHAPTER 11 의료 AI의 현재와 미래

11.1 의료 AI의 최신 동향 …………………………………………………… 376
11.2 의료 AI의 미래 …………………………………………………………… 378

부록 AI 주치의 용어 사전 ………………………………………………… 382
부록 유용한 프롬프트 모음 ……………………………………………… 386
부록 신뢰할 수 있는 의료 정보 사이트 ……………………………… 392

나가며 …………………………………………………………………………… 394

일러두기

- 이 책의 내용은 의사의 진료를 대체할 수 없으며, 실제 의학적 치료가 필요한 경우 반드시 의료 전문가에게 조언을 구하길 바랍니다.
- 2025년 5월 기준의 챗GPT 모델(특히 GPT-4o 버전)을 기반으로 설명되었으며, 이후 버전이나 기능 업데이트에 따라 실제 사용 경험은 달라질 수 있습니다.
- 챗GPT는 사용자의 프롬프트(질문 방식)에 따라 답변의 내용과 정확도가 달라질 수 있으며, 모델이 오류를 포함한 답변(할루시네이션)을 할 가능성도 존재합니다.
- 책의 사례에 쓰인 모든 이름은 가명이며, 개인 정보가 포함된 사례는 삭제하거나 수정했습니다.

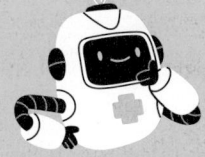

AI 주치의,
나만의 건강 도우미 만나기

1부에서는 AI가 의료 분야에서 어떻게 발전해왔고, 챗GPT가 어떤 원리로 작동하는지 간단히 살펴보려 합니다. 나아가 AI 주치의를 활용하기 위해 꼭 알아야 할 기본 개념과 'AI 주치의는 모든 것을 대신할 수 없다'는 한계 또한 인식하면서 AI를 현명하게 사용하는 법을 배울 것입니다. AI를 한층 편리하게 활용하기 위한 프롬프트 기본 작성 요령과 개인정보 보호 같은 중요한 주의사항도 다룹니다.

PART
01

AI 주치의,
나만의 건강 도우미 만나기

- 챗GPT 기본 개념과 작동 원리
- AI 주치의 소개와 필요성
- AI 주치의 시작하기
- 프롬프트 따라해보기
- 페르소나 설정하기

챗GPT와
AI 주치의의 필요성

갑자기 몸 어딘가에 이상이 생기거나 증상이 나타났을 때, 여러분은 가장 먼저 무엇을 하시나요? 아마 많은 분이 스마트폰이나 컴퓨터로 검색부터 하실 겁니다. 인터넷에는 정보가 넘쳐나지만 오히려 정확한 정보를 구별하기 어려워 막연한 불안감만 커지곤 합니다. 열이 조금 나는 정도일 뿐인데 검색해봤다가 괜히 큰 병에 걸린 건 아닐까 하는 걱정에 잠 못 이룬 적, 한 번쯤 있으시죠?

이럴 때 24시간 대기하면서 나의 건강 고민을 들어주는 개인 주치의가 있다면 얼마나 좋을까요? 진료실에서 미처 다 묻지 못한 질문이 남았을 때, 약 복용법이 헷갈릴 때, 혹은 검색해도 애매한 정보만 나올 때 마음 편히 물어볼 곳이 필요합니다. 바로 이때 필요한 것이 AI 주치의, 나만의 인공지능 건강 도우미입니다.

'AI 주치의'라고 하면 왠지 SF 영화 속 로봇 의사를 떠올릴 수도 있지만 우리는 일상에서 쉽게 접할 수 있는 챗GPT 같은 대화형 인공지능을 활용해 언제 어디서나 건강 고민을 상담해주는 '디지털 파트너'와 만날 예정입니다. 물론 AI가 만능은 아닙니다. 하지만 정확한 질문법과 주의사항만 잘 지킨다면 필요한 순간에 유용한 의료 정보를 얻고, 병원 진료를 준비하거나 보완하는 데 큰 도움을 받을 수 있습니다.

1.1 AI 기술의 발전과 의료 분야에서의 활용

2016년 3월 알파고^AlphaGo(인공지능 바둑 프로그램)와 이세돌의 대결은 전 세계 사람들에게 AI의 가능성을 처음 보여준 역사적인 순간이었습니다. 바둑은 체스와는 달리 경우의 수가 너무 많고 복잡해서, 인공지능이 인간의 직관적 판단을 뛰어넘기는 어려울 것이라 다들 생각했습니다. 하지만 알파고는 그 한계를 넘어섰고 이는 AI가 인간의 전문성이 필요한 영역에서도 놀라운 성과를 낼 수 있다는 것을 증명했습니다.

대화형 AI도 비슷한 진화 과정을 거쳤습니다. 초기의 '심심이'와 같은 챗봇(채팅 로봇의 줄임말로 텍스트로 대화하는 AI 프로그램)은 단순한 일상적 대화만 가능했고, 실용적인 도움을 주기는 어려웠습니다. 이후 기업들이 고객 상담을 위해 도입한 AI 챗봇은 제한된 범위에서나마 도움을 줄 수 있었습니다.

 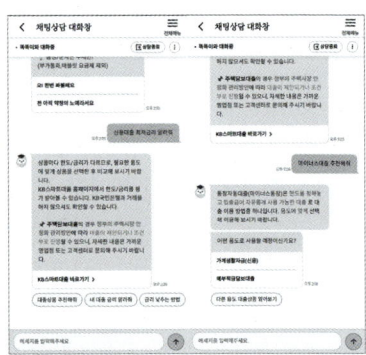

그림 1-1 초기 AI 챗봇의 예시: 심심이(왼쪽), 은행 상담 챗봇(오른쪽)

또한 초거대 테크 기업인 애플은 시리^Siri를, 아마존은 알렉사^Alexa라는 AI 비서를 개발했습니다. 이들 역시 간단한 명령을 수행하거나 기본적인 질문에 답하는 정도의 기능만 제공했을 뿐 대화의 깊이와 연속성에서 한계를 보였습니다. 기대가 크면 실망도 큰 법. 인간처럼 자연스럽게 대화하는 AI는 아직 멀었다고 모두들 생각했습니다.

하지만 이런 생각은 2022년 11월 이후 완전히 달라졌습니다. 이 시기에 OpenAI가 출시한 챗GPT(대화형 AI 모델)는 AI와 인간의 소통 방식에 혁신적인 변화를 가져왔습니다. 이전의 AI들과 달리 챗GPT는 다음과 같은 획기적인 능력을 보여주었습니다.

- **맥락 이해**: 대화의 흐름을 파악하고 이전 대화를 기억함
- **복잡한 질문 해결**: 다단계 추론이 필요한 문제에도 논리적으로 답변
- **자연스러운 소통**: 유머와 감정적 공감까지 표현 가능

이는 단순한 기능의 발전을 넘어 AI가 실제로 인간과 의미 있는 대화를 나눌 수 있다는 것을 보여주었습니다. 그러나 초기 챗GPT 모델에서는 '할루시네이션 hallucination(환각 현상)'이라고 불리는 문제가 자주 발생했습니다. 이는 AI가 존재하지도 않는 정보를 마치 사실인 것처럼 말하거나 잘못된 정보를 자신감 있게 전달하는 현상을 의미합니다. 예를 들어 '세종대왕이 맥북을 던졌다'와 같은 말도 안 되는 이야기를 해 논란을 일으키기도 했습니다. 이 정도는 웃고 넘길 수 있는 실수였지만 의료 분야에서는 심각한 문제가 될 수 있었습니다. 실제로 있지도 않은 'Dr. Smith의 2019년 Nature 논문'을 인용하며 의학적 주장의 신뢰성을 높이려 한다거나, 허구의 질환이나 약물 정보를 제공하는 사례도 있었습니다. 이러한 한계는 AI의 신뢰성을 떨어뜨리고 많은 우려를 낳았습니다.

하지만 다행히도 AI 기술은 지속적으로 개선되고 있습니다. 최신 챗GPT 모델은 초기 모델에 비해 훨씬 높은 정확도와 신뢰성을 자랑하며 데이터를 기반으로 한 판단의 신뢰도를 점차 높이고 있습니다. 의료 분야에서 AI를 안전하게 활용하기 위해서는 여전히 의료진의 검증을 병행한 사용이 필요합니다.

최근 몇 년 동안 여러 AI 기술은 놀라운 속도로 발전했고, 의료 분야에서도 혁명적인 변화를 이끌어내고 있습니다. 인공지능은 방대한 의료 데이터를 분석해 질병을 진단하며 맞춤형 치료 계획을 제안하는 등 여러 방면에서 의료진을 지원합니다.

의료 영상 분석 AI의 발전

AI는 의료영상 분석 분야에서 가장 활발한 혁신을 이루고 있습니다. 딥러닝 기반의 AI는 방대한 의료 영상을 학습해 실제 영상의학과 의사 수준으로 질환을 정확하게 진단합니다. 예를 들어 유방암 검진에서 딥러닝 AI는 방사선과 의사를 뛰어넘는 성능을 보였는데, 한 연구에서는 AI가 영상 판독 시 거짓 음성$^{False\ negative}$[1]을 미국에서 9.4% 줄이고 영국에서 2.7% 줄였으며, 6명의 전문의보다 높은 정확도를 기록했습니다. 또 다른 예로 구글과 미 노스웨스턴대 연구진이 개발한 폐암 조기진단 AI는 저선량 CT 영상을 분석하여, 과거 영상이 없는 신규 환자의 경우도 6명의 전문의보다 우수한 성능(거짓 양성 11% 감소, 거짓 음성 5% 감소)으로 폐 결절의 악성 여부를 판별했습니다. 이러한 혁신 덕분에 방사선 판독 보조 AI가 속속 실용화되고 있습니다. 실제로 미 FDA에서는 2023년까지 AI 기반 의료기기 692건이 승인되었고, 그중 77%가 영상의학 분야 기기일 정도로 영상 AI가 두각을 나타내고 있습니다. 병리학 분야에서도 AI가 현미경 조직 슬라이드를 분석해 암을 찾아내고 예후를 예측하는 연구들이 진행되어, 영상 데이터를 활용한 진단과 예측의 정밀도가 한층 높아지고 있습니다.

---

[1] 실제로는 질병이 있는데(양성) 검사 결과는 질병이 없다고(음성) 잘못 나오는 경우. '위음성(僞陰性)'이라고도 함.

신약 개발을 돕는 AI 혁신

AI는 신약 개발에서도 혁신을 이루고 있습니다. 딥러닝을 활용한 신약 후보 물질 발굴이 기존 연구 방식의 한계를 뛰어넘는 사례가 늘고 있습니다. 대표적으로 MIT 연구진은 기계학습 알고리즘을 활용해 수억 개의 화합물을 가상 실험(스크리닝)하여 기존 항생제와 구조가 다른 강력한 신규 항생물질을 발견했습니다. 이 새로운 항생제 '할리신Halicin'은 실험실 테스트에서 다제내성 세균들(슈퍼버그superbug)을 효과적으로 죽이고 생쥐 감염 모델에서 감염을 제거하는 뛰어난 효과를 보였습니다. 또한 영국의 엑스사이엔티아Exscientia사는 AI 설계 신약 후보(DSP-1181)를 찾아내 일본에서 2020년 세계 최초로 AI 설계 약물을 임상 1상 시험에 진입시켰습니다. AI는 이 후보 물질을 12개월도 안 되는 기간에 설계해냈는데 이는 전통적인 신약 탐색보다 훨씬 빠른 성과입니다. 딥러닝 기반의 알파폴드AlphaFold 기술도 2021년에 대부분의 인간 단백질 3차 구조를 예측 제공하여 신약 표적 연구를 가속화했고, 제약사들은 AI를 이용해 새 약물 후보를 설계하거나 기존 약물의 새로운 용도를 찾아내는 등 연구개발 혁신을 이루고 있습니다. 이러한 AI 도구들은 신약 개발에 걸리는 시간과 비용을 크게 줄이고, 실패율을 낮추어 맞춤 치료제 개발에 기여할 것으로 기대됩니다.

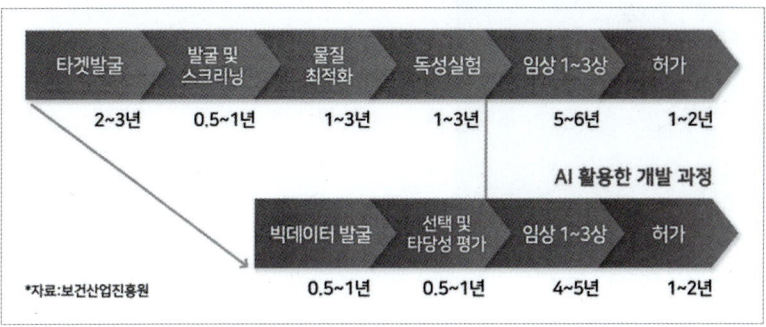

그림 1-2 AI 활용 신약 개발 프로세스

특히 챗GPT와 같은 거대 언어 모델(LLM)은 의료 분야에서 새로운 가능성을 보여주고 있습니다. 단순한 대화형 AI를 넘어 질병에 대한 이해를 돕고 환자와의 소통을 원활하게 하는 데 중요한 역할을 하고 있습니다. 챗GPT의 최신 버전인 o3는 이전 모델에 비해 더 높은 추론 능력과 정확성을 자랑하며 복잡한 의료 문제에 대한 깊이 있는 분석이 가능합니다.

더욱 고무적인 것은 이러한 발전이 이 책을 집필하는 이 순간에도 계속되고 있다는 점입니다. AI는 점점 더 정확하고 신뢰할 수 있는 의료 정보를 제공할 수 있게 되었고 이는 '나만의 AI 주치의'라는 개념을 현실로 만들어가고 있습니다. AI 주치의는 365일 24시간 언제든지 접근 가능하며 개인의 건강 상태를 지속적으로 모니터링하고 관리하는 데 도움을 줄 수 있을 것입니다.

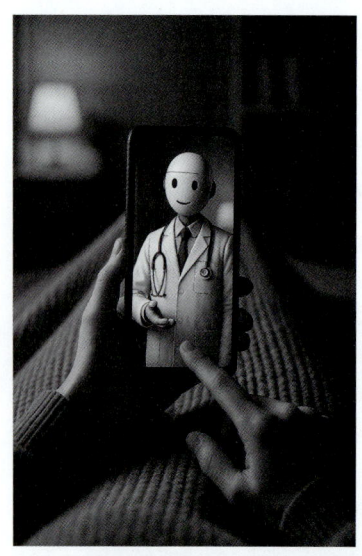

그림 1-3 편안한 환경에서 AI 주치의와 대화하는 일상(생성AI 이미지)

표 1-1 의료 현장에서의 AI 활용 사례

분야	AI 기술	실제 활용 사례	환자 혜택
영상의학	딥러닝	X-ray, CT, MRI 판독 보조	빠른 진단, 미세한 병변 발견 향상
피부과	컴퓨터 비전	피부암, 피부 질환 진단	조기 발견 가능성 증가
약물 개발	분자 모델링	AI 신약 후보물질 발굴	시간 단축, 새로운 치료법 빠른 도입
환자 모니터링	웨어러블 + AI	만성질환 환자 원격 모니터링	병원 방문 감소, 응급 상황 조기 감지
건강 상담	챗GPT 등 생성형 AI	24시간 건강 정보 제공	의료 접근성 향상, 건강 관리 편의성

의료 현장에서 AI를 활용해 온 제 경험과 많은 전문가의 의견을 종합해보면 AI를 의료진의 대체가 아니라 보완하는 도구로 활용하면 최고의 성능을 낼 수 있습니다. 이 책에서는 일반 독자들이 건강을 위해 AI 기술을 어떻게 안전하고 효과적으로 활용할 수 있을지 다루고자 합니다. 그렇다면 챗GPT를 활용한 AI 주치의는 여러분의 건강 관리에서 어떤 도움을 줄 수 있을까요?

1.2 챗GPT의 기본 개념과 작동 원리

챗GPT란?

챗GPT^{ChatGPT}는 미국의 OpenAI라는 인공지능 연구 기업에서 만든 대화형 AI로, 사람처럼 자연스럽게 대화하고 정보를 제공하는 기술입니다. 여기서 GPT는 Generative Pre-trained Transformer의 약자로, **엄청나게 많은 양의 글을 학습해 사람처럼 문장을 이해하고 만들어낼 수 있게 된 AI 모델**을 말합니다. 이를 바탕으로 만들어진 챗GPT는, 마치 카카오톡으로 친구와 이야기하듯 편하게 질문하고 대화할 수 있게 해주죠.

챗GPT는 대규모 언어 모델$^{Large\ Language\ Model}$(LLM) 기술을 통해 작동합니다. 쉽게 말하면, 수많은 글(텍스트 데이터)을 읽고 그 안에서 통계적 패턴을 학습하여 사람이 말하는 것과 비슷한 방식으로 문장을 만들 수 있게 된 AI라고 할 수 있습니다.

OpenAI는 2022년 11월에 연구용 버전을 공개했는데 질문을 이해하고 답변하는 능력이 뛰어나 큰 화제가 되었고, 이후로도 모델 성능과 기능을 꾸준히 발전시켜왔습니다. 챗GPT를 이해하려면 외국어를 배울 때를 떠올려보세요. 처음에는 단어와 문법을 배우고, 많은 대화를 듣고 읽으면서 점차 그 언어에 익숙해집니다. 그리고 결국 자연스럽게 대화를 할 수 있게 되죠. 챗GPT도 비슷한 원리로 작동한다고 비유할 수 있습니다. 다만 실제로는 인간처럼 언어를 '이해'한다기보다는, 대규모 텍스트 데이터를 분석해서 통계적으로 '다음에 올 단어'를 예측하는 방식을 사용합니다. 그 결과 사람처럼 자연스러운 문장을 만들어내고 대화를 이어갈 수 있는 것이죠.

챗GPT의 작동 방법

챗GPT의 핵심은 트랜스포머Transformer라는 딥러닝 모델 구조를 활용한 대규모 언어 모델(LLM)에 있습니다. 크게 보면, ① 방대한 텍스트 데이터를 학습해 언어 패턴을 익히는 **학습 단계**, ② 실제로 사람과 대화하면서 답변을 생성하는 **대화 단계**로 나눌 수 있습니다.

① 학습 단계(데이터 훈련)

챗GPT는 인터넷에 있는 엄청난 양의 텍스트—예를 들어 의학 교과서, 연구 논문, 건강 관련 기사 등—를 통해 '다음에 올 단어'를 예측하는 법을 배웁니다. 챗GPT는 이 학습 과정에서 다음과 같은 세 단계를 거칩니다.

- **사전 학습(Pre-training)**: 방대한 텍스트로 모델을 비지도 학습시킵니다. 이 과정에서 모델은 문법, 사실, 상식 등 언어의 다양한 특성을 익힙니다.
- **지도 미세조정(Supervised Fine-tuning)**: 사람 전문가들이 만든 질문-답변 예시로 모델을 조정합니다. 이 과정을 통해 모델은 대화 형식에 최적화되고 지시를 따르는 능력이 향상됩니다.
- **인간 피드백을 통한 강화 학습(RLHF)**: 마지막으로 사람 평가자들의 피드백을 반영해 모델이 더 유용하고 안전한 답을 할 수 있도록 조정합니다.

의학 분야에서는 이 과정을 통해 의학 용어의 의미와 관계를 이해하고 질병의 증상, 진단, 치료법 등에 대한 지식을 습득합니다. 예를 들어 '고혈압'이라는 단어를 접했을 때 이와 관련된 수축기 혈압, 이완기 혈압, 생활 습관 관리, 약물 치료 등의 개념을 자연스럽게 연결하여 답변할 수 있습니다.

② 대화 단계(사용자 상호작용)

우리가 "혈압이 높다고 하는데 어떻게 관리해야 하나요?"라고 물으면, 챗GPT는 학습한 지식을 바탕으로 답변을 만듭니다. 이전 대화 내용도 기억하고 있어서

"그럼 운동은 어떻게 해야 하나요?"라고 추가 질문을 해도 맥락을 이해하고 고혈압 환자에게 적절한 운동법을 설명할 수 있습니다. 이는 마치 의사가 환자의 증상을 듣고 의학 지식을 바탕으로 답변하는 과정과 비슷합니다.

챗GPT의 특별한 점

① 맥락 이해 능력

챗GPT는 단순히 키워드에만 반응하지 않고 대화의 흐름과 배경까지 파악해 답변합니다. 예를 들어 "어깨가 아파요"라고 말했을 때 이전 대화 내용을 참고해 '운동 후 근육통'인지 '특정 질병의 증상'인지 구분할 수 있습니다. 이를 통해 병원에 가기 전 자신의 증상을 정리하거나 맥락을 파악하는 데 도움을 받을 수 있습니다.

또한 최신 모델에서는 맥락을 인식할 수 있는 길이가 크게 늘어나 최대 수십만 단어 수준의 텍스트까지 처리할 수 있습니다. 일반적인 책 한 권 분량을 통째로 요약하거나 매우 긴 대화를 끊지 않고 이어갈 수 있게 되었습니다.

② 개인화된 응답 제공

사용자의 상황을 고려하여 맞춤형 답변을 제공합니다. 예를 들어 "저는 직장인인데 운동할 시간이 없어요"라고 질문하면, 바쁜 직장인의 일상을 고려한 현실적인 운동 방법을 제안합니다. 또한 사용자의 요구에 따라 설명을 더 간결하게 하거나, 자세히 풀어서 제공할 수 있으며 공감하는 말투를 사용해 대화를 보다 친밀하게 만들 수도 있습니다.

③ 복잡한 의학 개념 설명 능력

의학 용어나 어려운 개념을 일반인이 이해하기 쉽게 설명할 수 있습니다. '심근경색'이라는 의학 용어를 '심장에 혈액을 공급하는 혈관이 막혀서 심장 근육이 손상되는 상태'라고 쉽게 풀어서 설명해줍니다. 이를 통해 건강 리터러시(건강 정보를 이해하고 활용하는 능력)를 향상시킬 수 있습니다.

④ 연속적인 대화 유지 능력

챗GPT와의 대화는 질문과 답변 한 번으로 끝나지 않습니다. 질문에 대한 답변을 받고, 추가 질문을 던지며 대화를 이어갈 수 있습니다. 예를 들어, "혈압 관리에 좋은 음식은 무엇인가요?"에 대한 답변 이후, "그 음식은 어디에서 구할 수 있나요?" 같은 후속 질문을 할 수 있고 챗GPT는 해당 맥락을 이어받아 답변합니다. 이 능력은 의사에게 물어볼 질문 목록을 체계적으로 정리하는 데 활용할 수 있습니다.

⑤ 지속적인 기술 발전

챗GPT는 끊임없이 발전하고 있습니다. 최신 모델은 논리적 추론 능력과 정확성이 크게 향상되었으며, 초기 모델의 주요 단점으로 지적되었던 '할루시네이션' 문제 역시 상당히 개선되었습니다. 예를 들어 초기 챗GPT는 고혈압 약물 복용에 대해 잘못된 정보를 안내하기도 했지만, 최근 개선된 모델들은 최신 가이드라인을 기반으로 정확한 복용량과 권고사항을 제공하고 있습니다. 특히 2025년 4월 25일에는 이 책에서 주로 다루는 GPT-4o 모델에 중요한 추가 업그레이드가 있었습니다. 이번 업데이트로 사용자의 대화 내용을 기억하고 관리하는 메모리 기능이 더욱 최적화되었으며, 과학·기술·공학·수학(STEM) 분야의 복잡한 문제를 정교하게 해결할 수 있는 능력이 더욱 강화되었습니다. 또한 사용자의 의도와 요구를 적극적으로 파악하고, 생산적인 방향으로 대화를 이끌어가는 대화 유도 능력 또한 향상되었습니다. 이는 AI 기술이 단순한 정보 제공을 넘어 사용자와 더욱 자연스럽게 상호작용하는 방향으로 진화하고 있음을 보여줍니다.

실제 사례로 보는 AI 주치의의 가능성

의료 분야에서 챗GPT는 이미 높은 수준의 지식을 보여주고 있습니다. 연구에 따르면 최신 모델은 미국 의사면허시험(USMLE) 모의 문항에서 높은 정답률을 보였으며 의대생의 평균 성적을 뛰어넘는 성과를 보이기도 했습니다.

제가 2023년도 우리나라 의사국가고시 문제를 챗GPT로 풀어보았습니다. 의사가 아니면 풀 수 없는 이 시험에서 챗GPT는 정확한 답과 함께 전문적인 해설까지 제시했습니다. 이어지는 내용은 전문적인 의학 용어가 많이 포함되어 있어 건너뛰어도 좋습니다. 중요한 것은 AI가 복잡한 의료 상황을 정확하게 분석할 수 있다는 점입니다.

 다음 문제를 풀이해주세요.

> 16. 49세 남자가 3시간 전부터 배 전체가 심하게 아파서 병원에 왔다. 1년 전 건강검진에서 담낭에 돌이 있다는 말을 들었다고 한다. 식은땀을 흘리며 기침만 해도 배가 아프다고 한다. 혈압 110/70 mmHg, 맥박 105회/분, 호흡 22회/분, 체온 38.7°C이다. 배는 팽만되어 있고 장음은 감소되어 있다. 가벼운 타진에도 심하게 아파서 배를 촉진하지 못했다. 진단은?
> ① 장염
> ② 복막염
> ③ 요로결석
> ④ 복부대동맥박리
> ⑤ 장간막림프절염

 문제 16 정답: ② 복막염
해설: 49세 남성은 담낭 결석의 과거력이 있으며, 복부 팽만, 장음 감소, 심한 복통 및 발열을 호소합니다. 이러한 증상은 복막염을 강력히 시사합니다. 담낭 결석이 원인이 되어 담낭염이 발생하고, 이것이 진행하여 복막염으로 발전했을 가능성이 있습니다. 복막 자극 증상(기침 시 통증, 복부 촉진 불가능)도 복막염의 중요한 소견입니다.

정답도 맞췄지만, 해설도 훌륭합니다. 이 사례는 복잡한 임상 상황에서 AI 주치의가 과거 병력과 현재 증상을 통합적으로 분석하여 중요한 의학적 결정을 지원할 수 있는 가능성을 보여줍니다.

다음 문제를 풀이해주세요.

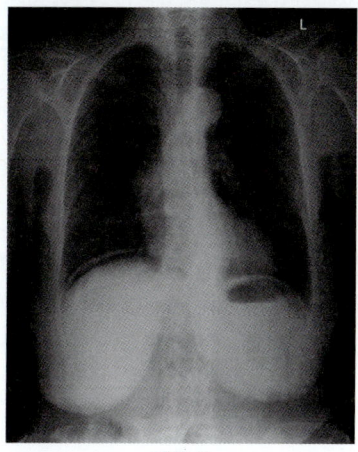

6. 40세 여자가 3시간 전부터 윗배가 아파서 병원에 왔다. 1개월 전부터 속이 쓰리고 머리가 아파서 진통제를 매일 복용하였다고 한다. 혈압 100/70 mmHg, 맥박 120회/분, 호흡 25회/분, 체온 38.5℃이다. 배 전체에 압통과 반동압통이 있다. 혈액검사 결과는 다음과 같다. 가슴 X선사진(사진 1)이다. 치료는?

혈색소 10.8 g/dL, 백혈구 16,200/mm^3, 혈소판 250,000/mm^3
총빌리루빈 1.1 mg/dL, 알칼리성인산염해효소 65 U/L
아스파트산아미노기전달효소 38 U/L
알라닌아미노기전달효소 28 U/L
녹말분해효소 80 U/L, 지방분해효소 30 U/L

[사진 1]

① 스텐트삽입
② 피부경유배액
③ 피부간경유담즙배액
④ 내시경팽대조임근절개
⑤ 응급개복

문제 6 정답: ⑤ 응급개복

이 증례는 40세 여성 환자로서 3시간 전부터 윗배(상복부) 통증을 호소하며, 전신적으로 약간 불안정한 상태(혈압 100/70 mmHg, 맥박 120회/분, 호흡수 25회/분, 체온 38.5℃)를 보인다. 또한 1개월 전부터 만성적으로 진통제를 복용해왔다는 점이 주목된다. 지속적 비스테로이드성 소염진통제(NSAIDs) 복용 등은 소화성 궤양(perforated peptic ulcer)으로 인한 위나 십이지장 천공 가능성을 높인다.

환자의 검사소견 중 백혈구 증가(16,200/mm³)는 감염이나 염증 소견을 시사하며, 증상 개시 후 단기간 내 심한 복통과 반동 압통이 있는 것은 복막염(특히 천공에 의한 급성 복막염)을 의심할 수 있는 소견이다.

첨부된 흉부 X선 사진에서 우측 횡격막 아래쪽에 자유공기(free air, pneumoperitoneum)가 관찰되는 것으로 보인다. 이는 복강 내 장기(위나 십이지장) 천공 시 공기가 복강 내로 새어나와 횡격막 아래에 공기음영을 형성하는 전형적인 소견이다. 이러한 상황에서 치료의 원칙은 응급 수술적 치료로 천공 부위를 수복하는 것이다.

선택지 해설:
1. 스텐트 삽입: 담도나 혈관 협착에서 사용하는 방법으로 이 경우와 무관하다.
2. 피부경유배액: 농양 등 국소적 화농성 병변 시 시행하나, 이 경우는 장천공으로 복막염인 상황에서 실질적 처치가 되지 않는다.
3. 피부간경유담즙배액: 담도계 폐쇄 시 담즙배액 목적으로 시행하는 것으로, 현재 천공성 궤양 상황과 무관하다.
4. 내시경팽대조임근절개: 담석성 총담관결석 치료 시 고려하는 방법이다. 천공성 궤양과 무관하다.
5. 응급개복: 위나 십이지장 천공 시 복막염이 진행되고 있으므로 응급으로 수술적 개복 및 천공부위 수복이 필요하다.

챗GPT 기본 모델인 4o는 논리적 추론과 이미지 분석 성능에 한계가 있어 2025년 5월 기준 가장 최신 모델인 o3(논리적 추론 및 이미지 분석 강화 모델)로 풀어본 결과 환자 병력 파악, 활력징후(바이탈 사인), 혈액 검사 결과 해석, 흉부 X선 사진 판독까지 나무랄 데 없습니다. 하지만 언제 어디서 문자나 이미지 인식 오류가 나타날지 모르기 때문에 실제로 맞는지 판단해야 하는데 사실 의사가 아니면 어려운 부분입니다. 또한 아직까지 챗GPT는 실제로 '이해'하거나 '생각'하지는 않습니다. 학습한 패턴을 바탕으로 적절한 답변을 만들어내는 것입니다. 마치 많은 환자를 본 경험이 있는 의사처럼 보일 수 있지만, 실제로는 데이터를 바탕으로 한 패턴 매칭일 뿐입니다. 따라서 **때로는 틀린 답을 할 수도 있고, 의료적 판단이 필요한 중요한 결정은 반드시 전문의와 상담해야 합니다.**

챗GPT는 계속해서 발전하고 있습니다. 의학 지식이 업데이트되고 더 정확한 정보를 제공할 수 있게 될 것입니다. 또한 개인의 건강 데이터와 연동하여 더 맞춤화된 건강 관리 조언도 가능해질 것으로 기대됩니다. 하지만 챗GPT는 어디까지나 의사와 환자를 '돕는' 보조 도구라는 점을 잊지 말아야 합니다. 이것만 기억한다면 챗GPT는 여러분의 건강 관리 여정에서 소중한 동반자가 될 수 있을 것입니다.

AI 주치의의 강점과 한계

지금까지 AI 주치의의 다양한 가능성을 살펴보았습니다. 실제 의사와 비교했을 때 AI 주치의는 진단 정확성과 치료 계획 수립, 위급 상황에서의 적절한 권고 등에서 사람 의사와 거의 비슷하거나 때로는 뛰어난 성능을 보입니다. 다음 이미지는 미국 스탠퍼드대학교와 구글 연구팀이 수행한 연구 결과를 시각적으로 나타낸 것입니다.

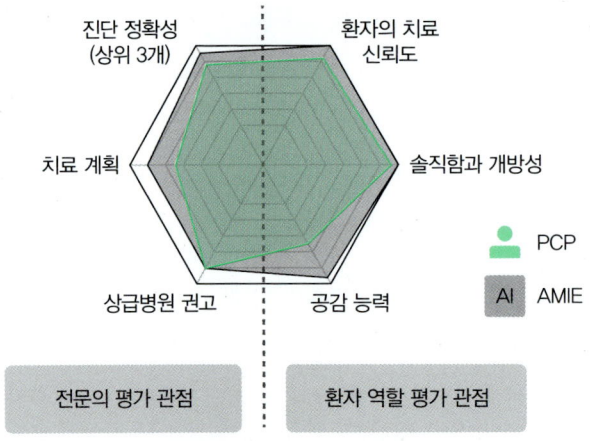

그림 1-4 의사와 AI 주치의의 성능 비교(AI: 회색, 의사: 초록색)

이 그림에서는 AI가 여러 평가 지표에서 실제 의사보다 우수한 것처럼 보이지만, 이는 문자로만 대화한 내용의 수치적 평가에 한정된 결과입니다. 실제 논문에 따르면 환자와의 신뢰감 형성, 개방성 및 솔직한 소통, 특히 공감 능력 등에서는 여전히 사람 의사가 AI보다 우수합니다.

1.3 AI 주치의의 필요성

AI 주치의는 사용자의 간단한 증상 문의나 건강 고민을 24시간 언제든지 받아주고, 관련 정보를 분석해 맞춤형 조언을 줄 수 있습니다. 최근에는 인공지능 기술이 정확도와 이해력을 빠른 속도로 개선하고 있습니다. 과거에는 '질문 – 답변' 수준에 머물렀다면 이제는 음성, 영상, 생체 신호 등 복합적인 데이터를 종합적으로 해석하고 예측하는 모습으로 진화하고 있습니다. 이처럼 AI 주치의는 '가상 건강 파트너'로서 역할을 확장하며 사용자의 건강 관리 전반에 큰 도움을 줄 수 있게 되었습니다. AI 주치의의 필요성은 현대 의료 시스템에서 나타나는 여러 한계점에서 비롯됩니다.

① 의료 접근성 문제

의료 서비스에 대한 접근은 시간, 거리, 비용 등 여러 요인으로 여전히 제한적입니다. 특히 대도시가 아닌 지역이나 해외 거주자들에게는 전문의 진료를 받기가 쉽지 않을 수 있습니다. AI 주치의는 실제 병원 진료를 완전히 대체할 수는 없지만 스마트폰이나 PC만 있으면 24시간 언제든 '기본적인 건강 상담'을 받을 수 있어 접근성을 크게 높여줍니다.

② 의료진 부족

전 세계적으로 의료진 부족 현상이 심화되고 있으며 의료진 간의 업무 부담도 가중되고 있습니다. AI 주치의는 간단한 질의응답과 기초적인 건강 문제에 대한 조언을 제공함으로써, 의료진이 좀 더 복잡하고 심층적인 케이스에 집중할 수 있도록 돕습니다. 결과적으로 의료 서비스의 효율성을 높여 더 많은 환자가 혜택을 볼 수 있게 됩니다.

③ 의료비 증가

의료비 부담이 계속해서 높아지는 상황에서, 예방 중심의 건강 관리가 중요해지고 있습니다. AI 주치의는 가벼운 증상이나 일상적인 건강 고민에 대한 초기 상담을 도맡아 '불필요한 병원 방문'을 줄일 수 있습니다. 예를 들어 단순 통증이나 가벼운 알레르기 반응 등은 AI 주치의를 통해 우선적으로 대응 방안을 확인한 뒤, 필요하면 병원을 방문하는 식입니다. 이는 결과적으로 의료비 절감에도 기여합니다.

④ 개인 맞춤형 의료

인공지능은 개인의 건강 기록, 생활 습관, 가족력 등 다양한 데이터를 수집·분석하여 '나만의 건강 관리 로드맵'을 제시할 수 있습니다. 전통적인 의료 서비스에서는 의사의 경험과 직관에 많이 의존했다면, AI 주치의는 보다 폭넓은 데이터와 알고리즘을 활용해 개인별로 최적화된 솔루션을 제안합니다. 새로운 AI 모델들은 기존보다 훨씬 복잡하고 방대한 정보를 빠르고 정확하게 다룰 수 있어, 맞춤형 의료의 실현 가능성이 더욱 높아졌습니다.

⑤ 건강 정보의 과잉

인터넷에는 다양한 건강 정보가 넘쳐납니다. 하지만 그중에는 부정확하거나 과장된 정보도 많아, 일반인 입장에서는 옥석을 가리기 쉽지 않습니다. AI 주치의는 최신 의학 논문과 검증된 데이터를 기반으로 정보를 제공하도록 설계되므로, 비교적 신뢰할 수 있는 건강 정보를 얻는 데 도움이 됩니다. 특히 최근에는 챗GPT에 '실시간 정보 업데이트(웹 검색 기능)'의 기능이 강화되면서 더욱 정확한 최신 조언을 받을 수 있습니다.

표 1-2 전통적 의료 서비스와 챗GPT 기반 AI 주치의의 비교

항목	전통적 의료 서비스	AI 주치의 (챗GPT 기반)
가용성	병원 운영 시간에 제한	24시간 365일 이용 가능
개인화	의사의 경험과 직관에 기반	건강 데이터를 분석한 개인화된 응답
정보 업데이트	정기적인 의학 연구 반영	실시간 정보 업데이트 가능 (Search GPT)
복잡한 진단	의사의 전문 지식과 경험에 의존	기본적인 증상 분석과 조언 제공
비용	높은 비용 (진료비, 검사비)	저렴한 비용으로 기본 상담 가능
감정적 지원	의사와 대면 상담으로 공감·신뢰 형성	제한적이나 공감 알고리즘 및 정서 지원 모델 개발 중
영상·데이터 처리	제한적 데이터 처리 능력	대규모 데이터 분석과 패턴 인식 능력

그러나 **AI 주치의가 사람 의사를 대체할 수는 없습니다.** 새로운 AI 모델이 발전하고, 다양한 데이터를 통합적으로 분석해 더 정확하고 전문적인 답변을 주게 되더라도, 결국 복잡하거나 중증인 질환을 최종 진단하고 치료 방향을 결정하는 데는 의사의 임상 경험과 판단이 필수적입니다.

특히 **AI가 제공하는 정보와 조언은 '참고용'으로 활용해야 하며, 실제 치료나 의학적 결정을 내리기 전에는 반드시 전문가와 상담해야 합니다.** 예컨대 AI 주치의가 초기 증상 체크나 기본 상담을 제공한 뒤 위중하거나 다면적인 증상이 확인되면 곧바로 사람 의사에게 연결해주는 식으로 쓰임새를 넓혀갈 수 있습니다. 앞으로도 AI 기술은 빠르게 발전하고 있으며 개인의 편의와 의료진의 업무 효율을 높이는 데 기여할 것입니다. 하지만 AI는 사람 의료진을 보조하는 역할로 활용해야 합니다.

1.4 AI에 대한 오해와 편견 바로잡기

새로운 기술이 도입될 때는 오해와 편견이 따를 수 있습니다. 그러나 AI를 효과적으로 활용하려면 이를 바로잡고 올바르게 이해하는 것이 중요합니다. 여기서는 AI에 대한 대표적인 오해와 그에 대한 진실을 살펴보겠습니다.

대표적인 오해와 진실

① AI가 의사를 대체할 것이다

많은 사람이 AI가 의사를 대체할 것이라고 걱정합니다. 마치 알파고가 바둑 기사를 이긴 것처럼 의사 역시 대체될 것이라 생각하는 거죠. 최근에는 챗GPT가 이 책을 쓸 수 있을 정도의 답변을 주고 있어 우려는 더욱 커졌습니다.

→ 그러나 의료는 바둑과 다릅니다. 의료는 단순한 정답 찾기가 아니라 환자의 상황을 종합적으로 고려하고 윤리적 판단을 내리는 복잡한 과정입니다. 현재 AI, 특히 생성형 AI는 빠르게 발전하고 있지만 임상적 판단과 환자와의 대면 진료에서 이루어지는 공감을 대체하긴 어렵습니다. AI는 의사의 판단을 돕는 '도구'로서 기능할 때 가장 빛을 발합니다. 마치 청진기나 X-ray가 의사의 진단을 돕는 도구인 것처럼 생성형 AI 또한 의료진이 더 정확하고 신속한 판단을 내리는 데 보조 역할을 할 수 있을 것입니다.

② AI는 항상 정확하다

일부 사람들은 AI의 답변이 항상 정확할 것이라고 믿습니다. 특히 최신 AI 모델일수록 논리적으로 보이는 답변을 생성하기 때문에 더욱 신뢰하기 쉽습니다.

→ AI도 사람이 만든 시스템이며 사용된 데이터의 품질과 다양성에 따라 성능이 크게 달라집니다. 생성형 AI는 인간과 유사한 수준의 자연어를 구사하지만 때

로는 존재하지 않는 근거를 제시하거나 잘못된 정보를 사실처럼 말하기도 합니다. 특히 의료 분야에서는 잘못된 정보를 기반으로 한 판단이 심각한 결과를 초래할 수 있으므로 AI의 결과는 반드시 의료진에 의해 검증되어야 합니다. 예를 들어 특정 인종이나 성별의 데이터가 부족하면 그 집단에 대한 예측이나 판단에서 부정확한 결과를 제공할 수 있습니다. 생성형 AI 역시 마찬가지로 편향된 데이터로 학습되면 그 편향을 그대로 드러낼 수 있으므로 AI가 제공하는 정보를 맹신하기보다 교차 검증이 필수적입니다.

③ AI는 감정이 없어서 더 객관적이다

AI는 인간처럼 감정에 휘둘리지 않으므로 항상 객관적이라고 생각하는 견해가 있습니다.

→ AI가 감정을 느끼지 않는 것은 사실이지만 AI의 학습 과정을 인간이 설계하고, 인간이 수집한 데이터를 사용하기 때문에 인간의 편향이 들어갈 여지가 있습니다. 예를 들어 특정 성별이나 연령대의 임상 자료가 충분치 않다면 그 그룹에 대한 AI의 판단은 부정확하거나 왜곡될 수 있습니다. 생성형 AI의 경우도 마찬가지로 대화형으로 답변을 생성하는 과정에서 학습 데이터가 가진 문화적·사회적 편향이 드러날 수 있습니다. 따라서 AI가 내놓은 결과를 무조건 객관적이라 단정 짓기보다는 데이터의 출처와 학습 과정을 검토하고, 실제 임상 현장이나 환자의 개별 상황과의 적합성을 늘 확인해야 합니다.

④ AI는 모든 의료 문제를 해결할 수 있다

AI가 모든 의료 상황에서 완벽한 답을 제공할 것이라는 과한 기대가 있습니다. 최근에는 AI가 희귀질환 진단이나 복합 질환 예측에 성공한 사례들이 언론을 통해 소개되면서 이 오해가 더욱 커지기도 했습니다.

→ AI는 분명 놀라운 능력을 갖추고 있고 끊임없이 발전하고 있습니다. 하지만 희귀질환이나 여러 질환이 복합된 경우 또는 완전히 새로운 질병이 출현했을 때는 여전히 제한적입니다. 특히 생성형 AI는 학습 데이터 범위 밖의 상황에 직면하면, 근거 없는 답변을 그럴듯하게 만들어낼 수도 있습니다. 의료의 본질은 '사람'입니다. 환자의 감정적 지원, 윤리적 결정, 그리고 복합적인 맥락 속에서 치료 방향을 조정하는 일은 의료진의 역할입니다. AI가 이러한 인간적인 요소를 완전히 대체하기는 쉽지 않으며 어디까지나 한계를 이해하고 보조적으로 활용해야 합니다.

⑤ AI는 개인정보를 위협한다

AI가 의료 데이터를 처리하면서 환자의 개인정보를 위험에 빠뜨릴 것이라는 우려가 많습니다.

→ 이는 기술의 사용 방식과 관리 체계에 달린 문제입니다. 현대의 AI 시스템은 점점 더 강력한 보안 체계를 도입하고 있고 개인정보 보호 규정(예: GDPR, 국내의 개인정보보호법 등)을 준수하도록 설계됩니다. 예를 들어 다음과 같습니다.

- **데이터 익명화(De-identification)**: 개인을 식별할 수 있는 정보를 제거하거나 가명 처리하여 학습에 활용할 수 있습니다.
- **보안 프로토콜 강화**: 전송 및 저장 과정에서 암호화 기술을 사용합니다. 특히 생성형 AI를 활용할 때는 민감한 개인정보를 직접 입력하지 않도록 사용자 측의 주의가 필수입니다. AI 모델 자체가 입력한 정보를 학습에 재활용할 가능성이 있기 때문에 어떤 시스템을 활용하더라도 민감한 정보를 함부로 입력하지 않는 습관이 중요합니다. 이를 잘 지킨다면 오히려 AI를 통해 의료 정보를 체계적이고 안전하게 관리할 수도 있습니다.

AI를 올바르게 이해하고 활용하기

① AI는 보조 도구일 뿐, 최종 판단은 의료진이 해야 합니다.

AI는 의사를 '대체'하는 것이 아니라 '보조'하는 도구입니다. 최신 생성형 AI 또한 의료진의 판단을 보강해주는 참고 자료로 이해해야 합니다.

② AI가 제공하는 정보는 반드시 검증해야 합니다.

AI가 제공하는 정보는 참고 자료이자 '조력자'일 뿐이며, 최종적인 결정은 의료 전문가와 환자 본인의 몫입니다. AI가 어떤 근거로 답변을 도출했는지 확인하고 가능한 경우 전문의와 상의하는 과정이 중요합니다.

③ AI는 완벽하지 않다는 한계를 이해하고 활용해야 합니다.

AI는 완벽하지 않습니다. 특히 한국어로 된 의료 데이터, 특정 소수 집단(희귀질환, 특정 연령층 등)의 데이터가 부족할 경우 예측이 부정확할 수 있고 근거 없는 답변을 제시할 가능성도 있습니다. 따라서 언제나 그 한계를 충분히 인지해야 합니다.

④ AI 활용의 목적을 분명히 정하고 신뢰할 수 있는 정보만 사용하세요.

AI는 의료의 질을 높이고 접근성을 강화하며 효율성을 향상시키는 데 중점을 둡니다. 반복적이거나 데이터 분석이 요구되는 작업에 AI를 적극 활용함으로써 의료진은 보다 인간적인 돌봄(환자 상담, 정서적 지지 등)에 집중할 수 있게 됩니다.

⑤ 의료 AI는 윤리적·법적 문제를 고려하여 신중하게 활용해야 합니다.

의료 AI는 단순한 기술 문제가 아니라 인간의 생명과 개인정보에 직결됩니다. 최신 생성형 AI를 사용할 경우 개인정보나 민감 정보를 함부로 공유하지 않는 원칙이 중요합니다. 국내외 규정(개인정보보호법, HIPAA 등)을 준수하고 의료기관·개발사가 적절한 윤리 가이드라인을 마련해야 합니다.

AI 주치의는 의료 서비스의 접근성과 효율성을 높일 수 있는 잠재력을 지니고 있습니다. 그러나 AI의 능력과 한계를 정확히 파악하고, 윤리적·법적 문제를 면밀히 고려하는 것이 무엇보다 중요합니다.

AI 주치의는 사람 의사를 대체하는 것이 아니라 의료진과 환자를 모두 보조하는 역할로 자리 잡을 것입니다. 전문 의료인과 환자 사이의 '가교'로서, 빠르고 정확한 정보 제공과 질환 예측을 돕되 최종적인 의사결정은 의료진과 환자가 함께 내리는 구조가 되어야 합니다. 의료진과 환자 모두가 AI를 이해하고 현명하게 활용한다면 앞으로의 의료 환경은 더 안전하고 효율적이며 환자 중심적으로 변화할 수 있을 것입니다.

AI 주치의 특징 및 주의사항

이제 본격적으로 챗GPT를 활용한 나만의 AI 주치의와 만나보려 합니다. 그에 앞서, 다시 한번 꼭 짚고 넘어가야 할 내용을 살펴봅시다. 이 책에서 다루는 'AI 주치의'는 챗GPT를 개인화하여 사용자의 건강 관리와 생활 습관 개선을 돕는 도구입니다. 기존에는 단순히 궁금증 해소나 지식 제공 수준에 머무르는 경우가 많았습니다. 그러나 최근 빠르게 발전하는 AI 기술 덕에, 보다 정교한 개인 맞춤형 건강 조언을 제공하는 방향으로 진화하고 있습니다. 다음은 우리가 만날 AI 주치의의 주요 특징입니다.

- **개인화**: 사용자 건강 정보와 생활 습관을 기반으로 맞춤형 조언을 제공합니다. 예를 들어 식습관·운동 패턴·수면 시간 등 간단한 정보를 입력하면, AI 주치의가 이를 토대로 개선안을 제시합니다. 현재 챗GPT는 메모리 기능을 통해 한 번 입력한 정보를 지속적으로 반영하며, 연속적인 건강 관리를 이어갈 수 있습니다.

- **지속성**: 한 번 대화를 시작하면 이전 기록을 이어받아 계속 상담을 진행할 수 있습니다. 예를 들어 "어제부터 피곤함이 줄었어요"라고 말하면 챗GPT는 이전 대화 내용을 참고하여 '무엇이 개선되었는지'나 '추가로 조언할 사항'을 이어서 안내합니다.

- **접근성**: 인터넷만 연결되어 있으면 언제 어디서나 챗GPT와 대화할 수 있습니다. 모바일 기기, PC 등 다양한 환경에서 간편하게 사용할 수 있어 병원에 가지 않고도 간단한 건강 상담이 가능합니다. 음성 인식 기술, 멀티모달(이미지·텍스트·음성·영상 결합) 기능 등이 발전함에 따라 다양한 방식으로 활용할 수 있게 되었습니다.

- **학습 능력**: 챗GPT는 주기적으로 업데이트되며 지속적인 사용과 피드백을 통해 더 정확하고 적절한 정보를 제시하게 됩니다. 이용자가 정보를 교정하거나 의문점을 제기할 때 이를 토대로 모델의 답변 정확성이 점진적으로 향상됩니다.

'나만의 AI 주치의'는 각종 건강 정보를 손쉽게 얻고 생활 습관을 꾸준히 관리하도록 돕는 건강 도우미 역할을 해줄 것입니다.

2.1 AI 주치의 활용 Do & Don't

챗GPT를 AI 주치의로 활용할 때는 올바른 사용법과 주의사항을 잘 이해하는 것이 중요합니다. 다음 가이드라인을 숙지하면 AI를 더욱 안전하고 효과적으로 활용할 수 있습니다.

Do AI 주치의로 활용하면 좋은 것들

① 진단받은 질환에 대한 일반적인 정보 요청

- **예시**: "고혈압 환자에게 좋은 생활 습관은 무엇인가요?"
- **이유**: 챗GPT는 방대한 의학 데이터를 바탕으로 질병에 대한 기본 정보와 관리 팁을 알려줄 수 있습니다. 스스로 질환을 이해하고 관리 방향을 잡는 데 도움이 됩니다.

② 처방받은 약에 대한 기본 정보 문의

- **예시**: "비충혈완화제 '슈다페드'의 일반적인 효과와 부작용은 무엇인가요?"
- **이유**: 챗GPT는 자주 사용되는 약물의 효과, 부작용, 사용 방법 등에 대한 정보를 제공해줍니다. 단, 개인별 특수 상황(기저질환, 알레르기 등)에 따라 달라질 수 있음을 꼭 기억하세요.

③ 의학 용어나 진단서 내용에 대한 설명 요청

- **예시**: "진단서에 나온 '만성 폐쇄성 폐질환'이 무엇을 의미하나요?"
- **이유**: 어렵고 낯선 의학 용어를 챗GPT가 쉽고 간단하게 풀어 설명해줄 수 있어 질병을 이해하는 데 유용합니다.

④ 건강한 생활 습관에 대한 일반적인 조언 요청

- **예시**: "30대 직장인의 스트레스 관리를 위한 효과적인 방법은 무엇인가요?"
- **이유**: AI는 다양한 건강 관련 연구와 권고사항을 바탕으로 연령대와 생활 환경에 맞는 일반적인 건강 조언을 제공할 수 있습니다.

⑤ 의료 시스템이나 절차에 대한 설명 요청

- **예시**: "한국에서 건강검진은 어떻게 진행되나요?"
- **이유**: 챗GPT는 의료 서비스 이용 방법이나 제도에 대한 정보도 알려줄 수 있어 사용자가 의료 서비스를 더 잘 활용하도록 돕습니다.

Don't AI 주치의로 피해야 할 것들

① 개인의 구체적인 증상에 대한 진단 요청

- **예시**: "제 가슴이 아프고 숨이 가쁜데, 이게 무슨 병인가요?"
- **이유**: 챗GPT는 주어진 정보 안에서 작동하기 때문에 개인의 전체적인 건강 상태, 병력, 신체 검사 결과 등을 종합적으로 고려할 수 없습니다. 따라서 정확한 진단을 내리기 어렵고 잘못된 정보로 인해 불필요한 안심이나 과도한 걱정을 초래할 수 있습니다.

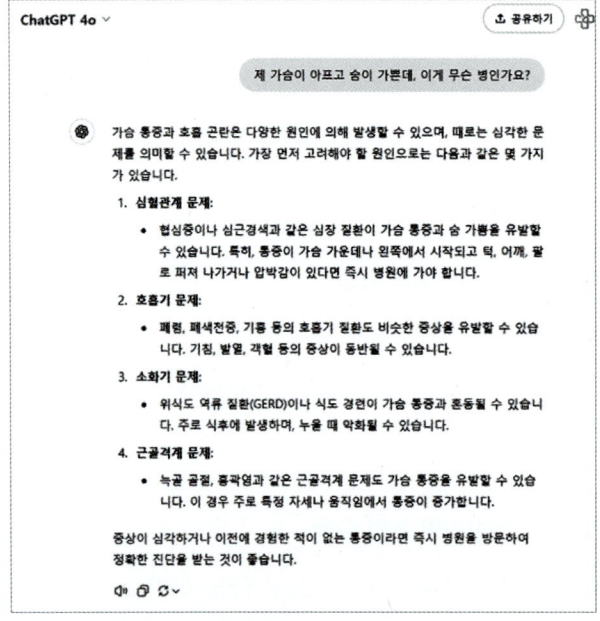

그림 2-1 챗GPT는 부정확한 판단을 내릴 수 있다.

② 의료 영상(X-ray, CT 등)이나 검사 결과의 해석 요청

- **예**: "제 CT 스캔 결과를 해석해주세요."

- **이유**: 의료 영상 해석은 전문 훈련을 받은 영상의학과 전문의조차 오류를 범할 수 있는 어려운 영역입니다. AI에게 섣불리 해석을 맡기는 것은 심각한 결과를 초래할 수 있습니다.

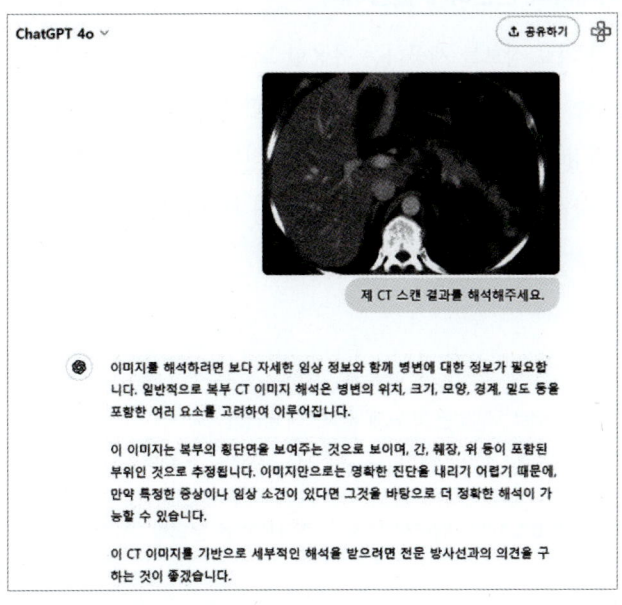

그림 2-2 판단을 유보하는 챗GPT

③ 처방된 약물의 용량 변경이나 중단에 대한 조언 요청

- **예**: "의사가 처방해준 고혈압약을 먹고 있는데 줄여도 될까요?"

- **이유**: 약물 용량 조절은 환자의 전반적인 건강 상태와 상호작용 등을 고려해야 하는 복잡한 과정입니다. AI는 이러한 결정을 내릴 수 없습니다.

④ 긴급한 의료 상황에 대한 조언 요청

- **예**: "갑자기 가슴이 아프고 숨쉬기 힘든데 어떻게 해야 하나요?"

- **이유**: 위험하고 긴급한 의료 상황에서는 즉각적인 전문가의 개입이 필요합니다. AI는 실시간으로 변화하는 상황을 평가하고 대응할 수 없기 때문에 즉시 119에 연락하거나 가까운 응급실에 가야 합니다.

Do & Don't을 이해하며 안전하게 활용하기

AI 주치의는 기본적인 의료 정보를 제공하는 유용한 도구입니다. 하지만 반드시 의사의 상담을 보완하는 용도로만 사용해야 합니다. 또한 AI가 제공한 정보를 바탕으로 중요한 건강 결정을 내리기 전, 의사나 약사 등 전문가와 반드시 상의하세요. 꼭 정보의 출처를 확인하고 신뢰할 수 있는 자료인지 확인하는 습관을 기르시길 바랍니다.

적절한 활용 사례

- **상황**: 고혈압 진단을 받고 새로 처방받은 '이뇨제' 부작용이 궁금한 A씨
- **AI 활용 순서**
    - AI 주치의에게 "고혈압 이뇨제의 대표적 부작용과 주의사항"을 문의해 대략적인 정보를 얻음
    - "부작용이 생기면 어떻게 대처해야 하나요?"라고 추가 질문
    - AI가 알려준 부작용과 관리 방법을 토대로, A씨는 주치의에게 구체적인 질문(예: "제 경우 전해질 검사를 받아야 할까요?")을 하여 병원에서 더 나은 진료를 받음

잘못된 활용 사례

- **상황**: 운동 중 무릎이 심하게 부어오르고 통증이 심해진 B씨
- **AI 활용 순서**
    - AI 주치의에게 "무릎이 부었는데 병원 안 가도 괜찮을까요?"라고 문의

- AI가 "단순 염좌로 보이니 휴식을 취하세요"라고 답변(혹은 유사한 표현)
- 병원 방문을 미룬 사이 십자인대 파열이 악화되어, 적절한 치료 시기를 놓침

저는 AI가 헬스케어 분야에 긍정적인 영향을 끼칠 것이라 확신합니다. 그러나 현재로서 이러한 원칙을 숙지하지 않으면 도리어 위험한 상황을 초래할 수 있습니다. AI 주치의를 안전한 방식으로 똑똑하게 활용하면, 우리는 한층 편리한 정보 접근과 더 효율적인 건강 관리를 누릴 수 있을 것입니다.

할루시네이션에 대처하는 법

"A라는 약은 하루에 몇 번, 어떤 간격으로 먹어야 하나요?"라고 물어봤는데 실제 의학 정보와 전혀 다른 방식의 복용법을 마치 전문가처럼 자신 있게 제시했다고 해봅시다. 이 답변을 아무 의심 없이 따르게 되면 예상치 못한 부작용이 생기거나 질병을 제대로 치료하지 못할 위험이 발생합니다.

이렇게 존재하지 않는 정보를 사실처럼 말하는 현상을 '할루시네이션'이라고 부릅니다. AI 챗봇은 우리가 질문하면, '답을 구성하기 위해' 자신이 기억(학습)한 텍스트를 조합해 가장 그럴듯한 문장을 내놓습니다. 문제는 그 그럴듯함이 꼭 진실과 일치하지는 않는다는 점이죠. AI가 "특정 증상은 암과 무관하다"고 잘못 말하면, 암 검사 시기를 놓쳐 치료 골든타임을 놓칠 수 있습니다. 또는 반대로 "이 민간요법이 암에 특효약입니다" 같은 과학적 근거 없는 주장을 진짜라고 믿게 되면, 증상이 악화될 수도 있습니다. 그럼 어떻게 대처해야 할까요?

① 너무 그럴듯하면, 일단 의심하기

AI가 자신 있게 답변한다고 해서 모두 사실인 것은 아닙니다. 특히 통계나 구체적 수치를 언급할 때일수록 더 조심하세요.

② 출처 묻기

"어느 연구에 따르면…" 식의 답변에 대해서는 실제 연구 제목, 발표 저널, 연도 등을 구체적으로 물어보세요. 가짜 논문을 만들어내기도 합니다.

③ 여러 소스 교차 검증

같은 질문을 여러 번 하거나 다른 AI 서비스에도 질문하며 비교해보세요. 그럼에도 확신이 들지 않는다면, 반드시 의료진이나 공식 의료 기관 웹사이트를 참고하세요.

④ 전문가가 최종 보증

중요한 건강 문제라면 반드시 의사, 약사 등 실제 전문가와 상의하세요. AI는 어디까지나 빠른 자료 찾기 도우미일 뿐, 의학적 결정을 내리는 주체가 아닙니다.

할루시네이션은 AI가 제공하는 의료 정보에서 빈번히 나타날 수 있는 위험 중 하나지만, 이 특성을 이해하고 비판적 태도를 유지한다면 충분히 예방할 수 있습니다. AI가 들려주는 답변이 아무리 멋져 보여도 결국 내 건강은 내가 책임지고, 의료 전문가와 함께 돌보아야 한다는 사실을 잊지 말아야 합니다. AI가 알려주는 정보가 아무리 근사해도 최종 결정은 사람의 몫입니다. 필요하다면 언제든 실제 의사의 조언을 구하세요.

AI 주치의의 한계와 의료 전문가 상담의 중요성

AI의 뛰어난 기능에도 불구하고 의료 전문가의 역할을 대체할 수는 없습니다. AI 주치의를 활용하면서도 의료 전문가의 상담이 필수적인 이유를 자세히 살펴보겠습니다.

① **AI 주치의의 한계**

- **최신 의료 정보 반영의 한계**: AI는 특정 시점의 데이터를 기반으로 학습되며, 최신 의료 정보를 실시간으로 반영하기 어렵습니다. 예를 들어, 최근 개발된 신약이나 최신 치료 가이드라인은 AI 시스템에 포함되지 않을 수 있습니다. 이는 사용자가 최신 정보를 필요로 하는 경우 제한점으로 작용할 수 있습니다.

- **개인 맞춤형 분석의 부족**: AI는 사용자가 제공한 정보에 따라 데이터를 분석합니다. 하지만 개개인의 병력, 가족력, 생활 습관, 환경적 요인 등을 종합적으로 고려하기에는 한계가 있습니다. 여러 질환이 얽힌 복잡한 상황이나 환자 개별 특성을 반영한 세심한 분석은 전문 의료진의 몫입니다.

- **응급 상황 대응 불가**: 심장 통증, 급성 호흡곤란과 같은 응급 상황에서는 AI가 실시간으로 적절한 조치를 제안하거나 직접 대응할 수 없습니다. 이 경우 즉각적으로 의료진과 상의하거나 응급실로 가는 것이 필요합니다.

- **직접적인 검진 및 진단의 한계**: 챗GPT와 같은 AI는 신체 검사나 영상·혈액 검사 결과를 직접 해석할 수 없습니다. AI의 분석은 제한적이며, 실제 의료진의 전문적 판단이 필수적입니다.

② **의료 전문가 상담의 필요성**

- **정확한 진단과 치료 제공**: 의료 전문가는 환자의 병력, 생활 습관, 검사 결과 등을 종합적으로 분석하여 정확한 진단과 맞춤형 치료 계획을 제공합니다. 이는 AI가 제공할 수 없는 심층적인 판단과 인간적 통찰력을 포함합니다.

- **응급 상황에서의 대처**: 응급 상황에서는 빠른 판단이 생명을 좌우합니다. 이때, 의료진은 AI보다 신속하게 상황을 평가하고 적절한 조치를 취할 수 있습니다.

- **정서적 지원과 공감 제공**: 의사는 환자와 직접 소통하며 정서적 안정과 심리적 지원을 제공합니다. 이는 단순한 데이터 분석만으로는 해결할 수 없는 인간적 측면으로, 환자에게 심리적 안도감을 줄 수 있습니다.

- **윤리적 판단과 법적 책임 수행**: 의료 행위는 윤리적 기준과 법적 책임을 따릅니다. AI는 법적 책임을 질 수 없기 때문에, 최종 결정은 반드시 인간 의료진이 내려야 합니다.

챗GPT 모델 변화와 AI 주치의의 방향성

2025년 4월 16일 공개된 챗GPT의 o3, o4-mini, o4-mini-high 모델들은 다양한 성능 개선을 이루었지만, 의료적 관점에서 여전히 심각한 '할루시네이션' 문제를 안고 있습니다. 실제 OpenAI 자체 테스트 결과, 새 모델의 할루시네이션 비율이 33~48%로, 이 책에서 주로 다루는 챗GPT 4o의 2~3배 달했습니다. 건강 정보는 정확성이 생명과 직결되므로, 이런 높은 오류율은 결코 가볍게 여길 수 없습니다.

한편, 최신 챗GPT 모델에서 강화된 '메모리(기억)' 기능은 사용자의 과거 대화를 기억하고 맞춤형 응답을 제공하는 편의성을 크게 높였지만, 민감한 개인 건강정보가 포함될 수 있으므로 신중한 접근과 관리가 필수적입니다. 이러한 기술적 변화는 최근 AI 활용 분야의 트렌드와도 연결됩니다. 2025년 4월 9일 하버드 비즈니스 리뷰[HBR]의 최신 보고서에 따르면, 건강·심리 분야의 AI 활용이 급증하고 있습니다. 특히 '심리상담/동반자' 항목이 2024년 2위에서 2025년 1위로 상승했고, '건강한 생활 습관 만들기' 항목은 10위로 신규 진입했습니다. 이는 AI가 단순 정보 제공을 넘어, 개인적이고 감정적인 지원 역할로 확대되고 있음을 의미합니다.

이 책에서는 여전히 안정성과 신뢰성이 검증된 챗GPT 4o를 중심으로 활용법을 다룹니다. 의학에서 "환자에게 해를 끼치지 말라(First, do no harm)"가 근본 원칙이듯, AI 의료 분야에서도 정확성이 최우선입니다. 이 책을 통해 독자들이 AI의 한계를 명확히 이해하고 효과적으로 활용하는 방법을 배울 수 있도록 돕고자 합니다. 또한, 건강 도서로서 검증된 양질의 정보를 제공해 독자들의 건강이 긍정적인 방향으로 가도록 돕는 것을 목표로 합니다.

챗GPT 시작 & AI 주치의 스마트하게 활용하기

이제 본격적으로 챗GPT로 나만의 AI 주치의를 만들어보겠습니다. 챗GPT는 이미 대중화가 많이 이루어졌지만, 이 책에서는 처음 사용하는 사람도 쉽게 따라 할 수 있도록 기본부터 차근차근 설명하겠습니다.

AI 주치의를 시작하려면 가장 먼저 챗GPT를 이용할 수 있는 계정을 만들어야 합니다. 이후 챗GPT와 대화하는 기본 방법을 익히면, 손쉽게 인공지능과의 상호작용을 통해 건강 정보부터 일상 속 문제 해결까지 다양한 도움을 받을 수 있습니다.

계정 생성 및 플랜 업그레이드

웹 브라우저에서 챗GPT 페이지(https://chat.openai.com)로 이동합니다.

> **NOTE_** 지역별 제한이나 간혹 접속 지연이 발생할 수 있습니다. 이 경우, 다른 브라우저를 사용하거나 네트워크 설정(VPN 등)을 점검해보세요.

이미 계정이 있다면 로그인하시고, 없다면 우측 상단 [회원가입] 버튼을 클릭합니다. 새로 가입할 이메일과 비밀번호를 입력하거나, 구글·마이크로소프트·애플 계정으로 연동하여 간편하게 가입할 수 있습니다.

이메일 인증 절차를 거친 후, 필요한 개인정보(이름·국가·전화번호 등)를 입력해 가입을 완료합니다. 전화번호 인증이 요구될 수 있으며, 이는 OpenAI가 봇 및 스팸 계정을 방지하기 위함입니다. 로그인하면 무료 버전으로도 챗GPT를 사용할 수 있습니다. 다만, 이 책에서는 더 안정적인 성능과 최신 기능을 활용하는 예시를 보여드리기 위해 유료 구독인 '챗GPT 플러스'를 기준으로 설명하겠습니다. 플러스 구독을 원하시면 화면 왼쪽 하단의 [플랜 업그레이드] 버튼을 클릭하여 진행할 수 있습니다.

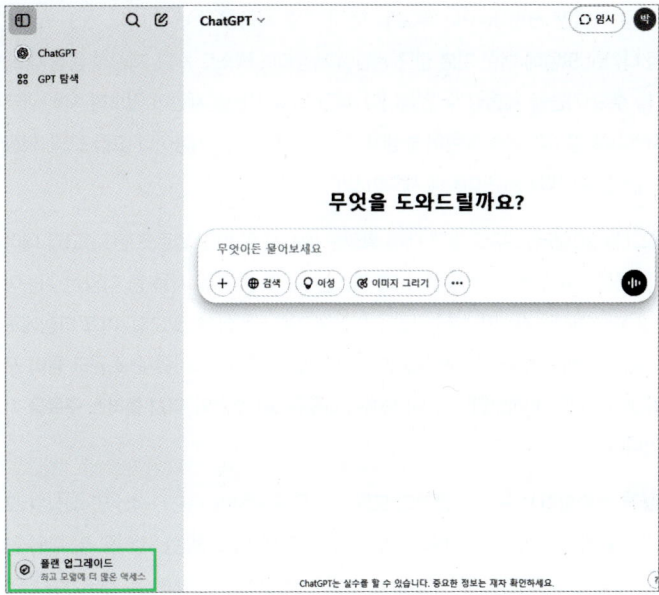

오픈AI의 챗GPT 가격 정책은 다음과 같습니다.

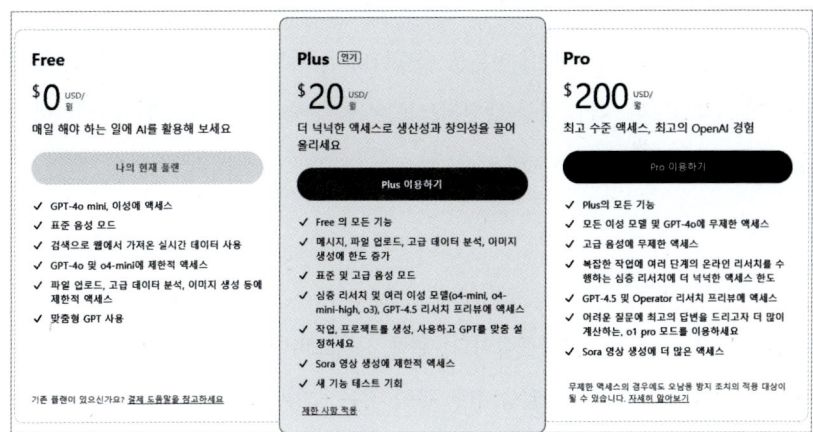

- **무료 플랜**: 회원 가입만 하면 누구나 무료로 챗GPT를 사용할 수 있습니다. o3-mini, GPT-4o 등 다양한 모델에 대한 기본 접근 권한이 제공되며 텍스트 채팅, 제한적 음성 대화, 파일 업로드 등 주요 기능을 체험할 수 있습니다. 다만 일일 사용량 제한이 있으며 서버 과부하 시 응답 지연이나 일시적 접속 제한이 발생할 수 있습니다. 최신 기능이나 고급 모델, 확장된 데이터 분석, 이미지 생성 등은 이용에 제약이 있습니다.

- **챗GPT 플러스(월 20달러)**: 무료 플랜 대비 확장된 메시지 및 파일 업로드 한도, 고급 데이터 분석, 이미지 생성, 표준 및 고급 음성 모드, 커스텀 GPT 생성 및 사용 등 다양한 기능이 추가로 제공됩니다. GPT-4o 및 최신 모델을 안정적으로 사용할 수 있으며, 피크 타임에도 더 빠른 응답 속도와 높은 가용성이 보장됩니다. 주로 개인 사용자, 프리랜서, 소규모 팀이 꾸준히 AI를 활용하고자 할 때 적합합니다. **이 책에서 다루는 'AI 주치의' 역시 플러스 구독을 기본으로 활용합니다.**

- **챗GPT 프로(월 200달러)**: 플러스 플랜의 모든 기능을 포함하며, GPT-4o 및 최상위 모델을 무제한에 가깝게 사용할 수 있습니다. 고급 음성 모드(오디오 전용), 비디오 및 화면 공유 한도 확대, Sora 기반 동영상 생성, Operator 연구 프리뷰(일부 지역) 등 전문가와 기업 사용자를 위한 고급 기능이 제공됩니다. 대용량 데이터 처리, 복잡한 코드 생성, 자동화 시스템 구축, 비즈니스 연동 등 높은 안정성과 성능이 요구되는 환경에 적합합니다. 프리미엄 고객 지원과 서버 우선 접근, 신기능 사전 체험 등도 포함됩니다.

중간에 있는 [Plus 이용하기] 버튼을 클릭합니다. 카드 정보 등을 입력하면 플랜 구독이 시작됩니다. 매월 자동 갱신되므로, 사용을 중지하고 싶을 땐 꼭 해지하시길 바랍니다.

인터페이스 이해하기

이제 화면을 자세히 살펴보겠습니다. 왼쪽 사이드바에는 ① **'새 채팅(New chat)'** 버튼과 ② **지난 대화 목록**이 있습니다. 우측 혹은 중앙에 ③ **대화창**이 표시되며, 하단 텍스트 입력란에 질문이나 명령어를 입력할 수 있습니다. 지난 대화 목록을 통해 이전에 진행한 대화를 다시 확인할 수 있습니다. 유사한 주제라면, 지난 대화를 불러와 이어서 물어보면 편리합니다.

이제 대화창에 질문을 입력해보겠습니다. "고혈압의 주요 원인은 무엇인가요?" 같은 질문을 입력해주세요.

- 자연어(내가 평소에 쓰는 말)로 질문하거나 요청해도 대부분 이해하고 답변합니다. 오타가 있거나 비문이더라도 큰 문제는 없으나, 가급적 올바르게 작성하는 것이 좋습니다.

- 좀 더 구체적인 정보를 원한다면 자세히 적어주면 좋습니다. 예: "40대 여성 고혈압 환자에게 적합한 식단을 알려주세요."

엔터 키를 누르거나 [전송 ⬆] 버튼을 클릭하면 AI가 답변을 생성하기 시작합니다. 짧게 답변이 나올 수도 있지만, 추가 질문을 통해 더 깊이 있는 정보를 얻을 수 있습니다. 채팅창을 벗어나지 않고 바로 추가 질문을 던져도 됩니다. 예를 들어 "그렇다면 하루 권장 나트륨 섭취량은 얼마인가요?" 같은 질문이죠. AI는 대화의 맥락을 이해하여 자연스럽게 이어갑니다.

> ⚠️ **고혈압 예방법**
> - 저염식 식단 유지
> - 규칙적인 운동 (유산소 운동 추천)
> - 금연 및 절주
> - 충분한 수면과 스트레스 관리
> - 체중 관리
>
> 고혈압은 심장병, 뇌졸중 등 심각한 질병의 원인이 될 수 있으므로 예방과 관리가 중요합니다! 🩺
>
> 그렇다면 하루 권장 나트륨 섭취량은 얼마인가요?
>
> **하루 권장 나트륨 섭취량**
>
> 세계보건기구(WHO)와 한국영양학회에서 권장하는 하루 **나트륨 섭취량은 2,000mg 이하**입니다.
>
> ♦ 소금(염화나트륨)으로 환산하면?

사용 시 주의점

- **개인정보 보호**: 챗GPT 사용 시 주민등록번호, 전화번호, 의료 기록과 같은 민감한 개인정보 입력은 반드시 피하세요. 대화 기록은 OpenAI 서버에 저장될 수 있으므로, 개인 식별이 가능한 정보나 너무 민감한 건강 정보를 직접 입력하는 것은 피하는 것이 좋습니다.

- **언어 사용**: 챗GPT는 한국어를 잘 처리하지만 가끔은 영어를 함께 써야 더 원활하게 답변을 얻을 수 있는 경우도 있습니다. 예를 들어 의료 논문이나 특정 의학 용어(예: 영문 약어)가 영어로 주로 정리되어 있을 때가 있으므로, 필요에 따라 다양한 언어를 섞어 사용할 수 있습니다.

이제 챗GPT를 이용해 인공지능과의 기본 대화를 원활하게 시작할 수 있습니다. '시작이 반이다'라는 관용어구로서의 의미가 아니라 진짜 나만의 AI 주치의 사용에 있어서 절반은 왔습니다!

3.1 무작정 따라하기 – 프롬프트의 이해

앞에서 챗GPT의 설치와 사용 등록을 마쳤다면, 이제 여러분만의 AI 주치의를 만들어봅시다. 먼저 챗GPT에 접속하고 로그인하면 다음과 같은 화면이 나타납니다. 왼쪽 상단에 'ChatGPT 4o'라는 표시는 현재 사용 중인 챗GPT 버전을 나타냅니다. 화면 하단의 메시지 창에 원하는 질문을 입력하면 됩니다.

이제 건강에 관한 간단한 질문을 입력해봅시다. 예를 들어 다음과 같이 질문을 입력해보세요.

 병원에 갔더니 혈압이 높다고 하는데 어떻게 하는 게 좋을까요?

몇 초 후 챗GPT가 친절하게 답변을 생성해줄 것입니다. 여러분의 챗GPT가 보여주는 답변은 책에 실려 있는 답변과 다를 수 있습니다. 왜냐하면 챗GPT는 정해진 규칙에 따라 정해진 답변을 제공하는 것이 아니라 입력된 프롬프트를 기반으로 매번 답변을 새로 '생성'하기 때문입니다. 따라서 같은 질문을 여러 번 입력하면 큰 틀에서의 내용은 같더라도 세부적으로 매번 약간 다른 답변을 받게 됩니다. 우리도 평소 대화할 때 알고 있는 내용이더라도 매번 조금씩 다르게 말하는 것과 마찬가지라고 생각하면 이해하기 쉽죠?

답변 1

 혈압이 높다고 진단받았을 때는 건강을 유지하고 합병증을 예방하기 위해 몇 가지 생활 습관을 개선하는 것이 중요합니다. 아래에 몇 가지 추천 사항을 드립니다:

1. **식단 관리:**
- **염분 섭취 제한**: 짠 음식을 피하고, 하루 염분 섭취량을 5g 이하로 줄이세요.
- **채소와 과일 섭취 증가**: 식이섬유가 풍부한 채소와 과일을 많이 섭취하면 혈압 조절에 도움이 됩니다.
- **포화지방과 콜레스테롤 제한**: 기름진 음식은 혈압을 높일 수 있으니 가능한 한 제한하세요.

2. **운동:**
- 규칙적인 유산소 운동(걷기, 자전거 타기, 수영 등)을 매일 30분 이상 해보세요. 운동은 혈압을 낮추고 전반적인 심혈관 건강을 개선하는 데 도움이 됩니다.

3. **체중 관리:**
- 과체중이거나 비만인 경우 체중을 줄이면 혈압을 낮출 수 있습니다. 정상 체중을 유지하는 것이 중요합니다.

4. **금연 및 절주:**
- 흡연은 혈관을 수축시켜 혈압을 상승시킬 수 있으므로 반드시 금연하는 것이 좋습니다. 알코올 섭취는 적정량으로 제한하고, 과음은 피하세요.

5. **스트레스 관리:**
- 스트레스가 혈압을 높일 수 있으므로 이완 요법(명상, 요가, 심호흡 등)을 통해 스트레스를 관리하는 것이 중요합니다.

6. **약물 치료:**
- 생활 습관 개선으로 혈압이 조절되지 않으면 의사가 처방하는 혈압약을 복용해야 할 수 있습니다. 약은 정해진 시간에 꾸준히 복용하고, 의사와 정기적으로 상담하여 혈압을 관리하세요.

7. 정기적인 혈압 측정:
- 집에서도 혈압을 자주 측정하여 본인의 혈압 상태를 모니터링하는 것이 중요합니다.

이러한 조치를 꾸준히 실천하면 혈압을 관리하고 심혈관 질환의 위험을 줄이는 데 도움이 될 것입니다.

답변 2

 병원에서 혈압이 높다고 진단받으셨다면, 다음의 단계를 따라 혈압 관리 및 추가 진단을 진행하는 것이 좋습니다:

1. 정확한 혈압 측정
- 병원에서 한 번의 측정만으로는 고혈압을 진단하기 어렵습니다. 혈압은 다양한 요인(스트레스, 긴장, 카페인 등)에 의해 일시적으로 상승할 수 있습니다.
- 가정에서 아침과 저녁에 혈압을 일정 기간(1~2주) 측정하여 평균을 내는 것이 좋습니다. 이를 병원에 가져가시면 정확한 진단에 도움이 됩니다.

2. 생활 습관 개선
- **염분 섭취 줄이기**: 하루 소금 섭취량을 5g 이하로 제한하세요. 국, 찌개, 절임 음식을 줄이는 것이 효과적입니다.
- **체중 관리**: 정상 체중을 유지하는 것이 혈압 관리에 중요합니다.
- **운동**: 하루 30분 정도 걷기, 자전거 타기 등 유산소 운동을 주 5일 이상 꾸준히 하세요.
- **스트레스 관리**: 명상, 요가, 심호흡 등을 통해 긴장을 완화하세요.
- **금연 및 절주**: 담배는 혈압을 높이며, 음주는 하루 1~2잔 이내로 제한해야 합니다.

3. 의학적 상담
- 혈압이 반복적으로 높게 측정된다면, 의사와 상담하여 고혈압 여부를 확인받고 필요 시 약물 치료를 시작합니다.
- 특히 **가족력**이나 **기저질환(고지혈증, 당뇨병)**이 있는 경우 더 세심한 관리가 필요합니다.

4. 합병증 확인
- 고혈압은 증상이 없더라도 장기적으로 심혈관 질환, 뇌졸중, 신장 질환 등을 유발할 수 있으므로 정기적인 건강 검진이 중요합니다.
- 심전도, 소변 검사, 혈액 검사 등을 통해 다른 관련 질환의 유무를 확인하세요.

5. 혈압 목표
- 일반적으로 병원에서 권장하는 혈압 목표는 **120~129/80 mmHg 이하**입니다. 나이나 기저질환에 따라 목표는 달라질 수 있으므로 의사와 상담하여 개인화된 목표를 설정하세요.

💡**Tip**: 혈압 관리를 위한 작은 변화도 큰 효과를 가져올 수 있습니다. 생활 습관 개선부터 꾸준히 실천하시고, 의사의 지침을 잘 따르세요.

프롬프트란?

챗GPT와 같은 AI에게 원하는 답변을 얻기 위해 입력하는 문장, 단어, 데이터를 '프롬프트prompt'라고 합니다. 프롬프트를 정확히 입력하면 원하는 답변을 얻을 수 있지만 부정확하게 입력하면 AI도 엉뚱한 답을 할 수도 있습니다. 프롬프트는 단순한 질문 이상의 의미를 갖습니다. 예를 들어 사람에게 업무를 지시할 때 명확한 지시가 필요한 것처럼, AI에게도 구체적인 요청을 해야 제대로 된 결과를 얻을 수 있습니다. 만약 누군가는 챗GPT가 정말 똑똑하고 좋다고 하는데 내가 해보니 아닌 것 같다면, 혹시 내 프롬프트에 문제가 있는 건 아닌지 한 번쯤 생각해볼 필요도 있겠습니다. 똑똑한 나만의 AI 주치의를 만나기 위해서 이제 프롬프트 작성법을 익혀봅시다.

표 3-1 프롬프트 비교

	잘못된 프롬프트	개선된 프롬프트
질문	"혈압이 높은데 어떻게 해야 하나요?"	"40대 남성이고, 혈압이 높다는 진단을 받았습니다. 나트륨 섭취를 줄이고 싶습니다. 이를 위한 식단 조언을 구체적으로 알려주세요."

답변 및 결과	"혈압이 높으면 스트레스를 관리하고, 음식을 조절하세요." → **프롬프트의 구체성이 부족하기에 답변 또한 모호합니다.**	"나트륨 섭취를 줄이기 위해 가공식품을 피하고, 신선한 채소와 과일 위주의 식단을 추천합니다." → **보다 상세한 답변을 제공합니다.**

이번에는 앞서 본 예제에서 얻은 답변을 SNS로 공유하고 싶다고 해봅시다. 그러나 답변이 너무 길어 SNS에 적합하지 않을 수 있습니다. 이럴 때는 다음과 같이 프롬프트를 수정해볼 수 있습니다. 몇 초 후, 챗GPT는 간결한 답변을 생성해줍니다.

병원에 갔더니 혈압이 높다고 하는데 어떻게 하는 게 좋을까요? 답변은 SNS에 공유할 수 있도록 10문장 정도로 짧게 정리해서 보여주세요.

1. 혈압이 높다는 진단을 받으면 먼저 스트레스 관리가 중요해요.
2. 짜거나 기름진 음식은 피하고, 신선한 채소와 과일을 많이 섭취하세요.
3. 하루 30분 이상 가벼운 운동을 꾸준히 하는 게 혈압 관리에 도움이 돼요.
4. 충분한 수면과 규칙적인 생활 패턴을 유지하는 것이 좋아요.
5. 흡연과 음주는 혈압을 악화시킬 수 있으니 자제하는 것이 필요해요.
6. 물을 충분히 마셔서 몸의 수분을 유지하는 것도 중요해요.
7. 혈압을 정기적으로 측정하여 변화를 체크하세요.
8. 만약 혈압이 크게 오르면, 의료진과 상담해 약물 치료를 고려하세요.
9. 짜게 먹는 습관을 줄이기 위해 저염식을 실천해보세요.
10. 마음을 편안하게 가지는 것이 혈압 관리에 큰 도움이 됩니다.

입력한 대로 10문장으로 잘 정리해준 것을 볼 수 있습니다. 하지만 하나씩 살펴보면 중복된 내용이 여러 번 나타납니다. 첫 문장과 마지막 문장도 같은 내용이고, 짠 음식을 피하라는 내용도 두 번 반복됩니다. 하지만 걱정할 필요 없습니다.

챗GPT는 같은 일을 반복해서 시켜도 불평하지 않습니다. 얼마든지 수정이 가능합니다. 다음과 같이 프롬프트를 추가해봅시다.

병원에 갔더니 혈압이 높다고 하는데 어떻게 하는 게 좋을까? 답변은 SNS에 공유할 수 있도록 10문장 이내로 짧게 정리해서 보여줘. 중복되는 내용은 없도록 해줘.

- 혈압이 높으면 먼저 염분 섭취를 줄이는 저염식을 시도해보세요.
- 꾸준한 유산소 운동이 혈압 조절에 효과적입니다.
- 스트레스를 줄이고 마음의 안정을 찾는 것이 중요해요.
- 혈압을 자주 측정해 상태를 모니터링하세요.
- 금연과 절주가 필수적입니다.
- 과일과 채소를 많이 먹고, 가공식품은 피하는 것이 좋습니다.
- 충분한 수면은 혈압 안정에 큰 도움이 돼요.
- 체중 관리도 혈압 조절에 중요한 역할을 합니다.
- 카페인 섭취를 줄이는 것도 고려해보세요.
- 필요시 의사의 상담을 통해 약물 치료를 병행할 수 있어요.

아까와 달리 중복된 내용 없이 잘 정리가 되었습니다. 이렇게 챗GPT와 프롬프트와 결과를 주고 받으며 점점 더 정확하게 원하는 내용을 얻어낼 수 있습니다. 예제와 같이 채팅 형식으로 사용하는 대화형 AI 모델이기 때문에 챗GPT를 만든 OpenAI사는 본인들의 AI 이름 앞에 'chat(대화)'을 붙였습니다.

이 책에서는 '프롬프트'를 잘 입력하는 방법과 여러 가지 상황에 따른 다양한 예제들을 여러분에게 알려드릴 것입니다. 책 곳곳에 등장하는 예제들을 하나씩 따라하다 보면, 건강 관리에 필요한 여러 가지 정보들을 알려주는 여러분만의 AI 주치의를 가지게 될 수 있을 뿐만 아니라 챗GPT 활용에 대한 노하우도 자연스럽게 얻게 될 것입니다.

3.2 좋은 질문 만들기 – 프롬프트 엔지니어링

효과적인 프롬프트를 작성하는 능력은 AI의 답변의 품질과 정확성을 크게 좌우합니다. 이 장에서는 좋은 프롬프트를 작성하기 위한 구체적인 방법과 사례를 통해 독자들이 AI와 보다 생산적으로 상호작용할 수 있도록 안내합니다.

효과적인 프롬프트 작성법

AI 주치의와 대화할 때 가장 중요한 것은 의도를 명확하게 전달하는 것입니다. AI를 효과적으로 활용하려면 질문을 명확히 하고 필요한 정보를 제공해야 합니다. 그래야 AI가 보다 정확하고 유용한 답변을 줄 수 있습니다. 이를 위해 사용하는 것이 바로 '프롬프트'입니다.

- 기본 형식: [증상/상황] + [구체적 정보] + [원하는 답변 형식]

[예시 1] 일반 건강 상담

- 기본: "피곤해요."
- 개선: "30대 직장인인데 아침에 일어나기 힘들어요. 3가지 해결 방안을 알려주세요."

[예시 2] 생활 습관 개선

- 기본: "건강해지고 싶어요."
- 개선: "책상 앞에서 8시간 이상 일하는 직장인입니다. 건강을 위해 일상에서 실천할 수 있는 스트레칭을 알려주세요."

표 3-2 프롬프트 작성의 핵심 요소

핵심 요소	설명	[예시] 좋지 않은 프롬프트	[예시] 좋은 프롬프트
명확성과 구체성	모호한 표현을 피하고, 필요한 정보를 포함해야 함	"고혈압에 대해 알려줘."	"40대 남성이며, 고혈압 초기 단계 진단을 받았습니다. 저염식을 위한 식단 조언을 구체적으로 알려주세요."
맥락 제공	필요한 배경 정보를 제공하면 더 적합한 응답 가능	"두통이 심해요."	"30대 여자이고 직장에서 하루 8시간 컴퓨터 작업을 합니다. 커피를 하루 3잔 마시며, 오후마다 두통이 생기는데 완화할 방법이 있나요?"
단계적인 접근	한 번에 많은 내용을 묻기보다, 작은 질문 단위로 나누면 효과적	"고혈압에 좋은 습관과 저염식 실천에 대해서 알려줘"	1단계: "고혈압을 관리하기 위한 일반적인 생활 습관은 무엇인가요?" 2단계: "저염식을 실천하는 데 필요한 구체적인 조언을 주세요."
답변 형식 지정	원하는 답변의 형식을 명확히 지정하면 더 유용한 응답 가능	"운동 방법 알려줘."	"체중 감량을 위해 매일 30분씩 할 수 있는 운동 3가지를 간단히 정리해 주세요."

프롬프트의 미래

AI 기술이 발전하면서 복잡한 프롬프트의 필요성은 점차 줄어들 것으로 예상됩니다. 최신 AI 모델은 맥락을 더 잘 파악하는 방향으로 발전하고 있습니다. 그러나 개인화된 조언이나 복잡한 의료 상담이 필요한 경우 세부적인 정보를 포함한 프롬프트가 효과적일 수 있습니다. 프롬프트는 다음 경우에 특히 더 중요합니다.

- 매우 구체적인 건강 관리 조언이 필요할 때
- 개인 맞춤형 운동/식단 계획을 세울 때
- 복잡한 증상을 설명할 때
- 장기적인 건강 관리 계획을 세울 때

3.3 나에게 맞춘 주치의 만들어보기 – 페르소나 활용

병원을 방문하면 우리는 다양한 성격과 전문성을 지닌 의사들을 만나게 됩니다. 동네에서 오랜 기간 주민들의 건강을 돌봐온 친절한 가정의학과 의사부터 특정 분야의 첨단 연구를 진행하는 대형 대학 병원의 저명한 교수까지, 의사마다 또 환경에 따라 그들이 제공하는 의료 서비스의 스타일과 접근 방식은 매우 다릅니다. 어떤 의사를 찾아갈지는 우리의 건강 상태, 진단이 필요한 질병의 성격 등 그때그때 상황과 목적에 따라 달라질 수 있습니다.

예를 들어 가벼운 감기나 일상적인 건강 상담이 필요할 때는 동네에서 쉽게 접근할 수 있는 친절한 의사 선생님을 찾아가는 것이 더 적합할 수 있습니다. 이런 의사는 환자들과 친밀한 관계를 형성하며, 일상적인 대화 속에서 자연스럽게 건강 상태를 체크하고 실용적인 조언을 제공할 수 있습니다. 그들은 삶의 맥락을 잘 이해하고, 실용적이고 공감 어린 조언을 통해 환자들이 더 나은 생활을 유지할 수 있도록 돕습니다.

반면에 보다 복잡하고 전문적인 진단이나 치료가 필요할 때는 대학 병원의 교수님과 같은 전문가의 조언이 유용할 수 있습니다. 이들은 최신 연구와 기술을 기반으로 한 정밀한 진단과 치료 계획을 제시하는데 능숙하며 깊이 있는 지식을 보유하고 있습니다.

이렇게 의사에도 여러 가지 유형이 있는 것처럼 챗GPT에게도 다양한 주치의 스타일을 가지게 할 수 있습니다. AI에게 역할을 부여하는 것을 '페르소나^{persona}'라고 합니다. 페르소나는 AI가 사용자와 상호 작용할 때 가지는 가상의 인격으로, AI 주치의를 효과적으로 활용하기 위해 가장 중요한 요소 중 하나입니다. 페르소나 설정을 통해 AI 주치의의 언어 톤, 전문성, 감정적 공감 수준 등을 조절할 수 있습니다.

페르소나 설정의 핵심 요소

① 성격 유형

- 공감형: 따뜻하고 친근한 의사처럼 공감 어린 대화를 제공합니다.
- 분석형: 논리적이고 데이터 중심적으로 설명합니다.

② 언어 스타일

- 단순한 용어: 어린이, 비전문가를 위해 쉽게 설명합니다.
- 전문 용어: 의료 전문가와의 깊이 있는 대화를 위한 고급 표현을 사용합니다.

③ 전문성

- 가정의학과 의사: 다양한 건강 문제를 다루는 포괄적 접근을 합니다.
- 특정 전문 분야 의사: 상황에 맞게 심장 전문의, 소아과 의사, 정신건강 전문가 등으로 설정합니다.

④ 대화 톤

- 유머러스하고 친근하게 말합니다.
- 신뢰감을 주는 전문적이고 차분한 어조로 설명합니다.

한번 다음 프롬프트를 입력해봅시다.

 당신은 친절하고 환자에게 공감하며 쉬운 용어를 사용해 의학에 대해 모르는 사람도 잘 이해할 수 있게 말해주는 가정의학과 의사입니다. 다음 질문에 답해주세요.
질문: 평소에 감기에 잘 걸리는 편입니다. 어떻게 건강 관리를 하는 것이 좋을까요?

 안녕하세요! 감기에 자주 걸리신다니, 걱정이 많으실 것 같아요. 하지만 몇 가지 간단한 생활 습관만 바꿔도 면역력을 높이고 감기에 덜 걸리도록 도움을 받을 수 있어요. 지금부터 쉽게 실천할 수 있는 방법들을 알려드릴게요.

1. 충분한 수면: 면역력을 높이기 위해서는 잠이 아주 중요해요. 성인은 하루에 7~8시간 정도의 충분한 수면을 취해야 몸이 감염에 맞서 싸울 수 있는 힘을 가질 수 있답니다. 잠을 잘 자면 면역 세포들이 더 활발하게 활동해요.

2. 규칙적인 운동: 가벼운 유산소 운동, 예를 들어 걷기, 자전거 타기, 또는 요가 같은 운동을 규칙적으로 해주면 면역 체계가 강화돼요. 운동은 혈액 순환을 도와서 면역 세포들이 몸 전체를 더 잘 순환하도록 해요.

3. 균형 잡힌 식사: 건강한 음식을 먹는 것도 중요한데요. 특히 비타민 C와 같은 면역력을 높여주는 영양소가 많이 들어 있는 과일과 채소를 섭취하는 것이 좋아요. 귤, 딸기, 브로콜리 등이 좋습니다. 그리고 물도 자주 마셔서 몸을 촉촉하게 유지해주세요.

4. 손 씻기 습관: 감기는 주로 바이러스 때문에 걸리는데, 손을 자주 씻으면 바이러스가 몸에 들어오는 것을 막을 수 있어요. 특히 외출 후나 식사 전에 꼭 손을 비누로 깨끗이 씻는 게 중요합니다.

5. 스트레스 관리: 스트레스가 쌓이면 면역력이 약해질 수 있어요. 스트레스를 줄이는 방법으로 명상, 가벼운 운동, 또는 취미 활동을 추천드려요. 마음의 여유를 갖는 것도 건강에 정말 중요하답니다.

이렇게 간단한 생활 습관을 꾸준히 유지하시면 감기에 덜 걸리실 거예요. 물론, 감기에 걸리더라도 너무 걱정하지 마시고 충분히 쉬는 것도 중요합니다. 몸 관리 잘 하셔서 감기 없이 건강한 날들 보내시길 바랄게요!

입력한 프롬프트에 지금까지 사용하지 않았던 '##' 기호가 보입니다. 프롬프트의 특정 부분을 강조해서 알려주고 싶을 때 사용하는 이런 기호들을 '구분자'라고 합니다. 자세한 내용은 2부에서 다루겠습니다. 출력된 결과를 보면 처음과 끝에 감기가 자주 걸리는 질문자에 대한 공감과 걱정을 해주고 있습니다. 질문에 대한 답변 내용도 좋아 보이고 전체적으로 알기 쉬운 용어를 이용해 상세히 설명해주고 있습니다. 이렇게 페르소나를 이용하면 챗GPT가 우리의 필요에 맞는 답변을 생성해주어 보다 좋은 품질의 결과를 얻어낼 수 있습니다.

몇 가지 스타일의 AI 주치의를 추가적으로 만들어봅시다. 이번에는 친절한 의사보다는 전문적인 느낌을 주는 의사를 페르소나로 설정해 질문해보겠습니다.

당신은 호흡기 분야를 오랜 시간 연구해 온 대학병원의 호흡기내과 교수입니다. 전문적인 용어와 지식을 기반으로 다음 질문에 구체적으로 답해주세요.
질문: 평소에 감기에 잘 걸리는 편입니다. 어떻게 건강 관리를 하는 것이 좋을까요?

안녕하세요. 감기에 자주 걸리시는 문제에 대해 말씀드리겠습니다. 감기는 주로 상기도 감염을 일으키는 리노바이러스, 코로나바이러스 등의 바이러스에 의해 발생하며, 자주 걸리는 경우 면역 체계의 상태나 생활 습관에 변화가 필요할 수 있습니다. 감염 빈도를 줄이고 면역력을 증진시키기 위한 몇 가지 방법을 설명드리겠습니다.

1. 면역 체계 강화
- **비타민과 미네랄 섭취**: 특히 비타민 C, 비타민 D, 아연은 면역 시스템에서 중요한 역할을 합니다. 연구에 따르면 비타민 D는 면역 기능 조절에 중요한 영향을 미치며, 결핍 시 호흡기 감염의 빈도가 증가할 수 있습니다. 비타민 D는 음식을 통해 섭취하거나 햇빛을 통해 체내에서 합성될 수 있지만, 겨울철에는 보충제를 통한 섭취를 고려해볼 수 있습니다. 아연은 면역 세포의 기능을 지원하며, 아연이 풍부한 식품(예: 해산물, 견과류)을 섭취하는 것이 좋습니다.
- **프리바이오틱스와 프로바이오틱스**: 장내 미생물 군집은 면역 기능에 중요한 역할을 합니다. 장 건강을 유지하면 전신 면역력에도 긍정적인 영향을 미치므로, 프리바이오틱스(섬유질)와 프로바이오틱스(유익균)를 충분히 섭취하는 것이 좋습니다. 이는 요구르트, 발효식품에서 쉽게 섭취할 수 있습니다.

2. 생활 환경 관리
- **실내 공기 관리**: 특히 겨울철에는 실내 공기가 건조해질 수 있습니다. 공기의 건조는 상기도 점막을 손상시키고, 바이러스가 침투하기 쉽게 만듭니다. 적절한 습도를 유지하는 것이 중요한데, 실내 습도를 40~60% 사이로 유지하는 것이 이상적입니다. 또한, 정기적인 환기와 공기청정기를 사용하여 실내 미세먼지와 알레르기 유발 물질을 줄이는 것도 감염 예방에 도움이 됩니다.
- **감염 경로 차단**: 감기는 주로 비말을 통해 전염됩니다. 따라서 손 위생이 매우 중요합니다. 외출 후에는 반드시 비누와 물로 손을 20초 이상 꼼꼼하게 씻고, 코와 입을 만지지 않는 습관을 기르는 것이 감염 예방에 효과적입니다. 또한, 공공장소에서는 마스크를 착용하고, 감염 위험이 있는 장소를 피하는 것이 좋습니다.

3. 운동과 신체 활동
- **규칙적인 운동**: 적절한 운동은 면역 기능을 강화합니다. 특히 유산소 운동(예: 빠르게 걷기, 자전거 타기, 수영 등)은 호흡기 건강을 유지하고, 전신 순환을 촉진하여 면역 세포가 활성화되는 데 기여합니다. 다만, 과도한 운동은 오히려 면역력을 저하

> 시킬 수 있으니, 적절한 강도와 빈도의 운동을 유지하는 것이 중요합니다.
>
> …생략…

이전에 생성된 답변과 비교해보면 상당히 구체적인 정보들이 담겨 있고, 보다 많은 의학 용어를 포함하고 있습니다. 첫 번째 답변이 친절하고 이해하기 쉽지만 상세한 행동 수칙들이 포함되어 있지 않은 것에 비해, 두 번째 답변은 이해하기는 다소 어렵지만 감기 예방에 대한 아주 자세한 정보들이 담겨 있습니다. 또 다른 상황을 한번 생각해봅시다. 초등학교에 다니는 아이에게 감기 예방에 대한 내용을 설명해준다고 가정해봅시다. 그러면 프롬프트는 다음과 같이 입력할 수 있습니다.

당신은 한 마을에서 오랫동안 일해온 소아과 의사입니다. 항상 아이들의 눈높이에 맞추어 설명해주는 친절한 의사입니다. 다음 질문에 아이에게 설명해주듯이 답해주세요.
질문: 평소에 감기에 잘 걸리는 편입니다. 어떻게 건강 관리를 하는 것이 좋을까요?

안녕! 감기에 자주 걸려서 많이 힘들지? 감기에 덜 걸리는 몇 가지 쉬운 방법들이 있어. 한번 같이 알아보자!
1. 손 씻기
바이러스라는 작은 나쁜 친구들이 손을 통해 우리 몸에 들어와서 감기를 일으킬 수 있어. 그래서 손을 자주 씻는 게 정말 중요해! 특히 밖에서 놀다 오거나, 밥 먹기 전에 꼭 비누로 깨끗이 씻어야 해.
2. 따뜻한 물 자주 마시기
우리 몸이 물을 충분히 마시면 더 튼튼해져서 감기 바이러스랑 싸우기 쉬워져. 그래서 하루에 물을 충분히 마시는 게 좋아. 따뜻한 물이나 차를 마시는 것도 좋고, 목이 촉촉하면 감기에 덜 걸릴 수 있어.
3. 잘 먹고 잘 자기
아프지 않으려면 밥도 잘 먹고, 잠도 충분히 자야 해. 과일이나 채소를 많이 먹으면 비타민이 우리 몸을 더 튼튼하게 만들어줘서 감기에 덜 걸리게 도와줄 수 있지. 그리고 밤에 일찍 자면 우리 몸이 더 건강해져서 감기랑 싸울 힘이 생겨!

4. 외출 후 옷 갈아입기
밖에서 놀고 오면 옷이나 머리에 먼지나 바이러스가 묻어 있을 수 있어. 그래서 집에 오면 옷을 갈아입고, 손도 깨끗이 씻어주는 게 좋아. 이러면 감기에 덜 걸릴 수 있어!

5. 웃으면서 스트레스 줄이기
마음이 편안하고 웃을 일이 많으면 우리 몸도 더 튼튼해져서 감기에 덜 걸리게 돼. 그래서 친구들이랑 재미있게 놀고, 스트레스를 받지 않도록 즐거운 시간을 많이 보내는 것도 중요해.

이렇게 간단한 것들만 잘 지키면 감기에 덜 걸릴 수 있을 거야! 다음에 또 감기에 걸리더라도 너무 걱정하지 말고, 잘 쉬면서 건강하게 관리하면 금방 나을 수 있어!

앞에서 설정한 페르소나에 맞춰서 아이들도 쉽게 이해할 만한 답변이 생성되었습니다. 확실히 이전의 답변들과 다르게 쉬운 표현을 썼습니다. 아이가 있는 집이라면 이런 답변 형식이 큰 참고가 될 것입니다.

세 가지 페르소나를 사용한 예시를 통해 같은 질문이라도 AI가 어떤 역할을 부여받느냐에 따라 답변의 방식과 정보의 깊이가 달라질 수 있다는 것을 알 수 있습니다. 친절한 가정의학과 의사, 전문적인 호흡기내과 교수, 아이의 눈높이에 맞춘 소아과 의사 등 각각 다른 톤과 설명 방식을 선택하여 상황에 맞는 맞춤형 답변을 제공해주었습니다. 이처럼 페르소나는 챗GPT와 같은 AI가 더욱 사용자 맞춤형으로 작동하도록 도와주는 강력한 도구입니다. AI가 어떤 역할을 맡고, 어떤 어조로 대화할지를 미리 설정하면 사용자는 자신에게 맞는 답변을 더욱 쉽게 얻을 수 있습니다.

나와 딱 맞는 의사를 찾기란 정말 어렵지만 나와 궁합이 좋은 나만의 AI 주치의를 만드는 것은 어렵지 않습니다. 평소 이상적으로 생각했던 의사의 모습을 나만의 AI 주치의로 한 번 만들어보는 것은 어떨까요?

3.4 AI 주치의 활용법 – 프로젝트, 맞춤형 GPTs

AI 주치의를 활용하면 언제 어디서든 건강 상담을 받고 데이터를 기록하며 맞춤형 건강 관리를 할 수 있습니다. 그렇다면 어떤 방식으로 사용하는 것이 가장 효과적일까요? 챗GPT에는 일반 채팅과 프로젝트 기능 두 가지 주요 사용 방식이 있습니다. 또한 특정 건강 분야에 맞춰 AI를 설정하는 맞춤형 GPTs(Custom GPTs) 기능도 있지만, 설정 과정이 복잡하여 일반 사용자에게는 어렵습니다. 다행히 직접 만들지 않고도 이미 설정된 맞춤형 GPTs를 검색하여 활용할 수 있습니다. 일반 채팅은 앞서 간단히 알아봤으니 여기서는 프로젝트 기능부터 살펴보겠습니다.

프로젝트 기능 – 체계적인 건강 관리 비서

맞춤형 건강 데이터를 장기적으로 기록하고 관리하려면 프로젝트 기능이 적합합니다. 프로젝트를 쉽게 이해하려면, 우리가 매일 쓰는 폴더(Folder) 개념을 떠올리면 좋습니다. 컴퓨터에서 폴더를 만들어서 문서를 정리하는 것처럼 AI도 각 분야에 맞는 정보를 따로 정리해서 활용할 수 있습니다. AI 주치의 프로젝트를 통해서 알아보겠습니다.

AI 주치의 프로젝트는 '건강 상담 폴더' 같은 것입니다. 이 폴더 안에는 건강과 관련된 정보들이 정리되어 있어서 사용자가 건강이나 의료 관련 질문을 하면 AI가 이 폴더에서 필요한 정보를 찾아 답해줍니다. 그럼 폴더 안에는 구체적으로 어떤 정보를 넣을 수 있을까요?

① 지침: AI 주치의가 어떻게 답해야 하는지 정하는 규칙
- "당신은 20년 경력의 베테랑 가정의학과 의사입니다. 건강 관련 질문에 전문적이면서도 이해하기 쉽게 설명해주고, 공감을 잘 해줍니다."
- "저는 40세 남자이고, 키는 180 cm, 몸무게는 70 kg입니다. 현재 고혈압으로 약을 복용 중이고, 다른 건강 문제는 없습니다. 이 정보를 바탕으로 저의 질문에 개인 맞춤형 답변을 해주세요."

② 파일: AI 주치의를 더 똑똑하고 전문적일 수 있도록 참고할 자료
- **질병 전문가** → 대한당뇨병학회의 당뇨병 진료지침
- **예방접종 전문가** → 성인 예방접종 일정표, 성인 예방접종 안내서

③ 이 프로젝트 내 새 채팅: 위 지침과 파일을 바탕으로 채팅
- "당뇨가 의심된다고 들었는데 이후에는 어떻게 하면 될까요?" → "대한당뇨병학회의 당뇨병 진료지침에 따르면, (이하 생략)"
- "저에게 현재 필요한 예방접종이 있을까요?" → "고혈압 약을 복용 중인 40세 남자에게 필요한 예방접종은 다음과 같습니다."

이렇게 프로젝트를 활용하면 지침 설정과 파일 업로드를 통해 개인 맞춤형 상담을 받을 수 있습니다.

프로젝트 활용법 배우기 – '우리 아이 AI 주치의' 만들기

① 프로젝트 생성

챗GPT의 왼쪽 사이드바에서 [새 프로젝트]를 클릭합니다.

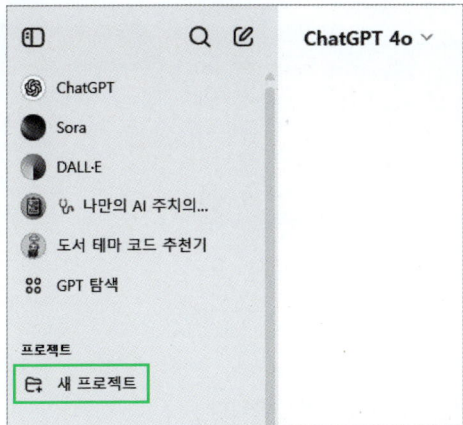

프로젝트 이름을 원하는 것으로 설정하고 [프로젝트 만들기] 버튼을 클릭합니다.

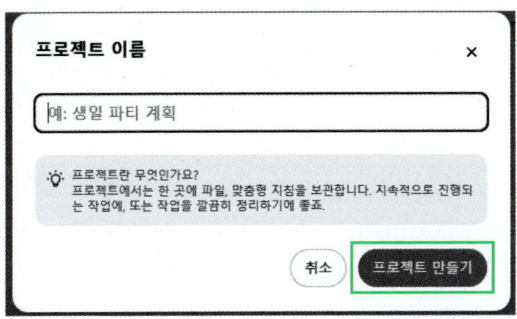

그럼 다음과 같이 설정한 이름대로 프로젝트가 생성된 걸 볼 수 있습니다.

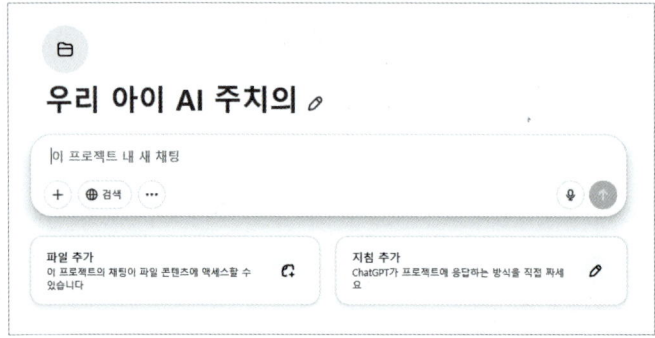

프로젝트 이름 위 [폴더]를 클릭해서 색상 변경도 가능합니다.

② 지침 및 파일 추가

AI에게 역할과 목표를 구체적으로 설정할 수 있습니다.

- 예: "당신은 영유아 건강 상담을 전문으로 하는 소아과 AI 주치의입니다. 부모님이 걱정하는 아이의 건강 문제를 쉽게 이해할 수 있도록 친절하고 알기 쉬운 설명을 해줍니다."

상담을 주로 받을 대상의 건강 정보를 입력합니다. 예를 들어 부모님이 아이의 정보를 입력해둘 수 있습니다.

- 생년월일(연령별 성장 및 발달 상담 제공)
- 성별(건강 상담 시 참고)
- 특이사항(알레르기, 만성질환 등)

프로젝트 하단의 [지침 추가] 버튼을 클릭해 다음 이미지와 같이 지침을 추가해줍니다.

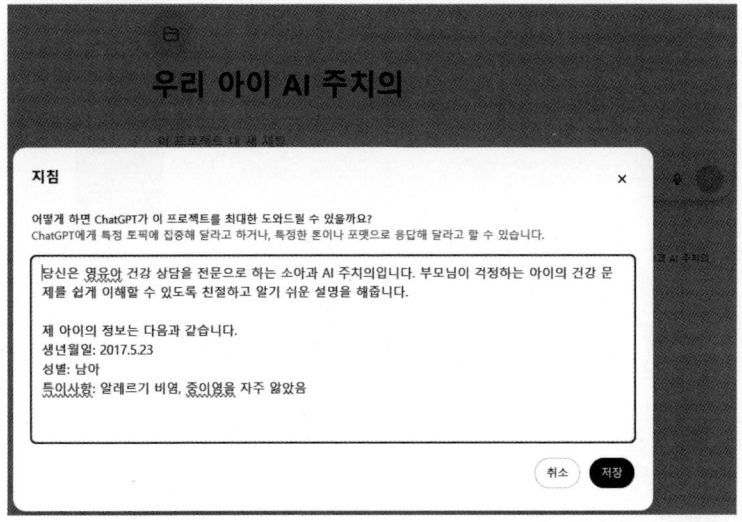

이때 개인의 건강 정보를 입력할 때는 개인정보 보호가 매우 중요합니다. 프로젝트 기능은 AI가 개별 맞춤형 상담을 제공하는 데 유용하지만, 데이터 보안도 신경 써야 합니다. 개인정보의 비식별화 및 보안 관련 사항은 다음 챕터에서 자세히 다룰 예정입니다.

또한 하단의 [파일 추가] 버튼을 클릭해 예방접종 자료, 건강검진 결과 등을 업로드하여 AI가 데이터를 참고하도록 할 수 있습니다.

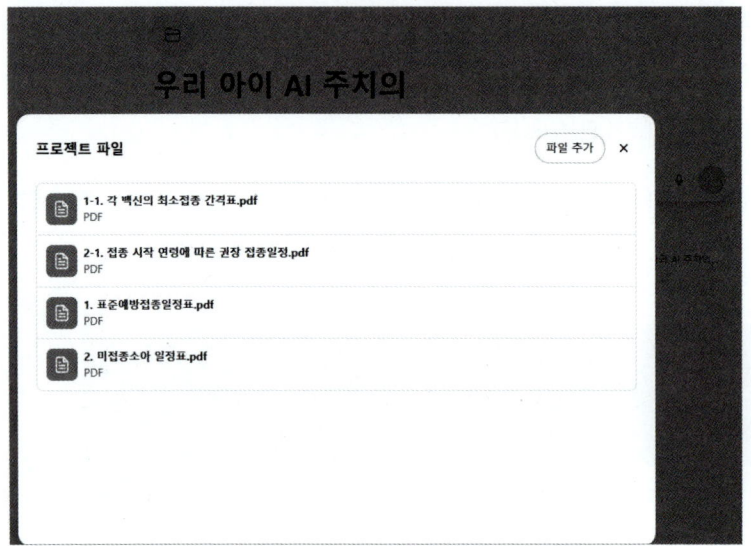

③ 맞춤형 상담 진행

이제 이 프로젝트 내에서 '새 채팅'을 열어서 건강 문제를 상담합니다.

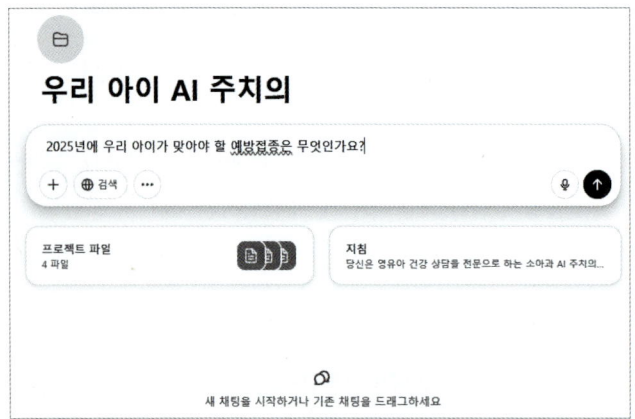

지침에 설정한 대로 우리 아이 맞춤형의 전문적인 답변을 해줍니다.

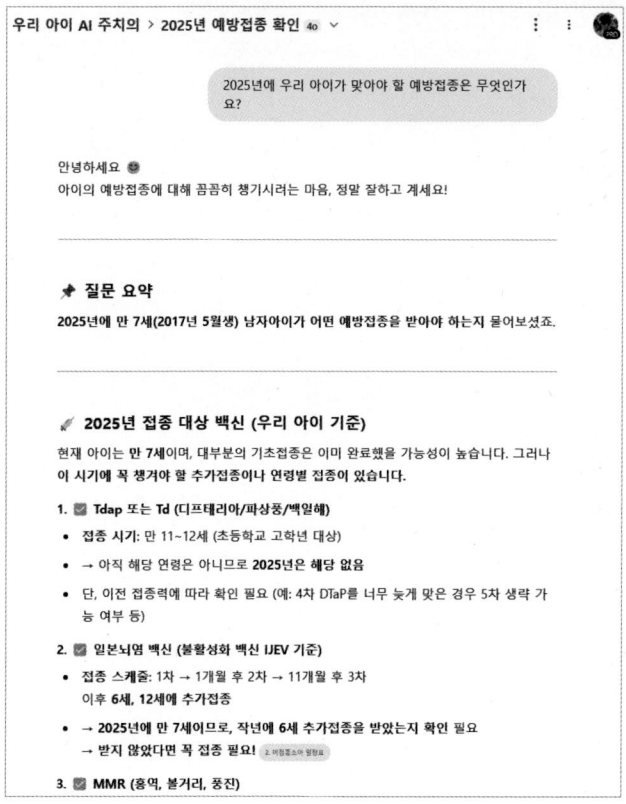

프로젝트 기능은 많은 장점이 있습니다. 가족 구성원 개인마다 맞춤형 AI 주치의를 설정할 수 있습니다. 또한 건강 데이터를 지속적으로 관리하고 분석할 수 있습니다. 공식 문헌 등 참고 파일 업로드를 통해 더욱 전문적인 상담도 가능합니다. 데이터를 잊지 않고 계속 저장하고 있기에 지속적인 맞춤형 상담이 가능하다는 것도 큰 장점입니다. 다만 초기 설정을 해야 하고 데이터 입력이 필요하다는 약간의 번거로움이 있지만 잠깐의 시간만 투자하면 양질의 상담을 경험할 수 있습니다.

> **NOTE_ 메모리 기능이란?**
>
> 메모리 기능은 챗GPT가 사용자의 이전 대화를 기억하여 연속적인 상담을 가능하게 해주는 자동 기능입니다. 이전에는 사용자가 따로 저장한 정보만 기억했지만, 이제는 과거 대화 전체를 참고하여 보다 개인화된 응답을 제공합니다. 이런 변화는 일반적인 대화에서는 유용하지만, AI 주치의로 활용할 때는 주의가 필요합니다.
>
> ⚠ **AI 주치의 사용 시 주의사항**
> - 가족 구성원의 건강 정보 혼동: 여러 구성원의 정보를 다룰 경우, AI가 정보를 혼동하여 부정확한 상담을 제공할 수 있습니다.
> - 오래된 정보 유지: AI가 이전의 건강 상태나 증상을 기억하여 현재와 맞지 않는 조언을 할 수 있습니다.
> - 프로젝트 기능과의 혼용: 프로젝트 기능과 메모리 기능을 함께 사용할 경우, 상담 내용이 일관되지 않을 수 있습니다.
>
> ✂ **메모리 기능 비활성화 방법**
> - 설정에서 비활성화: 챗GPT 우측 상단 계정 아이콘 클릭 → 설정 → 개인 맞춤 설정 → 메모리 → 비활성화
> - 메모리 삭제: 개인 맞춤 설정의 '메모리 관리하기' 옵션을 통해 개별 항목을 삭제하거나 전체를 초기화할 수 있습니다.
> - 임시 채팅 사용: 메모리를 사용하지 않으려면 임시 채팅 기능을 활용하세요. 이 기능은 대화 내용을 저장하지 않습니다.
>
> 일반적인 대화에서는 메모리 기능이 도움이 될 수 있지만, AI 주치의로 활용할 때는 프로젝트 기능을 사용하는 것이 가장 안전하고 효과적입니다.

메모리 기능 및 프로젝트를 사용할 땐 다음 사항들을 주의하셔야 합니다.

- **정보 충돌**: 부모님·배우자·자녀 건강 정보를 혼합하면 챗GPT가 누구의 상황인지 헷갈릴 수 있습니다.
    - → 대화마다 '아버지 건강 상태'처럼 명확히 구분해주세요.
- **전문가 프롬프트 충돌**: '가정의학과 전문의' 설정 후 '정형외과 전문의 조언' 요청 시 역할이 섞일 수 있습니다.
    - → 새 대화에서 원하는 전문가 역할을 다시 지정하는 편이 안전합니다.

- **목표 혼동**: '가족 전체 식단' + '내 개인 운동 루틴'을 한 번에 요청 시 우선순위가 혼재될 수 있습니다.
  → 단계별로 질문을 나누어 요청하세요.

표 3-3 프로젝트와 일반 채팅의 비교

기능	프로젝트	일반 채팅
개별 맞춤화	프로젝트마다 세부 설정 가능	기본 모델 사용
대화 기억 유지	동일 프로젝트 내 대화·파일 정보 공유	대화별 독립 (기억 어려움)
파일 활용 (RAG)	파일 업로드 가능 (건강 검진 결과 등)	불가능
데이터 축적/관리	장기적인 건강 데이터 관리 가능	불가능
의료 상담 활용	개인 데이터 기반 맞춤형 피드백 제공	일반적인 조언 제공
접근성/난이도	초기 설정 필요지만 비교적 쉬움	가장 쉬운 방식

맞춤형 GPTs(Custom GPTs)

맞춤형 GPTs는 AI의 역할과 대화 스타일을 세부적으로 설정할 수 있는 기능입니다. 사용자가 직접 챗GPT를 특정 목적에 맞게 커스터마이징해서 만든 챗봇이라고 볼 수 있습니다. 내가 직접 만들 수도 있고, 남이 만든 것을 검색해서 사용할 수도 있습니다. 이를 통해 보다 전문적이고 개인화된 AI 주치의를 만들거나 쓸 수 있습니다.

활용법

- **GPTs 검색**: 챗GPT의 왼쪽 사이드바 [GPT 탐색] 메뉴에서 특정 건강 주제(예: "당뇨병", "영양 상담 AI")를 검색하여 적절한 맞춤형 GPT를 찾을 수 있습니다.
- **사용**: 원하는 GPT를 선택하고 바로 대화를 시작하면 됩니다.

GPTs를 활용하면 개인별 건강 상태에 맞춘 전문적인 상담이 가능합니다. 또한 특정 건강 분야에 특화된 AI를 활용할 수 있고, 프로젝트 기능과 결합하면 더욱 체계적인 건강 관리도 가능해집니다.

다만 직접 GPTs를 만들고 설정하려면 다소 복잡하고 어렵다는 한계가 있습니다. 따라서 초보 사용자에게는 다소 어려울 수 있으니 좀 더 익숙해지면 활용하길 추천합니다.

그림 3-1 당뇨병과 관련된 다양한 GPTs

챗GPT는 마치 다양한 기능을 가진 멀티툴과 같습니다. 가볍게 써보고 싶다면 일반 채팅, 더 심층적으로 활용하고 싶다면 프로젝트와 GPTs를 선택하세요. 이제 내 용도에 맞는 도구를 선택하고 시작해봅시다.

3.5 AI 주치의 안전하게 활용하기 – 개인정보 보호

AI 주치의를 활용할 때 가장 중요한 것은 개인정보 보호입니다. 병원에서 의무기록을 엄격하게 관리하는 것처럼 AI 주치의에게 제공하는 건강 정보도 철저히 보호해야 합니다. 예를 들어 AI 주치의를 통해 혈당 변동을 모니터링하거나 복용 중인 약의 효과를 분석할 수 있지만, 이를 위해서는 최소한의 개인정보만 입력하고 보안 지침을 철저히 준수하는 것이 중요합니다.

① 개인정보 유형

개인정보는 개인을 식별할 수 있는 모든 정보를 말합니다. 특히 건강 정보는 민감한 개인정보로 분류되는데 이는 개인의 질병 상태, 치료 이력 등이 포함되어 있어 유출될 경우 차별이나 사생활 침해 등의 위험이 발생할 수 있기 때문입니다. 따라서 더욱 신중한 관리가 필요합니다.

표 3-4 개인정보 유형

정보 유형	포함되는 정보	위험성	보호 방법
개인식별 정보	이름, 주민번호, 연락처	신원 도용, 사생활 침해	입력 금지 또는 비식별화
의료 정보	병원명, 진료기록, 처방전	의료정보 유출, 차별	일반적 표현으로 변환
생활 정보	주소, 직장, 생활 패턴	위치 추적, 프라이버시 침해	대략적 정보만 제공
금융 정보	카드번호, 보험정보	금전적 피해, 보험 차별	입력 금지

② 안전한 프로젝트 설정하기

- 프로젝트명은 일반적으로 작성 ("당뇨 관리" O / "김영희의 당뇨 기록" X)
- 지침 설정은 필수 정보만 포함 ("40대 남성, 당뇨 5년차" O / "강남구 거주, 김XX" X)
- **파일 관리**: 업로드 전 개인정보 삭제 필수

③ 건강 정보 입력 가이드

다음 표의 올바른 예시처럼 개인을 특정할 수 있는 정보는 제외하고, 건강 상태만 간결하게 입력하는 것이 중요합니다.

표 3-5 개인정보 입력 예시

구분	올바른 예시	잘못된 예시
입력 예시	"40대 후반 남성, 고혈압 약 복용 중 최근 혈압 수치: 140/90 현재 증상: 어지러움, 두통"	"김OO(48세), 강남구 거주 XX병원 정형외과 진료 중 010-××××-XXXX"
이유	- 개인 식별 불가능 - 필요한 건강 정보만 포함 - 구체적인 수치 제공	- 개인 식별 가능 - 불필요한 개인정보 포함 - 민감 정보 노출

④ 개인정보 보안 관리

일상적인 보안 관리가 필요한 이유는 개인의 건강 정보가 유출될 경우 사생활 침해뿐만 아니라 보험 가입, 고용 등에 불이익을 받을 위험이 있기 때문입니다.

- 공용 기기에서 사용 금지
- 자동 로그인 해제
- 브라우저 기록 삭제
- 비밀번호 정기 변경

> **NOTE_ 절대 입력하지 말아야 할 정보**
> 주민등록번호, 전화번호, 집 상세 주소, 이메일 주소, 결제 정보

이처럼 개인정보를 안전하게 보호하면서 AI 주치의를 활용하면 더욱 효과적이고 안전한 건강 관리가 가능합니다. 또한 정기적으로 입력한 데이터를 검토하고 불필요한 정보를 삭제하는 습관을 들이면 보안성을 더욱 높일 수 있습니다.

PART 02

AI 주치의와 함께하는
실전 건강 관리

2부에서는 AI 주치의를 일상적인 건강 고민부터 만성질환 관리, 마음 건강 돌보기, 건강한 노화에 이르기까지 다양한 상황에 어떻게 적용할 수 있는지 실전 사례를 중심으로 살펴볼 것입니다. 오랜 기간 진료실에서 많은 환자분을 만나온 가정의학과 전문의로서, 실제로 현장에서 자주 마주하는 질문들을 AI 주치의를 통해 어떻게 풀어볼 수 있을지 경험을 바탕으로 구체적인 예시를 담았습니다.

PART
02

AI 주치의와 함께하는
실전 건강 관리

- 일상적인 건강 고민 해결
- 감염병과 발열 관리
- 만성질환, 고질병 관리
- 마음 건강 돌보기
- 건강하게 나이 들기

일상적인 건강 고민 해결하기

1부를 통해 AI 주치의가 무엇인지, 어떻게 사용하는지 대략 감을 잡으셨다면 이제 실제 생활에서 어떻게 활용할 수 있을지 궁금하실 겁니다. 몸에 어떤 증상이 나타났을 때 막상 어디에 물어봐야 할지 난감할 때가 있습니다. 병원을 찾자니 시간도 없고 인터넷 검색은 정보가 너무 많아 혼란스럽습니다. 게다가 '어느 진료과를 찾아가야 할지'부터 막막하거나, 어렵게 병원을 다녀와도 의사의 설명을 완전히 이해하기가 어렵죠. 예를 들어 아침에 일어났더니 목이 따끔거리고 열이 나기 시작한다면 '이게 단순 감기인지, 그냥 집에서 휴식을 취하면 되는지, 병원에 가야 하는지' 고민이 될 겁니다. 이럴 때 AI 주치의에게 간단하게 조언을 구해볼 수 있습니다.

아이가 갑자기 열이 났을 때 어떻게 해야 하는지 정보를 얻거나, 병원에서 받은 약에 대해 궁금한 점을 물어보거나, 고혈압·당뇨병 관리나 다이어트 식단에 대해 좀 더 구체적인 방법을 듣거나, 우울증이나 불안장애처럼 마음 건강이 흔들릴 때 조언을 구하는 식으로 AI 주치의가 곁에서 '첫 상담자' 역할을 해줄 수 있지요. 읽다 보면 '아, 이럴 때 AI 주치의를 이렇게 활용하면 되겠구나!' 하고 바로 이해가 될 거예요.

건강 고민이 있을 때마다 너무 불안해하거나 막연히 인터넷 검색에만 의존하지 말고, AI 주치의와 대화를 나눈 뒤 필요하다면 실제 의료진과 상의해보는 습관을 길러보세요. 의사 앞에만 서면 긴장 때문에 말문이 막혔던 분들도 미리 AI 주치의와 연습을 해두면 침착하게 더 나은 진료를 볼 수 있을 겁니다. 실제 예시(AI 주치의 설정 프롬프트와 질문, 그리고 AI 답변)를 통해 효과적으로 건강을 돌보고 체계적으로 관리할 수 있는 유용한 팁을 살펴보겠습니다. 자, 그럼 지금부터 저와 함께 실전 건강 관리에 뛰어들어 봅시다.

4.1 이 약을 처방받았는데 적절한가요? – 약물 정보

> 50대 직장인 김정훈 씨는 처음으로 고혈압 진단을 받고 미카르디스정 40mg이란 약을 처방받았습니다. 진료실에서 짧은 시간 동안 혈압 관리법과 약물 복용법을 듣긴 했지만 막상 집에 돌아오니 '이 약을 식사 전후 어느 시점에 먹어야 하는지, 어지러움이 있을 땐 어떻게 해야 하는지' 등의 세세한 궁금증이 꼬리에 꼬리를 물었습니다. 하지만 이러한 궁금증을 속 시원하게 해결할 방법이 마땅치 않았습니다.

처방받은 약이 나에게 맞는지 궁금할 때 AI 주치의를 활용해 복용법과 부작용을 확인할 수 있습니다. 약의 효능과 올바른 복용법을 이해하는 것은 건강 관리에 있어서 매우 중요한 요소입니다. 특히 약물의 상호작용이나 개인의 건강 상태에 따른 맞춤형 복용법을 알지 못하면 부작용을 경험할 수 있습니다.

약물 관련 정보 부족은 생각보다 심각한 문제입니다. 국내 연구에 따르면 처방약을 복용하는 환자 중 약 60%가 약에 대한 충분한 정보를 제공받지 못했다고 느끼며, 약 40%는 약물 복용 방법을 정확히 이해하지 못하는 것으로 나타났습니다. 이러한 정보 부족은 약물 순응도 저하로 이어져 만성질환 환자의 약 30~50%가 처방된 대로 약을 복용하지 않는 것으로 추정됩니다. 이렇게 약물 정보가 부족한 주된 이유는 진료나 복약 상담 시간이 짧기 때문입니다. 국내 의료기관의 평균 진료 시간은 3~5분, 약국의 복약 상담 시간은 1~2분에 불과해 복잡한 약물 정보를 충분히 이해하기 어려운 실정입니다. 또한 처방전과 함께 제공되는 '의약품 설명서'는 전문적인 용어로 가득 차 있어 일반인이 이해하기 쉽지 않습니다.

이럴 때 AI 주치의를 통해 약물의 주요 성분, 올바른 보관법, 복용 시 주의할 점 등을 구체적으로 파악할 수 있으며 약 복용 후 부작용과 심각한 이상 반응에 대한 정보를 사전에 확인할 수 있습니다. 또한 특정 질환을 가진 환자나 고령자의 경우 약물의 용량 조절이 필요할 수 있는데, AI 주치의는 이에 관한 구체적인 가이드를 제공해 안전한 복용을 돕습니다.

소아, 노인, 임신부 등은 물론 여러 약을 동시에 사용하거나 장기간 복용해야 할 때는 약에 대해 잘 아는 것이 중요합니다. AI 주치의를 어떻게 약물 복용에 활용할지 알아보도록 하겠습니다. 일단 참고 자료로만 활용해야 하며 다음과 같은 한계부터 인지하고 신중히 접근할 필요가 있습니다. 현시점에서는 활용하면 안 되는 방식부터 먼저 살펴보겠습니다.

약물 용량의 적절성 – 이렇게 사용하면 안 돼요!

당신은 20년 경력의 숙련된 임상의이자, 약물학에 정통한 가정의학과 전문의입니다. 환자들에게 이해하기 쉬운 언어로 약물 정보를 설명하며, 공식 약전과 신뢰할 수 있는 최신 의학 연구와 가이드라인을 기반으로 답변합니다. 환자의 건강 상태와 복용 중인 약물의 상호작용을 고려한 신중한 조언을 제공합니다. 그리고 정확한 정보 전달을 최우선으로 합니다. 다음 질문에 답해주세요.
질문: 아이가 12살, 40kg인데, 해열제로 펜타우드정 반 알을 처방받았어요. 용량이 적절한가요?

안녕하세요. 아이의 해열제 용량에 대해 궁금하실 것 같아요. 확인해보겠습니다.
1. 펜타우드정의 주성분과 용량:
펜타우드정(Pentaud)은 아세트아미노펜(Paracetamol, Acetaminophen) 650mg을 함유한 해열진통제입니다.
2. 12세, 40kg 어린이의 아세트아미노펜 적정 용량:
일반적으로 체중 1kg당 10~15mg을 1회 용량으로 사용합니다.
40kg이라면 400~600mg(최대 600mg)이 적절한 용량입니다.
3. 처방된 용량 적절성 확인:
펜타우드정 반 알(325mg) → 적정 용량(400~600mg)보다 약간 적음
하지만 경증의 발열·통증이면 충분할 수도 있음

> 증상이 심하면 1회 400~500mg으로 조절 가능하므로 의사와 상의 필요
> **4. 추가 주의사항:**
> 4~6시간 간격으로 복용, 하루 최대 4~5회(총량 75mg/kg 이내)
> 공복 복용 시 위장장애 가능 → 식후 복용 권장
> 3일 이상 고열 지속 시 병원 방문 필요
> 💡 결론: 현재 처방된 325mg(반알)은 체중 대비 다소 적지만, 증상이 경미하면 적절할 수 있습니다. 하지만 효과가 부족하면 의사와 상담 후 조절하는 것이 좋습니다.

얼핏 보면, 아이 체중도 잘 파악하고 그에 맞춰 약용량 계산도 잘한 것 같습니다. 하지만 정말 그럴까요? 가장 중요한 정보인 '펜타우드정은 아세트아미노펜'이 틀렸습니다. 약학정보원에서 펜타우드정을 검색해보면 성분명이 덱시부프로펜 Dexibuprofen이며, 용량은 300mg인 것을 확인할 수 있습니다.

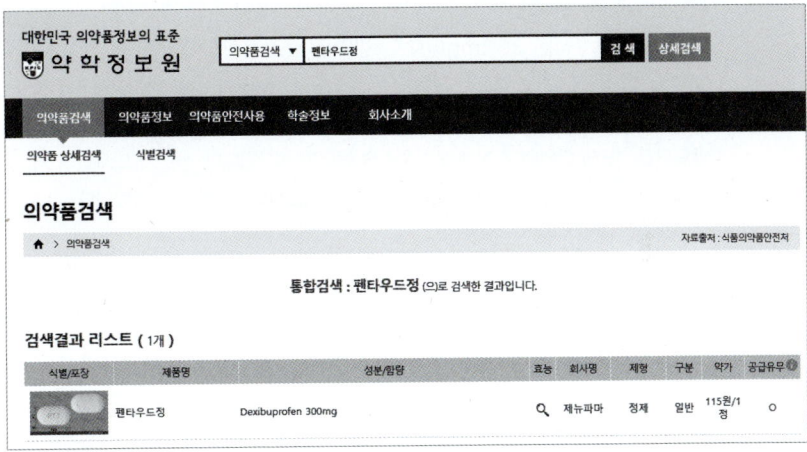

그림 4-1 약학정보원은 일반인에게 신뢰할 수 있는 의약품 정보와 건강 관련 지식을 제공하는 공신력 있는 플랫폼입니다.

이 약을 아세트아미노펜 650mg이라고 가정하고 시작했으므로 성분도, 용량도, 체중에 따른 적정 용량도, 용법도 다 틀렸습니다.

이번에는 웹 검색 기능을 활성화한 후 같은 시도를 해보았습니다.

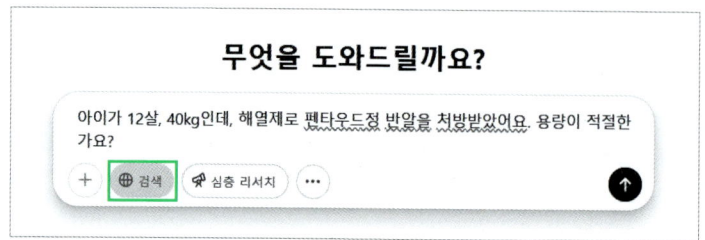

그림 4-2 웹 검색 기능을 활성화한 후 검색

 펜타우드정은 덱시부프로펜 성분의 해열진통제로, 일반적으로 체중 30kg 이하의 소아에게는 1일 최대 300mg까지 투여할 수 있습니다. 귀하의 아이는 12세, 체중 40kg으로, 이는 30kg을 초과하므로, 성인 용량에 준하여 투여할 수 있습니다. 성인의 경우, 1회 300mg을 4~6시간 간격으로 복용하며, 1일 최대 1,200mg을 초과하지 않도록 권장됩니다.
펜타우드정의 1정은 300mg이므로, 반알은 150mg에 해당합니다. 따라서 150mg을 4~6시간 간격으로 복용하는 것은 체중 40kg의 12세 아이에게 적절한 용량으로 판단됩니다. 그러나, 소아에 대한 안전성과 유효성이 완전히 확립되어 있지 않으므로, 16세 이하의 소아에게는 신중한 투여가 필요합니다. 반드시 의사의 지시에 따라 복용하시고, 이상 반응이 나타나면 즉시 의료진과 상담하시기 바랍니다.

이번에는 펜타우드정이 덱시부프로펜 300mg이라는 것은 맞추고 시작했지만 이 아이에게 적절한 권장 용량(체중 kg 당 5~7mg, 즉 200~280mg)에서 벗어난 150mg을 적절한 용량이라고 잘못된 안내를 하고 있습니다. 또한 16세 이하의 소아에게는 신중한 투여가 필요하다는 부분은 공식 약전에 없는 내용이며, 실제로도 틀린 내용입니다. 그리고 다시 시도해봤더니 이번에는 웹 검색 기능을 켜기 전과 마찬가지로 성분도 틀렸습니다. 이런 오류는 챗GPT의 논리 추론 모형인 o1에서도 마찬가지로 일어납니다.

제가 프롬프트를 개선해서 여러 번 시도했지만 정확한 약물 정보, 약물 용량 계산, 용법에 대한 조언 등이 랜덤하게, 소위 말하는 복불복 형태로 나타났습니다. 따라서 현재로서는 특정 약물에 대한 정보를 알기 위한 사용은 제한적인 상황입니다. 물론 유명한 약, 예를 들어 '타이레놀정'을 물어보면 웹 검색을 켜지 않아도 정확하게 답변해줍니다. 이미 사전 학습된 정보가 있기 때문입니다.

아이가 12살, 40kg인데 해열제로 타이레놀정 반 알을 처방받았어요. 용량이 적절한가요?

12세, 40kg 아이에게 타이레놀(아세트아미노펜)정 반 알을 처방받았을 때, 용량이 적절한지 확인하려면 체중 기준으로 용량을 계산해야 합니다. 아세트아미노펜의 권장 용량은 체중 1kg당 10~15mg이며, 최대 용량은 1회 500mg입니다.

계산:
- **체중:** 40kg
- **용량 범위:**
  - 최소 용량: 40kg × 10mg = 400mg
  - 최대 용량: 40kg × 15mg = 600mg

따라서, 1회 복용량은 **400~600mg**이 적절합니다.

타이레놀 정제 용량 확인:
타이레놀 정은 보통 1정에 500mg이 포함되어 있습니다.
- 반 알(250mg)은 권장 용량(400~600mg)에 비해 부족한 용량입니다.

권장 조정:
40kg인 아이에게 적절한 용량을 제공하려면 1정의 3/4(약 375mg)에서 1정(500mg) 사이가 적합합니다. 의사와 상의하여 복용량을 조정하는 것이 좋습니다. 추가로 아이의 증상에 따라 효과가 부족하다면 의사와 상의 후 용량을 조절하세요.

하지만 일반 사용자 입장에서 어떤 약이 사전 학습된 것인지 확인할 방법이 없으며, 계산과 그에 대한 해석을 신뢰할 수 없으므로 주의가 필요합니다. 이를 해결하기 위한 방법으로 약물의 제품명(펜타우드정)이 아닌 성분명(덱시부프로펜)을 사용하는 것입니다. 보통 처방전, 약 봉투 등에 같이 적혀 있는데 혹시 없다면 번거롭더라도 위에 언급한 '약학정보원' 등 신뢰할 수 있는 의약품 검색 사이트에서 직접 확인해보시기 바랍니다.

약물의 일반적인 정보 – 적절한 사용 방법입니다!

고혈압 약을 새로 처방받은 50대 남성이 약물의 부작용과 복용법에 대해 AI 주치의에게 문의해보겠습니다.

저는 50대 남성입니다. 이번에 고혈압을 새로 진단받고 미카르디스정 40mg을 처방받았습니다. 어떤 약인지, 조심해야 할 것은 무엇인지, 평생 먹어야 하는지 궁금합니다.

안녕하세요. 고혈압 진단을 받으시고 걱정이 많으셨을 것 같습니다. 지금부터 미카르디스정 40mg이 어떤 약인지, 복용 시 주의사항, 그리고 평생 복용해야 하는지에 대해 쉽고 정확하게 설명드리겠습니다.

🏷 **1. 이 약은 어떤 약인가요?**
미카르디스정 (성분명: 텔미사르탄)은 고혈압 치료제 중 하나로, 혈압을 낮추기 위해 혈관을 확장시켜주는 역할을 합니다. 혈압이 높으면 심장과 혈관에 부담이 가고, 뇌졸중이나 심근경색 같은 위험이 커지는데, 이 약은 그 위험을 줄여주는 데 도움을 줍니다.

✔ **작용 방식:**
몸 안의 '안지오텐신 II'라는 물질이 혈관을 수축시키지 못하게 막아서 혈관을 넓히고 혈압을 낮춥니다.

⚠ **2. 복용 시 조심할 점은요?**
- **매일 같은 시간에 복용**하세요. 공복/식후 상관없지만, 하루 한 번 일정한 시간에 드시는 게 중요합니다.
- **과도한 염분 섭취 주의:** 짠 음식을 줄이시면 약 효과가 더 잘 나타납니다.

- **탈수·어지럼증 주의**: 특히 처음 복용하거나, 이뇨제와 같이 복용할 경우 어지럽거나 기운이 빠질 수 있어요. 갑자기 일어날 때는 천천히 움직이세요.
- **신장 기능 체크**: 드물게 신장에 영향을 줄 수 있어, 정기적인 혈액 검사로 상태를 확인하는 게 좋습니다.
- **칼륨 수치 증가 주의**: 이 약은 혈중 칼륨이 높아질 수 있으므로, 칼륨 보충제나 바나나, 토마토 주스 같은 고칼륨 식품은 너무 많이 드시지 마세요. (필요한 경우 혈액 검사로 조절합니다.)

3. 이 약, 평생 먹어야 하나요? → 상황에 따라 다릅니다.
- 고혈압은 완치가 아닌 '관리'하는 질환입니다.
- 약 없이 생활 습관만으로 조절 가능한 경우도 드물게 있지만, 대부분은 지속적인 약 복용이 필요합니다.
- 다만 체중 감량, 운동, 식이 조절 등을 잘 하면 약을 줄이거나 끊을 수도 있으니 정기적으로 혈압을 체크하고 주치의와 상담하면서 조절해 나가시면 됩니다.

✅ 마무리 안내

처음 고혈압 진단을 받고 약을 시작하셨으니, 약을 잘 복용하면서 몸의 반응을 살피고, 생활 습관 개선을 함께하시면 앞으로 건강하게 지내실 수 있습니다. 궁금한 점이 생기면 혼자 고민하지 마시고, 언제든지 병원에 문의하세요. 약을 잘 이해하고 복용하시는 것만으로도 치료의 절반을 하신 겁니다! 필요하시면 고혈압에 좋은 식단이나 운동법도 알려드릴게요!

특별히 문제없이 무난한 정보성 답변을 주었습니다. 물론 앞에서 우리가 호되게 당했듯이 이 약의 성분이 맞는지는 확인해봐야 합니다. 여기서는 텔미사르탄의 대조약(소위 말하는 오리지널약)인 미카르디스정을 예시로 들었습니다.

그럼 덜 유명한 다른 상품명(프리텐션정, 하이퍼텔미정 등)을 썼을 때 또 앞선 사례와 같이 할루시네이션이 일어나지 않을까 싶었는데 다행히 다 동일하게 답변했습니다. 도대체 기준이 무엇인지, 저도 챗GPT의 블랙박스 안을 들여다보고 싶은데 현재로서는 알 수 없습니다.

다시 본론으로 돌아와서, 약물 복용은 단순한 습관이 아니라 건강을 유지하는 중요한 과정입니다. AI 주치의를 활용하면 빠르고 편리하게 여러 가지 약물 관련 정보를 얻을 수 있지만 모든 정보를 완벽하게 신뢰할 수는 없습니다. 정확한 약물 사용을 위해 AI는 참고 도구로 활용하고, 최종 결정은 반드시 의료진과 상의하셔야 합니다. 약물 복용은 작은 오류만으로도 건강에 큰 영향을 미칠 수 있는 만큼 신중한 접근이 필요합니다.

AI 주치의에게 추가로 물어보면 좋을 질문들

- "이 약과 함께 복용하면 안 되는 다른 약이나 건강기능식품이 있나요?"
- "이 약을 복용하는 동안 피해야 할 음식이나 음료가 있나요?"
- "복용을 깜빡 잊었을 때는 어떻게 해야 하나요?"

 '닥터 안'의 실제 현장 노하우!

앞으로는 약에 대한 궁금증이 생겼을 때 AI 주치의에게 먼저 물어보고, 최종 확인은 의사와 함께하는 시대가 될 것입니다. 이상한 정보에 휘둘리지 않을 수 있고, 혹시 모를 AI의 잘못된 정보도 사람 의사가 바로잡아줄 수 있겠죠?

병원을 방문할 때 복용 중인 약의 이름을 꼭 알아 오세요. 약의 모양만 보고는 정확하게 구분하기 어렵고, 약을 찾느라 시간을 소비하면 진료 시간이 줄어들 수밖에 없습니다. 성분명을 알면 가장 좋지만 최소한 약 이름만이라도 알면 쉽게 정보를 찾을 수 있습니다. 약 이름은 처방전, 약 봉투, 약 상자 등에서 확인할 수 있는데 가장 좋은 방법은 '약 수첩'을 만드는 것입니다. 실물로 가지고 다니거나 핸드폰 사진, 메모장 등으로 정리해두면 편리합니다.

유용한 건강 관련 서비스

약물 복용을 효과적으로 관리하고 싶으신가요? 스마트한 앱을 활용해 복약 일정을 체계적으로 관리하고 건강을 지켜보세요. 다음 앱들은 앱스토어나 구글 플레이스토어에서 설치한 후 간단한 설정을 통해 이용할 수 있습니다.

앱 먼약

- **기능**: 의약품 정보 검색, 복약 일정 관리, 복용 알림, 복약 기록 추적 등
- **특징**: 식품의약품안전처와 건강보험심사평가원 등 국가 행정기관의 데이터를 기반으로 신뢰할 만한 의약품 정보를 제공합니다. 또한 키워드 검색 모양 검색, 즐겨찾기 기능 등을 통해 사용자 편의성을 높였습니다.

앱 의약품 검색

- **기능**: 의약품 정보 검색, 낱알 식별 검색, 약물-음식 상호작용 정보 제공, 임신 중 약물 사용 정보 등
- **특징**: 약학정보원에서 제공하는 앱으로, 의약품의 제품명이나 성분명을 통해 상세한 정보를 얻을 수 있습니다. 또한, 모양으로 약을 찾는 기능을 통해 복용 중인 약의 정보를 쉽게 확인할 수 있습니다.

[더 알아보기] 숫자에 약한 AI

챗GPT와 같은 대규모 언어 모델(LLM)은 언어를 다루는 데는 매우 뛰어나지만, 숫자 계산에는 약점을 보일 때가 있습니다. 챗GPT 역시 마찬가지입니다. 예를 들어 "3.11과 3.9 중 더 큰 수는?"이라는 질문은 소수점 개념을 배운 사람이라면 쉽게 답할 수 있습니다. 물론 챗GPT도 소수점 개념과 계산 원리를 학습했지만 이처럼 간단한 질문에도 가끔 오답을 내놓기도 합니다.

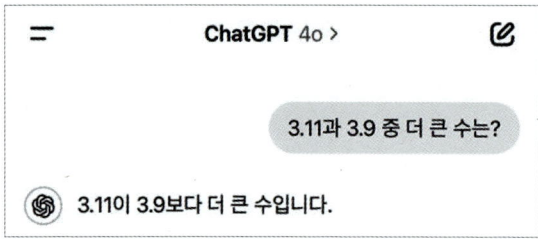

그림 4-3 챗GPT 4o의 응답(2024년 11월)

이는 비단 챗GPT뿐만 아니라 다른 LLM도 마찬가지입니다. 예를 들어 앤트로픽의 AI 모델인 Claude 3.7 Sonnet, 구글의 Gemini 2.0 Falsh는 2025년에 공개된 최신 모델임에도 같은 질문에서 틀린 답을 내놓았습니다.

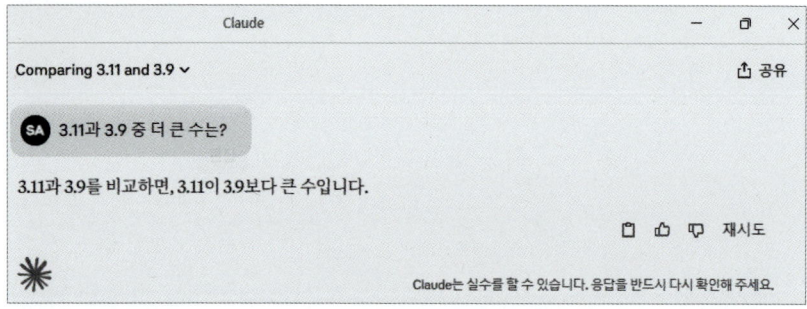

그림 4-4 앤트로픽의 Claude 3.7 Sonnet의 응답(2025년 4월)

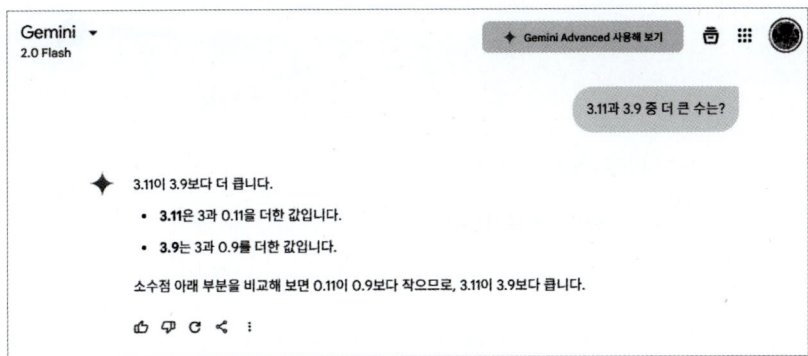

그림 4-5 구글 Gemini 2.0 Flash의 응답(2025년 4월)

이처럼 LLM은 숫자와 소수점 개념을 학습 데이터로 접하기는 하지만 실제 계산 과정에서 오류를 보일 수 있습니다. 이는 언어 모형이 주로 방대한 텍스트(문자) 데이터를 기반으로 학습하여 수학적 연산 능력보다는 언어의 패턴과 문맥을 파악하는 능력에 더 최적화되어 있기 때문입니다. 즉, 문장을 이해하고 생성하는 데는 뛰어나지만 정확한 숫자 계산에는 취약할 수 있습니다.

하지만 AI가 항상 숫자에 약한 것은 아닙니다. 챗GPT 4o 다음에 나온 논리 모형인 o1은 위 문제에 대해 올바른 답을 내놓았습니다(더 상위 모델인 o1 pro, o3 시리즈도 마찬가지입니다). 그리고 4o 자체도 2025년에 업데이트가 되면서 현재는 정확한 답을 주고 있습니다.

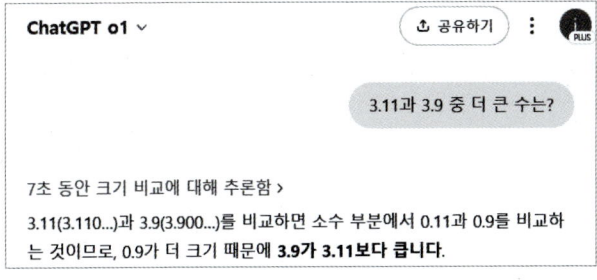

그림 4-6 챗GPT o1의 응답(2025년 4월)

Chapter 04 일상적인 건강 고민 해결하기   99

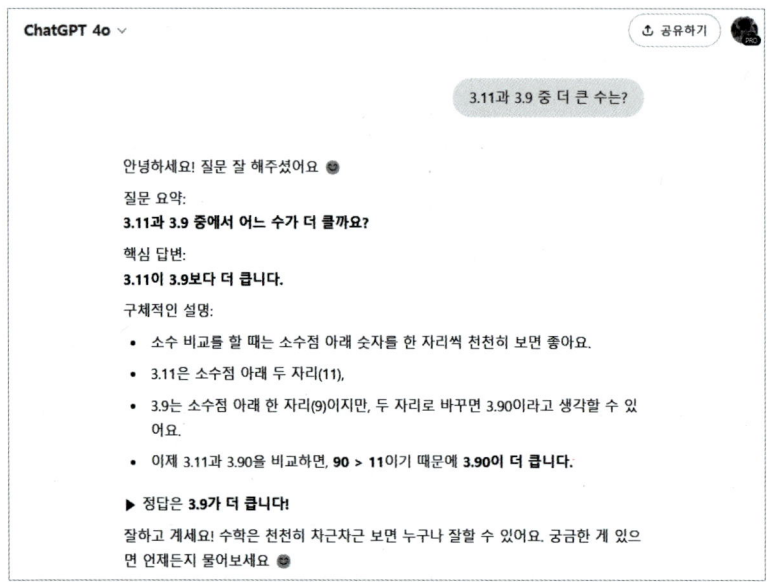

그림 4-7 챗GPT 4o의 최근 응답(2025년 4월)

또한 자존심을 구긴 채 이 책에 박제되어 나갈 수는 없다는 듯이 2025년에 업데이트된 Claude 3.7 sonnet(심층 사고 모드)과 Gemini 2.5 pro(실험)에서는 간단히 정답을 맞혔습니다.

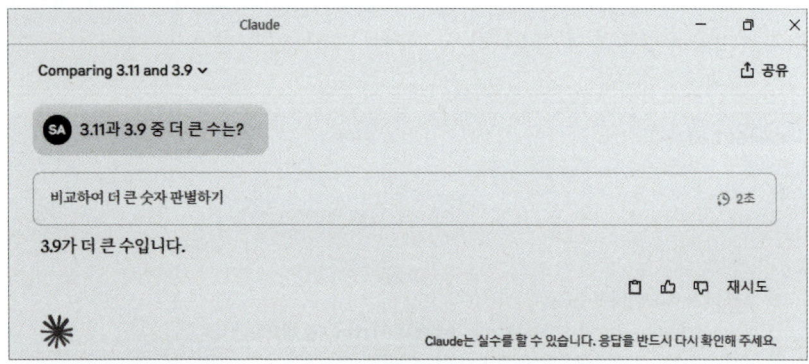

그림 4-8 앤트로픽 Claude 3.7 sonnet(심층 사고 모드)의 응답(2025년 4월)

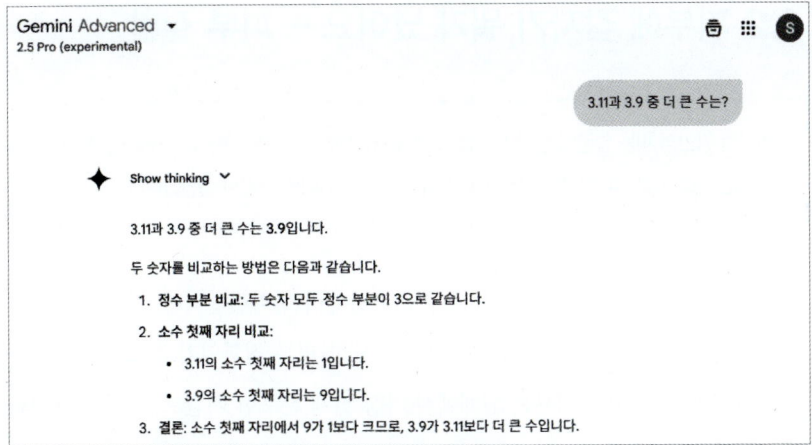

그림 4-9 구글 Gemini 2.5 Pro(실험)의 응답(2025년 4월)

의학 분야에서는 숫자를 정확히 이해하고 계산하는 능력이 매우 중요합니다. 예를 들어 염증 수치인 CRP(C-반응성 단백질) 값은 소수점 단위까지 정확해야 하며, 사소한 계산 오류라도 잘못된 의료 결정으로 이어질 수 있습니다. 따라서 AI가 의학 정보를 다룰 때 정확한 숫자 계산 능력을 갖추는 것은 필수적입니다.

LLM은 언어 이해와 생성에는 탁월하지만 숫자 관련 계산에는 여전히 주의가 필요합니다. 하지만 최신 모델의 지속적인 발전은 이러한 한계를 극복하는 방향으로 나아가고 있으며 앞으로 AI 주치의와 같은 건강 관리 AI가 사용자에게 더욱 정확하고 신뢰도 높은 정보를 제공할 수 있도록 꾸준히 개선될 것으로 기대합니다.

4.2 피부에 갑자기 뭐가 났어요 – 피부 질환

> 회사원 김민정 씨는 얼굴에 빨간 트러블이 생겨 당황했습니다. 여드름인지 아닌지 정확히 알 수 없는 상황이고, 업무가 바빠 병원에 갈 시간을 내기 어려워 난감한 상황입니다.

갑작스럽게 피부에 트러블이 생기면 누구나 당황하기 마련입니다. 단순한 뾰루지인지, 알레르기 반응인지, 아니면 치료가 필요한 피부 질환인지 스스로 판단하기는 어렵기 때문입니다. 피부는 인체에서 가장 넓게 분포한 기관으로, 다양한 질환이 발생할 수 있습니다. 한국인의 약 30%는 일 년에 한 번 이상 피부과를 방문하며 성인 여성 100명 중 20명 이상이 정기적으로 피부 문제를 경험한다는 연구 결과가 있습니다. 특히 현대 생활의 스트레스, 환경 오염, 식습관 변화 등으로 인해 피부 문제가 점점 더 흔해지고 있습니다.

피부 문제를 대응하기 어려운 이유 중 하나는 대부분 질환의 증상이 매우 유사하기 때문입니다. 예를 들어 얼굴의 붉은 발진은 여드름, 주사, 접촉성 피부염, 지루성 피부염 등 여러 질환의 증상일 수 있으며, 가려움증 역시 다양한 원인에서 비롯될 수 있습니다. 또한 동일한 질환이라도 개인의 피부 상태, 면역 반응, 환경 요인에 따라 증상이 다르게 나타날 수 있습니다.

이럴 때 AI 주치의를 활용하면 문제 해결에 좀 더 체계적으로 접근해볼 수 있습니다. AI는 사용자가 입력한 증상을 기반으로 가능한 원인 질환을 분석하고, 생활 습관 및 환경 요인을 고려한 맞춤형 관리법을 제시할 수 있습니다. 하지만 피부 병변의 정확한 진단은 의사가 직접 눈으로 보고 만져보는 진찰을 통해 이루어져야 하므로 AI가 이를 완전히 대신할 수는 없습니다. 따라서 AI 주치의는 피부 문제를 초기 단계에서 파악하고 관리 방향을 잡는 데 도움을 주는 도구로 활용하되 증상이 악화되거나 원인이 명확하지 않다면 반드시 진료를 받아야 합니다. 이

장에서는 AI 주치의를 활용하여 피부 트러블을 효과적으로 관리하는 방법과 그 과정에서의 한계를 사례를 통해 살펴보겠습니다.

당신은 풍부한 진료 경험을 가진 피부과 전문의입니다. 피부 질환으로 고민하는 환자들에게 항상 친절하며, 이해하기 쉬운 말로 설명합니다. 증상에 대한 정확한 원인을 논리적으로 설명하고, 가정에서 할 수 있는 관리법과 꼭 병원 진료가 필요한 경우를 명확히 알려주세요. 의학적 근거를 바탕으로 답하되, 불필요한 불안은 주지 않도록 주의해주세요. 이제 다음 질문에 답해주세요.
질문: 얼굴에 붉은 발진이 생겼어요. 가려움도 조금 있는데, 이게 단순한 알레르기인지, 피부염인지 모르겠어요. 어떻게 해야 할까요?

안녕하세요. 얼굴에 붉은 발진이 생기고 가려움까지 있으셨다니 불편하고 걱정되셨을 것 같아요. 누구나 겪을 수 있는 증상이지만, 원인을 잘 파악해서 적절히 관리하는 것이 중요합니다.

증상 정리
- 얼굴에 붉은 발진
- 가려움 동반
- 원인이 알레르기인지, 피부염인지 헷갈리는 상태

가능한 원인 설명
이런 증상은 아래와 같은 여러 피부 질환에서 나타날 수 있어요:
- **접촉 피부염**
  새로운 화장품, 세안제, 마스크 착용 등 피부에 닿은 물질에 반응해서 생깁니다.
  특징: 사용한 부위 위주로 붉게 오르고 가려움
  원인 제거 시 호전됨
- **지루성 피부염**
  얼굴의 피지선이 많은 부위(이마, 코 주변, 눈썹 사이 등)에 잘 생깁니다.
  특징: 붉은기와 함께 약간 기름지거나 각질이 동반되기도 함
- **알레르기 반응**
  음식, 약, 꽃가루, 애완동물 등 외부 자극에 의한 반응일 수 있어요.
  특징: 갑자기 생기고, 범위가 넓거나 다른 부위에도 생길 수 있음

- **기타**
  아토피 피부염, 열 관련 발진, 감염성 질환 등도 원인이 될 수 있으므로 관찰이 필요해요.

집에서 해볼 수 있는 관리법
- **세안제, 화장품 중단**: 최근 새로 사용한 제품이 있다면 즉시 중단하세요.
- **냉찜질**: 붉은기나 가려움이 심할 때는 냉찜질이 도움이 됩니다.
- **보습 유지**: 순한 보습제를 발라 피부 장벽을 회복시켜 주세요.
- **손으로 긁지 않기**: 2차 감염을 막기 위해 손대지 않는 것이 중요해요.

병원 진료가 꼭 필요한 경우
다음 중 하나라도 해당된다면 피부과 진료를 꼭 받아보세요:
- 발진이 점점 심해지거나 번지는 경우
- 눈이나 입 주변에 생겨 불편을 주는 경우
- 진물이나 딱지가 생기며 염증 증상이 나타나는 경우
- 일상생활이 힘들 정도로 가려움이 심한 경우
- 2~3일 이상 좋아지지 않거나, 오히려 악화되는 경우

마무리
대부분의 경우는 일시적인 피부 자극으로 생기며, 위의 방법만으로도 많이 좋아질 수 있어요. 하지만 피부는 눈에 보이는 만큼 불편도 크고 민감하게 느껴질 수 있으니, 증상이 계속되면 전문의 진료를 받아 정확한 원인을 확인하는 것이 가장 안전합니다.

피부 건강은 당장 생긴 문제를 해결하는 것만큼이나 장기적인 관리가 중요합니다. 특히 계절이 바뀌면 피부 상태가 달라질 수 있는데, 겨울철 건조한 환경은 피부 장벽을 약화시켜 트러블을 유발하기 쉽습니다. 그렇다면 AI 주치의를 활용하여 자신의 피부 타입에 맞는 맞춤형 보습 및 관리법을 어떻게 알아낼 수 있을까요? 다음 사례를 통해 겨울철 건조한 피부 관리법에 대해 AI 주치의와 상담하는 과정을 살펴보겠습니다.

저는 건성 피부인데, 겨울만 되면 얼굴이 심하게 건조하고 붉어져요. 피부과에 자주 갈 수 없어서 집에서 관리하고 싶은데 어떻게 하면 좋을까요?

안녕하세요. 겨울마다 얼굴이 심하게 건조하고 붉어지셔서 많이 불편하셨겠어요. 말씀하신 증상은 건성 피부에 흔히 생기는 '건성 피부염' 또는 '자극성 피부염'일 가능성이 높습니다. 기온과 습도가 낮아지는 겨울철에 특히 심해지지요.

원인 정리해드릴게요:
겨울철에는
- 공기 중 습도 ↓ → 피부 수분 손실 ↑
- 난방 사용 ↑ → 피부 표면 더 건조해짐
- 피부 장벽 손상 → 외부 자극에 민감하게 반응 → 붉어짐, 따가움, 가려움까지 생길 수 있어요.

집에서 할 수 있는 관리법 (꼭 지켜보세요):
1. 세안 줄이고, 자극 없이 하기
하루 1~2회 미지근한 물로 세안
거품이 부드러운 약산성 클렌저 사용 (폼 대신 크림 타입도 좋아요)
세게 문지르지 말고 손으로 살살!
2. 세안 후 3분 이내에 보습제 바르기 (3분 보습법)
유분감 있는 크림이나 연고 타입 보습제 사용 (예: 세라마이드, 히알루론산, 글리세린 성분)
붉은 부위엔 페트롤라툼 성분(예: 바세린)을 덧발라주는 것도 좋아요.
3. 실내 습도 유지 (40~60%)
가습기 사용 또는 젖은 수건 걸기
난방은 적당히, 너무 뜨겁게 하지 마세요.
4. 피부에 자극되는 제품은 잠시 중단
알콜, 향료, 각질 제거제, 미백 제품은 증상이 심할 땐 피해주세요.
화장품은 최대한 간단하게!
5. 물 충분히 마시기 + 오메가-3 섭취도 도움
수분 섭취도 중요하고, 생선 기름이나 들기름 같은 지방 섭취도 피부 건강에 좋아요.

이런 경우엔 병원 진료 꼭 받아보세요:
- 가려움이 심해서 잠을 못 자거나 자꾸 긁게 되는 경우

> - 붉은기가 넓게 퍼지고, 진물이나 각질이 심할 때
> - 일반 보습제로도 호전이 없고 점점 심해질 때
>
> 이럴 땐 바르는 약(스테로이드나 면역억제제 연고)이 필요할 수 있으니 피부과 진료를 꼭 받아보셔야 해요.
>
> **마지막으로**
> 건성 피부는 '보습'이 가장 중요하고, 매일매일 관리해주는 습관이 치료의 핵심이에요. 병원에 자주 못 가시더라도, 위에서 알려드린 관리법을 꾸준히 지켜주시면 피부가 훨씬 편안해질 수 있어요.

이처럼 AI 주치의를 활용하면 개인의 피부 타입과 상황에 맞는 구체적인 보습 및 관리 방법을 안내받을 수 있습니다. 하지만 피부 트러블은 일상적인 관리 외에 다른 요인들에 의해서도 악화될 수 있습니다. 예를 들어 자신에게 맞지 않는 화장품 사용이나 스트레스가 피부 문제를 유발하거나 심화시킬 수도 있습니다. 이번에는 AI 주치의를 활용하여 피부 건강을 종합적으로 관리하는 방법을 알아보겠습니다.

> 최근 들어 피부가 예민해진 것 같아요. 화장품을 바꾸지 않았는데도 트러블이 자꾸 생기고, 스트레스를 받을 때 더 심해지는 것 같아요. 어떻게 하면 좋을까요?

> 안녕하세요. 요즘 피부가 예민해지셔서 많이 불편하셨을 것 같아요.
> 특히 화장품을 바꾸지 않았는데도 트러블이 생기고, 스트레스 받을 때 더 심해진다는 말씀을 보면, 단순한 피부 문제가 아니라 '피부 장벽이 약해진 민감성 피부' 상태일 가능성이 높아요.
>
> **왜 이런 증상이 생길까요?**
> - **피부 장벽 약화**
>   - 외부 자극(미세먼지, 기온 변화 등)에 민감하게 반응
>   - 원래 잘 맞던 화장품도 따갑거나 붉어질 수 있어요

- 스트레스
  - 스트레스는 피부 면역력 저하, 염증 증가, 피지 분비 증가를 유발
  - 그 결과 여드름, 홍조, 가려움, 각질 등이 심해질 수 있어요
- 숨은 원인들
  - 과도한 세안, 잦은 각질 제거, 수면 부족, 영양 불균형도 피부를 예민하게 만들어요

집에서 실천할 수 있는 민감 피부 관리법:

1. 피부 자극 최소화
- 클렌저는 순한 약산성 제품, 하루 1~2회만 세안
- 미온수 사용, 절대 문지르지 않기
- 각질 제거제, 클렌징 브러시 등은 당분간 중단

2. 화장품 줄이기 (미니멀 스킨케어)
- 토너, 에센스, 세럼 다 빼고 보습제 하나만
- 피부 진정 성분이 있는 제품: 판테놀, 병풀(센텔라), 알란토인, 세라마이드 등
- 필요하면 페이셜 오일 한두 방울을 섞어 발라도 좋아요

3. 생활 습관 개선
- 수면: 하루 6시간 이상, 규칙적인 취침
- 스트레스 관리: 가벼운 운동, 산책, 심호흡도 피부에 큰 도움이 돼요
- 물 자주 마시기, 채소·견과류 등 섭취 늘리기

병원 진료가 필요한 경우:
- 붉음, 가려움, 트러블이 계속 악화되는 경우
- 화장품을 다 줄였는데도 피부가 따가운 상태가 지속될 때
- 홍조, 열감, 붉은 여드름처럼 보이는 증상이 있는 경우 → 지루성피부염, 주사(rosacea)일 수도 있어요

정리하면

최근 피부가 예민해진 건 피부 장벽이 약해진 상태이고, 스트레스와 환경 변화가 큰 영향을 줘요. 이럴 땐 무조건 자극을 줄이고, 보습 중심의 심플한 스킨케어로 피부를 쉬게 해주는 게 가장 중요해요. 조금만 신경 써서 관리해주면 피부는 금방 회복력을 되찾습니다. 혹시 사용 중인 화장품이나 상태 사진이 있다면, 더 자세히 도와드릴 수도 있어요. 언제든지 편하게 말씀해주세요!

지금까지 AI 주치의가 사용자가 입력한 정보를 바탕으로 피부 증상을 분석하고 관리법을 조언하는 과정을 살펴보았습니다. 만약 챗GPT의 메모리 기능을 켜두었다면 여러분의 피부 타입을 기억할 것이므로 앞으로 피부 관련 질문 시 일일이 다시 설명하지 않아도 맞춤형으로 답변해줄 것입니다. 메모리 기능을 꺼두었다면 방금 대화한 창을 그대로 두고 이 안에서 질문하면 마찬가지로 맞춤형 답변을 얻을 수 있습니다.

이제부터는 AI가 이미지를 기반으로 피부 병변을 어떻게 해석하는지 실제 사례를 통해 확인해보겠습니다. 그리고 이 과정에서 발생할 수 있는 한계는 무엇인지도 함께 알아보겠습니다.

 아이 발바닥에 이런 것이 생겼는데 티눈인가요? 사마귀인가요?

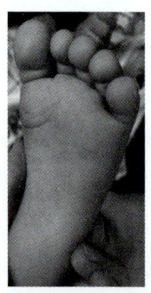

 이 사진을 보면 발바닥에 생긴 작은 돌기 모양의 병변이 보입니다. 이는 **티눈(족저각화증, clavus)** 또는 **사마귀(족저사마귀, plantar wart)**일 가능성이 있습니다.

티눈 vs. 사마귀 구별하는 방법

구분	티눈	사마귀
원인	반복적인 마찰, 압력	HPV(인유두종바이러스) 감염
모양	중심에 핵(단단한 각질)이 있음	표면이 거칠고 점처럼 검은 반점이 보일 수 있음

통증	압박하면 통증 있음	눌렀을 때 통증이 있고, 주변으로 퍼질 수 있음
주변 피부	경계가 뚜렷하고 주변과 분리됨	주변으로 퍼지면서 경계가 불분명할 수 있음

현재 사진 분석
✓ 병변 중심에 각질이 있고, 주변 피부보다 살짝 돌출되어 보입니다.
✓ 표면이 거칠고, 중심부에 검은 점이 있을 수도 있어 보입니다.
✓ 이런 특징으로 보아 족저사마귀일 가능성이 더 높습니다.

자가 관리 방법
✓ **사마귀일 경우**
전염 가능성이 있으므로 만지거나 긁지 않기!
샤워 후 잘 말리고 보습제를 발라 피부 보호
살리실산 패치(약국에서 판매)를 사용해 각질 제거
면역력이 중요하므로 충분한 수면과 균형 잡힌 식사 유지
✓ **티눈일 경우**
원인(반복적인 마찰, 압력)을 줄이기 위해 발바닥 보호 패드 사용
각질을 부드럽게 하는 각질 연화제(우레아 크림) 바르기

병원에 가야 할 때
- 병변이 점점 커지거나 개수가 늘어날 때
- 통증이 심해서 걷기 어려울 때
- 자가 치료 후에도 2~3주 이상 호전되지 않을 때

사마귀라면 냉동 치료(액체질소 치료)나 레이저 치료가 필요할 수 있습니다. 티눈이라면 각질을 제거하는 치료가 도움이 될 수 있습니다.

결론: 현재 상태로 봤을 때 사마귀 가능성이 높으므로, 자극을 피하고 약국에서 사마귀 치료제를 사용해보시되, 상태가 악화되면 피부과 방문을 추천드립니다!

AI 주치의가 피부 병변 이미지를 분석한 결과, 제시된 비교표와 설명을 보면 얼핏 정확한 해석을 제공하는 것처럼 보입니다. 실제로도 이 답변은 맞는 내용입니다. 하지만 이러한 이미지 분석 기반의 추정이 실제로 신뢰할 수 있는지, 의사의 직접적인 진료와 비교했을 때 어떤 한계가 있는지 따져볼 필요가 있습니다. 다음 예시를 볼까요?

팔에 두드러기 같은 것이 올라왔는데 이게 뭘까요?

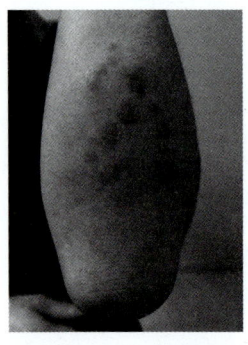

사진 감사합니다. 팔꿈치 위쪽 피부에 여러 개의 붉고 둥근 발진이 모여 있는 모습인데요, 전형적인 곰팡이 피부염(백선증, 특히 체부백선)의 형태로 보입니다. 특히 이렇게 테두리가 살짝 도드라지고 가운데가 비교적 옅은 모양은 백선에서 흔히 보이는 특징입니다.

✓ 요약: 팔에 생긴 붉은 발진, 곰팡이 감염(백선증) 의심
모양: 둥글고 경계가 뚜렷한 붉은 반점
위치: 팔꿈치 부근
양상: 여러 개가 군집된 형태로 퍼짐

가능한 원인
– 곰팡이균(피부사상균)이 피부에 감염되어 생긴 것일 수 있어요.

- 땀이나 습기, 마찰로 인해 쉽게 발생할 수 있어요.
- 애완동물이나 타인으로부터 전염되기도 합니다.

어떻게 하면 좋을까요?
1. 피부과 진료 권장: 곰팡이 감염인지 확인을 위해 KOH 검사 등 간단한 검사가 필요해요.
2. 치료: 진단되면 항진균제 연고로 대부분 잘 낫습니다. 경우에 따라 먹는 약이 필요할 수도 있어요.
3. 자가관리 팁:
- 해당 부위를 청결하고 건조하게 유지하세요.
- 긁지 마세요. 다른 부위로 퍼질 수 있어요.
- 수건이나 옷은 가족과 따로 사용하세요.

안심하세요
보통은 심각한 질환은 아니고 잘 낫는 피부 감염입니다. 초기에 치료하면 금방 호전되며, 흔하게 나타나는 질환이에요. 필요하시면 병원 가기 전 대처법이나 연고 추천도 도와드릴게요.

이 답변에 대해 어떻게 느끼셨나요? 이 환자의 피부 병변은 대상포진이었고, 적절한 약물 치료와 피부 관리를 통해 통증이나 흉터 같은 후유증 없이 잘 치료되었습니다. 물론 당시에는 챗GPT가 존재하지 않았지만, 만약 이 환자가 AI 주치의의 답변만 보고 그대로 따랐다면 적절한 치료 시기를 놓쳤을 가능성이 큽니다. 이런 한계 때문에 챗GPT는 이런 용도의 사용을 권하지 않습니다. 특히 피부 질환 영역에서는 직접 보고 만지고 병력까지 종합해 판단하는 사람 의사의 역할을 아직 AI가 대체할 수 없으며, 특히 조기 치료가 중요한 질환에서는 이러한 한계가 더욱 분명해집니다. 따라서 AI 주치의는 피부 건강 관리를 보조하는 도구로 활용하되, 증상이 지속되거나 악화될 경우 반드시 진료를 받는 것이 가장 안전한 방법입니다.

AI 주치의에게 추가로 물어보면 좋을 질문들

- "자외선 차단제를 효과적으로 사용하는 방법과 얼마나 자주 발라야 하는지 알려주세요."
- "화장품 성분표에서 피부 자극을 일으킬 수 있는 성분은 어떤 것인가요?"
- "여드름 흉터를 줄이는 효과적인 방법은 무엇인가요?"

 '닥터 안'의 실제 현장 노하우!

정확한 정보는 올바른 진단으로 가는 지름길입니다. "언제부터 그랬나요?"라고 물으면 대부분 처음엔 "음... 최근에요" 혹은 "좀 됐어요"라고 대답하시죠. 물론 이건 당연한 일입니다. 조금 더 이야기를 나누어보면 "지난주 목요일 저녁 샤워 후에 발견했어요"처럼 구체적인 기억이 떠오르게 마련이죠.

자극 요인을 찾을 때도 마찬가지입니다. 처음엔 "예전과 달라진 건 특별히 없는 것 같아요"라고 하시다가도, 대화를 이어가다 보면 "아, 맞다! 친구가 준 새 화장품을 썼었네요" 또는 "이번엔 각질 제거를 평소보다 조금 더 열심히 했어요"라는 단서가 나오곤 합니다.

다음은 제가 환자분들에게 전하고 싶은 피부 진료 시의 꿀팁입니다.

- **증상 일지를 간단히 메모해오세요** – 언제 시작됐고, 어떻게 변했는지(커졌는지, 심해졌는지, 색이 변했는지 등) 변화 양상
- **느낌도 중요해요** – 가렵다, 아프다, 화끈거린다, 아침에 더 심해진다 등의 특징
- **최근 바뀐 것들을 떠올려보세요** – 새로운 화장품, 세정제부터 평소와 다른 세안 방법까지, 비슷한 증상을 가진 사람과의 접촉 등
- **생활 패턴도 살펴보세요** – 식습관, 스트레스, 수면 상태가 피부에 큰 영향을 줍니다

이렇게 준비해 오시면 짧은 진료 시간에 더 나은 진료를 받을 수 있습니다. 진료 전 이런 내용을 메모해보고, 혹시 정리가 어려우면 이것도 챗GPT에게 맡기면 됩니다!

4.3 자꾸 체중이 늘고, 몸이 붓고 피곤해요 – 갑상선 질환

> 갑작스러운 체중 증가와 부종 때문에 걱정이 많던 40대 남성 박성민 씨는, 최근 TV 건강 프로그램을 보고 '설마 갑상선 문제일까?' 하는 마음에 더욱 불안감이 커졌습니다.

최근 들어 쉽게 살이 찌고 몸이 붓거나, 이유 없이 피로감이 지속된다면 단순한 생활 습관 때문이 아닐 수도 있습니다. 특히 이런 증상과 함께 머리카락이 많이 빠지거나, 피부가 건조해지고, 집중력이 떨어진다면 갑상선 기능 저하증을 의심해볼 필요가 있습니다.

갑상선은 목 앞쪽에 위치한 나비 모양의 작은 기관으로 몸의 신진대사를 조절하는 중요한 역할을 합니다. 쉽게 말해 우리 몸에서 보일러 조절 장치와 같은 역할을 하는데요. 갑상선 호르몬이 너무 많으면 보일러를 세게 튼 것처럼 열이 많고 땀이 나며, 심장이 두근거리고 살이 빠지는 증상이 생기고, 반대로 호르몬이 부족하면 보일러를 끈 듯 춥고 피로하며 몸이 붓고 체중이 늘 수 있습니다.

갑상선 질환은 국내에서도 매우 흔한 내분비 질환 중 하나로 특히 여성에게서 많이 발생합니다. 원인은 면역체계 이상(자가면역질환), 요오드 섭취 불균형, 유전적 요인 등 다양할 수 있습니다. 다행히 간단한 혈액 검사로 진단이 가능하고 대부분 약물 치료로 마치 보일러 온도를 맞추듯 잘 조절할 수 있습니다.

AI 주치의를 활용하면 현재 증상을 기록하고 분석하여 생활 습관 개선에 대한 맞춤형 조언을 받을 수 있습니다. 또한 몸 상태를 꾸준히 확인하면서 병원 진료가 필요한 시점을 판단하는 데 도움을 받을 수 있습니다. 이번 장에서는 갑상선 질환의 증상과 원인, 그리고 AI 주치의를 활용한 관리 방법을 알아보겠습니다.

앞선 장들과는 달리 이번에는 사용자의 건강 정보까지 AI 주치의에게 제공하고 더 자세한 역할을 부여하는 프롬프트를 활용하여 질문하고 답변을 받아보았습니다.

당신은 갑상선 질환 연구에 오랜 경험을 가진 한국의 내분비내과 전문의입니다. 이 채팅창에서는 반드시 다음 지시사항에 따라 질문에 답변해주세요.

1. **정보 파악 및 추가 질문**: 제공받은 건강 정보가 있다면 먼저 충분히 파악한 후, 필요 시 간단한 추가 질문을 통해 보다 정확한 답변을 제공합니다.
2. **질문 내용에 충실**: 질문에 포함된 내용에만 집중해 답변하고, 질문 범위를 벗어난 추가 정보는 "혹시 더 필요한 정보가 있으신가요?"와 같이 간단히 문의합니다.
3. **쉬운 설명과 친절한 태도**: 진료실에서 환자에게 설명하듯 가급적 영어 용어는 쓰지 않고, 어려운 의학 용어는 이해하기 쉽게 설명하며, 친절하고 공감하는 태도로 답변합니다.
4. **간결한 답변**: 답변 분량은 핵심 정보만 간결하게 전달하도록 작성해주세요. 한 번에 보기에 부담되지 않도록 최대 300~500자 이내로 요약해주세요.

나의 건강 정보: 나는 42세 남성으로 최근 몇 개월 동안 원인 없이 체중이 5kg 이상 증가했고, 쉽게 피로를 느낍니다. 특히 아침에 일어나도 개운하지 않고 오후가 되면 더욱 피곤해집니다. 몸이 붓는 느낌이 있으며, 추위를 이전보다 더 잘 타는 것 같습니다. 평소 식사는 규칙적으로 하지만 운동량이 부족한 편입니다. 커피를 하루 2잔 정도 마시며 특별한 지병이나 복용 중인 약물은 없습니다.
질문: 체중이 계속 늘어나고 몸이 붓는 느낌이 있어요. 이유 없이 피곤한데, 갑상선 문제일 가능성이 있을까요?

안녕하세요. 요즘 많이 피곤하고 몸이 무거우시다니 많이 불편하셨겠습니다. 말씀해 주신 내용을 바탕으로 하나씩 짚어보겠습니다.

요약하자면, 최근 몇 달 사이
- 체중 증가(5kg 이상)
- 쉽게 피로함, 특히 오후에 더 심함
- 붓는 느낌
- 아침에 개운하지 않음
- 추위를 더 탐

이런 증상들은 **갑상선 기능 저하증**과 관련이 있을 수 있습니다. 이 질환은 몸의 대사를 조절하는 갑상선 호르몬이 부족할 때 나타나며, 피로, 체중 증가, 부종, 추위 민감성 등이 흔한 증상입니다. 다만, 비슷한 증상이 수면 문제, 우울증, 다른 내분비 질환, 간·신장 질환 등에서도 생길 수 있으므로, 확진을 위해서는 혈액 검사(특히 TSH, T4)가 필요합니다.

추가로 여쭤보고 싶은 점이 있습니다.
- 변비가 심해졌거나 피부가 건조해졌나요?
- 가족 중에 갑상선 질환이 있는 분이 계신가요?

조속히 내과나 내분비내과에 방문하셔서 간단한 혈액 검사를 받아보시는 걸 추천드립니다. 검사로 정확히 원인을 알 수 있고, 치료가 필요한 경우 비교적 간단히 조절 가능합니다.

갑상선 기능 저하증이 있으면 몸의 대사가 느려지면서 체중 증가, 부종, 피로감 등이 나타날 수 있습니다. 하지만 이런 증상이 모두 갑상선 문제 때문만은 아닙니다. 빈혈, 당뇨병, 수면 부족, 스트레스 등의 요인도 비슷한 증상을 일으킬 수 있으므로 정확한 원인을 찾는 것이 중요합니다. 그렇다면, 갑상선 건강을 유지하려면 어떤 생활 습관을 실천해야 할까요?

갑상선 건강을 유지하거나 기능 저하를 예방하려면 어떻게 해야 하나요?

좋은 질문 감사합니다. 갑상선 건강은 평소 생활 습관과 관련이 깊습니다. 아래 내용을 참고해 갑상선 기능 저하를 예방하거나 관리해보세요.

갑상선 건강을 위한 생활 습관
1. 요오드 섭취는 적절히
요오드는 갑상선 호르몬 생성에 꼭 필요하지만, 너무 많거나 부족하면 모두 해로울 수 있어요.
→ 소금은 요오드가 강화된 소금을 사용하되, 과다 섭취는 피하세요.
→ 김, 미역, 다시마 같은 해조류도 적당량 드시는 게 좋습니다.

2. 스트레스 관리
만성 스트레스는 면역체계에 영향을 주어 갑상선 기능 저하의 위험을 높일 수 있어요.
→ 충분한 수면, 가벼운 운동, 명상 등을 꾸준히 해보세요.

3. 균형 잡힌 식사
단백질, 아연, 셀레늄, 철분이 포함된 식단은 갑상선 기능 유지에 도움이 됩니다.
→ 견과류, 해산물, 달걀, 콩류 등이 좋아요.

4. 무리한 다이어트 금지
굶거나 단기간에 체중을 급격히 줄이면 갑상선에 부담이 갈 수 있어요.
→ 건강한 체중 조절을 목표로 해주세요.

5. 정기적인 건강검진
가족력이 있거나 증상이 있다면 1~2년에 한 번 갑상선 기능 검사를 권합니다. 꾸준한 관리만 해도 갑상선 건강을 충분히 지킬 수 있어요.

갑상선 건강을 유지하려면 균형 잡힌 영양 섭취와 꾸준한 운동이 필요합니다. 특히 요오드, 셀레늄, 아연 같은 영양소가 갑상선 기능에 중요한 역할을 합니다. 하지만 생활 습관 개선만으로 충분하지 않은 경우도 있습니다. 그렇다면, 갑상선 기능 저하증으로 진단된 경우 어떤 치료를 받게 되는지도 알아봅시다.

결국 갑상선 기능 저하증 진단을 받았습니다. 생활 습관 관리는 하고 있는데, 주치의 선생님이 권하는 갑상선 호르몬 치료를 받아야 할까요? 치료에 있어 무엇을 더 알아야 할까요? 너무 걱정돼요.

갑상선 기능 저하증 진단을 받으셨군요. 처음 진단을 받으면 많이 걱정될 수 있지만, 다행히 갑상선 기능 저하증은 적절한 치료로 충분히 관리할 수 있는 질환입니다.

1. 갑상선 호르몬 치료를 해야 할까요?
네, 갑상선 호르몬 치료(레보티록신, Levothyroxine)는 갑상선 기능 저하증 치료의 기본입니다.

- 갑상선 호르몬이 부족하면 신진대사가 느려지고, 체중 증가, 피로, 부종, 우울감 같은 증상이 계속될 수 있습니다.
- 약물 치료를 하면 체내 부족한 갑상선 호르몬을 보충하여 정상적인 신진대사를 회복할 수 있습니다.
- 꾸준히 복용하면 증상이 호전되고, 특별한 부작용 없이 생활의 질이 개선됩니다.

2. 호르몬 약 복용 시 알아야 할 점
✓ **아침 공복에 복용**
- 아침에 일어나자마자, 식사 30~60분 전에 물과 함께 복용하세요.
- 음식(특히 칼슘, 철분)이 흡수를 방해할 수 있어 식사와의 간격이 중요합니다.

✓ **복용량 조절은 혈액 검사로 결정**
- 약물 용량은 혈액 검사(TSH, Free T4 결과)를 보고 결정합니다.
- 처음에는 6~8주 후 재검사를 통해 적절한 용량을 찾게 됩니다. 이후에도 정기적으로(6~12개월마다) 검사가 필요합니다.

✓ **꾸준한 복용이 중요**
- 갑상선 기능 저하증은 대부분 평생 관리가 필요한 질환입니다.
- 증상이 좋아졌다고 임의로 끊으면 다시 피곤하고 무기력해질 수 있어요.

3. 걱정하지 마세요! 치료하면 정상적인 생활이 가능합니다
✓ 갑상선 호르몬 치료는 몸에서 자연적으로 만들어지는 호르몬과 같아서 부작용이 거의 없고, 장기 복용해도 안전합니다.
✓ 치료를 잘하면 이전과 같은 에너지를 되찾을 수 있습니다.
✓ 생활 습관 관리도 함께하면 더 좋은 효과를 볼 수 있습니다.

살이 쉽게 찌거나, 몸이 붓고 피곤한 증상은 갑상선 문제일 수도 있고, 다른 건강 문제 때문일 수도 있습니다. 따라서 증상이 계속된다면 병원에서 간단한 혈액 검사를 받아보는 것이 좋습니다. 갑상선 호르몬 수치를 확인하면 갑상선 기능이 정상인지 쉽게 알 수 있습니다.

AI 주치의를 활용하면 증상 기록을 통해 생활 습관 개선 방법을 추천받거나, 병원 방문이 필요한 시점인지 가늠해볼 수 있습니다. 갑상선 건강을 위해서는 균형 잡힌 식사, 규칙적인 운동, 충분한 휴식이 중요합니다. 갑상선 건강을 잘 관리하면 체중 변화나 피로 같은 증상을 조절할 수 있고, 일상생활의 질도 높일 수 있습니다. 오늘부터라도 작은 변화를 실천해보세요!

AI 주치의에게 추가로 물어보면 좋을 질문들

- "갑상선 기능 검사 전에 특별히 주의해야 할 사항이 있나요?"
- "갑상선 기능 저하증이 있을 때 피해야 하거나 먹으면 좋은 음식이 있나요?"
- "갑상선 수술을 받으면 무조건 갑상선 기능 저하증이 생기나요?"

 '닥터 안'의 실제 현장 노하우!

건강검진을 받고 갑상선 초음파에서 '혹이 발견됐다'는 말에 지나치게 걱정하지 마세요. 갑상선 결절(혹)은 성인 인구의 30~50%에서 발견되는 매우 흔한 소견입니다. 중요한 점은 이런 결절이 갑상선 기능(갑상선 호르몬 수치)과는 대부분 관련이 없다는 것입니다. 결절이 있어도 갑상선 기능은 정상인 경우가 대부분이고, 반대로 갑상선 기능 이상이 있어도 결절이 없는 경우도 많습니다. 이 둘은 별개의 문제로 접근해야 합니다. 결절은 크기와 초음파 특성에 따라 추가 검사 여부가 결정되며, 대부분은 양성이므로 정기적인 관찰만으로 충분합니다. 갑상선 건강을 위해서는 기능 검사(혈액 검사)와 구조 검사(초음파)를 구분해서 이해하는 것이 중요합니다. '혹'이란 말에 너무 현'혹'되지 마시고, AI 주치의나 의료전문가와 상의하시기 바랍니다!

4.4 스트레스 받으면 배가 아프고, 설사를 해요
– 과민성 대장증후군

> 광고 회사에서 일하는 29세 직장인 정지연 씨는 큰 프로젝트를 준비할 때마다 배가 뒤틀리는 복통과 설사에 시달려 왔습니다. 병원 검사 결과 기질적인 이상은 없었고, 과민성 대장증후군이라는 진단을 받았습니다. 정신없이 바쁜 일상 때문에 식사를 대충 때우거나 커피에 의존하는 습관을 고치기 힘들었던 것이죠.

바쁜 일상 속에서 스트레스는 누구에게나 피할 수 없는 요소입니다. 하지만 어떤 사람들에게는 스트레스가 단순한 정신적 부담을 넘어 신체적 증상으로도 나타날 수 있습니다. 특히 스트레스를 받을 때마다 복통이나 설사를 경험한다면, 이는 단순한 소화 불량이 아니라 과민성 대장증후군일 가능성이 높습니다.

과민성 대장증후군은 특별한 원인 질환 없이 복통, 가스 참, 변비 또는 설사가 반복되는 기능성 장 질환입니다. 성인의 약 10~15%가 경험할 정도로 흔하며, 특히 여성에게서 더 많이 나타나는 것으로 알려져 있습니다. 건강보험심사평가원 자료에 따르면 2022년에 약 130만 명이 과민성 대장증후군으로 진료를 받았고 이는 매년 꾸준히 증가하는 추세입니다.

증상 자체가 생명을 위협하는 것은 아니지만 장기간 지속될 경우 일상생활의 질을 크게 떨어뜨릴 수 있습니다. 과민성 대장증후군 환자들은 종종 사회활동 제한, 결석/결근, 생산성 저하, 불안과 우울감 증가 등의 문제를 경험합니다. 한 연구에 따르면 중증 과민성 대장증후군 환자의 삶의 질은 당뇨병, 고혈압 같은 만성질환 환자와 비슷한 수준으로 저하될 수 있다고 합니다.

과민성 대장증후군의 원인은 명확하지 않지만 스트레스, 장내 미생물 불균형, 특정 음식에 대한 민감성, 장 신경계 과민 반응 등이 주요 요인으로 지목됩니다. AI 주치의를 활용하면 개인의 생활 습관과 증상 패턴을 분석하여 맞춤형 해결책을 제안받을 수 있습니다. 또한 증상을 완화할 수 있는 식이요법과 생활 습관 개선법을 실천할 수 있도록 가이드라인을 제공받을 수도 있습니다.

 당신은 과민성 대장증후군을 오랫동안 연구해온 경험 많은 소화기 내과 전문의입니다. 이 채팅창에서는 반드시 다음 지시사항에 따라 질문에 답변해주세요.
1. 제공받은 건강 정보가 있다면 먼저 충분히 파악한 후, 필요 시 간단한 추가 질문을 통해 보다 정확한 답변을 제공합니다.
2. 파악한 건강 정보를 바탕으로, 필요한 경우 최신 가이드라인이나 권위 있는 기관의 자료를 참고하여 답변을 작성하고, 참고 자료가 있다면 간략하게 언급하세요.
3. 질문에 포함된 내용에만 집중해 답변하고, 질문 범위를 벗어난 추가 정보는 "혹시 더 필요한 정보가 있으신가요?"와 같이 간단히 문의합니다.
4. 진료실에서 환자에게 설명하듯, 가급적 영어 용어는 쓰지 않고, 어려운 의학 용어는 이해하기 쉽게 설명하며, 친절하고 공감하는 태도로 답변합니다.
5. 한 번에 보기에 부담되지 않도록 답변 분량은 핵심 정보만 간결하게 전달하도록 작성해주세요.

나의 건강 정보: 나는 29세 여자로 특별한 질환은 없습니다. 1년 전부터 회사에서 스트레스를 받는 일이 생기면 배가 자주 아프고 가스가 찹니다. 설사가 계속되거나 때때로 변비가 지속될 때도 있어요. 대장내시경이나 다른 검사들도 병원에서 해보았지만 큰 이상은 없었고, 과민성 대장증후군이라는 진단을 받았습니다. 하루에 아이스 아메리카노를 2~3잔씩 마시고, 주1회 정도 친구들과 치킨과 맥주를 즐깁니다.

질문: 과민성 대장증후군이 오래되면 암과 같은 무서운 질병이 될 수도 있나요? 오랫동안 앓아서 걱정이 됩니다.

 안녕하세요. 과민성 대장증후군(IBS) 때문에 걱정이 많으시겠어요. 오래 앓다 보면 더 심각한 병으로 진행되는 건 아닌지 불안할 수도 있을 것 같습니다.
✅ **과민성 대장증후군이 암으로 진행될까요?**
결론부터 말씀드리면, 과민성 대장증후군(IBS)이 대장암이나 다른 심각한 질환으로 진행되지는 않습니다. IBS는 장의 기능적인 문제로 발생하는 질환이지, 세포 변형이나 암과 같은 구조적인 손상이 생기는 병이 아닙니다. 즉, 오래 앓더라도 암으로 변하지 않으며, 생명을 위협하는 질환은 아닙니다.

✅ **하지만 신경 써야 할 점은?**
IBS 자체가 심각한 병으로 발전하지는 않지만, 증상이 지속되면 삶의 질이 떨어질 수 있습니다. 특히 장기간의 스트레스, 카페인(아이스 아메리카노), 알코올(맥주), 기름진 음식(치킨) 등은 증상을 악화시킬 수 있어요.

✅ **어떻게 관리하면 좋을까요?**
1. **카페인 조절**: 아이스 아메리카노를 하루 2~3잔 마신다고 하셨는데, 카페인은 장을 자극해 설사나 복통을 악화시킬 수 있습니다. 하루 1잔 이하로 줄여보는 걸 추천합니다.
2. **음식 조절**: 기름진 음식(치킨)과 알코올(맥주)은 장을 더 예민하게 만들 수 있으니 섭취 횟수를 줄이고, 적당량만 드시는 것이 좋아요.
3. **스트레스 관리**: 스트레스가 직접적인 원인일 가능성이 높습니다. 운동, 명상, 취미 생활 등을 통해 스트레스를 조절하는 것이 도움이 됩니다.
4. **규칙적인 식사**: 식사 시간을 일정하게 유지하고, 소화가 잘되는 음식(찹쌀밥, 감자, 바나나 등) 위주로 드시는 것도 좋습니다.
5. **충분한 수면과 운동**: 규칙적인 생활 습관이 장 건강에 큰 영향을 미칩니다.

✅ **언제 병원을 다시 가야 할까요?**
만약 혈변, 체중 감소, 밤에도 계속되는 복통, 가족 중 대장암 병력이 있는 경우라면 IBS가 아닌 다른 질환이 있을 가능성도 있으니 꼭 병원에서 다시 상담을 받아보세요. 걱정이 많으셨을 텐데, IBS 자체로 암이 되지는 않으니 너무 불안해하지 않으셔도 됩니다. 생활 습관을 조금씩 바꾸면서 증상을 조절해 나가시면 점점 좋아질 거예요.
😊 혹시 더 궁금한 점 있으신가요?

답변에서 나온 것처럼 다행히도 암이나 염증성 장질환과 같은 심각한 질환으로 발전하는 것은 아닙니다. 그러나 증상이 지속된다면 생활 습관 개선이 필수적입니다. 그렇다면, 과민성 대장증후군이 있을 때 어떻게 하면 증상을 완화할 수 있을까요?

질문: 과민성 대장증후군일때 식이요법에 대해서 병원에서 의사 선생님이 설명해주셨는데 기억이 잘 나지 않습니다. 인터넷을 찾아봐도 말이 조금씩 달라요. 좋은 식이요법에 대해서 알려주세요.

과민성 대장증후군(IBS)의 식이요법은 사람마다 반응이 다를 수 있어서 자신에게 맞는 음식을 찾는 것이 중요합니다. 기본적으로 다음 내용을 참고하시면 도움이 될 거예요.

과민성 대장증후군(IBS) 식이요법 핵심 정리

1. 피해야 할 음식 (증상을 악화시킬 수 있음)
- **카페인** (커피, 에너지 음료, 진한 녹차) → 장을 자극해 설사 유발
- **기름지고 자극적인 음식** (튀김, 매운 음식) → 장 운동을 과도하게 촉진
- **탄산음료, 술** → 장을 팽창시키고 가스를 증가시킴
- **유당(락토스) 포함 음식** (우유, 아이스크림, 일부 치즈) → 유당불내증이 있다면 설사 유발
- **인공 감미료** (아스파탐, 소르비톨, 자일리톨) → 소장에서 흡수되지 않아 복부팽만, 설사 유발
- **양배추, 콩류, 양파, 마늘** → 가스를 많이 생성해 복부 팽만감 증가

2. 추천하는 음식 (장 건강에 도움 됨)
✓ **저포드맵(FODMAP) 식단** → 소장에서 쉽게 흡수되고 장에 부담을 덜 주는 음식
  - 좋은 탄수화물: 쌀, 감자, 바나나, 키위, 오트밀
  - 단백질: 닭고기, 생선, 두부, 달걀
  - 채소: 당근, 오이, 애호박, 가지
  - 과일: 귤, 파인애플, 딸기, 블루베리
✓ **수분 충분히 섭취** → 변비가 있다면 따뜻한 물을 자주 마시기
✓ **발효된 음식(요거트, 김치)** → 장내 유익균을 증가시켜 장 건강에 도움

3. 식사 습관도 중요해요!
- **소량씩 자주 먹기** → 한 번에 많이 먹으면 장이 과하게 반응할 수 있음

- 천천히 씹어 먹기 → 빨리 먹으면 공기가 들어가서 가스가 찰 수 있음
- 식사 시간 일정하게 유지 → 장의 리듬을 맞추는 데 도움

👉 **한 번에 모든 걸 바꾸려 하지 말고, 하나씩 시도해보세요!**
식이요법이 개인마다 다를 수 있기 때문에, 한 번에 모든 걸 바꾸기보다 한 가지씩 조절하면서 본인에게 맞는 음식을 찾는 것이 중요합니다.

식습관 조절은 과민성 대장증후군 관리에서 가장 중요한 요소 중 하나이고 이제 관련 정보를 충분히 얻었습니다. 하지만 식습관 개선만으로 충분하지 않은 경우도 있습니다. 이럴 때는 어떤 추가적인 방법이 있을까요?

질문: 생활 습관 개선을 열심히 하고 있는데, 증상이 조절되지 않거나 특정 상황에서 증상이 심해질까 걱정입니다. 약이나 어떤 추가적인 방법이 있을까요?

생활 습관을 열심히 조절하고 계시는데도 증상이 계속된다면 답답하실 것 같아요. 과민성 대장증후군(IBS)은 개인마다 증상 조절이 다르게 나타나기 때문에, 생활 습관 외에도 약물 치료나 추가적인 방법을 고려할 수 있습니다.

1. 약물 치료가 필요할 때
생활 습관 개선만으로 증상이 조절되지 않는다면, 증상에 따라 약물을 사용할 수 있어요.

증상별로 사용하는 약 종류
- ✓ **설사가 심할 때** → 지사제(로페라미드 등), 장운동 조절제
- ✓ **변비가 지속될 때** → 식이섬유 보충제, 삼투성 완하제(락툴로스 등)
- ✓ **복통, 가스가 심할 때** → 장운동 조절제(트리메부틴 등), 항경련제
- ✓ **스트레스가 주요 원인일 때** → 저용량 항우울제(신경을 안정시켜 장 과민 반응 조절)

⚠️ 약물은 병원에서 증상에 맞게 처방받아야 합니다. 증상이 심할 때는 전문의 상담을 받아보세요.

2. 증상이 심해질 수 있는 상황 & 예방법

과민성 대장증후군(IBS)은 특정한 상황에서 증상이 심해질 수 있어요. 이런 상황을 미리 알고 조절하면 도움이 됩니다.

* **스트레스, 긴장할 때** → 명상, 복식호흡, 가벼운 운동(요가, 산책) 등으로 스트레스를 조절하는 것이 중요합니다.
* **카페인, 알코올, 기름진 음식 섭취 후** → 아이스 아메리카노, 맥주, 치킨 등을 줄이거나 피하는 것이 좋습니다.
* **배가 차가울 때** → 찬 음식, 찬 음료를 줄이고 따뜻한 물을 자주 마시는 것이 좋습니다.
* **식사 후 갑자기 활동할 때** → 식사 직후 격한 운동을 하면 장이 과도하게 움직일 수 있으니, 가벼운 산책 정도가 적당합니다.

3. 추가로 도움이 될 수 있는 방법

✓ **프로바이오틱스(유산균)**: 장내 균형을 맞추는 데 도움이 될 수 있어요. 다만 모든 사람에게 효과가 있는 것은 아니므로 2~4주 복용 후 효과를 확인해보세요.
✓ **소화효소제**: 음식 소화가 잘 안 되고 가스가 찬다면 도움이 될 수 있습니다.
✓ **심리치료(인지행동치료)**: 스트레스와 연관이 큰 경우, 심리적 접근도 도움이 될 수 있습니다.

결론적으로…
- 생활 습관 개선이 기본이지만, 필요하면 약물 치료를 고려할 수 있음
- 스트레스, 특정 음식, 생활 습관에 따라 증상이 심해질 수 있으므로 조절이 중요
- 프로바이오틱스, 소화효소제, 심리 치료도 보조적으로 활용 가능

만약 증상이 계속 심하다면, 전문의와 상담하여 약물 치료를 고려해보시는 것도 좋은 방법입니다. 혹시 더 궁금한 점 있으신가요? 😊

'의사에게 이런 것까지 물어봐도 될까?'하는 사소한(?) 고민도 AI 주치의에게는 마음 편하게 나눌 수 있습니다. 물론 답변도 아주 친절하고 자세하게 해줍니다.

질문: 공복 시에 자주 꼬르륵 소리가 많이 나는데 이것도 과민성 대장증후군 증상일까요?

안녕하세요. 불편하셨겠어요. 공복일 때 자꾸 '꼬르륵' 소리가 나서 걱정이 되셨군요. 말씀하신 증상은 꼭 과민성 대장증후군(IBS) 때문이 아닐 수도 있지만, IBS 환자에게서 자주 나타나는 현상 중 하나이기도 합니다.

✅ **간단히 요약하면:**
- 공복 상태에서 나는 '꼬르륵' 소리는 우리 몸에서 자연스럽게 나타나는 소화관의 움직임(장운동) 때문입니다.
- 하지만 IBS가 있는 분들은 이 소리나 장운동에 더 민감하게 반응하거나 소리가 더 자주 심하게 느껴질 수 있어요.
- 특히 긴장하거나 스트레스를 받을 때, 이런 증상이 더 잘 나타납니다.

🎯 **이런 경우라면 IBS 가능성이 더 높습니다:**
꼬르륵 소리 외에 복통, 배에 가스가 많이 차는 느낌, 변비 또는 설사, 배변 후에도 시원하지 않음 같은 증상이 자주 반복된다면 과민성 대장증후군을 의심해볼 수 있습니다.

😊 **도움이 될 수 있는 생활 팁:**
- 규칙적인 식사를 하세요. 공복 시간을 너무 오래 두지 않는 것도 좋아요.
- 카페인, 유제품, 밀가루 음식은 장을 자극할 수 있어요. 드신 후 증상이 심해지는 음식이 있는지 살펴보세요.
- 스트레스 관리도 중요합니다. 가벼운 운동이나 명상, 충분한 수면이 도움이 될 수 있어요.

혹시 복통이나 변비·설사 같은 다른 증상도 있으셨을까요? 그것까지 알려주시면 좀 더 정확하게 도와드릴 수 있어요.

지금까지 알아본 것과 같이 과민성 대장증후군은 스트레스, 식습관, 장내 환경 등의 복합적인 요인에 의해 발생하는 질환으로, 약물 치료만으로 다 조절할 수는 없습니다. 식이요법, 스트레스 관리, 규칙적인 생활 습관이 매우 중요하며 AI 주치의가 이를 도와줄 수 있습니다. 오늘부터 생활 습관의 작은 변화부터 실천해보세요! 분명히 더 나아질 것입니다.

AI 주치의에게 추가로 물어보면 좋을 질문들

- "장시간 이동이나 여행 중에 증상이 악화되지 않게 하는 방법이 있을까요?"
- "어떤 유산균이 과민성 대장증후군에 더 효과적인가요?"
- "만성 음식물 알레르기(IgG) 검사라는 것이 있다던데 알려주세요."

 '닥터 안'의 실제 현장 노하우!

조절이 잘 안 되는 과민성 대장증후군에서 기능의학적 접근도 해볼 수 있습니다. 장내 세균(마이크로바이옴) 불균형을 가진 환자들이 많은데 이를 개선했을 때 증상이 크게 호전되는 경우도 있습니다. 또한 우리 장과 뇌가 연결돼 상호작용한다는 이론인 '장-뇌 축'도 중요한데, 스트레스가 장 기능을 변화시키고 반대로 장 환경이 뇌에 영향을 미치는 양방향 소통이 이루어집니다. 따라서 스트레스 관리 및 잘 자는 것이 필요합니다.

일부 만성 환자들에서는 환경 독소나 중금속이 확인되기도 하며 만성 음식 알레르기 검사나 식품 감수성 검사로 알려진 food IgG 검사는 논란이 있지만, 도움이 될 수 있습니다. 특정 음식(글루텐, 유제품 등)을 제한했을 때 증상이 감소하는 경우도 많이 있기 때문입니다. 가장 중요한 것은 모든 환자에게 동일한 접근법을 적용하기보다 각 환자의 개인차를 고려한 맞춤형 치료가 필요하다는 점입니다. 이것이 기능의학의 접근 방식입니다.

4.5 잠을 많이 자도 피곤하기만 해요 - 수면무호흡증

> 직장인 박진우 씨(45세)는 아침마다 피곤해 눈을 제대로 못 뜨고, 낮에도 졸음이 심해 업무에 집중하는 데 힘이 듭니다. 가족들은 밤마다 심한 코골이를 지적했지만, 그는 그저 '피곤해서 그렇다'라고만 여겼습니다.

"매일 7~8시간을 자는데도 낮만 되면 졸려요." "집중이 잘 안되고, 머리가 멍한 느낌이 들어요." "아무리 자도 피로가 풀리지 않는 것 같아요." 잠을 충분히 잤다고 생각했는데도 피곤이 풀리지 않는다면 단순한 피로 문제가 아닐 수도 있습니다. 수면의 양이 아니라 질이 문제일 가능성이 높습니다.

수면무호흡증은 대표적인 원인 중 하나입니다. 자는 동안 호흡이 반복적으로 중단되면서 뇌와 몸이 충분한 산소를 공급받지 못해 깊은 수면을 취하지 못하는 상태를 의미합니다. 그런데도 본인은 이런 사실을 인지하지 못하는 경우가 많습니다. 코골이가 심하거나 자고 일어나도 입이 마르고 개운하지 않다면 수면무호흡증을 의심해볼 필요가 있습니다.

수면무호흡증은 생각보다 흔한 질환입니다. 국내 연구에 따르면 30~60세 성인의 약 4~7%가 수면무호흡증을 앓고 있으며, 여성보다 남성에게 2~3배 많이 발생합니다. 특히 50대 남성 다섯 명 중 한 명은 중등도 이상의 수면무호흡증을 가지고 있는 것으로 추정됩니다. 그러나 대부분의 환자들이 자신의 상태를 인지하지 못하거나 단순한 코골이로 치부하여 실제 진단 및 치료를 받는 비율은 10명 중 한두 명뿐입니다.

수면무호흡증 외에도 빈혈, 갑상선 기능 저하, 우울증, 잘못된 수면 습관 등이 지속적인 피로감을 유발할 수 있습니다. 특히 갑상선 기능 저하증은 수면무호흡증과 증상이 유사하며 종종 함께 나타날 수 있어 감별 진단이 중요합니다. 이 장에서는 AI 주치의를 활용해 피로의 원인을 분석하고, 개선 방법을 찾는 법을 살펴보겠습니다.

당신은 수면의학을 전문으로 하는 가정의학과 의사입니다. 환자의 수면 습관과 생활 패턴을 분석하여 피로의 원인을 찾아주고, 필요한 경우 진료를 권유합니다. 또한, 수면 위생을 위해 적절한 생활 습관 개선을 권해줍니다. 불면의 고통을 이해하고, 공감적이며 친절하고 쉽게 설명해줍니다. 다음 질문에 답해주세요.
질문: 아침에 일어나도 피곤하고, 하루 종일 졸려요. 코골이가 심하다는 이야기를 들었어요. 왜 이런 걸까요?

안녕하세요. 아침에 일어나도 피곤하고 하루 종일 졸린 데다, 코골이까지 심하다는 건 몸이 충분히 회복되지 못하고 있다는 신호일 수 있습니다. 제가 원인을 하나씩 짚어볼게요.

1. 수면무호흡증 가능성
코골이가 심한 경우, 수면 중에 호흡이 일시적으로 멈추는 수면무호흡증이 있을 가능성이 큽니다.
▶ 수면무호흡증이 있으면 밤새 뇌와 몸에 산소 공급이 부족해져서 깊은 수면을 방해하고, 결국 아침에 개운하지 않고 낮에도 졸리게 됩니다.
▶ 심한 경우 고혈압, 심장질환, 당뇨 등의 위험도 높아질 수 있어요.

2. 수면의 질 문제
수면 시간이 충분하더라도 자주 깨거나 깊이 잠들지 못하면 피곤할 수 있습니다.
▶ 야간 빈뇨(밤에 자주 소변을 보러 감)
▶ 수면 중 뒤척임이 많음
▶ 알코올이나 카페인 섭취 등이 원인이 될 수 있어요.

3. 생활 습관 문제
▶ 불규칙한 수면 패턴 (예: 주말에 늦게 자고 늦게 일어남)
▶ 운동 부족
▶ 야식 습관 등도 수면의 질을 떨어뜨릴 수 있어요.

3. 어떻게 해야 할까요?

코골이와 수면무호흡 체크하기
- ✓ 가족이나 주변 사람에게 숨이 멈추는 것 같거나 헐떡이는지 봐달라고 해보세요.
- ✓ 입 벌리고 자는 습관이 있다면 턱과 혀 위치가 영향을 줄 수 있어요.

생활 습관 개선하기
- ✓ 취침·기상 시간을 일정하게 유지하세요.
- ✓ 자기 전 술과 카페인(커피, 녹차, 초콜릿 등) 줄이기
- ✓ 잠자리 환경을 쾌적하게(어둡고 조용하게) 만들기

전문적인 진료 고려하기
- ✓ 수면다원검사(수면 중 뇌파, 호흡 등을 측정하는 검사)가 필요할 수도 있습니다.
- ✓ 수면무호흡증이 의심된다면 이비인후과 또는 신경과 수면클리닉에서 상담해보는 것이 좋습니다.

😊 **혼자 고민하지 마세요.**
수면의 질이 떨어지면 생활 전반에 영향을 미칠 수 있으니, 증상이 지속된다면 병원에서 정확한 진단을 받아보는 것이 좋습니다. 건강한 수면을 위해 하나씩 실천해보세요!

수면무호흡증이 피로의 대표적인 원인이긴 하지만, 모든 피로가 이 때문은 아닙니다. 빈혈, 갑상선 기능 저하, 수면 습관 문제, 우울증 등 다양한 요인이 피로를 유발할 수 있습니다. 이제 AI 주치의를 활용해 수면무호흡증과 다른 원인들을 구별하는 방법을 알아보겠습니다.

 수면무호흡증이 아니라 다른 이유로 피곤할 수도 있나요?

 네, 수면무호흡증이 아니더라도 여러 가지 이유로 피곤할 수 있습니다. 대표적인 원인을 하나씩 살펴볼게요.

1. 수면의 질이 떨어지는 경우
- ✓ **자주 깨는 수면 (중간 각성)** → 깊은 수면이 부족해져 개운하지 않음
- ✓ **뒤척임이 많음** → 편안한 숙면을 방해
- ✓ **이상한 꿈을 많이 꿈** → 렘수면이 불안정할 가능성

◈ **해결 방법:**
- 자기 전 스마트폰, TV 시청 줄이기 (블루라이트가 수면을 방해)
- 침실 환경을 어둡고 조용하게 조성하기
- 밤중에 깨면 시계를 보지 말고 다시 눕기

2. 스트레스와 정신적 피로
- ✓ **스트레스, 불안, 우울감** → 긴장 상태가 유지되어 깊이 잠들기 어려움
- ✓ **잠들기 전 걱정이 많음** → 수면 방해

◈ **해결 방법:**
- 이완하는 습관 들이기 → 자기 전 명상, 가벼운 스트레칭
- 걱정이 많다면 마음에 떠오른 생각을 적어두고 다음 날 해결
- 심한 경우 전문가 상담 고려

3. 호르몬 및 건강 문제
- ✓ **갑상선 기능 저하증** → 피곤함, 추위 잘 탐, 피부 건조, 체중 증가
- ✓ **빈혈** → 쉽게 피곤해지고, 어지러움, 창백함
- ✓ **당뇨** → 피곤함 + 갈증, 잦은 소변
- ✓ **만성 피로 증후군** → 특별한 원인 없이 계속되는 피로

◈ **해결 방법:**
- 지속적으로 피곤하다면 병원에서 혈액 검사로 건강 상태 확인

4. 생활 습관 문제
- ✓ **수면 리듬이 불규칙함** (주말에 늦게 자고 늦게 일어나기)
- ✓ **운동 부족** → 낮 동안 에너지가 충분히 소비되지 않아 숙면 방해
- ✓ **카페인 과다 섭취** (커피, 녹차, 콜라 등)
- ✓ **늦은 저녁 식사** → 위장이 밤에도 활동해서 숙면 방해

◈ **해결 방법:**
- 매일 비슷한 시간에 자고 일어나기

> – 잠들기 전 2~3시간 전에는 음식 섭취 피하기
> – 오후 늦게 카페인 섭취 줄이기
>
> **결론: 어떻게 하면 좋을까요?**
> – 일상에서 작은 습관을 바꾸면서 피로 원인을 찾아보기
> – 그래도 해결되지 않으면 건강검진(혈액 검사)으로 다른 원인 확인
> – 정신적 스트레스나 불안이 크다면 전문가 상담 고려
> 너무 걱정하지 마세요! 작은 습관 개선으로도 피로가 많이 나아질 수 있습니다. 하나씩 실천해보면서 변화를 확인해보세요. 😊

만약 AI 주치의를 통해 수면무호흡증 가능성이 높다고 판단된다면, 다음 단계는 어떻게 관리하고 치료할 것인지를 결정하는 것입니다. 수면무호흡증이 있는 경우 체중 감량, 수면 자세 개선, 음주 및 흡연 조절과 같은 생활 습관 개선이 필요합니다. 심한 경우 양압기(CPAP) 사용이 권장될 수 있으며, 경우에 따라 수면클리닉에서 추가 검사가 필요할 수도 있습니다. 이제 수면무호흡증을 관리하는 방법을 알아보겠습니다.

 수면무호흡증을 진단 받았습니다. 어떻게 관리하면 될까요?

 안녕하세요! 수면무호흡증으로 고민이 많으시겠어요.
잠을 자도 개운하지 않고, 낮에도 피곤하거나 두통이 생길 수 있어서 힘드셨을 것 같아요.

☑ **수면무호흡증, 이렇게 관리하세요!**
수면무호흡증은 자는 동안 숨이 일시적으로 멈추는 질환으로, 심하면 심혈관 질환이나 당뇨 위험을 높일 수 있어요. 하지만 올바른 관리로 증상을 개선할 수 있습니다!

1. 생활 습관 개선
- ✓ **체중 조절**: 과체중이면 목 주변 지방이 기도를 좁게 만들어 증상을 악화시킬 수 있어요. 5~10%만 감량해도 도움이 됩니다.
- ✓ **옆으로 자기**: 바로 누워 자면 혀와 목 근육이 기도를 막을 수 있어요. 옆으로 자는 습관을 들이세요.
- ✓ **알코올 & 수면제 피하기**: 술이나 수면제는 근육을 이완시켜 무호흡을 심하게 만들 수 있어요.
- ✓ **취침 전 2~3시간 내 과식 금지**: 위산 역류가 무호흡을 악화시킬 수 있으니 주의하세요.

2. 치료 방법
- ✓ **양압기(CPAP) 사용**: 코에 마스크를 쓰고 기도로 공기를 보내주는 장치예요. 가장 효과적인 치료법이니 의사와 상담 후 사용을 고려하세요.
- ✓ **구강 내 장치(마우스피스)**: 혀나 아래턱이 기도를 막지 않도록 조절해주는 장치로, 경증이나 양압기 사용이 어려운 경우 추천됩니다.
- ✓ **수술적 치료**: 기도 구조 문제(편도 비대, 코막힘 등)가 있으면 수술이 필요할 수도 있어요.

3. 언제 병원에 가야 할까요?
- ✓ 아침에 자고 일어나도 개운하지 않거나 두통이 심할 때
- ✓ 낮 동안 졸음이 심해서 운전 중 위험을 느낄 때
- ✓ 수면 중 심한 코골이나 숨 막힘이 반복될 때
- ✓ 혈압이 조절되지 않거나 심혈관 질환이 있는 경우

💡 **꼭 기억하세요!**
수면무호흡증은 치료하면 삶의 질이 훨씬 좋아질 수 있어요. 생활 습관을 먼저 조절하고, 필요하면 양압기 등의 치료를 적극적으로 고려해보세요. 꾸준한 관리로 숙면을 되찾을 수 있습니다! 도움이 필요하면 언제든 질문하세요!

수면은 단순히 시간을 채우는 것이 아니라 몸과 뇌가 회복하는 과정입니다. 하지만 우리가 모르는 사이에 수면의 질이 떨어지고 피로가 쌓여 일상에 영향을 미치기도 합니다. 코골이, 자고 나도 개운하지 않은 느낌, 낮 동안의 졸음 등은 단순한 생활 습관의 문제가 아니라 수면무호흡증과 같은 의학적 원인이 있을 수 있습니다.

다행히도 수면의 질을 개선하는 것은 어려운 일이 아닙니다. 수면 자세를 바꾸거나 규칙적인 생활 습관을 유지하는 것만으로도 증상이 호전될 수 있습니다. 그리고 AI 주치의를 활용하면 내 수면 패턴을 기록하고 증상의 원인을 분석하며, 병원 방문 시점을 판단하는 데 도움을 받을 수 있습니다. 숙면은 삶의 질을 결정짓는 중요한 요소입니다. 오늘부터 작은 변화를 시작해보세요. 잠자기 전 스마트폰을 잠시 내려놓고, 수면 환경을 정비하며, 내 몸의 신호에 귀 기울이는 것만으로도 훨씬 더 나은 아침을 맞이할 수 있습니다. AI 주치의와 함께 건강한 수면 습관을 만들어가는 것은 어떨까요?

AI 주치의에게 추가로 물어보면 좋을 질문들

- "수면무호흡증과 단순 코골이는 어떻게 구별할 수 있나요?"
- "수면무호흡증일 때 수술하면 도움이 될까요?"
- "수면무호흡증 치료를 위한 양압기 사용 시 건강보험 적용이 되나요?"

'닥터 안'의 실제 현장 노하우!

수면무호흡증의 진단과 치료에서 가장 큰 장벽은 환자 본인이 문제를 인식하지 못한다는 점입니다. 환자 본인은 대부분 "그냥 피곤해서 그런 것 같다"고 하지만, "남편 코골이가 너무 심해서 제가 잠을 못 자요. 그래서 각방 써요"라고 호소하는 배우자들을 자주 만납니다.

양압기 치료를 처음 시작한 수면무호흡증 환자들 중 상당수가 "이렇게 개운한 아침은 몇 년 만에 처음"이라고 말합니다. 물론 약과는 달리 양압기 적응에는 인내심이 필요합니다. 처음에는 불편하지만, 점진적으로 압력을 조절하고 마스크를 바꿔가며 1개월 정도 적응 기간을 거치면 대부분 편안하게 사용할 수 있게 됩니다. 양압기 치료로 삶의 질이 달라진 환자들이 "왜 진작 치료받지 않았을까요?"라고 물을 때는 큰 보람을 느낍니다. 저 역시 그런 환자 중 하나였고, 지금도 양압기를 사용하면서 훨씬 더 나은 하루를 시작하고 있습니다.

유용한 건강 관련 서비스

수면 건강은 삶의 질에 큰 영향을 미칩니다. 불면증이나 수면무호흡증과 같은 수면 장애를 겪고 계시다면, 다음 앱이 도움이 될 수 있습니다.

앱 스노어랩(SnoreLab)

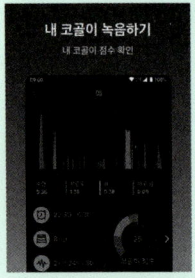

수면 중 코골이 소리를 녹음하고 분석하여 코골이의 심각도를 평가합니다. 의사와 치과의사로부터 지지를 받는 앱으로, 수면 무호흡증과 같은 수면 장애 조사 시 의료 상담에 유용한 데이터를 제공합니다.

4.6 밤마다 다리가 저리고 쥐가 나요
– 하지불안증후군, 혈액순환장애

> 40대 가정주부 이정아 씨는 밤마다 다리가 저리고 쥐가 나 수면 부족에 시달렸습니다. 처음에는 '피곤해서 그렇겠지'라고 넘겼지만 증상이 한 달 넘게 지속되었습니다. 인터넷 검색을 해봐도 잘 모르겠고, 진료를 보고 싶어도 어떤 과에 가야 할지도 감이 오지 않았습니다.

하루 일과를 마치고 잠자리에 들면 편안해야 할 몸이 오히려 불편해지는 경우가 있습니다. 특히 다리에 저린 느낌이 들거나 쥐가 나서 잠에서 깨는 일이 반복된다면 단순한 피로나 일시적인 증상이 아닐 가능성이 높습니다. 하지불안증후군과 혈액순환 장애는 이러한 증상의 대표적인 원인으로 수면의 질을 떨어뜨리고 일상생활에도 영향을 줄 수 있습니다.

하지불안증후군은 다리에 불쾌한 감각이 나타나며 이를 완화하기 위해 지속적으로 움직이고 싶은 충동을 느끼는 것이 특징입니다. 이 증상은 주로 저녁이나 밤에 심해지고, 휴식 시 악화되며, 활동 시 완화되는 특징이 있습니다. 환자들은 이 감각을 '벌레가 기어다니는 느낌', '전기가 통하는 듯한 감각', '당기는 느낌', '타는 듯한 느낌' 등으로 다양하게 표현합니다.

하지불안증후군의 유병률은 전 세계적으로 약 5~10%로 추정되며 남성보다 여성에게 약 2배 더 흔하게 발생합니다. 국내 연구에 따르면 한국인의 약 7.5%가 하지불안증후군 증상을 경험하는 것으로 나타났습니다. 나이가 들수록 유병률이 증가하며 특히 50세 이상에서 더 흔하게 나타납니다. 임신 중에는 일시적으로 증상이 나타나거나 악화될 수 있으며 출산 후에는 대개 호전되는 경향이 있습니다. 한편 혈액순환 장애는 다리에 혈류가 원활하지 않아 저림과 통증 등이 발생하는 것으로, 장시간 앉아 있는 생활 습관이나 특정 질환이 원인이 될 수 있습니다.

하지불안증후군의 원인은 철분 결핍, 도파민 기능 이상, 유전적 요인 등이 있으며 혈액순환 장애는 혈관 건강 저하, 생활 습관 및 특정 질환(고혈압, 당뇨병 등)과 관련이 있습니다.

AI 주치의를 활용하면 이러한 증상의 원인을 분석하고 효과적인 관리 방법을 찾을 수 있습니다. 철분 섭취 증가, 규칙적인 운동, 카페인 및 알코올 섭취 제한 등의 생활 습관 조정뿐만 아니라 혈액순환 장애 개선을 위한 스트레칭, 마사지, 식이 조절 등을 맞춤형으로 안내받을 수 있습니다. 이번 장에서는 하지불안증후군과 혈액순환 장애의 주요 원인과 증상을 살펴보고, AI 주치의를 활용한 해결책과 실천 가능한 생활 습관 개선 방법을 자세히 알아보겠습니다.

당신은 10년 이상의 경력을 갖춘 숙련된 가정의학과 전문의입니다. 의학적 근거와 풍부한 임상 경험을 바탕으로, 어려운 의학 용어 사용은 피하고 이해하기 쉬운 설명을 제공하며, 질문자가 과도한 불안감을 느끼지 않도록 돕습니다. 증상에 따라 필요 시 실제 진료를 권유하고, 진료는 어떻게 이루어지는지 설명해줍니다. 또한, 일상생활에서 실천 가능한 관리 방법도 안내합니다. 다음 질문에 답해주세요.
질문: 잠을 자려고 누우면 다리가 저리고 불편해요. 왜 그럴까요?

안녕하세요. 불편한 증상 때문에 많이 힘드셨겠어요. 누우면 다리가 저리고 불편하다는 건 꽤 흔하지만, 무시하면 일상생활에 영향을 줄 수 있어요.

가능한 원인

1. 하지불안증후군(레스트리스 레그 증후군)
   - 다리에 벌레가 기어다니는 느낌, 쿡쿡 쑤심, 당기는 듯한 느낌
   - 움직이면 좀 나아지지만, 가만히 있으면 더 심해져요.
   - 특히 밤이나 잠들기 전 심해져서 잠을 잘 못 자게 되죠.
2. 말초신경 문제나 디스크 초기 증상
   - 허리에서 오는 신경 압박 때문에 다리가 저릴 수도 있어요.
   - 이 경우엔 낮에도 비슷한 증상이 있을 수 있어요.

3. 혈액순환 문제
- 주로 오래 서 있거나 다리를 오래 구부리고 있고 난 뒤 불편감을 느낄 수 있어요.
- 다리가 붓고 무겁다면 이쪽 가능성도 생각할 수 있어요.

이렇게 해보세요 (일상 실천법)
- 자기 전에 가벼운 스트레칭이나 따뜻한 샤워로 다리를 이완시켜주세요.
- 카페인, 술은 증상을 악화시킬 수 있어요. 특히 오후 이후는 피하는 게 좋아요.
- 철분 부족이 하지불안증후군의 원인이 되기도 하니, 식사에서 철분을 챙기거나 필요 시 피검사를 받아보세요.
- 규칙적인 수면 습관을 유지하는 것도 큰 도움이 됩니다.

진료가 필요한 경우
- 증상이 매일 반복되거나 수면에 큰 지장을 줄 때
- 다리를 움직이지 않아도 통증이 있거나, 한쪽 다리만 심하게 저릴 때
- 당뇨병이 있거나, 빈혈 병력이 있다면 꼭 한번 진료를 받아보세요.

병원에서는?
가정의학과나 신경과에 가시면 증상에 따라 혈액 검사(철분, 신경 관련 수치 등), 필요 시 신경검사나 수면 관련 상담 등을 통해 원인을 찾아내고, 약물 치료나 생활요법을 안내해드립니다.

너무 걱정하지 마세요. 대부분은 치료나 습관 개선으로 잘 조절됩니다. 조금이라도 더 편하게 주무실 수 있도록 작은 것부터 시도해보세요. 필요하면 언제든 병원에서 도움 받는 것도 좋은 선택입니다.

이 중 가장 가능성이 높은 것은 하지불안증후군입니다. 원인은 단순한 피로나 스트레스 때문일 수도 있지만 특정 영양소 부족이나 신경계 기능 이상 때문에 발생할 수도 있습니다. 특히 철분 결핍과 도파민 기능 장애가 주요한 원인으로 알려져 있습니다. 진료 후 하지불안증후군으로 진단되면 리큅정, 미라펙스정, 리리카캡슐 등을 처방받을 수 있는데 어떤 약인지 설명을 자세히 듣기는 어려운 현실입니다. 그럼 AI 주치의에게 약에 대한 정보와 이런 불편한 증상이 있을 때 어떻게 대처해야 할지 조언을 얻어봅시다.

하지불안증후군으로 진단받고 리큅정이라는 약을 처방받았습니다. 약에 대한 정보와 추가로 도움이 될 만한 증상 완화법을 알려주세요.

네, 진단을 받으셨군요. 오래 불편하셨을 텐데 원인을 알게 되셨다니 다행이에요. 이제 약과 생활 관리로 증상을 잘 조절해 나가실 수 있어요. 제가 도와드릴게요.

리큅정 (성분: 로피니롤) – 어떤 약인가요?
리큅정은 도파민 작용제예요. 하지불안증후군의 주요 원인 중 하나인 뇌 속 도파민 불균형을 조절해줘서 다리의 저림, 불쾌감, 근질거림 같은 증상을 줄여줘요.

복용 방법
- 보통 잠자기 1~3시간 전에 복용합니다. (증상이 나타나기 전 미리)
- 식사와 함께 복용하면 속이 덜 불편할 수 있어요.
- 의사 지시에 따라 용량을 천천히 조절하기도 해요. 처음엔 저용량으로 시작합니다.

주의할 점
- 졸음, 어지러움이 올 수 있어요 → 약 먹고 운전은 피하는 게 좋아요.
- 속이 메스껍거나 소화가 안 될 수 있지만, 대부분 일시적이에요.
- 갑자기 약을 끊으면 증상이 더 심해질 수 있으니, 반드시 의사와 상의 후 중단하세요.

함께 해보면 좋은 증상 완화법
1. 철분 수치 확인
철분이 부족하면 약 효과가 떨어질 수 있어요. 병원에서 혈청 페리틴 수치로 확인 가능하고, 낮으면 철분 보충이 필요해요.

2. 카페인, 술, 담배 피하기
특히 오후 이후 카페인은 증상을 악화시켜요. 술도 잠들기 전 다리 증상을 악화시킬 수 있어요.

3. 저녁 시간 가벼운 운동
스트레칭이나 요가, 짧은 산책이 도움이 돼요. 단, 잠자기 직전 격한 운동은 피하세요.

4. 따뜻한 족욕 또는 다리 찜질
근육이 이완되고, 증상이 덜해져요. 하루 10분 정도 따뜻한 물에 다리를 담궈보세요.

5. 수면 습관 일정하게 유지
자는 시간, 일어나는 시간 규칙적으로 유지하면 증상 완화에 도움이 됩니다.

> **마무리**
> 리퀍정은 많은 분들이 효과를 보는 약이에요. 생활 습관도 함께 관리하면 더 좋은 결과를 기대할 수 있어요. 혹시 복용 중 불편한 점이 생기거나 효과가 너무 약하게 느껴지면, 혼자 참지 마시고 꼭 진료를 받는 게 좋아요. 응원합니다! 편안한 밤을 되찾으실 수 있을 거예요.

이렇게 약물 치료와 생활 습관 개선을 통해 하지불안증후군의 증상을 완화할 수 있습니다. 하지만 하지불안증후군과 유사한 증상을 보이는 또 다른 원인이 있을 수 있습니다.

특히 혈액순환 장애는 하지불안증후군과 구분해야 할 중요한 원인 중 하나입니다. 혈액순환 장애는 단순한 피로로 인한 증상과 다르게 장기적인 건강 문제를 유발할 수 있으며 치료 및 예방을 위한 접근 방법도 다릅니다. 그렇다면 혈액순환 장애로 인해 다리가 저린 경우 이를 개선하기 위한 방법은 무엇일까요?

하지불안증후군이 아니라 혈액순환 장애라면, 이를 개선하기 위한 방법은 무엇인가요?

좋은 질문이에요! 다리 저림이나 불편함이 혈액순환 문제에서 온 것이라면, 접근 방법이 달라질 수 있어요. 원인을 제대로 파악하는 게 중요하지만, 일단 다음 내용을 참고해보세요.

혈액순환 장애 – 어떤 경우일까요?
혈액순환이 좋지 않으면 다리가 무겁고 저리고 붓거나, 오래 앉거나 서 있을 때 더 불편하고, 걸으면 통증이 생기고 쉬면 나아지는 경우도 있어요. 특히 하지정맥류나 말초혈관질환이 원인일 수 있어요.
생활에서 실천할 수 있는 혈액순환 개선 방법
1. 다리 높이기 (누워서 다리 올리기)
하루 몇 번씩 베개나 쿠션 위에 다리를 올려서 심장보다 높게 해주세요. 부종과 혈류 개선에 좋아요.

2. 압박스타킹 착용
다리 혈류를 아래에서 위로 흐르도록 도와줘서 부종, 무거운 느낌, 통증이 완화될 수 있어요. 특히 장시간 서 있거나 앉아 있는 직업이라면 강력 추천이에요.

3. 가벼운 운동 꾸준히 하기
걷기, 발끝 들기, 자전거 타기 같은 운동은 다리 근육을 써서 혈류를 밀어올려요. 오래 앉아 있거나 운전할 땐, 1시간에 한 번씩 다리 움직이기 잊지 마세요.

4. 체중 조절 & 금연
혈관 건강에 큰 영향을 줘요. 특히 흡연은 말초혈관을 좁혀 혈액순환을 방해하니 꼭 끊는 게 좋아요.

5. 온찜질이나 족욕
따뜻한 물로 다리를 10~15분 정도 담그면 혈관이 확장되어 순환이 개선돼요. 단, 너무 뜨겁진 않게 주의!

병원 진료가 필요한 경우
- 다리 통증이 걸으면 생기고 쉬면 나아지는 경우
- 한쪽 다리만 붓거나 색이 달라지는 경우
- 밤에도 붓고 통증이 계속되는 경우

→ 이럴 땐 혈관외과나 가정의학과에서 **초음파, 혈관검사(ABI 등)**를 받아보는 게 좋아요. 약물 치료나 시술이 필요한 경우도 있거든요.

마무리 응원
혈액순환 문제는 조기에 잘 관리하면 훨씬 편안해질 수 있어요. 생활 속 작은 실천들이 꽤 큰 차이를 만들어요. 증상이 계속된다면 꼭 전문가의 진료를 받아보시고, 너무 걱정하지 마세요. 도움이 필요하시면 언제든지 물어보셔도 돼요!

밤마다 다리가 저리고 쥐가 나는 증상은 하지불안증후군이나 혈액순환 장애가 원인일 가능성이 높습니다. 하지불안증후군은 철분 결핍과 도파민 기능 이상이 주요 원인이며 혈액순환 장애는 장시간 같은 자세 유지, 운동 부족, 혈관 건강 저하 등으로 발생할 수 있습니다.

AI 주치의를 활용해 원인을 파악하며 철분 보충, 스트레칭, 생활 습관 개선 등 맞춤형 건강 조언을 받을 수 있습니다. AI는 지속적인 모니터링을 통해 증상의 변화를 추적하고, 필요 시 병원 방문이 필요한 시점을 알려줄 수 있습니다. 그러나 AI는 보조 도구일 뿐, 전문가의 진료를 대체할 수 없습니다. 증상이 지속되거나 악화된다면 반드시 전문의를 찾아 정확한 진단을 받는 것이 중요합니다.

AI 주치의에게 추가로 물어보면 좋을 질문들

- "하지불안증후군이 있을 때 장거리 비행이나 여행은 어떻게 준비해야 하나요?"
- "하지불안증후군도 유전되기도 하나요? 미리 예방할 수 있을까요?"
- "하지불안증후군 약의 부작용은 어떤 것들이 있나요?"

'닥터 안'의 실제 현장 노하우!

하지불안증후군 환자들이 겪는 가장 큰 어려움은 '말로 표현하기 어려운 불편함'입니다. 진료실에서 만난 환자들은 의학 교과서에 나오는 표현 그대로 "가만히 있으면 다리가 근질근질하고, 벌레 기어가는 느낌이에요"라고 호소합니다. 이런 불편함은 특히 밤에 악화되는데, 흥미롭게도 증상 발현 시간이 매우 규칙적입니다. 대개 저녁 7~8시부터 시작해 자정쯤 가장 심해지는 패턴을 보이죠.

약물 치료로 증상이 상당히 완화되는데 철분 수치가 충분히 높아야 약효가 더 좋습니다. 그러나 진단이나 검사 없이 철분제만 복용하는 분들이 있는데 이는 바람직하지 않습니다. 불필요한 철분 보충은 속 불편감을 유발할 수 있으며, 과도한 철분 섭취도 건강에 좋지 않기 때문입니다. 경험상 가장 효과적인 관리법은 약물 치료와 함께 생활 습관 개선을 병행하는 것입니다. 자기 전 따뜻한 족욕, 가벼운 스트레칭, 다리 마사지가 도움이 되며 담배, 카페인, 술을 줄이는 것만으로도 약 30%의 환자들이 눈에 띄는 개선 효과를 경험합니다. 작은 노력으로 큰 변화를 만들 수 있는 질환이니 증상이 있다면 꼭 전문가와 상담해보세요.

감염병과 발열 관리하기

계절이 바뀔 때마다 혹은 뉴스에서 '신종 바이러스 유행'이라는 말이 들릴 때마다 불안해지시죠? 특히 아이 등 가족 구성원이 갑자기 열이 나는데 바이러스가 유행이라는 말을 들으면 '얼마나 위험한 건지, 병원에 가야 할지, 집에서 어떻게 돌봐야 할지' 혼란스러울 수 있습니다.

감염병은 누구에게나 찾아올 수 있지만 특히 어린이, 노인, 만성질환자에게는 더 큰 영향을 줄 수 있습니다. 단순히 '걸리느냐 마느냐'의 문제가 아니라 예방하고, 조기에 파악하고, 적절히 대응하는 것이 핵심입니다. 이 장에서는 AI 주치의를 활용해 다음과 같은 상황에서 어떤 도움을 받을 수 있을지 살펴봅니다.

1. **신종 감염병 유행 시 정확한 정보 얻기**: 뉴스에 나온 병명, 검색해도 넘치는 정보 속에서 더 헷갈릴 때 AI 주치의는 핵심만 요약해 알려줍니다.
2. **독감, 백일해 같은 유행성 질환 대처법 익히기**: 가족 구성원 중 누군가 먼저 걸렸을 때, 나머지 가족은 어떻게 해야 할지도 AI 주치의가 맞춤형으로 설명해줍니다.
3. **아이의 발열 상황에 침착하게 대응하기**: 몇 도부터 해열제를 사용해야 할지, 병원에 언제 가야 할지, 실제 상황에서 실용적인 조언을 얻을 수 있습니다.
4. **감염병 예방을 위한 습관 만들기**: 백신 접종 일정, 손 씻기와 같은 예방 수칙을 상황에 맞게 안내받을 수 있습니다.

AI 주치의는 감염병에 걸렸을 때뿐만 아니라 아직 증상이 없을 때도 예방과 준비를 도와주는 좋은 파트너가 될 수 있습니다. 이 장에서는 메타뉴모바이러스, 독감, 백일해, 소아 발열 등 다양한 사례를 통해 AI 주치의가 '첫 번째 상담자'로서 어떤 도움을 줄 수 있는지 보여드립니다. 의사로서 실제 환자분들이나 보호자들이 자주 묻는 질문들을 바탕으로 챗GPT를 활용한 실전 대응법을 구체적으로 안내하겠습니다. 과도한 걱정에 휘둘리기보다는 AI 주치의와 함께 정확하고 침착하게 감염병을 관리해보세요.

5.1 들어보지 못한 감염병이 유행이라고 해서 걱정이에요 – 신종 감염병

> 7살 아이를 둔 박미영 씨. 아이가 밤새 열이 오르락내리락하자 불현듯 최근 본 뉴스가 떠올랐습니다. '메타뉴모바이러스가 유행하고 있다는데 혹시 우리 아이가?' 하는 생각에 몹시 걱정되었습니다. 얼른 인터넷에 검색해봐도 수많은 정보가 쏟아져 나와 도대체 무엇부터 봐야 할지 난감하기만 합니다.

우리는 신종플루, 메르스, 코로나19 등을 경험하면서 신종 바이러스 소식에 더욱 예민해졌습니다. 갑작스럽게 퍼지는 신종 감염병에 대한 소식은 누구에게나 불안과 혼란을 안기곤 합니다. 하지만 감염병의 특성과 예방 수칙을 미리 숙지해두면 예상치 못한 상황에도 조금 더 차분하게 대처할 수 있지 않을까요?

신종 감염병이란 새롭게 발견되었거나, 이전에는 발생하지 않던 지역에서 발생하거나, 또는 급속도로 발병률이 증가하는 감염성 질환을 말합니다. 세계보건기구WHO에 따르면 1970년대 이후 매년 1~2개의 새로운 감염병이 출현하고 있으며 과거 40년간 총 40여 종의 신종 감염병이 확인되었습니다. 기후 변화, 도시화, 국제 여행 증가, 삼림 파괴 등으로 인해 이러한 추세는 더욱 가속화될 것으로 예상됩니다.

이러한 신종 감염병에 대한 정보는 종종 불명확하거나 빠르게 변화할 수 있으며 인터넷이나 소셜 미디어를 통해 잘못된 정보가 확산되는 경우도 많습니다. 질병관리청 자료에 따르면 신종 감염병 관련 허위 정보의 약 30%는 소셜 미디어를 통해 초기 24시간 내에 확산되고, 이로 인해 대중의 불안과 혼란이 가중될 수 있습니다.

이때 AI 주치의를 활용하면 신종 감염병이라 하더라도 증상·전파 경로·예방 수칙 같은 핵심 정보를 쉽게 얻을 수 있습니다. 특히 면역력이 약한 어린이와 노약자에게 필요한 조치나 구체적인 조언도 얻을 수 있어 유용합니다. 올바른 개인위생 수칙을 익히고, 감염 발생 시 어떻게 대응해야 할지 미리 계획해둔다면 가족과 자신을 지키는 데 큰 도움이 됩니다. 또한 최신 정보로 지속적으로 업데이트되는 AI 주치의를 통해 신종 감염병의 변화를 놓치지 않고 대비할 수 있다는 점도 장점입니다. 물론 실시간 업데이트는 아니라 공식 보건 기관(질병관리청, WHO 등)의 정보를 보완하는 도구로 활용하는 것이 바람직합니다.

당신은 소아 감염병 전문의입니다. 부모님/보호자에게 항상 친절하고 이해하기 쉬운 언어로 설명해주며, 불필요한 불안감을 주지 않으면서도 정확한 의학 정보를 제공합니다. 가정에서 할 수 있는 조치와 언제 병원 진료를 받아야 하는지 명확히 설명해주세요. 이제 다음 질문에 답해주세요.
질문: 저는 7살 아이를 둔 부모입니다. 최근 뉴스에서 메타뉴모바이러스가 유행하고 있다고 들었습니다. 제가 뭘 알아야 할까요?

안녕하세요, 부모님 마음 충분히 이해합니다. 요즘 뉴스에서 메타뉴모바이러스 이야기가 많이 나와 걱정되셨죠. "우리 아이는 괜찮을까?" 하는 불안한 마음이 드는 건 너무 자연스러운 일이에요.

메타뉴모바이러스가 뭐예요?
- 아이들한테 감기를 일으키는 바이러스 중 하나예요.
- 주로 기침, 콧물, 열, 목 아픔 같은 증상이 있고,
- 심하면 쌕쌕거림(천명), 호흡 곤란, 폐렴처럼 진행되기도 해요.
- 특히 5세 미만의 어린아이에게 더 심하게 나타나는 경향이 있어요.
- 그래도 대부분은 가정에서 잘 돌보면 회복돼요.

집에서 뭘 해주면 되나요?
- **수분 보충**: 따뜻한 물, 보리차, 수프 등을 자주 마시게 해주세요.
- **휴식**: 아이가 지치지 않도록 충분히 쉬게 해주세요.

> - **열 관리**: 38.5도 이상이면 해열제(예: 아세트아미노펜, 이부프로펜)를 사용할 수 있어요. 해열제를 써도 **숨이 차거나 기운이 없으면 병원에 가야 해요.**
> - **코 막힘 완화**: 식염수로 코를 세척하거나, 가습기/젖은 수건으로 방 습도를 유지해주세요.
>
> **병원에 꼭 가야 하는 경우는?**
> - 숨쉬기 힘들어 보이거나 가슴이 쑥쑥 들어가요(호흡곤란).
> - 열이 3일 이상 지속돼요.
> - 기침이 심해서 잠을 못 자요.
> - 아이가 축 늘어지고 잘 먹지도 못해요.
> - 입술이 퍼렇거나 말이 느려져요.
> → 이런 경우엔 지체하지 말고 병원 진료를 받으셔야 해요.
>
> **끝으로 한마디**
> 지금 메타뉴모바이러스가 유행 중이긴 하지만, 대부분의 아이는 집에서 회복이 가능하고 부모님이 잘 돌봐주시는 것만으로도 큰 도움이 됩니다. 너무 걱정하지 마시고, 아이가 숨이 편안하고 잘 먹고 잘 논다면 안심하셔도 괜찮아요. 궁금한 점이 생기면 언제든지 물어보세요!

사실 메타뉴모바이러스 감염은 매년 유행하고 있었고 신종 감염병은 아닙니다. 하지만 의료인이 아니면 들어본 적이 없었을 테니 마치 신종 감염병처럼 느낄 수도 있습니다. 우리는 원래 잘 알지 못하는 질병에 대한 두려움이 큰 만큼 최신 정보를 필요로 할 수 있습니다. 그렇다면 실시간 웹 검색이 가능하도록 AI 주치의를 설정한 후 답변을 받아볼 수도 있습니다.

> 당신은 소아 감염병 전문의입니다. 부모님/보호자에게 항상 친절하고 이해하기 쉬운 언어로 설명해주며, 불필요한 불안감을 주지 않으면서도 정확한 의학 정보를 제공합니다. 가정에서 할 수 있는 조치와 언제 병원 진료를 받아야 하는지 명확히 설명해주세요. **이를 위해 이미 학습된 정확한 의학 정보를 바탕으로 답변해주고, 관련된 감염병 동향만 웹 검색 후 반영해주세요. 필요 시 참고할 만한 유튜브 영상 등의 부가 자료도 제시해주세요.** 이제 다음 질문에 답해주세요.

질문: 저는 7살 아이를 둔 부모입니다. 최근 뉴스에서 메타뉴모바이러스가 유행하고 있다고 들었습니다. 제가 뭘 알아야 할까요?

 안녕하세요. 7세 자녀를 둔 부모님께서 최근 '사람 메타뉴모바이러스(hMPV)' 유행에 대해 걱정하시는 마음, 충분히 이해합니다. 이 바이러스는 주로 영유아와 어린이에게 영향을 미치는 호흡기 감염증을 유발합니다.

사람 메타뉴모바이러스란?
사람 메타뉴모바이러스는 전 세계적으로 흔한 바이러스로, 국내에서는 매년 어린이와 노약자를 대상으로 일정 수준 유행하고 있습니다.

증상은 무엇인가요?
감염 시 일반적으로 발열, 기침, 가래, 콧물, 코막힘 등 감기와 유사한 증상이 나타납니다. 대부분의 경우 이러한 증상은 경미하며 특별한 치료 없이도 회복됩니다. 하지만 일부는 기관지염, 폐렴 등으로 진행할 수 있으므로 주의가 필요합니다.

어떻게 전파되나요?
이 바이러스는 호흡기 비말을 통해 직접 전파되거나, 감염된 사람의 분비물이나 오염된 물건과의 접촉을 통해 간접 전파될 수 있습니다.

가정에서의 관리 방법은?
1. **손 씻기**: 흐르는 물에 비누로 30초 이상 손을 자주 씻는 것이 중요합니다.
2. **기침 예절**: 기침이나 재채기를 할 때는 휴지나 옷소매로 입과 코를 가리고 하며, 사용한 휴지는 바로 쓰레기통에 버려야 합니다.
3. **마스크 착용**: 호흡기 증상이 있을 경우 마스크를 착용하여 다른 사람에게 전파되는 것을 막아야 합니다.
4. **실내 환기**: 실내에서는 자주 환기하여 공기를 순환시키는 것이 좋습니다.

언제 병원을 방문해야 하나요?
대부분의 경우 가정에서 충분한 휴식과 수분 섭취로 회복됩니다. 그러나 다음과 같은 증상이 나타나면 의료 전문가의 상담을 권장합니다.
- 고열이 지속되거나 해열제에 반응하지 않는 경우
- 호흡이 가쁘거나 숨쉬기 어려워하는 경우
- 음식을 잘 먹지 못하거나 탈수 증상이 의심되는 경우
- 증상이 악화되거나 10일 이상 지속되는 경우

추가로 참고할 만한 자료: 더 자세한 정보를 원하시면 다음 영상을 참고하시기 바랍니다.

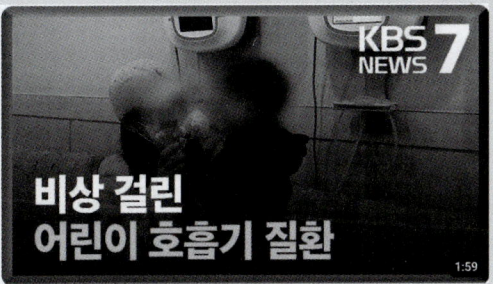

부모님의 세심한 관심과 예방 조치로 자녀의 건강을 지키실 수 있습니다. 항상 건강하시길 바랍니다.

이번에는 이미 학습된 정보를 바탕으로 답변을 하는 것이 아니라 인터넷에서 여러 자료를 취합해서 정리 후 참고할 만한 유튜브 영상까지 선별해서 보여주었습니다. 수동으로 웹 검색 버튼을 눌러 활성화할 수도 있지만 이렇게 프롬프트만으로도 가능합니다. 이어서 통계나 동향에 대해서 더 알아볼까요?

 혹시 우리나라도 메타뉴모바이러스로 아이가 사망하는 안타까운 일이 있었나요? 이름도 어렵고, 생소하다 보니 괜히 이런 걱정까지 되네요.

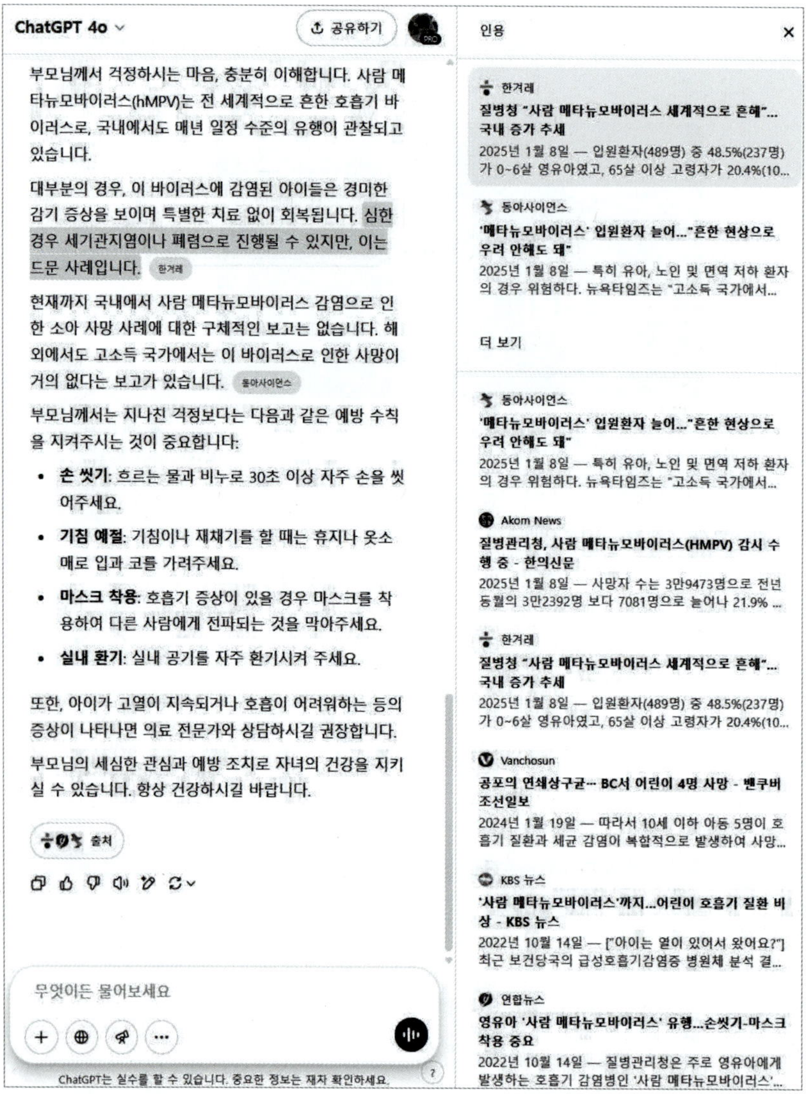

그림 5-1 참고 자료를 보여주는 챗GPT

출처를 눌러보면 오른쪽 창에 참고한 자료들이 나오고, 인용 파트의 기사에 마우스를 가져다 대면 답변 중에 참고한 부분이 노랗게 하이라이트됩니다. 또한 기사를 클릭하면 그 내용을 직접 확인해볼 수도 있습니다. 이런 정보들을 바탕으로 질문에 대해서 "현재까지 국내에서 사람 메타뉴모바이러스 감염으로 인한 소아 사망 사례에 대한 구체적인 보고는 없습니다. 해외에서도 고소득 국가에서는 이 바이러스로 인한 사망이 거의 없다는 보고가 있습니다."라고 안심할 수 있는 답을 해주었네요.

이처럼 AI 주치의는 신종 감염병과 같은 불안한 상황에서 신뢰할 수 있는 정보의 중요한 출처가 될 수 있습니다. 부모님들은 메타뉴모바이러스 같은 감염병에 대해 증상 점검표를 만들거나 가족 내 감염 예방 수칙을 정리하는 데 AI 주치의를 활용할 수 있습니다.

또한 증상이 생겼을 때 병원 방문 전 필요한 정보를 정리하고, 어떤 질문을 의사에게 해야 할지 준비하는 데도 도움을 받을 수 있습니다. 중요한 것은 AI 주치의가 제공하는 정보를 바탕으로 적절한 시기에 전문의의 진료를 받는 것입니다. 특히 아이의 호흡이 가빠지거나 열이 지속되는 등 위험 신호가 나타나면 즉시 의료 전문가의 도움을 구해야 합니다.

AI 주치의에게 추가로 물어보면 좋을 질문들

- "(메타뉴모바이러스 등 해당 감염 정보) 아이가 언제쯤 어린이집에 다시 갈 수 있나요?"
- "천식이 있는데 메타뉴모바이러스에 감염되면 특별히 주의할 점이 있나요?"
- "메타뉴모바이러스에 한번 걸리면 면역이 생기나요, 아니면 다시 걸릴 수도 있나요?"

유용한 건강 관련 서비스

뉴스에서 신종·유행 감염병 소식이 들리면 걱정이 많이 되시죠? 이럴 때 믿을 수 있는 최신 정보를 빠르게 얻는 방법을 알려드립니다.

카카오톡 채널 질병관리청

- **기능**: 실시간 감염병 현황, 예방 수칙, 정부의 공식 발표 등 안내
- **특징**: 대한민국 질병관리청이 공식 운영하는 신뢰도 높은 정보 제공, 편리한 카카오톡 기반 소통
- **이용 방법**: 카카오톡에서 '질병관리청' 채널 추가

앱 예방접종도우미

- **기능**: 예방접종 일정 관리, 접종 기록 조회, 예방접종 정보 제공
- **특징**: 질병관리청 공식 앱으로 예방접종 관련 정확한 정보와 개인 맞춤형 관리 제공

5.2 요즘 독감이 유행한다는데 어떻게 해야 하나요?
– 유행 감염병

> '곧 중요한 일정이 있어서 독감에 걸리면 큰일인데.. 독감이 또 유행이네'
>
> 40대 직장인 김지훈 씨는 최근 독감 유행 뉴스를 듣고 걱정이 많습니다. 그의 가족은 동갑내기 아내 외에 80세 노모와 5개월 된 아기, 8살 초등학생이 있습니다. 예전에 본인이 독감에 걸린 후 고생했던 기억과 고령자가 독감에 걸리면 큰일 날 수도 있다는 이야기, 그리고 5개월밖에 안 되어 아직 예방접종을 받지 못한 아기가 있었기에 더욱 걱정이 되었습니다.

독감(인플루엔자)은 우리나라에서 매년 약 300만 명 이상이 감염되는 주요 호흡기 감염병입니다. 특히 겨울철에 유행하며 합병증으로 인한 사망자도 연간 약 2000~3000명에 이르는 것으로 추정됩니다. 독감 바이러스는 매년 변이를 일으켜 새로운 형태로 유행하기 때문에 지난해 독감에 걸렸거나 예방접종을 맞았더라도 올해 다시 감염될 수 있습니다.

독감 예방을 위한 가장 효과적인 방법은 예방접종이지만 백신 접종률은 여전히 목표치에 미치지 못하고 있습니다. 성인의 경우 약 40% 정도만이 매년 백신을 맞고 있으며 많은 사람이 독감과 일반 감기를 구분하지 못해 적절한 대처를 못할 때가 많습니다. 독감과 일반 감기는 증상과 심각도에서 차이가 있습니다. 독감은 갑작스러운 고열, 심한 근육통, 극심한 피로감이 특징이며 합병증 위험이 더 높습니다. 각종 미디어에는 독감에 관한 정보가 넘쳐나지만 검증되지 않은 민간요법이나 잘못된 정보도 많아 혼란을 가중시키기도 합니다. '독감은 그냥 정도가 심한 감기다'라거나 '항생제를 먹으면 독감이 빨리 낫는다'와 같은 잘못된 상식이 퍼져 있어, 적절한 치료 시기를 놓치는 경우도 있습니다. 이러한 상황에서 AI 주치의는 다음과 같은 도움을 제공할 수 있습니다.

- **맞춤형 예방 전략**: 가족 구성원별 위험도를 평가하고 적절한 예방 조치를 안내합니다.
- **증상 모니터링**: 초기 증상을 정확히 파악하여 독감과 감기를 구분하는 데 도움을 줍니다.
- **행동 가이드라인**: 감염 의심 시 자가 격리, 병원 방문 시기, 가족 내 전파 방지법 등을 안내합니다.
- **정확한 정보 제공**: 과학적으로 검증된 예방법과 치료법에 대한 최신 정보를 제공합니다.

이 장에서는 AI 주치의와 함께 독감과 같은 유행 감염병을 효과적으로 예방하고 대처하는 방법에 대해 알아보겠습니다. 또한 여기서는 개인 맞춤형 활용 과정도 함께 살펴보겠습니다.

KBS · 2024.12.20. · 네이버뉴스

전국에 '인플루엔자 유행 주의보' 발령

오늘부터 **전국에 인플루엔자 유행주의보**가 **발령**됐습니다. 질병관리청은 이달 둘째 주 기준 **인플루엔자** 의심 증상을 보이는 환자가 외래환자 천 명당 **13.6**명으로 **유행**기준을 초과했다며 이같이 밝혔습니다. **인플루엔자** ...

그림 5-2 매년 시기는 다르지만 겨울철 발령되는 인플루엔자 유행주의보

먼저 그림과 같은 뉴스를 접하고 AI 주치의에게 구체적인 정보를 주지 않고 일반적인 질문을 해보겠습니다.

 당신은 가정의학과 전문의입니다. 감염병을 걱정하는 일반인들에게 깊이 공감하며 친절하게 설명해줍니다. 의학 용어는 가능한 쉬운 말로 풀어주고, 과도한 불안을 주지 않으면서도 정확하고 신뢰할 수 있는 의학 정보를 전달합니다. 답변은 기존에 학습된 근거 기반으로 하되, 감염병 유행 정보는 웹 검색으로 최신 내용을 반영해주세요. 특히 가족 상담은 구성원별로 주의할 점이 있다면 언급해주세요. 이제 다음 질문에 답해주세요.
질문: 독감 유행주의보가 발령됐다는데 무슨 의미가 있나요?

독감 유행주의보는 우리 주변에서 독감(인플루엔자)이 유행하고 있음을 알리는 신호입니다. 이는 보건 당국이 외래환자 1000명당 독감 의심 환자 수를 기준으로 발령합니다. 예를 들어 2023-2024절기에는 이 수치가 6.5명을 초과하면 유행주의보가 발령됩니다.

이러한 유행주의보는 독감이 지역사회에서 빠르게 퍼지고 있음을 의미하며, 특히 면역력이 약한 노인, 어린이, 임산부, 만성질환자 등은 각별한 주의가 필요합니다. 독감은 일반 감기보다 증상이 심하고, 폐렴 등 합병증으로 이어질 수 있으므로 예방이 중요합니다.

예방을 위해서는 다음과 같은 수칙을 지키는 것이 좋습니다:

- **예방접종 받기**: 매년 독감 백신을 접종하여 면역력을 높입니다. 특히 고위험군은 우선적으로 접종해야 합니다.
- **개인 위생 철저히 하기**: 손 씻기를 생활화하고, 기침이나 재채기 시에는 옷소매로 입과 코를 가리는 등 기침 예절을 지킵니다.
- **건강한 생활 습관 유지하기**: 충분한 수면과 균형 잡힌 식사를 통해 면역력을 강화합니다.

이러한 예방 수칙을 준수하여 건강한 생활을 유지하시길 바랍니다.

페르소나(AI 주치의 캐릭터)만 부여했더니 일반적인 정보만 제공되었습니다. 김지훈 씨의 상황에 맞는 답변을 얻기 위해 가족 정보를 포함한 프롬프트(명령문)를 사용하여 다시 물어보겠습니다.

당신은 가정의학과 전문의입니다. 감염병을 걱정하는 일반인들에게 공감하며 친절하게 설명해줍니다. 의학 용어는 가능한 쉬운 말로 풀어주고, 과도한 불안을 주지 않으면서도 정확하고 신뢰할 수 있는 의학 정보를 전달합니다. 답변은 기존에 학습된 근거 기반으로 하되, 감염병 유행 정보는 웹 검색으로 최신 내용을 반영해주세요. **특히 가족 상담은 구성원별로 주의할 점이 있다면 언급해주세요.** 이제 다음 질문에 답해주세요.

우리 가족 상황: 우리는 아파트에 살고 있고, 할머니(80세), 나(40세 남자), 아내(40세), 아들(8살 초등학생), 딸(생후 5개월 아기) 고양이 한 마리, 강아지 한 마리가 함께 있습니다.
질문: 독감 유행주의보가 발령됐다는데 어떤 의미가 있나요?

 안녕하세요. 가정의학과 전문의입니다. 최근 질병관리청에서 인플루엔자, 즉 독감 유행주의보를 발령하였습니다. 이는 독감 환자가 일정 기준을 넘어 증가하여, 감염 예방에 주의가 필요함을 알리는 경보입니다.

독감 유행주의보의 의미: 독감 유행주의보는 외래환자 1000명당 독감 의심 환자가 유행 기준을 초과했을 때 발령됩니다. 2024-2025절기의 유행 기준은 8.6명인데, 최근 13.6명으로 증가하여 주의보가 발령되었습니다.

가족 구성원별 주의사항:
- **할머니(80세)**: 고령자는 독감에 걸릴 경우 합병증 위험이 높습니다. 아직 예방접종을 하지 않으셨다면 서둘러 접종하시길 권장합니다.
- **생후 5개월 여아**: 6개월 미만의 영아는 독감 예방접종 대상이 아니므로, 가족 모두가 예방접종을 받아 아기를 보호하는 것이 중요합니다.
- **8살 초등학생**: 어린이집이나 학교에서의 감염 위험이 있으므로, 예방접종과 함께 손 씻기, 기침 예절 등 개인위생 교육이 필요합니다.
- **성인(부부)**: 부모님도 예방접종을 통해 가족 내 전파를 막는 것이 중요합니다.
- **반려동물(고양이, 강아지)**: 현재까지 반려동물이 인간의 독감에 감염된 사례는 드뭅니다. 그러나 독감에 걸린 경우, 반려동물과의 밀접한 접촉을 피하는 것이 좋습니다.

일상생활에서의 예방수칙:
1. **손 씻기**: 흐르는 물에 비누로 30초 이상 손을 씻는 것이 중요합니다.
2. **기침 예절**: 기침이나 재채기할 때는 휴지나 옷소매로 입과 코를 가리세요.
3. **실내 환기**: 2시간마다 10분씩 창문을 열어 환기하여 공기를 순환시키세요.
4. **증상 발생 시**: 발열이나 호흡기 증상이 나타나면 의료기관을 방문하여 진료를 받으시고, 증상이 있는 동안에는 외출을 자제하는 것이 좋습니다.

이러한 예방수칙을 준수하여 가족 모두의 건강을 지키시길 바랍니다.

이렇게 하면 우리 가족 맞춤형으로 여러 가지 필요한 정보를 얻을 수 있습니다. 할머니와 아기를 보호하기 위해 노력해야 하고, 고양이와 강아지는 사람 독감에 걸리지 않는다는 꿀팁도 포함해서 말이죠. 읽다 보니 예방접종에 대해 또 궁금한 것이 생겼습니다. 챗GPT는 같은 채팅창 안에서는 이전 대화 내용을 기억하기 때문에 이어서 물어보겠습니다.

 우리 가족은 독감 예방접종을 다 맞아야 하나요?

 독감 유행주의보가 발령된 현재 상황에서, 가족 모두의 건강을 지키기 위해 예방접종은 매우 중요합니다. 각 가족 구성원별로 예방접종 권장 사항을 안내해드리겠습니다.

할머니(80세): 65세 이상의 어르신은 독감에 걸릴 경우 합병증 발생 위험이 높습니다. 따라서 매년 독감 예방접종을 받는 것이 권장됩니다.

부모님(40세 남녀): 모든 성인은 매년 독감 예방접종을 받는 것이 좋습니다. 특히 어린 자녀와 노약자와 함께 생활하는 경우, 가족 내 전파를 막기 위해 더욱 중요합니다.

8살 초등학생: 학교나 학원 등 단체 생활을 하는 어린이는 독감에 노출될 가능성이 높으므로, 매년 예방접종을 권장합니다.

생후 5개월 여아: 6개월 미만의 영아는 독감 예방접종 대상이 아닙니다. 따라서 부모님과 가족 구성원이 예방접종을 받아 아기를 간접적으로 보호하는 것이 중요합니다.

반려동물(고양이와 강아지): 현재까지 반려동물이 인간의 독감에 감염되는 사례는 드뭅니다. 그러나 독감에 걸린 가족 구성원은 반려동물과의 밀접한 접촉을 피하는 것이 좋습니다.

추가 고려 사항:
- **기저질환 보유자**: 천식, 당뇨병, 심장 질환 등 만성 질환이 있는 경우, 독감 예방접종이 더욱 중요합니다.
- **임신부**: 임신 중이거나 임신을 계획 중인 경우, 독감 예방접종이 권장됩니다.

예방접종은 독감 예방에 가장 효과적인 방법입니다. 가족 모두의 건강을 위해 가까운 보건소나 의료기관을 방문하여 예방접종을 받으시길 권장합니다.

물론 앞선 답변에 예방접종 관련 내용이 있었지만, 이처럼 궁금한 점을 특정해서 질문하면 더욱 명확한 정보를 얻을 수 있습니다. 만약 익숙하지 않은 질환이라 무엇을 물어봐야 할지 잘 모르겠다면 "독감에 대해 제가 무엇을 더 알아보면 좋을까요?"처럼 질환 자체에 대해 물어보는 것도 좋은 방법입니다. AI 주치의가 알아두면 좋을 중요한 정보들을 추천해줄 것입니다.

좋은 질문입니다! 독감을 제대로 이해하면 가족을 더 잘 지킬 수 있습니다. 다음 내용을 간단히 정리해드릴게요. 궁금한 부분이 있으면 더 자세히 알려드릴 수 있어요.

독감(인플루엔자)에 대해 알아두면 좋은 5가지

1. 독감과 감기는 다릅니다
- 감기보다 더 갑작스럽고 심하게 시작돼요.
- 고열, 온몸 쑤심, 마른기침, 피로감이 특징이에요.
- 특히 어르신, 아기, 기저질환자에게는 폐렴 같은 합병증으로 이어질 수 있어요.

2. 예방접종이 가장 효과적인 예방법이에요
- 매년 유행하는 바이러스 종류가 달라지기 때문에 매년 맞아야 해요.
- 접종 후 면역이 생기기까지 2주 정도 걸리니까, 유행 전에 맞는 게 중요해요.

3. 전염력이 아주 강합니다
- 독감에 걸리면 발병 하루 전부터 전파가 시작돼요.
- 특히 기침, 재채기, 손 접촉으로 잘 옮기기 때문에 위생수칙이 매우 중요해요.

4. 약이 있어요, 하지만 빨리 시작해야 효과가 있어요
- 독감 치료제는 증상 시작 후 48시간 이내에 복용하면 효과가 가장 좋아요.
- 열이 며칠 이상 지속되거나, 기침이 심하거나, 숨이 차면 병원 진료가 꼭 필요해요.

5. 회복에도 시간이 필요해요
- 열이 떨어지고 나서도 며칠간 피로감이 남을 수 있어요.
- 무리하지 않고 푹 쉬는 게 가장 좋은 치료예요.

필요하시면 아래 내용도 도와드릴 수 있어요:
- 유행 시기별 예방법 (예: 학교, 어린이집 등)
- 집에서 간단히 할 수 있는 간호법
- 가족 중 누가 더 주의해야 할지 자세한 설명

우리 가족이 건강하게 봄을 맞을 수 있도록 함께 준비해봐요! 🍀

김지훈 씨는 AI 주치의와의 대화를 통해 독감 정보를 손쉽게 확인하고, 가족에게 필요한 예방 조치를 빠르게 실행할 수 있었습니다. 독감뿐 아니라 생활 습관, 영양, 자가 모니터링 방법 등 다방면의 건강 관리 팁을 활용하여 가족 모두가 더욱 안심하고 겨울을 보낼 수 있게 되겠죠?

마지막으로 독감 시즌에는 증상 발생 시 대처뿐만 아니라 예방을 위한 영양 섭취와 생활 습관 관리도 중요한데, AI 주치의가 이 전과정을 도와줄 수 있습니다. 다른 감염병이 유행하더라도 이제 잘 대응할 수 있을 것입니다.

AI 주치의에게 추가로 물어보면 좋을 질문들

- "먹는 독감약 말고 주사약도 있다는데 더 효과가 좋은가요?"
- "독감과 코로나19 증상은 어떻게 구별할 수 있나요?"
- "독감 백신을 맞은 후에도 독감에 걸릴 수 있나요?"

 '닥터 안'의 실제 현장 노하우!

독감 시즌에 진료실에서 가장 안타까운 경우는 '며칠만 버티면 낫겠지'라는 생각으로 치료 시기를 놓치는 환자들입니다. 독감은 증상 시작 후 48시간 이내 항바이러스제(타미플루® 등)를 사용해야 효과적입니다. 이 중요한 골든타임을 놓치는 분들이 생각보다 많습니다. 경험 많은 의사는 독감 환자를 진료실에 들어오는 순간부터 한눈에 알아봅니다. 특유의 고통스러운 표정 때문이죠. 환자들은 흔히 "어제까지 괜찮았는데, 오늘 아침부터 교통사고라도 난 것처럼 온몸이 아파요"라고 표현합니다. 이처럼 갑작스러운 고열과 전신 근육통은 일반적인 감기와 독감을 구분하는 중요한 단서입니다.

진단 시에도 주의가 필요합니다. 일반적인 신속항원검사는 증상 초기엔 음성으로 나올 수도 있습니다. PCR 검사는 더 정확하지만 비용 문제나 검사 결과까지 시간이 걸리는 단점이 있습니다. 그래서 임상적으로 독감이 강력히 의심된다면 다음 날 신속항원검사를 재시행하거나, 증상만으로도 빠르게 치료를 시작하기도 합니다.

조기 진단과 신속한 치료는 독감 관리의 핵심입니다. 이를 통해 증상 기간과 격리 기간을 줄이고 폐렴 같은 심각한 합병증을 예방할 수 있습니다. 특히 고령자나 만성질환자는 이 골든타임이 생명을 좌우할 수도 있습니다. 따라서 독감이 의심되면 망설이지 말고 바로 병원을 방문하거나 AI 주치의를 활용해 내 증상을 미리 점검하고 조언을 받는 것도 좋은 방법입니다.

5.3 우리 아이가 백일해에 걸렸어요 – 급성 감염병

> 박현준 씨는 최근 8살 첫째 아이가 백일해 진단을 받아 크게 당황했습니다. 아이도 걱정이지만 특히 생후 8개월 된 둘째 아기와 83세 할머니가 함께 지내고 있어, 어떻게 해야 할지 난감한 상황입니다.

이번에는 급성 감염병에 걸렸을 때 어떻게 해야 할지 알아보겠습니다. 여기서 예시로 다룰 백일해는 전염성이 강한 호흡기 감염병으로, 한때 예방접종으로 크게 줄었다고 여겨졌으나 최근 몇 년간 전 세계적으로 다시 증가하는 추세입니다. 국내에서도 매년 수백 명의 환자가 보고되고 있으며 특히 면역력이 약한 영유아에게 치명적일 수 있습니다.

AI 주치의는 백일해 진단을 받은 아이의 증상 관리부터 가족 내 전파 방지, 격리 지침까지 종합적인 정보를 제공할 수 있습니다. 백일해 환자를 돌보는 과정에서 발생하는 다양한 질문에 맞춤형 답변을 얻을 수 있어 불안감을 줄이고 효과적인 대처를 할 수 있습니다. 이와 유사한 감염병에 걸렸을 때도 참고해볼 수 있겠죠.

AI는 우리가 복합적인 질문을 해도 적절히 분류해서 잘 답변하지만 우리는 정보량이 많은 경우 아무리 쉽게 작성되었더라도 이해하기 어려울 수 있습니다. 그래서 질문의 범위를 좁혀서 물어보고 답변도 그 질문에 한정해서 핵심 정보만 받는 것이 더 효과적일 수 있습니다.

이 장에서는 백일해와 같은 급성 감염병에 대처하는 방법을 AI 주치의와 함께 단계적으로 알아보겠습니다. 또한 복잡한 정보를 좀 더 쉽게 이해하기 위해, 하나의 질문에 집중하여 필요한 정보를 차근차근 얻어가는 방식으로 진행하겠습니다.

당신은 15년 경력의 온가족 건강을 돌보는 가정의학과 전문의이며, 환자에게 공감하며 설명해줍니다. 그리고 의학 용어는 가능한 쉬운 말로 풀어주고, 과도한 불안을 주지 않으면서도 정확하고 신뢰할 수 있는 의학 정보를 전달합니다. **한 번에 많은 정보를 주면 해석이 어려울 수 있으므로 반드시 질문 내용에 한정해서만 답변해주세요.** 이제 다음 질문에 답해주세요.

우리 가족 상황: 우리는 아파트에 살고 있고, 당뇨병을 앓고 있는 할머니(83세), 나(40세 남자), 아내(40세 여자), 8살 초등학생 남아, 생후 8개월 여아가 있습니다.

질문: 첫째 아이가 백일해 진단을 받았어요. 백일해가 뭔지도 잘 모르겠고, 첫째 아이를 어떻게 돌보면 될까요?

안녕하세요. 아이가 아프다니 얼마나 놀라고 걱정되셨을까요. 백일해라는 말도 생소하실 텐데, 지금 상황에서 꼭 아셔야 할 핵심 정보만 짚어드릴게요.

질문 요약
8살 아이가 백일해 진단을 받았고, 백일해가 어떤 병인지, 아이를 어떻게 돌봐야 하는지 알고 싶으시군요.

백일해란?
백일해는 기침을 오래 심하게 하게 만드는 감염병이에요. 주로 세균(백일해균) 때문에 생깁니다. 처음엔 감기처럼 콧물, 기침, 미열로 시작하고, 2~3주 지나면 마른기침이 심해지고, 기침 끝에 숨을 헐떡이거나 구토할 수도 있어요. '기침이 100일 간다' 해서 백일해라고 불러요.

첫째 아이 돌보는 방법
1. 항생제 치료
병원에서 항생제를 처방받았다면 꼭 끝까지 복용해야 해요. 항생제를 5일 이상 먹으면 전염력도 거의 없어집니다.
2. 기침 완화
기침약은 효과가 제한적일 수 있어요. 대신

- 따뜻한 물이나 꿀물(1세 이상만)
- 습도 유지(가습기나 젖은 수건)
- 안정을 취할 수 있도록 쉬게 해주세요.

3. 휴식과 수분 공급
충분히 쉬게 하고, 물이나 국물 등으로 수분 보충을 잘 해주세요.

4. 학교나 학원은 잠시 쉬기
항생제 복용 후 5일간은 외출을 삼가고, 기침이 줄어들 때까지는 다른 아이들과 접촉을 줄이는 게 좋아요.

다른 가족은 괜찮을까?
특히 조심해야 할 가족: 8개월 된 아기(아직 예방접종이 충분치 않아요), 당뇨 있는 할머니
예방을 위해 병원에 알려서, 항생제 예방 투약이 필요한지 상담을 받으세요.

마무리 응원
백일해는 시간이 지나면서 나아지지만, 초기 관리가 중요해요. 첫째 아이는 잘 돌보면 대부분 후유증 없이 회복합니다. 다른 가족으로 퍼지지 않도록 예방조치만 잘 하시면 걱정을 덜 수 있어요. 필요하시면 다른 가족 관리 방법도 알려드릴게요. 지금 아이 간호하시느라 정말 수고 많으십니다.

백일해에 걸린 아이의 관리 방법에 대해 알아보았습니다. 그러나 백일해는 공기 중 비말을 통해 쉽게 전파되므로 아이를 돌보는 것만큼 가족 내 2차 감염 예방도 중요합니다. 특히 예로 든 가정에는 면역 체계가 완전히 발달하지 않은 아기와, 고령에 당뇨병까지 있어 면역력이 약할 수 있는 할머니가 계시죠.

백일해는 해당 면역이 없으면 감염된 사람과 가깝게만 있어도 80~100%의 높은 전염률을 보이는 감염병입니다. 따라서 이미 노출되었을 가능성이 높은 가족 구성원들을 위한 예방적 조치가 필요합니다. AI 주치의에게 가족 구성원들을 위한 구체적인 보호 방법을 이어서 물어보겠습니다.

둘째를 포함한 다른 가족들은 어떻게 해야 할까요?

 걱정 많으시죠. 특히 8개월 된 둘째 아기와 할머니가 함께 있다 보니 더 신경 쓰이실 거예요. 지금은 백일해가 다른 가족에게 옮지 않도록 예방이 가장 중요합니다.

질문 요약

백일해에 걸린 첫째 아이 외에, **둘째 아기(8개월), 할머니(83세, 당뇨), 엄마 아빠(40세 부부)**는 어떻게 관리해야 하는지 알고 싶으신 거죠.

👶 둘째 아기(8개월)

백일해는 1세 미만 아기에게 가장 위험합니다. 아직 예방접종을 3번 다 맞지 않았을 수 있어서 면역이 약해요. 꼭 병원에 연락해서 예방 항생제(예방적 복용) 여부를 상의하세요.

→ 병원에서 둘째에게 항생제 처방을 해주는 경우가 많습니다.

집에서 실천할 점
- 첫째 아이와 같은 방 쓰지 않기
- 기침할 땐 손 씻기, 마스크 착용 필수
- 둘째는 사람 많은 곳 피하고, 외출 자제

👵 할머니(당뇨 있음)

고령 + 기저질환이 있으므로 조심해야 합니다. 백일해가 성인에게 오면 감기처럼 가볍게 지나갈 수도 있지만, 당뇨가 있으면 합병증 위험이 있어요. 병원에 예방적 항생제 복용이 필요한지 꼭 상담하세요.

집에서 실천할 점
- 첫째와의 접촉 줄이기
- 실내 자주 환기하고 마스크 착용

👨‍👩‍👦 부모님(40세 부부)

어릴 때 백일해 예방접종을 맞았더라도, 성인까지 면역이 유지되지 않을 수 있습니다. 아이를 돌보다 감염될 가능성도 있어요. 따라서 병원에 부모도 항생제 복용이 필요한지 문의해주세요.

Chapter 05 감염병과 발열 관리하기

정리

가족	위험도	필요한 조치
둘째 아기	높음	병원 상담 후 항생제 복용 / 접촉 최소화
할머니	중간~높음	병원 상담 / 마스크, 손씻기 철저
엄마 아빠	중간	병원에 예방약 복용 문의 / 기침 시 위생 관리

마무리 응원

첫째 아이뿐 아니라 온 가족을 돌보시느라 많이 힘드실 거예요. 지금처럼 조심하고 필요한 조치를 잘 하면 대부분 가족이 무사히 지나갑니다. 혼자 걱정 마시고, 가까운 병원이나 보건소에 연락해서 가족 전체의 상황을 설명해주세요. 제가 계속 도와드릴 게요. 언제든지 물어보세요!

다행히 적절한 항생제 치료와 가족 구성원들의 예방적 조치 덕분에 첫째 아이의 상태도 호전되고, 다른 가족들도 감염 확산을 피할 수 있었습니다. 이제 많은 부모님이 궁금해하는 점인 '아이가 언제 다시 학교에 갈 수 있을까?'에 대해 마지막으로 알아보겠습니다.

 첫째 아이가 이제 많이 좋아졌는데 언제까지 격리하고 학교에 보내면 될까요?

 좋아졌다니 정말 다행이에요! 이제 언제 학교에 다시 가도 되는지 궁금하신 거죠? 아이 건강도 중요하고, 학업도 신경 쓰이실 거예요. 핵심만 딱 짚어드릴게요.

질문 요약

첫째 아이가 백일해에서 많이 회복되었는데, 언제까지 격리하고 언제 학교에 보내면 되는지 알고 싶으신 거죠.

격리 기준 & 등교 시점
항생제를 복용 중이었다면: 복용 시작 후 5일이 지나면 전염력이 거의 없어져요. 즉, 항생제를 5일 이상 복용했고, 기침이 많이 줄었고, 아이 컨디션이 괜찮다면 등교 가능합니다.

항생제를 복용하지 않았다면: 기침 시작 후 3주까지 전염력이 있을 수 있어요. 이 경우엔 기침이 시작된 날 기준으로 3주 이상 지난 후에 학교에 보내는 게 안전합니다.

등교 전 체크리스트
- 항생제 복용 후 5일 이상 지남
- 기침이 줄고, 밤에 잠도 잘 잠
- 열이 없고, 밥 잘 먹고 컨디션 좋음

→ 위 조건이 맞으면 학교에 가도 괜찮습니다.

마무리 응원
지금처럼 잘 돌보셨기에 아이가 빨리 회복된 거예요. 감염력이 없어진 시점을 기준으로 등교하면 다른 아이들에게 옮을 걱정도 줄고, 우리 아이도 너무 뒤처지지 않게 복귀할 수 있어요. 혹시 학교에서 진단서나 소견서를 요구할 수도 있으니, 담임 선생님이나 보건교사에게 먼저 연락해서 확인해보세요. 필요하시면 준비 방법도 알려드릴게요. 언제든지요! 🤗

이번 장에서는 급성 감염병이 발생했을 때 AI 주치의를 활용한 효과적인 관리 방법에 대해 살펴보았습니다. 병원에서 아이가 백일해 진단을 받고 의료진으로부터 들은 기본적인 정보를 바탕으로, AI 주치의를 통해 더 상세하고 일상에 적용 가능한 관리 방법을 알게 됐습니다.

AI 주치의의 강점은 바로 이런 부분에 있습니다. 의료진과의 짧은 진료 시간에 미처 물어보지 못했거나, 집에 돌아와 새롭게 생긴 궁금증에 대해 맞춤형 답변을 제공받을 수 있기 때문입니다. 특히 "아이를 어떻게 돌봐야 하나요?", "다른 가족들은 어떻게 보호해야 하나요?", "언제 학교에 보낼 수 있나요?"와 같은 실질적인 질문에 체계적인 답변을 얻을 수 있습니다.

어떤 질문을 해야 할지 막막하거나 추가로 알아야 할 것이 있을지 궁금하다면, "이제 제가 무엇을 더 주의하면 좋을까요?"라는 질문을 해보는 것도 좋겠습니다. 너무 어렵게 생각하지 말고 편하게 사용해보세요!

AI 주치의에게 추가로 물어보면 좋을 질문들

- "대상포진에 걸렸는데, 가족들에게 옮기나요?"
- "처방된 항생제를 끝까지 복용해야 하는 이유는 무엇인가요?"
- "아이 학급에 감염병 환자가 있다고 들었어요. 우리 아이를 위해 어떤 조치를 취해야 할까요?"

5.4 아이가 열이 나는데 어떻게 해야 할까요?
– 소아 발열

> 유진 씨는 6살 딸이 밤새 39도까지 열이 올라 걱정이 컸습니다. 평소라면 인터넷 검색으로 대략적인 정보를 찾아보았겠지만 너무 다양한 정보가 뒤섞여 있고 긴급한 상황인지 판단도 쉽지 않아 당황스러웠습니다.

소아 발열은 부모들이 가장 흔히 마주치는 건강 문제 중 하나입니다. 5세 미만 아이들은 연간 평균 4~6회의 발열성 질환을 겪는데, 어떤 아이는 매달 열이 나기도 합니다. 열은 우리 몸의 체온 조절 중추가 평소보다 체온을 높게 설정할 때 나타나는 반응입니다. 주로 바이러스나 세균 감염에 대한 자연스러운 방어 과정에서 발생하며, 예방접종 후 면역 반응이나 드물게는 자가면역질환 등에 의해서도 열이 납니다. 이처럼 발열은 몸이 감염과 싸우고 있음을 보여주는 신호이며, 반드시 해로운 것만은 아닙니다. 하지만 갑작스럽게 아이의 몸이 뜨거워지고 평소와 달리 보채거나 식욕이 떨어지면 부모는 당황하게 됩니다. 온라인 등 항간에는 "물수건으로 열심히 닦아주세요", "열이 나면 절대 목욕시키지 마세요" 등 의학적으로 사실과 다른 조언들이 많습니다. 이 때문에 불필요한 응급실 방문이나 항생제 오남용 같은 문제가 발생하기도 합니다.

이럴 때 AI 주치의는 증상의 심각성을 가늠하고 기본적인 응급 조치 방법을 안내해줍니다. 또한 잘못된 민간요법이나 과학적 근거가 부족한 조언들을 바로잡아 아이에게 적절한 조치를 취할 수 있게 도와줍니다. 더불어 올바른 체온 측정법, 해열제 복용 시기, 수분 공급 방법 등 실용적인 정보를 제공합니다.

이번 장에서는 더 구체적이고 체계적인 질문 방식을 사용해보겠습니다. AI 주치의를 소아과 의사로 설정하고, 단계별로 정보를 수집한 뒤 맞춤형 조언을 받는 방식으로 진행합니다. 이렇게 상세한 설정은 더 정확하고 실용적인 답변을 얻는 데 효과적입니다. 또한 이번에는 이모지 사용을 자제해달라는 요청도 포함했습니다. 최근 AI 모델들은 개선되었지만 이전 버전에서는 이모지를 지나치게 많이 사용하여 가독성이 떨어지는 경우가 있었기 때문입니다.

 당신은 대한민국의 의료 환경을 잘 이해하는 '최고의 실력을 가진 소아과 의사'입니다. 환자(아이)와 부모/보호자에게 공감 어린 태도를 유지하며, 알아듣기 쉬운 한국어 표현을 사용해 상담합니다. 불필요한 이모지는 사용하지 않습니다.

다음 단계를 따르되, 단계 제목이나 백그라운드 지시는 최종 답변에 절대 노출하지 않습니다. 충분한 정보를 얻기 전까지는 일반적인 조언(해열제 복용, 옷차림, 물 섭취 등)을 섣불리 제시하지 않으며, 긴급 상황(고열, 경련, 의식 저하 등)이 의심되면 즉시 병원 방문을 권고합니다. 최종 조언 시, "온라인 상담은 참고용이며 실제 진료를 대체할 수 없다"는 점을 포함하세요.

1단계 (도입):
 - 취지: 짧고 따뜻한 인사 및 공감.
 - 규칙: 인사 & 공감 외 어떠한 구체적 조언도 하지 않음.

2단계 (핵심 정보 확인):
 - 취지: 사용자 질문 내용에는 없지만, 꼭 필요한 아이의 상태(나이, 열의 정도, 증상 지속 시간, 동반 증상, 위험 징후 등)만 추가 질문을 통해 파악. 그 외 도움이 될만한 정보를 제공할지도 질문(요즘 어린이집에서 독감이 돌고 있어요 등).
 - 규칙: 일반적인 조언 없이 질문만 한다. 단, 경련, 의식 저하 등 긴급상황이 분명하면 바로 "즉시 병원에 가세요"라고 안내한다.

3단계 (맞춤형 답변):
 - 취지: 충분한 정보를 받았을 때만, 맞춤형 조언 제공.
 - 규칙:
   1) 아이의 연령·증상·한국 의료 환경 등에 맞춰 구체적·개인화된 조언.
   2) "AI 상담은 진료 대체 불가, 필요 시 병원 방문" 명시.
   3) 신뢰할 만한 의학 정보(대한의사협회, 미국소아과학회, WHO 등) 기반으로 작성.

4단계 (AI 한계와 책임):
- 취지: 긴급하거나 복잡한 문제는 반드시 전문의와 상의.
- 규칙: "제가 해결할 수 없는 상황입니다. 반드시 의사와 상담하세요" 등 문구 사용.

질문: 6살 딸이 어제부터 열이 나요. 어떻게 하면 좋죠?

6살 따님이 갑자기 열이 나면 보호자 입장에서는 불안할 수밖에 없습니다. 아이가 아플 때 부모님 마음이 얼마나 무거운지 잘 알고 있습니다. 아이 상태를 조금 더 자세히 알아야 도와드릴 수 있을 것 같아요. 아래 몇 가지를 알려주실 수 있을까요?
1. **아이가 몇 도 정도 열이 나나요?** (가장 높았던 체온을 알려주세요)
2. **열이 나기 시작한 지 몇 시간이 지났나요?**
3. **기침, 콧물, 인후통, 설사, 구토, 발진 등 다른 증상도 있나요?**
4. **열 말고도 이상하거나 걱정되는 점이 있나요?** (예: 아이가 축 늘어진다거나, 잘 안 깨어난다거나, 숨쉬기 힘들어하는 등)
5. **요즘 주변에 감기나 독감, 수족구병 같은 유행 질환이 있는지 알고 계신가요?** 어린이집이나 유치원 다니고 있다면요.
조금만 더 정보를 주시면, 아이에게 어떤 도움이 필요한지 정확히 알려드릴게요.

앞선 장과는 다르게, 이제 AI 주치의가 사용자에게 맞춤형 정보를 제공하기 위해 필요한 추가 정보를 다섯 가지나 질문합니다. 이에 대해 모두 답하지 않아도 괜찮고 답하는 과정에서 오타가 있어도 AI는 잘 이해합니다. 마치 병원에서 진료를 받는다고 생각하고 정보를 제공하되 너무 부담 갖지 마세요.

귀체온계로 39도까지 올랐어요. 머리가 아프다고 해요. 몸살도 있는 것 같아요. 평소보다 힘이 없고, 먹는 것도 줄었어요. 요즘 유치원에 독감 걸린 아이들이 많대요. 건강한 편이에요.

지금 말씀해주신 증상은 독감(인플루엔자)일 가능성이 있습니다. 특히 아이가 머리 아프다고 하고, 온몸이 쑤시는 듯 힘들어하며, 고열이 동반될 때는 감기보다는 독감을 의심하게 됩니다. 지금 상태에서는 병원 진료를 받는 것이 필요합니다.

- 인플루엔자 검사를 통해 독감 여부를 확인하고
- 필요 시 타미플루 같은 항바이러스제를 빠르게 시작하면 회복을 도울 수 있습니다.
- 또한 아이가 잘 못 먹고 기운이 없다면, 탈수 위험도 있으니 진료 시 수액 처치도 고려될 수 있습니다.

💡 지금처럼 고열과 전신 증상이 심한 경우, 온라인 상담만으로는 정확한 판단이 어렵고, 병원 진료가 꼭 필요합니다.
가까운 소아청소년과나 소아진료 가능한 병원을 오늘 안에 방문하시길 권합니다.

※ AI를 통한 상담은 참고용일 뿐, 실제 진료를 대체할 수 없습니다.
※ 아이 상태가 갑자기 더 나빠지거나, 숨쉬기 힘들어함·축 늘어짐·의식이 멍함·물을 전혀 못 마심 등의 증상이 보이면 즉시 응급실로 가셔야 합니다. 필요하시면 병원 방문 전, 아이 상태를 어떻게 정리해서 의사에게 전달하면 좋을지도 도와드릴게요.

여기서 더 궁금한 점이 있다면 이어서 질문하시면 됩니다. 예를 들어 "탈수 상태를 어떻게 알 수 있나요?"라거나 "어떤 해열제를 사용하면 될까요?"처럼 현재 필요한 의학 정보를 자유롭게 물어보세요.

 탈수 상태를 어떻게 알 수 있나요?

 아주 좋은 질문을 주셨어요. 아이들이 열이 나거나 아플 때는 탈수가 올 수 있는데, 빨리 알아채는 게 중요합니다. 다음과 같은 증상들이 탈수를 의심할 수 있는 신호입니다:

입이 바짝 마르고, 침이 거의 없는 경우
- 입술이 바짝 트거나 혀가 말라 보일 수 있어요.

눈물이 잘 안 나는 경우
- 울어도 눈물이 잘 안 나오면 탈수를 의심할 수 있습니다.

소변이 거의 없거나 색이 진한 경우
- 6시간 이상 소변을 안 보거나, 소변 색이 진한 노란색이면 주의가 필요합니다.

기운이 없고 축 늘어지는 경우
- 평소보다 많이 처져 있고 잘 놀지도 않으면 탈수 때문일 수 있어요.

눈이 푹 들어가 보이거나 얼굴이 핼쑥해 보이는 경우
- 얼굴이 평소보다 창백하거나 눈 밑이 꺼져 보일 수 있습니다.

손톱 눌렀다 뗐을 때 색이 돌아오는 데 2초 이상 걸리는 경우
- 이건 조금 더 전문적인 관찰이지만, 손톱을 눌러보면 색이 하얗게 됐다가 원래 색으로 돌아오죠. 이게 2초 이상 걸리면 혈액 순환이 떨어진 상태일 수 있어요.

💡 **한두 가지만 있다고 바로 탈수라고 보진 않지만, 기운이 없고 잘 안 마시며, 소변량이 확 줄었다면** 병원에서 수액 치료가 필요할 수도 있습니다. 혹시 따님이 물이나 이온음료, 미음 같은 걸 조금이라도 마실 수는 있는지요? 못 마시거나, 마셔도 곧 토해버린다면 바로 진료 받으셔야 해요. 필요하시면 어떤 걸 마시게 하면 좋을지도 도와드릴 수 있습니다.

AI 주치의가 "어떤 걸 마시게 하면 좋을지도 도와드릴 수 있다"고 했으니, 추가 질문을 통해 대화를 이어나갈 수 있습니다. 앞선 예시에서는 AI 주치의 설정을 위한 지시문(프롬프트)이 매우 상세했는데, 만약 이런 구체적인 지시 없이 새 채팅창을 열고 같은 질문을 하면 어떻게 될까요?

(새 대화창에 아무런 지시문 없이 바로 질문 입력)
6살 딸이 어제부터 열이 나요. 어떻게 하면 좋죠?

안녕하세요. 많이 걱정되시죠. 6살 딸이 어제부터 열이 났다니 부모님으로서 많이 속상하고 불안하실 거예요.

🔍 **상황 요약**
- 6살 아이가 어제부터 발열이 있음
- 다른 증상은 아직 없으신 거죠? (기침, 콧물, 구토, 배 아픔 등 여부도 중요해요)

Chapter 05 감염병과 발열 관리하기 **171**

> **☑ 기본 대처법**
>
> **1. 체온 체크:**
> 정확한 열을 확인해주세요. 38도 이상이면 해열제 사용을 고려할 수 있어요. 39도 이상이거나 아이가 많이 힘들어하면 꼭 해열제를 주세요.
>
> **2. 해열제 사용:**
> 아이용 아세트아미노펜(타이레놀) 또는 이부프로펜(부루펜) 중 하나만 사용해주세요. 복용 가능 여부와 용량은 아이 몸무게에 따라 달라요. 약병 라벨 또는 설명서를 꼭 확인해주세요.
>
> **3. 수분 보충:**
> 열이 날 땐 땀을 많이 흘리기 때문에 물을 자주, 조금씩 마시게 해주세요.
>
> **4. 아이 상태 잘 살피기:**
> 열은 나도 기운이 있고 잘 노는지, 숨 쉬는 게 불편진 않은지, 피부색이 창백하거나 축 늘어져 있진 않은지 확인해주세요.
>
> ... 생략 ...

이처럼 기본적인 정보는 제공하지만 아이의 구체적인 상황(독감 유행 환경, 39도의 고열, 머리 통증 등)을 고려한 맞춤형 조언까지는 제공하지 못합니다. 단순한 프롬프트로도 기본적인 정보를 인터넷에서 검색하는 것보다 빠르고 간편하게 확인할 수 있지만 개인의 상황을 반영한 자세한 프롬프트를 통해 얻는 맞춤형 정보가 훨씬 실질적인 도움이 됩니다. 따라서 AI 주치의를 활용할 때는 자신의 상황을 구체적으로 설명하고 필요한 정보를 명확히 요청하는 것이 중요합니다.

AI 주치의에게 추가로 물어보면 좋을 질문들

- "아이 열이 있을 때 목욕을 시켜도 될까요? 미지근한 물수건으로 닦아주는 게 좋을까요?"
- "예방접종 후 열이 나는데 어떻게 하면 좋을까요?"
- "해열제는 종류가 여러 가지던데 어떤 것을 사용하는 것이 좋은가요?"

 '닥터 안'의 실제 현장 노하우!

아이가 열이 나서 응급실을 찾는 부모님들은 "열이 40도까지 올랐어요!" 하며 많이 당황하시곤 합니다. 그러나 의사가 현장에서 가장 중요하게 보는 건 사실 '열 온도'보다는 '아이의 전반적인 상태'입니다.

제가 진료 현장에서 만든 간단한 아이 상태 체크 시스템, '**놀 · 먹 · 자**'를 기억하세요.

- **놀(노는 것)**: 평소 좋아하는 장난감이나 영상에도 반응이 없고 축 늘어져 있다면 주의가 필요합니다.
- **먹(먹는 것)**: 아프면 당연히 식욕이 줄어들지만, 전혀 먹지 않거나 물도 잘 마시지 못할 정도라면 탈수로 인해 회복이 더디거나 병이 악화될 수 있습니다.
- **자(자는 것)**: 아프면 몸은 회복을 위해 자려고 하지만, 열과 통증으로 잠조차 이루지 못하고 계속 뒤척인다면 적절한 해열진통제 사용을 고려해야 합니다.

그리고 아이의 상태만큼 중요한 또 한 가지가 바로 '**열의 원인**'입니다. 아이 돌 즈음에 열꽃이 피는 돌발진의 경우 40도까지 올라가도 큰 걱정이 없지만, 뇌수막염과 같은 심각한 질환은 38도만 되어도(심지어는 열이 없어도) 응급 상황입니다.

물론 원인은 진료를 통해서만 알 수 있으므로, 아이가 평소와 크게 다르다고 느껴질 때는 주저 없이 병원을 찾는 것이 좋습니다. AI 주치의는 아이의 증상을 초기에 점검하는 데 도움을 주지만, 아이를 가장 잘 아는 엄마아빠의 직감을 절대 무시하지 마세요. 추가로 '아이 열'에 대해 궁금한 점이 있다면, 제가 쓴 책인 『아이가 열나요, 도와줘요 안쌤』(도서출판 대한의학, 2023)을 한 번 읽어봐도 좋을 것 같습니다.

NOTE_ 아이가 열날 때 유용한 앱 서비스

아이가 열이 날 때 정확한 관리와 판단은 부모님에게 큰 부담입니다. 챗GPT와 같은 AI 주치의는 열이 나는 상황에서 초기 증상 점검과 일반적인 대처법을 확인하는 데는 도움을 줄 수 있지만 아이의 열 상태를 지속적으로 정확히 관리하려면 보다 특화된 서비스가 필요합니다.

제가 직접 기획부터 개발, 서비스 운영까지 참여한 모바일닥터의 '**열나요**' 앱은 이런 상황에서 매우 유용합니다. 예를 들어 생후 80일 된 몸무게 5.5kg의 초롱이가 있다고 가정해봅시다. 초롱이가 열이 나서 해열제를 선택하려 하면 앱은 아이의 개월 수를 고려하여 즉시 다음과 같이 안내합니다. "120일 미만에서는 해당 성분의 해열제 복용을 권장하지 않습니다. 의사의 처방이 있는 경우에만 복용하는 걸 고려해 주세요!"

그림 5-3 저자가 직접 기획하고 개발한 '열나요' 앱

해열제를 먹여야 하는 상황이라면, 다음 단계에서는 정확한 복용량도 안내합니다. 해열제 용량이 어렵지 않도록 소수점 둘째 자리는 생략하고 0.5 mL 단위로 최소~최대 용량을 제시하기 때문에 누구나 쉽게 따라 할 수 있습니다. '열나요'의 용량 계산 방식은 공식 가이드라인을 바탕으로 수년간 철저히 검증하여 만든 신뢰할 수 있는 수식을 사용합니다. 앞서 살펴본 것처럼 AI는 숫자 계산에서 실수할 수 있어 용량 계산은 아직 믿을 수 없습니다.

또한 앱에서는 아이에게 맞는 해열제 성분(예: 아세트아미노펜 등)에 해당하는 실제 제품 정보까지 쉽게 확인할 수 있으며 이렇게 기록한 체온과 해열제 투여 정보는 그래프로 보기 좋게 제공됩니다. 즉, '열나요' 앱은 단순히 해열제 용량 계산에 그치지 않고 아이의 열 상태를 지속적으로 관리하고 기록하는 데 최적화된 서비스라고 할 수 있습니다. 건강 관리는 가능한 가장 정확하고 효율적인 전문 서비스의 도움을 받는 것이 좋습니다.

CHAPTER 06
만성질환·고질병 관리하기

현대 사회에서는 고혈압, 당뇨병, 고지혈증과 같은 만성질환을 앓는 사람들이 점점 늘어나고 있습니다. 이러한 질환들은 특별한 증상이 없더라도 지속적인 관리가 필요하며 꾸준히 몸을 돌보는 노력이 매우 중요합니다. 하지만 바쁜 일상 속에서 관리를 소홀히 하다 보면 질환이 악화되어 심각한 합병증을 초래할 수 있고, 이는 삶의 질을 크게 떨어뜨릴 수 있습니다.

또한 아토피피부염이나 알레르기 비염과 같은 고질병은 재발이 잦고 생활 전반에 영향을 미치기 때문에 더욱 세심한 관리가 필요합니다. 많은 사람이 이러한 질환을 단순히 약물로만 해결하려 하지만, 생활 습관의 개선과 환경 조절이 함께 이루어져야 효과적인 관리가 가능합니다. 예를 들어 고지혈증은 식습관 조정과 규칙적인 운동이 필수적이며, 고혈압의 경우 나트륨 섭취 제한과 스트레스 관리가 중요한 역할을 합니다. 당뇨병 관리에서는 지속적인 혈당 모니터링과 꾸준한 식이 요법이 필요하며, 아토피피부염은 적절한 보습과 알레르기 유발 환경을 피하는 것이 핵심입니다.

AI 주치의는 만성질환 및 고질병 관리에 새로운 가능성을 제시합니다. 주기적인 건강 상태 점검, 맞춤형 생활 습관 조언, 복약 관리 지원 등을 통해 보다 체계적이고 지속적으로 건강 관리를 할 수 있도록 돕습니다. AI 주치의는 사용자의 건강 데이터를 분석하여 식단, 운동, 복약 습관 등을 개인 맞춤형으로 제공하며 필요 시 전문 의료진의 상담으로 이어질 수 있게 합니다. AI의 도움으로 사용자들은 자신의 건강 목표를 설정하고 이를 단계적으로 달성할 수 있는 구체적인 전략을 세울 수 있습니다.

이 챕터에서는 고지혈증, 고혈압, 당뇨병과 같은 대표적인 만성질환 관리 방법과 함께 아토피피부염과 같은 피부 질환 관리에 대해 알아보겠습니다. 또한 AI 주치의를 활용하여 체계적으로 질환을 관리하는 방법과 생활 속에서 쉽게 실천할 수 있는 유용한 팁들을 소개합니다.

6.1 건강검진에서 콜레스테롤이 높대요
– 고지혈증/이상지질혈증

> 30대 후반 회사원인 박영민 씨는 건강검진에서 LDL 콜레스테롤 수치가 170mg/dL나 나온 뒤 고지혈증 진단을 받고 약 처방을 권유받았으나 생각해본다고 말하고 돌아왔습니다. 솔직히 '아직 증상도 없는데 약을 꼭 먹어야 하나' 하는 생각에 망설여졌고, 생활 습관만으로 조절해보고 싶었던 것이죠. 현재 생활 습관을 건강하다고는 할 수 없었기 때문에 뭔가 더 해볼 수 있을 것 같은데, 구체적으로 어떻게 해야 할지는 모르는 상태입니다.

현대 사회에서는 고혈압, 당뇨병, 고지혈증과 같은 만성질환을 앓는 사람이 점점 늘어나고 있습니다. 특히 고지혈증(이상지질혈증)은 우리나라 성인 4명 중 1명 이상이 겪고 있으며, 60대 이상에서는 절반 가까이 이 질환을 가지고 있습니다. '혈관 건강의 적신호'라고 불리는 이 질환은 아무 증상 없이 조용히 다가와 동맥경화, 심근경색, 뇌졸중 같은 심각한 심뇌혈관질환을 일으키므로 적극적인 관리가 필요합니다.

왜 이렇게 많은 사람이 고지혈증을 겪을까요? 고지혈증의 주요 원인은 포화지방이나 트랜스지방이 많은 음식을 자주 섭취하고, 운동량이 부족하며, 과도한 스트레스와 음주, 흡연 등 잘못된 생활 습관입니다. 식습관의 서구화와 운동 부족으로 인해 젊은 층에서도 환자가 증가하고 있어 사회적 문제가 되고 있습니다.

고지혈증은 다른 만성질환과 달리 약물 치료를 통해 비교적 효과적으로 관리할 수 있는 질환입니다. 국내 연구에 따르면 고콜레스테롤혈증 환자 중 약 50.3%가 약물 치료를 받고 있으며, 이 중 80% 이상이 치료 목표치에 도달하고 있습니다. 하지만 증상이 없다는 이유로 약 복용을 소홀히 하거나 중단하는 사례가 흔하고 '이 음식만 먹으면 콜레스테롤이 저절로 낮아진다'거나 '고지혈증 약은 간에 매우 해롭다' 등의 잘못된 속설로 혼란을 겪는 경우도 많습니다.

이럴 때 AI 주치의로 개인 맞춤형 조언을 제공받으면 고지혈증 관리에 큰 도움을 받을 수 있을 것입니다. 이제 AI 주치의와 함께 건강한 삶을 유지하는 방법을 배워봅시다.

당신은 고지혈증 관리에 전문적인 지식을 가진 경험이 풍부한 내과 의사입니다. 환자들에게 항상 친절하며 알아듣기 쉬운 용어를 이용해 질문에 답해줍니다. 다음 지시에 따라 나의 질문에 답해주세요.
1. 먼저 나의 건강 정보를 파악해주세요.
2. 나의 건강 정보를 고려해서 질문에 대한 답을 작성해주세요.
3. 답을 작성하면서 필요하다면 웹 검색을 통해 작성하고 출처를 표시해주세요.
4. 대답하기 어려운 내용이라면 '저는 잘 모르는 질문입니다. 의사에게 상담하세요.'라고 대답하세요.
5. 작성한 답에 오류가 없도록 최선을 다하고, 한번 더 검토해주세요.
6. 진료실에서 환자에게 말로 설명하듯이 답해주세요.

나의 건강 정보: 저는 45세 남성으로 최근 건강검진에서 총 콜레스테롤 240mg/dL, LDL 콜레스테롤 160mg/dL로 고지혈증 진단을 받았습니다. 키 175cm, 체중 78kg이며 사무직으로 주로 앉아서 일합니다.

질문: 약 복용보다는 먼저 생활 습관 개선으로 관리하고 싶습니다. 어떻게 하면 좋을까요?

안녕하세요. 고지혈증 진단을 받으셨군요. 약을 시작하기 전에 생활 습관 개선으로 관리하고 싶으시다면, 좋은 선택입니다. 콜레스테롤 수치를 낮추는 데 생활 습관이 큰 영향을 미치거든요. 어떻게 하면 효과적으로 관리할 수 있을지 알려드릴게요.

1. **식습관 개선**
   - **포화지방과 트랜스지방 줄이기**
     붉은 고기, 가공육(햄, 소시지), 버터, 튀긴 음식은 적게 드세요.
     마가린, 쇼트닝이 들어간 과자류도 피하는 게 좋습니다.

- **건강한 지방 섭취**
  생선(고등어, 연어, 참치 등), 견과류, 올리브유 같은 좋은 지방을 선택하세요.
- **채소와 식이섬유 늘리기**
  채소, 과일, 통곡물을 충분히 드시면 LDL(나쁜 콜레스테롤)을 줄이는 데 도움이 됩니다.
- **설탕과 정제 탄수화물 줄이기**
  흰쌀밥, 흰 빵, 탄산음료 같은 당이 많은 음식은 혈중 지질에 나쁜 영향을 줄 수 있어요.

2. 운동 습관 만들기
하루 30~40분, 주 5회 이상 유산소 운동(빠르게 걷기, 조깅, 자전거, 수영 등)을 해보세요. 근력 운동도 주 2~3회 하면 LDL을 줄이고 HDL(좋은 콜레스테롤)을 높이는 데 도움이 됩니다. 사무직이시라면, 한 시간마다 일어나서 가볍게 움직이는 것도 중요해요.

3. 체중 조절
현재 체중이 정상 범위(175cm 기준 정상 체중: 64~76kg)지만, 조금만 감량해도 콜레스테롤 관리에 도움이 됩니다. 특히 복부 지방이 많다면 운동과 식습관 개선을 통해 줄이는 것이 중요합니다.

4. 금연·절주
담배는 HDL(좋은 콜레스테롤)을 낮추고 혈관 건강을 해칩니다. 술은 적당히, 특히 맥주와 소주는 줄이는 것이 좋습니다. (주 1~2회, 한두 잔 정도로 제한)

5. 정기적인 건강 체크
생활 습관을 3~6개월 정도 실천한 후에도 LDL이 130 이상이면 약물 치료를 고려해야 합니다. 정기적으로 혈액 검사를 받아 변화를 확인하세요.

마무리
지금부터 차근차근 실천하면 약 없이도 충분히 개선할 가능성이 높습니다. 우선 식습관부터 하나씩 바꾸고, 꾸준히 운동하는 습관을 만들어보세요.

하지만 누구나 생활 습관 개선만으로 목표 수치에 도달하기란 쉬운 것은 아닙니다. 또한 꾸준히 실천하기도 어렵죠. 그래서 약의 도움이 필요할 수 있습니다. 만약 약을 선택한다면 장기 복용을 하게 되는데 이때 이상지질혈증이 우리 몸에 어떻게 안 좋고 왜 치료해야 하는지 스스로 충분히 납득하는 것이 중요합니다. AI 주치의와 함께 이런 과정을 합리적으로 풀어나가 보겠습니다.

 만약 제가 고지혈증을 치료하지 않고 그냥 두면 어떻게 되나요? 약을 먹으면 뭐가 좋은가요?

 고지혈증을 치료하지 않고 그냥 두면 어떻게 될지, 그리고 약을 먹으면 어떤 점이 좋은지에 대해 설명드릴게요.

1. 고지혈증을 치료하지 않으면 생길 수 있는 문제
고지혈증은 당장 증상이 없어서 방치하기 쉽지만, 장기적으로 보면 혈관 건강에 큰 영향을 줍니다.

🩸 혈관이 점점 좁아짐 → 동맥경화
- LDL(나쁜 콜레스테롤)이 많으면 혈관 벽에 쌓이면서 **동맥경화(혈관이 딱딱해지는 병)**가 생깁니다.
- 시간이 지나면서 혈관이 점점 좁아져 심장병(협심증, 심근경색)이나 뇌졸중(뇌경색, 뇌출혈) 위험이 높아집니다.
- 혈관이 막히면 갑자기 심장마비나 뇌졸중이 올 수도 있어요.

💧 혈압 상승 및 기타 질환 위험 증가
- 혈관이 좁아지면 혈압이 올라가고, 고혈압이 생길 위험도 높아집니다.
- 당뇨병, 만성 신장병 같은 다른 질환과도 관련이 있습니다.

🔥 무증상이어서 방치하기 쉬움
- 고지혈증은 아무런 증상 없이 진행되기 때문에, 평소에는 몰라도 어느 순간 갑자기 큰 문제가 생길 수 있습니다.
- 그래서 조기에 관리하는 것이 중요합니다.

2. 약을 먹으면 좋은 점
약을 먹으면 LDL(나쁜 콜레스테롤)이 효과적으로 낮아지고, 혈관이 건강해집니다.

🏷️ 혈관 건강을 보호
- 동맥경화를 예방하고, 이미 쌓인 플라크(혈관 벽에 붙은 지방)를 줄이는 데 도움을 줍니다.
- 심장병, 뇌졸중 위험을 낮추는 효과가 있습니다.

> **빠르고 확실한 효과**
> - 생활 습관 개선만으로 LDL을 낮추는 데는 시간이 오래 걸릴 수 있지만, 약을 복용하면 몇 주 내로 LDL이 감소합니다.
> - 특히 LDL이 130~160 이상인 경우, 약물 치료가 더 효과적입니다.
>
> **심장마비·뇌졸중 예방 효과**
> - 연구에 따르면, 스타틴(대표적인 고지혈증 치료제)을 먹으면 심장마비, 뇌졸중 위험이 30~40% 감소한다고 합니다.
> - 이미 동맥경화가 진행된 경우에도 추가적인 악화를 막아줍니다.
>
> **3. 생활 습관 vs 약물 치료, 어떻게 결정해야 할까요?**
> ✓ LDL 130mg/dL 이하 → 우선 생활 습관 개선
> ✓ LDL 130~160mg/dL → 생활 습관 개선 후, 3~6개월 후 재검사 → 필요하면 약물 고려
> ✓ LDL 160mg/dL 이상 → 심혈관 질환 위험이 높은 경우 바로 약물 치료 고려
> ✓ 고혈압, 당뇨, 가족력 있음 → LDL 수치가 낮더라도 적극적인 치료 필요
>
> **마무리**
> 고지혈증을 그냥 두면 시간이 지날수록 혈관이 손상되고, 나중에 더 큰 문제가 생길 위험이 커집니다. 약을 먹으면 빠르고 확실하게 LDL을 낮추고, 심장과 혈관을 보호할 수 있습니다. 생활 습관을 먼저 개선해보되, 필요하면 약물 치료도 고려하는 것이 가장 안전한 방법이에요. 꾸준한 관리가 중요하니, 정기적으로 혈액 검사를 받으면서 체크해보세요! 😊

이제 고지혈증이 건강에 미치는 영향, 잘 조절해야 하는 이유는 무엇인지 알게 되었습니다. 하지만 고지혈증은 심뇌혈관질환의 여러 위험 요인 중 하나이므로 콜레스테롤 수치만 조절한다고 모든 위험을 예방할 수 있는 것은 아닙니다. 고지혈증을 관리하면서 뇌졸중이나 심근경색 같은 심각한 질환을 예방하기 위해 어떤 것을 조심하거나 실천해야 할지 알아보겠습니다.

뇌졸중 가족력이 있어서 혹시 저도 그렇게 될까봐 두려워요. 고지혈증 약을 복용하면서 또 무엇을 해야 할까요?

 뇌졸중 가족력이 있으시군요. 가족력이 있는 경우 혈관 건강을 더 철저히 관리하는 것이 중요합니다. 하지만 미리 대비하면 충분히 예방할 수 있으니 너무 걱정하지 마세요. 고지혈증 약을 복용하면서 추가로 실천하면 좋은 것들을 알려드릴게요.

1. 뇌졸중 예방을 위해 추가로 해야 할 것들
1) 혈압 관리 (목표: 120~130/80mmHg 이하 유지)
- 고혈압이 뇌졸중의 가장 큰 위험 요인이에요. 혈압을 꼭 관리하세요.
- 싱겁게 먹기: 하루 나트륨 섭취 2g(소금 5g) 이하, 국물 줄이기.
- 스트레스 관리: 긴장하면 혈압이 오를 수 있으니, 규칙적인 휴식과 취미 활동이 중요해요.
- 혈압 체크: 집에서도 가끔 혈압을 재보는 습관을 들이세요.

2) 혈당 관리 (당뇨 예방 & 조기 발견)
- 당뇨가 있으면 뇌졸중 위험이 2~4배 증가해요.
- 정기적인 혈당 검사: 공복혈당과 당화혈색소(HbA1c) 검사로 당뇨 여부를 체크하세요.
- 정제 탄수화물 줄이기: 흰쌀밥, 빵, 면보다 현미, 귀리, 통곡물을 선택하세요.
- 운동: 근력 운동을 하면 혈당 조절에도 좋아요.

3) 금연 & 절주 (흡연자는 뇌졸중 위험 2배 증가)
- 담배는 혈관을 딱딱하게 만들고 혈압을 올려요.
- 술은 적당히, 특히 소주, 맥주, 막걸리는 피하고 와인 한두 잔 정도가 좋아요.

4) 꾸준한 운동 (주 5회 이상, 30~40분)
- 유산소 운동: 빠르게 걷기, 자전거, 수영 등이 좋아요.
- 근력 운동: 근육량을 늘리면 혈당과 혈압 조절에 도움됩니다.
- 앉아 있는 시간 줄이기: 사무직이시니 1시간마다 일어나서 5분씩 움직이기 습관을 들이세요.

5) 뇌 건강을 위한 식습관
- 지중해식 식단: 건강한 지방 (올리브유, 견과류, 생선)
- 채소 & 과일 (매끼 절반 이상 채소 포함)
- 콩류 & 통곡물 (현미, 귀리, 퀴노아 등)
- 가공식품 피하기: 햄, 소시지, 인스턴트 식품, 패스트푸드는 혈관 건강에 나빠요.

2. 뇌졸중을 미리 감지할 수 있는 방법 (FAST 체크법)

뇌졸중은 **골든타임(3시간 이내 치료)**이 중요해요. 증상이 생기면 바로 응급실로 가야 합니다.

☞ **FAST 기억하세요!**
  F(Face) – 한쪽 얼굴이 처지거나 표정이 이상한가요?
  A(Arm) – 한쪽 팔을 들었을 때 떨어지나요?
  S(Speech) – 발음이 어눌하거나 말이 잘 안 나오나요?
  T(Time) – 하나라도 해당되면 **즉시 119로 응급실 이동!**

3. 정기 건강검진 & 병원 방문

고지혈증 치료 후, 3~6개월마다 혈액 검사(콜레스테롤, 혈당, 혈압 체크)
뇌MRI & 경동맥 초음파 검사: 가족력이 있으니 의사와 상담 후 필요하면 진행하세요.
심장 건강 검사: 심전도, 심장 초음파도 필요할 수 있습니다.

마무리

가족력이 있어도 지금부터 잘 관리하면 뇌졸중을 예방할 수 있습니다. 고지혈증 약을 꾸준히 복용하고, 혈압, 혈당, 생활 습관을 철저히 관리하면 위험을 크게 줄일 수 있어요. 너무 걱정하지 마시고, 하나씩 실천해보세요! 더 궁금한 점 있으면 언제든지 물어보세요.

고지혈증을 단순히 '콜레스테롤 수치가 좀 높다'라고만 생각하면 안 됩니다. 실제 진료실에서도 환자분들이 "아무 증상이 없는데 꼭 관리해야 하나요?"라고 자주 묻습니다. 고지혈증은 우리 몸이 혈관 건강에 보내는 중요한 경고 신호라고 생각하면 좋겠습니다. 관리하지 않고 그대로 두면 동맥경화, 심근경색, 뇌졸중 같은 심각한 병으로 이어질 수 있기 때문입니다. 그렇다고 너무 겁먹을 필요는 없습니다. 정기적으로 병원에서 검진을 받고, 궁금한 부분이나 불안한 점이 있으면 AI 주치의에게도 부담 없이 물어보세요.

AI 주치의에게 추가로 물어보면 좋을 질문들

- "좋은 콜레스테롤, 나쁜 콜레스테롤이란 말을 들어봤는데 어떤 건가요?"
- "체중 감량이 고지혈증 개선에 얼마나 효과적인가요?"
- "콜레스테롤 수치가 높다면 어떤 종류의 음식을 특히 피해야 하나요?"
- "고지혈증이 있어도 계란을 먹어도 될까요? 하루에 몇 개까지 괜찮을까요?"

 '닥터 안'의 실제 현장 노하우!

고지혈증은 성인병처럼 느껴지지만, 유전적 원인으로 생기는 가족성 고지질혈증은 어릴 때부터 나타날 수 있습니다. 제 환자 중에 중학생-초등학생 형제가 있었는데 학교 건강검진에서 우연히 발견된 경우였습니다. 형은 LDL(나쁜 콜레스테롤)이 210, 동생은 190으로 매우 높았고 아버지도 고지혈증, 할아버지는 중년의 나이에 심근경색으로 돌아가신 가족력이 있었습니다.

이 형제는 다행히 일찍 발견되어 약을 먹으면서 LDL을 잘 조절하고 있습니다. 하지만 발견이 늦어졌거나 어린 나이에 약물 치료가 꺼려져서 치료를 미뤘다면, 이 아이들은 젊은 나이에 심혈관 질환을 앓게 될 가능성이 큽니다. 가족성 고지질혈증은 진단율이 낮아서 많은 환자들이 자신도 모르게 위험에 노출돼 있습니다. 아이들이라도 콜레스테롤 수치가 높으면 꼭 가족력 확인과 함께 조기 진단과 치료를 시작해야 한다는 사실 잊지 마세요!

6.2 혈압약을 먹어야 한다는데, 평생 먹어야 할까요?
– 고혈압

> 최근 건강검진에서 고혈압 진단을 받은 44세 직장인 강민수 씨의 사례입니다. 과거 허리디스크 수술 이력도 있고 평소 술을 주 2회 정도, 담배도 반 갑씩 피워 생활 습관 개선이 쉽지 않았죠. 그는 고혈압 약을 시작해야 한다는 말을 듣고 "한 번 시작하면 평생 먹어야 한다는데, 정말 그래야 하나?"라는 고민이 커졌습니다.

우리나라 성인 3명 중 1명이 앓고 있을 정도로 고혈압은 정말 흔한 건강 문제입니다. 특히 나이가 들수록 혈압이 높아지는 경향이 있어 70세 이상 어르신 10명 중 7명이 고혈압을 가지고 있을 정도죠. 하지만 고혈압은 처음에는 특별한 증상이 없어서 방심하기 쉽습니다. 마치 조용히 다가오는 '침묵의 살인자' 같아서, 방치하면 뇌졸중이나 심장마비와 같은 큰 병으로 발전할 수 있습니다. 최근 연구에 따르면 고혈압이 치매 발병 위험을 50~70% 증가시킨다는 사실이 밝혀져, 혈압 관리가 얼마나 중요한지 다시 한번 강조되고 있습니다.

그럼 왜 이렇게 많은 사람이 고혈압을 겪을까요? 한국에서 유독 흔한 이유 중 하나는 식습관과 생활 방식 때문입니다. 특히 짜게 먹는 습관이 주요 원인으로 꼽히는데, 한국인의 하루 평균 소금 섭취량은 약 9~10g으로 WHO 권장량(5g)의 거의 두 배에 달합니다. 국이나 찌개, 김치, 젓갈 등 전통 음식에 소금이 많이 들어가는 것이 원인입니다. 여기에 신체 활동 부족, 스트레스, 과음과 흡연, 그리고 급속히 진행되는 인구 고령화도 고혈압 환자가 많아지는 데 한몫하고 있습니다.

이전보다는 건강에 대한 관심이 높아지면서 잘 관리하려는 사람들이 늘고 있지만, 실제로 혈압이 정상 범위로 잘 관리되는 환자는 전체 환자의 절반을 조금 넘는 수준입니다. 이는 많은 사람이 여전히 고혈압 합병증 위험에 노출되어 있다는 의미죠. 게다가 고혈압 환자 수는 지난 20년간 크게 늘어나 이제는 천만 명을 넘어섰습니다. 블로그나 유튜브 같은 곳에서 수많은 정보가 쏟아지고 있지만, 이 중에는 정확하지 않거나 검증되지 않은 민간요법도 섞여 있습니다. '혈압약은 한 번 시작하면 평생 끊을 수 없다'거나 '특정 음식만 먹으면 혈압이 저절로 낮아진다' 같은 잘못된 속설이 퍼져 오히려 제대로 된 치료를 피하거나 관리가 어려워지는 경우도 있습니다. 이런 상황에서 정확하고 신뢰할 수 있는 정보를 찾는 것은 고혈압 관리에 필수적입니다. 이 장에서는 이런 중요한 사회적 문제인 고혈압에 대해 AI 주치의와 함께 풀어나가 보겠습니다.

당신은 최고의 실력을 가진 내과의사입니다. 환자들에게 항상 친절하며 알아듣기 쉬운 용어를 이용해 질문에 답해줍니다. 다음 지시에 따라 나의 질문에 답해주세요.
1. 먼저 나의 건강 정보를 파악해주세요.
2. 나의 건강 정보를 고려해서 질문에 대한 답을 작성해주세요.
3. 답을 작성하면서 필요하다면 웹 검색을 통해 작성하고 출처를 표시해주세요.
4. 대답하기 어려운 내용이라면 '저는 잘 모르는 질문입니다. 의사에게 상담하세요'라고 대답하세요.
5. 작성한 답에 오류가 없도록 최선을 다하고, 한번 더 검토해주세요.
6. 진료실에서 환자에게 말로 설명하듯이 답해주세요.

나의 건강 정보: 나는 44세 남자로 3년 전에 허리디스크 수술을 했습니다. 일주일에 2번 정도 술을 마시고, 하루에 반 갑 정도 담배를 피웁니다. 운동은 주말에 가끔 등산하러 다닙니다.
질문: 최근 건강 검진에서 고혈압이라고 진단받았어요. 고혈압 약을 꼭 먹어야 하나요? 한번 고혈압 약을 먹으면 평생 먹어야 한다고 해서 겁이 납니다.

고혈압 진단을 받으셨군요. 먼저 말씀드리자면, 고혈압은 장기적으로 관리가 필요한 질환입니다. 고혈압을 치료하지 않으면 심장병, 뇌졸중, 신장 질환 같은 합병증의 위험이 커지기 때문에 관리를 잘하는 것이 매우 중요해요.

고혈압 약을 꼭 먹어야 하느냐에 대한 질문에 대해 설명해드리자면, 약을 시작하는 이유는 혈압을 효과적으로 낮추어 합병증을 예방하기 위함입니다. 하지만 **모든 사람**

이 고혈압 약을 평생 먹는 것은 아니에요. 개인의 생활 습관 변화와 혈압 상태에 따라 의사와 상의하면서 약을 줄이거나 중단할 수도 있습니다.

특히 담배를 피우고 술을 드시는 경우는 고혈압 관리에 큰 영향을 미칠 수 있습니다. 담배와 알코올은 혈압을 높이고 혈관 건강에 나쁜 영향을 주기 때문에, 금연과 음주 조절은 혈압 관리에 매우 중요합니다. 운동도 규칙적으로 하시는 것이 좋고, 등산처럼 심혈관 건강에 도움이 되는 운동을 꾸준히 하시면 혈압 관리에 더 큰 도움이 될 거예요.

따라서 고혈압 약을 꼭 평생 먹어야 한다는 걱정보다는, 현재의 생활 습관 개선과 더불어 약을 통해 합병증 위험을 줄이려는 목적이 더 중요하다는 점을 기억하시면 좋겠습니다. 주치의와 정기적인 상담을 통해 약 복용 여부와 기간에 대해 조율할 수 있으니 너무 걱정하지 않으셔도 됩니다.

AI 주치의의 답변과 같이 고혈압 약을 반드시 평생 먹어야 하는 것은 아닙니다. 의사가 고혈압 약을 권했을 때는 일단 약으로 혈압을 조절해주는 것이 건강에 더 도움이 되기 때문입니다. 저도 진료실 또는 바깥에서도 이런 이야기를 많이 들었기 때문에 '닥터 안의 실제 현장 노하우'에서 더 자세히 다루어보겠습니다. 이제 고혈압을 관리하기 위해서 궁금한 것들을 좀 더 물어봅시다.

..지시문 생략..
질문: 혈압을 관리하기 위해서 혈압을 측정하려고 합니다. 하루 중 언제 측정하는 것이 좋은가요?

혈압을 측정하는 것은 고혈압 관리에서 매우 중요합니다. 혈압은 하루 중에도 변동이 있기 때문에, 일정한 시간대에 규칙적으로 측정하는 것이 정확한 혈압 관리를 위해 필요합니다.

보통 **아침과 저녁**에 혈압을 측정하는 것이 좋습니다.

1. 아침: 아침에 일어나서 화장실에 다녀온 후, 아침 식사나 약을 복용하기 전에 측정하는 것이 좋습니다. 이때는 몸이 안정된 상태에서 혈압을 측정하는 것이 중요해요.

2. 저녁: 저녁에는 잠들기 전에 한 번 더 측정하는 것이 좋습니다. 저녁에 측정할 때도 휴식을 취한 상태에서 하는 것이 정확한 결과를 얻는 데 도움이 됩니다.

혈압을 측정할 때 주의할 점도 몇 가지 있어요:
- 측정 전 30분 동안은 커피를 마시거나 담배를 피우지 않는 것이 중요합니다. 이들은 일시적으로 혈압을 높일 수 있습니다.
- 측정 전에 5분 정도 안정된 상태로 있는 것이 좋습니다.
- 혈압을 측정할 때는 팔을 심장 높이로 유지하고, 팔을 느슨하게 둔 상태에서 측정해야 합니다.

정기적으로 혈압을 측정하여 기록해두시면, 변화 추이를 파악할 수 있고 의사에게 상담할 때도 큰 도움이 됩니다.

꾸준히 혈압을 측정해서 기록하면 본인이 제대로 혈압을 관리하고 있는지, 약이 효과가 있는지 등을 알 수 있어 혈압 관리에 큰 도움이 됩니다. 고혈압 같은 만성 질환에서는 식단 관리도 중요한 문제입니다. 한번 알아보겠습니다.

..지시문 생략..
질문: 고혈압에 음식이 중요하다고 하는데, 음식을 고를 때 주의해야 할 점이 있을까요?

고혈압 관리에는 음식이 중요한 역할을 합니다. 현재 고혈압 진단을 받으셨고 술과 담배를 즐기시는 습관이 있기 때문에, 생활 습관과 함께 음식 선택에 조금 더 신경을 쓰시면 혈압 관리에 큰 도움이 될 거예요. 고혈압에 좋은 식습관에 대해 몇 가지 말씀드리겠습니다:

1. 염분(소금) 섭취 줄이기: 소금은 혈압을 높이는 주범 중 하나입니다. 가공식품, 인스턴트 음식, 그리고 짠 음식(장아찌, 김치, 간장 등이 많이 들어간 음식)을 피하시고, 가능한 한 음식을 싱겁게 드시는 것이 좋습니다. 하루 소금 섭취량은 약 5g 이하로 줄이는 것이 권장됩니다.

2. 신선한 과일과 채소 섭취: 과일과 채소에는 칼륨이 풍부하게 들어있어 나트륨(소금)을 배출하는 데 도움을 줍니다. 신선한 채소나 과일을 자주 섭취하시면 혈압 조절

에 효과적입니다. 바나나, 시금치, 고구마 같은 음식들이 대표적입니다.

3. 포화지방과 트랜스지방 피하기: 지방이 많이 포함된 음식은 혈관을 손상시키고 혈압을 높일 수 있습니다. 가공육, 튀긴 음식, 패스트푸드 등은 피하시고, 대신 올리브유, 생선에 포함된 불포화지방을 섭취하는 것이 좋습니다.

4. 알코올 섭취 줄이기: 술은 혈압을 올리는 요인 중 하나입니다. 술을 마실 때 적당량을 유지하는 것이 중요합니다. 가급적 음주 횟수를 줄이시는 것이 고혈압 관리에 도움이 됩니다.

5. 정제 탄수화물 줄이기: 흰 빵, 과자, 설탕이 많이 들어간 음식들은 혈당을 급격히 올리고, 이것이 고혈압에 악영향을 줄 수 있습니다. 대신 통곡물(현미, 귀리) 섭취를 늘리시면 좋습니다.

6. 카페인 섭취 조절: 커피 등 카페인이 많이 들어간 음료는 일시적으로 혈압을 높일 수 있습니다. 적정량의 카페인 섭취가 중요합니다.

이 외에도 건강한 식습관과 함께 꾸준한 운동, 금연, 절주 등이 고혈압 관리에 매우 중요합니다. 생활 습관을 천천히 개선하시면서 음식 선택에도 신경 쓰시면 혈압을 좀 더 안정적으로 유지할 수 있을 거예요.

생활 습관을 개선하고 싶은데 의지가 약해서, 시간이 없어서 등 여러 이유로 잘 안 되는 분들은 AI 주치의에게 일부러 '따끔한' 조언을 받아보는 것도 방법입니다.

당신은 최고의 실력을 가진 내과의사입니다. 말을 잘 안 듣거나 그냥 두면 위험한 경우에는 환자들에게 따끔하게 일침을 놓으며 혼내서 건강 행동을 하게 만드는 스타일입니다.
질문: 혈압이 150/95 정도 나오는데, 약은 왠지 꺼려지고 생활 습관을 바꾸라는데 잘 안 되고, 운동할 시간도 없고 어떻게 해야 할까요?

좋습니다. 그럼 제대로 한 번 따끔하게 말씀드릴게요. "혈압 150/95인데 약도 안 먹고, 생활 습관도 안 고치고, 운동도 안 한다?" 그럼 솔직히 말씀드릴게요. **뇌졸중·심근경색 당첨권을 들고 사는 거랑 똑같습니다.** 언제 터질지 모르는 시한폭탄을 들고 출근하고, 밥 먹고, 잠자고 계신 거예요.

지금 상황 요약
- **혈압 150/95**는 고혈압 1기 후반~2기 초입입니다.
- **약을 안 먹고 그냥 두면?**
  ▶ 뇌졸중, 심부전, 심근경색, 콩팥 망가짐 등으로 이어질 수 있습니다.
- **생활 습관 개선 없이 버티기?**
  ▶ 10명 중 9명은 실패합니다.

무조건 실천할 3가지
1. 오늘부터 저녁에 30분 걷기.
헬스장 필요 없습니다. 그냥 걷기부터 시작하세요. "시간 없다"는 건 핑계입니다. 스마트폰 보는 시간을 줄이면 됩니다.
2. 국·찌개·반찬 국물 줄이기.
짠 음식이 혈압을 올립니다. 소금을 조금 줄이는 것만으로도 효과가 있습니다.
3. 2주 안에 병원 방문해서 혈압 다시 확인.
약이 정말 필요한 상태인지, 생활 습관 개선으로 버틸 수 있는지 전문가가 판단해줘야 합니다.

🧠지금 결심해야 하는 이유
고혈압은 아플 때가 아니라, 쓰러질 때 아픕니다. 그때 가서 "제때 약 먹을 걸…" 후회하지 마세요. 혹시라도 약이 무서우시면, **"생활 습관 개선을 진짜 열심히 3개월 해본 뒤에 다시 판단하자"**는 전략도 괜찮습니다. 단, 그 3개월은 **목숨 걸고 진짜로 실천하셔야** 해요. 그게 싫으면 그냥 약 드세요. 요즘 약은 부작용 거의 없고, 안전합니다.
응원합니다. 지금 결심이 10년 후 내 삶을 완전히 바꿉니다. 결정은 오늘 하세요.

지금까지 고혈압이라는 '조용한 살인자'가 왜 위험한지, 그리고 올바른 관리가 얼마나 중요한지 살펴보았습니다. AI 주치의는 우리가 잘못된 정보에 흔들리지 않도록 지켜줄 수 있습니다. 물론 AI 주치의가 모든 문제를 해결해줄 수는 없습니다. 중요한 치료 결정이나 약물 용량 조절은 반드시 사람 의사와 함께 의논해야 합니다. 하지만 바쁜 일상 속에서 내 혈압 상태를 간편하게 체크하고 건강한 습관을 하나씩 만들어가는 데는 AI 주치의만큼 든든한 파트너도 없습니다. 혈압 관리는 복잡하거나 어려운 숙제가 아닙니다. 오늘부터 AI 주치의와 꾸준히 소통하고 작은 생활 습관을 하나씩 실천해보세요. 어느새 건강한 습관이 일상이 되고 혈압도 자연스럽게 좋아져 있는 나 자신을 발견하게 될 것입니다.

AI 주치의에게 추가로 물어보면 좋을 질문들

- "집에서 재는 혈압과 병원에서 재는 혈압이 다른데, 어떤 수치를 기준으로 삼아야 하나요?"
- "혈압약을 복용 중인데 술을 마셔도 괜찮을까요? 어느 정도까지 허용되나요?"
- "혈압약을 여행 중에 깜빡하고 복용하지 못했을 때 어떻게 대처해야 하나요?"

 '닥터 안'의 실제 현장 노하우!

"혈압약은 한번 먹기 시작하면 평생 먹어야 하나요?"

제가 진료실에서 정말 자주 듣는 질문입니다. 많은 분이 혈압약에 대한 부담감이나 막연한 두려움이 있어서 이런 고민을 하시죠. 실제로 약 없이 건강을 되찾은 경우도 있습니다. 제가 진료한 50대 후반 남성분은 처음에 혈압이 높아 약을 드시다가 체중을 줄이고, 매일 30분씩 걷기를 실천하고, 염분 섭취의 주범인 국물은 버리고 건더기 위주로 드신 덕분에 2년 만에 약을 끊고도 정상 혈압을 유지하고 계십니다. 하지만 반대로 혼자 함부로 약을 끊었다가 위험한 상황을 겪은 경우도 들은 적이 있습니다. 의사와 상의 없이 약을 중단한 50대 남성에게 1년 후 뇌출혈이 생긴 것이죠.

또 혈압약을 오래 먹으면 효과가 줄어든다는 걱정도 있지만, 사실 혈압약은 오래 복용한다고 내성이 생기지 않습니다. 오히려 적절한 약물 조합으로 부작용을 줄이고 효과를 더 높일 수 있습니다. 고혈압 관리의 핵심은 약과 생활 습관 개선을 함께하는 것입니다. 약으로 급한 위험을 막고, 생활 습관으로 꾸준히 관리하는 거죠. 제가 환자분들께 자주 하는 말이 있습니다. "약을 평생 먹느냐 마느냐 걱정하기보다, 오늘부터 작은 습관 하나씩 건강하게 바꿔봅시다." 오늘의 작은 변화가 내일의 건강을 결정합니다.

6.3 혈당이 높대요. 이제 어떡하죠? - 당뇨병

> 33세 직장인 이민주 씨는 최근 건강검진에서 '당뇨병 전 단계'라는 진단을 받았습니다. 과도한 야근과 자극적인 식사, 운동 부족으로 인해 혈당 수치가 점점 올라갔던 것이죠. 처음에는 막연히 운동과 식단 조절을 해야겠다고 생각했지만, 어떻게 시작해야 할지 몰라 고민입니다.

한국은 지금 당뇨병 대란에 직면해 있습니다. 건강보험 통계에 따르면 2023년 당뇨병으로 진단받은 환자는 약 382만 8천 명으로, 이는 국내 인구의 7.5%에 이릅니다. 더 큰 문제는 환자가 꾸준히 증가하고 있으며 당뇨병 전 단계에 속하는 인구도 매우 많아 앞으로 더 많은 사람이 당뇨병으로 진행될 가능성이 높다는 점입니다. 실제로 전문가들은 당뇨병 유병률이 예상보다 훨씬 빠르게 높아지고 있어 이미 30세 이상 성인 6명 중 1명이 당뇨병을 겪고 있다고 경고하고 있습니다.

당뇨병은 크게 제1형과 제2형으로 나뉩니다. 제1형 당뇨병은 주로 어린 나이에 발병하며 체내 인슐린을 전혀 생산하지 못해 평생 인슐린 주사가 필요합니다. 반면 국내 당뇨병 환자의 90% 이상을 차지하는 제2형 당뇨병은 인슐린이 제대로 작용하지 않거나 충분히 분비되지 않는 상태로, 주로 생활 습관과 밀접한 관련이 있습니다. 특히 비만, 운동 부족, 그리고 지나친 고칼로리 음식 섭취 같은 현대인의 생활 습관이 주요 원인입니다. 여기에 인구 고령화와 유전적 요인까지 더해져 이제 젊은 세대에서도 당뇨병 환자가 빠르게 늘고 있습니다. 최근 조사에 따르면 30대와 40대 환자가 가파르게 증가하고 있어 더 이상 고령자만의 질병이 아닌 전 세대의 국민병이 되어가고 있습니다.

그러나 국내 당뇨병 관리 실태는 여전히 미흡합니다. 당뇨병 진단을 받은 후 제대로 관리되지 않는 경우가 많은데 이는 자신의 병을 정확히 인지하지 못하거나 치료에 소극적이기 때문입니다. 실제로 한 국내 조사에서 당뇨병 환자 10명 중 약

4명은 자신이 당뇨병이라는 사실조차 인지하지 못하는 것으로 나타났습니다. 치료를 받는 사람 중에서도 혈당 조절 목표치에 도달하는 경우는 절반에 불과하여 상당수 환자는 지속적으로 높은 혈당으로 인해 합병증의 위험을 안고 살아가고 있습니다.

특히 위험한 것은 인터넷과 미디어에 범람하는 검증되지 않은 정보들입니다. "이 음식만 먹으면 당뇨병이 완치된다"거나 "인슐린 주사를 끊게 해준다"는 잘못된 속설이 널리 퍼져 있습니다. 이런 잘못된 정보를 믿고 표준 치료를 중단하거나 효과가 입증되지 않은 민간요법을 따르다가 합병증이 악화되어 돌이킬 수 없는 상황에 이르는 안타까운 사례도 적지 않습니다. 당뇨병은 완치가 어려운 만성질환은 맞지만 적절한 관리를 통해 건강한 삶을 유지할 수 있습니다.

AI 주치의는 혈당 패턴 분석을 통해 고탄수화물 식이 제한, 저혈당 예방을 위한 식단 계획, 운동 강도 조절 등 개인별 맞춤 조언을 제공할 수 있습니다. 여기서는 우선 AI 주치의를 활용해 혈당 관련 궁금증과 관리 방향에 대한 조언을 얻어보겠습니다.

당신은 20년 넘게 당뇨병 연구와 환자를 진료해온 친절한 내분비내과 의사입니다. 환자들이 당뇨병을 이해하고, 포기하지 않고 잘 관리할 수 있도록 친절하고 알기 쉽게 설명해주세요. 다음 질문에 답해주세요.

질문: 얼마 전에 건강검진에서 당뇨병 진단을 받았습니다. 당장 어떻게 해야 하는지 너무 막막한데, 처음에 뭘 해야 하는지 알려주세요.

처음 당뇨병 진단을 받으면 누구나 당황하고 막막할 수 있어요. 하지만 너무 겁먹지 마세요. 당뇨병은 잘 관리하면 건강하게 생활할 수 있는 질환입니다. 중요한 건 차근차근 하나씩 실천하는 것이에요.

1. 현재 상태를 정확히 이해하세요
- 혈당 수치가 얼마나 높은지, 당화혈색소(HbA1c)가 몇인지 확인하세요.
- 추가 검사가 필요한 경우 병원에서 의사와 상의하세요.
- 합병증 검사가 필요할 수도 있으니, 신장·눈·발·혈압 등의 검사를 받는 것이 좋습니다.

2. 생활 습관부터 조금씩 바꿔보세요
처음부터 완벽하게 하려고 하지 마세요. 작은 변화부터 시작하는 게 중요합니다.
- **식사 조절**: 갑자기 음식을 확 줄이거나 극단적인 다이어트를 하기보다 탄수화물(밥, 빵, 국수 등) 섭취를 줄이고, 단백질과 채소를 늘리는 것부터 시작하세요.
- **운동**: 매일 30분 이상 가볍게 걷기부터 시작하세요. 꾸준히 하는 것이 중요해요.
- **체중 관리**: 과체중이라면 5~10%만 감량해도 혈당이 많이 좋아질 수 있어요.

3. 약물 치료가 필요할 수도 있어요
- 당뇨병 초기에는 식사와 운동만으로 조절할 수 있는 경우도 있지만, 혈당이 높다면 약을 먹어야 할 수도 있어요.
- 약을 먹는다고 해서 실패가 아닙니다. 몸이 필요한 도움을 받는 것일 뿐이에요.
- 의사와 상의하면서 가장 적절한 치료 방법을 찾아보세요.

4. 너무 걱정하지 마세요. 함께 관리하면 됩니다!
처음에는 걱정이 많겠지만, 당뇨병은 평생 함께 가는 친구 같은 존재라고 생각하면 좋아요. 완치보다는 '잘 관리하는 것'이 목표입니다. 작은 실천을 모으면 큰 변화를 만들 수 있어요. 포기하지 말고, 궁금한 것이 있으면 언제든지 물어보세요! 건강한 삶을 위한 첫걸음을 응원합니다. 😊

당뇨병은 진단 후 초기 관리가 미래 건강 상태를 좌우합니다. 하지만 진료 현장에서 자주 보는 문제는 진단 이후 막연한 두려움 때문에 적극적인 관리를 미루거나, 처음부터 과도하게 완벽한 목표를 세워 쉽게 좌절하는 경우입니다.

이럴 때 AI 주치의를 활용하면 보다 현실적인 목표 설정과 실천 계획을 세우는 데 도움을 받을 수 있습니다. 특히 직장인의 경우 회사 생활을 잘 유지하면서 건강을 챙기는 것이 관건인데, AI가 구내식당 점심 식단 선택과 같은 구체적인 고민을 도와줄 수 있습니다. 다음 질문을 통해 구체적으로 알아보겠습니다.

30대 직장인이고 당뇨병 초기라고 합니다. 구내식당을 주로 이용하는데, 점심 메뉴로 무엇을 먹어야 혈당 관리에 도움이 될까요? 구체적인 예시를 들어서 알려주세요.

안녕하세요! 직장 생활하면서 식단을 조절하는 게 쉽지 않죠? 특히 구내식당을 이용하면 선택의 폭이 제한적이라 고민이 많을 거예요. 하지만 몇 가지만 신경 쓰면 혈당을 잘 관리하면서도 맛있게 먹을 수 있습니다.

📌 **구내식당에서 고를 때 꼭 기억하세요!**
1. **밥은 '조금' 덜어 먹기** → 흰쌀밥보다 잡곡밥이 있으면 선택하세요. (가능하면 반 공기)
2. **단백질(고기, 생선, 두부 등)을 충분히 먹기** → 혈당을 천천히 올려줘요.
3. **채소 반찬을 먼저 먹기** → 섬유질이 많아 혈당이 급격히 오르는 걸 막아줘요.
4. **국물 요리는 조절하기** → 국이나 찌개는 건더기 위주로 먹고, 국물은 적게!
5. **후식은 생략하거나, 과일은 한두 조각만** → 과일도 당분이 많아요.

🍽 **구체적인 점심 메뉴 선택법 (예시)**
✅ **좋은 선택** (혈당 관리에 도움 되는 메뉴)
- 잡곡밥 + 생선구이 + 나물 반찬 + 된장국
- 현미밥 반 공기 + 닭가슴살/삶은 달걀 + 쌈채소 + 된장찌개
- 두부조림 + 채소볶음 + 김치 조금 + 미역국
- 불고기(양념 적은 것) + 나물 + 계란찜 + 밥 조금
- 비빔밥(밥은 반 공기, 고기/두부 추가, 나물 많게, 양념은 적게)

🚫 **피해야 할 메뉴** (혈당을 급격히 올릴 수 있음)
- 짜장밥, 카레라이스, 돈까스, 볶음밥 → 탄수화물이 많고, 기름진 음식
- 라면, 우동, 짬뽕, 떡볶이 → 밀가루+국물+설탕 조합은 혈당을 높이는 주범
- 햄버거, 피자, 튀김류 → 단순 탄수화물과 기름기가 많음
- 달달한 후식 (단맛이 강한 과일, 요구르트, 주스 등)

📌 **한 끼를 이렇게 구성해보세요!**
→ 밥은 반 공기, 단백질(고기·생선·두부) 충분히, 채소는 많게, 국물은 적게
→ 후식은 생략하거나, 과일은 한두 조각만!

이렇게만 해도 혈당이 훨씬 안정될 수 있어요. 처음부터 완벽하게 하려 하지 말고, 가능한 범위에서 조금씩 조절해보세요!

이제 식습관 관리의 중요성을 명확히 이해했을 테지만, 식단 관리만으로는 부족할 수 있습니다. 혈당 관리를 위해서는 운동과 지속적인 생활 습관 개선이 함께 이루어져야 합니다. 그러나 진료실에서 가장 많이 듣는 이야기 중 하나는 "바빠서 운동할 시간이 없다"는 것입니다. 하지만 반드시 헬스장에 가지 않아도 일상 속 작은 습관 변화만으로 혈당을 충분히 관리할 수 있습니다. AI 주치의는 일과 중 간단히 실천할 수 있는 맞춤형 운동 습관을 제안할 수 있습니다. 다음 질문을 통해 일상에서 실천할 수 있는 구체적인 운동법과 생활 속 실용적인 관리 팁을 알아보겠습니다.

매일 회사에서 오래 앉아서 일하는 편인데, 당뇨병 환자가 사무실에서 쉽게 할 수 있는 운동이나 관리법을 알려주세요.

안녕하세요! 바쁜 직장 생활 속에서 운동하기 쉽지 않죠? 하지만 사무실에서도 조금만 신경 쓰면 혈당을 관리할 수 있어요. 오래 앉아 있는 게 혈당 조절에 좋지 않으니, 틈틈이 몸을 움직이는 습관을 만드는 게 중요합니다!

사무실에서 쉽게 할 수 있는 운동 5가지!(하루 2~3번, 5~10분씩 해보세요!)
1. **'일어서기'만 해도 좋아요! – 1시간마다 5분씩 일어나기**
   - 가만히 앉아 있는 것보다 30분~1시간에 한 번씩 일어나 움직이기만 해도 혈당 관리에 좋아요.
   - 전화할 때, 회의할 때 서서 해보세요!
   - 프린터를 멀리 두고 일부러 걸어가도 OK!
2. **'의자에서 하는 종아리 운동' (혈액순환 UP!) – 앉은 상태에서 발뒤꿈치 들기 (10~15회)**
   - 발뒤꿈치를 들었다가 천천히 내리는 동작을 반복하세요.
   - 종아리 근육이 혈당 조절을 돕고, 다리 부종도 줄여줍니다!
3. **'앉아서 하는 무릎 들기' (복부 근육 강화) – 의자에 앉아 무릎을 번갈아 들어 올리기 (10~15회)**
   - 복부에 힘을 주면서 한쪽 다리씩 천천히 들어 올리세요.
   - 허리가 구부러지지 않도록 주의!

4. '벽을 이용한 푸쉬업' (상체 근력 강화) – 벽에 손을 대고 팔굽혀펴기 (10~15회)
- 벽에 손을 짚고 몸을 기울여 천천히 팔굽혀펴기를 해보세요.
- 팔과 어깨 근육을 강화해주고, 혈당 조절에도 좋아요!

5. '계단 오르기' (짧지만 강력한 운동!) – 엘리베이터 대신 계단 이용하기
- 한 층이라도 걸어 올라가면 혈당 관리에 큰 도움!
- 엘리베이터 대신 계단을 이용하는 습관을 만들어보세요.

운동 외에도 신경 쓰면 좋은 관리법!

1. 식사 후 바로 앉지 말고 10분만 움직이기!
- 점심 먹고 바로 앉지 말고, 사무실 주변을 가볍게 걸어보세요.
- 식사 후 가벼운 움직임만으로도 혈당 상승을 막을 수 있어요!

2. 커피 대신 물을 자주 마시기!
- 물을 충분히 마시면 혈당 조절과 혈액순환에 도움이 됩니다.
- 당이 들어간 커피나 음료 대신 물을 자주 마시는 습관을 만들어보세요.

3. 스트레스 관리도 중요해요!
- 스트레스가 많으면 혈당이 올라갈 수 있어요.
- 숨을 깊이 들이마셨다가 천천히 내쉬는 호흡 운동을 해보세요.
- 짧은 명상이나 스트레칭도 혈당 조절에 도움이 됩니다.

🎯 한 가지만이라도 실천해보세요!

처음부터 모든 걸 다 하려고 하면 부담될 수 있어요.
→ '한 시간마다 일어서기'부터 시작해도 OK!
→ '식사 후 10분 걷기'만 해도 혈당이 확 달라질 거예요!

작은 습관이 모이면 큰 변화를 만들 수 있습니다. 바쁜 직장인도 할 수 있는 현실적인 방법으로 혈당을 건강하게 관리해보세요!

당뇨병 관리는 마치 긴 여행과 같습니다. 하루아침에 목적지에 도착할 수 없으며, 때론 혼자 가기에 힘이 들기도 합니다. 하지만 든든한 동반자가 있다면 이 여정은 훨씬 평안할 수 있습니다. AI 주치의는 여러분과 함께하는 믿음직한 여행 동반자입니다. 때로는 작은 습관 개선부터 때로는 장기적인 혈당 관리 목표까지 친절하게 안내할 수 있습니다. 당뇨병 진단을 받았다면 자신만의 관리 계획을 세워보고,

하루하루 작고 실천 가능한 목표부터 시작하여 올바른 식습관과 운동 습관을 만들어보세요. 혈당을 꾸준히 체크하고, 변화 과정을 살펴보는 게 중요합니다.

AI 주치의에게 추가로 물어보면 좋을 질문들

- "당뇨 전단계라는 이야기를 들었습니다. 당뇨병으로 진행되지 않으려면 어떻게 해야 할까요?"
- "당뇨병 환자도 간식을 먹을 수 있나요? 혈당을 크게 올리지 않는 간식 종류를 알려주세요."
- "당뇨병에 돼지감자가 좋다던데 이것으로 완치될 수 있을까요?"
- "이제 손끝을 아프게 채혈하지 않아도 한 번 팔에 붙이면 되는 연속혈당측정기가 나왔다던데 설명해주세요."

 '닥터 안'의 실제 현장 노하우!

당뇨병 관리에서 가장 어려운 점은 '꾸준히 지속하는 것'입니다. 처음엔 혈당도 꼼꼼히 체크하고 식사도 신경 쓰지만, 시간이 흐르면 누구나 느슨해지기 쉽죠. 제가 진료하는 환자 중, 20년간 당뇨병을 관리하며 합병증 없이 건강한 60대 여성분이 계십니다. 그분의 비결은 거창하지 않습니다. 작은 수첩에 매일 혈당을 기록하고, 정해진 시간에 산책하는 습관을 꾸준히 지킨 것뿐이죠. 그 환자분께서 어느 날 이렇게 말씀하셨던 것이 기억에 남습니다. "습관이 되니까 선생님 만나러 병원 올 때 부담이 없어요."

당뇨병 관리는 완벽한 관리가 아니라 '지속 가능한 작은 습관'을 만드는 것입니다. 무리하게 완벽을 추구하다가 지치는 것보다, 조금 부족해도 매일 꾸준히 하는 게 훨씬 중요합니다. 마라톤을 달리듯 천천히 작은 성공을 쌓아가는 것이 당뇨병을 이기는 진짜 비결입니다.

유용한 건강 관련 서비스

당뇨병은 지속적인 관리가 필요한 만성 질환으로, 혈당 조절이 무엇보다 중요합니다. 이를 위해 실시간으로 혈당을 모니터링하고 생활 습관을 관리할 수 있는 유용한 앱을 소개하겠습니다.

앱 파스타(PASTA)

- **기능**: 연속혈당측정기(CGM)와 연동하여 실시간 혈당 데이터를 제공하며, 식사, 운동 등 생활 습관을 기록하고 분석합니다.
- **특장**: 카카오헬스케어에서 개발한 AI 기반 모바일 혈당 관리 서비스로, 식품의약품안전처로부터 2등급 유헬스케어 게이트웨이 소프트웨어로 허가받았습니다. 음식을 촬영하면 AI가 음식 종류와 영양 정보를 자동으로 인식하여 기록을 도와줍니다. 또한 혈당 변동성, 평균 혈당 등 다양한 지표를 분석한 리포트를 제공하며, 가족이나 지인과 혈당 정보를 실시간으로 공유할 수 있는 기능도 있습니다.
- **이용 방법**: 카카오 계정으로 로그인 후, 앱스토어나 플레이스토어에서 '파스타'를 설치하고 CGM 센서와 연동하여 사용합니다.

6.4 어떻게 하면 살을 뺄 수 있을까요? - 비만

> 재택근무 직장인인 39세 김동혁 씨는 코로나19 유행 이후로 운동량이 줄고 과도한 야식과 콜라 섭취로 체중이 급격히 증가했습니다. 처음에는 '재택근무가 끝나면 자연스레 빠지겠지' 라고 생각했지만, 막상 체중이 계속 오르자 허리 통증과 피로감이 더해져 걱정이 커졌습니다.

코로나 팬데믹 시기를 지나면서 전 세계적으로 비만 인구가 빠른 속도로 증가했습니다. 2022년을 기준으로 국내 성인의 무려 37.2%가 비만인 것으로 조사되었습니다. 게다가 건강에 더욱 해로운 영향을 미치는 고도 비만(2단계 이상) 인구도 꾸준히 늘고 있습니다. 심지어 세계보건기구WHO에서는 2030년까지 전세계 인구의 절반이 과체중 또는 비만이 될 것이란 예측을 발표하기도 했습니다.

비만은 단순히 미용의 문제가 아닌 심각한 만성질환입니다. WHO에서도 비만을 '치료가 필요한 질병'으로 공식 지정했습니다. 비만 환자의 당뇨병 발병 위험은 정상 체중인 사람보다 최대 7배 높고 고혈압, 고지혈증 위험도 2~3배 증가합니다. 또한 심근경색, 뇌졸중과 같은 심혈관 질환, 수면무호흡증, 비알코올성 지방간, 관절염, 생식기능 장애까지 다양한 건강 문제를 유발할 수 있습니다. 특히 최근 연구에서는 13종 이상의 암(대장암, 유방암, 자궁내막암, 신장암 등)과 비만의 연관성이 입증되었고, 코로나19와 같은 감염병에 대한 취약성도 높아지는 것으로 나타났습니다.

우리는 자주 다이어트를 '결심'만 합니다. 새해마다, 여름휴가를 앞두고, 취직이나 결혼 준비를 하면서, TV나 유튜브를 보고 동기부여를 받아서 등등 다양한 이유로 말이죠. 하지만 단기간 감량에 성공했다가도 결국 요요 현상에 빠지곤 합니다. 그리고 여러 가지 약물이나 보조식품, 무리한 운동 방법, 잘못된 식이요법 등으로 오히려 건강을 망치기도 합니다.

각종 매체에서 다이어트 정보는 넘쳐나지만, 검증되지 않았거나 자신에게 맞지 않는 잘못된 방법으로 하는 경우도 흔합니다. 혹은 정보가 있어도 제대로 이해하지 못해서 실패하는 경우도 있습니다. 이럴 때 나의 상황을 정확히 파악하고 올바른 조언을 해줄 전문가가 있다면 어떨까요? 그런 의미에서 AI 주치의가 다이어트에 어떻게 도움을 줄 수 있는지 알아보겠습니다.

당신은 비만 환자들과 많은 상담을 하는 가정의학과 의사입니다. 환자들에게 항상 친절하며 알아듣기 쉬운 용어를 이용해 질문에 답해줍니다. 다음 지시에 따라 나의 질문에 답해주세요.
1. 먼저 나의 건강 정보를 파악해주세요.
2. 나의 건강 정보를 고려해서 질문에 대한 답을 작성해주세요.
3. 답을 작성하면서 필요하다면 웹 검색을 통해 작성하고 출처를 표시해주세요.
4. 대답하기 어려운 내용이라면 '저는 잘 모르는 질문입니다. 의사에게 상담하세요.'라고 대답하세요.
5. 작성한 답에 오류가 없도록 최선을 다하고, 한번 더 검토해주세요.
6. 진료실에서 환자에게 말로 설명하듯이 답해주세요.

나의 건강 정보: 나는 39세 남자입니다. 재택근무를 시작한 이후부터 점점 체중이 늘어서 걱정이 됩니다. 평소에 콜라를 자주 마시는 편이고 술과 담배는 하지 않습니다. 야식도 종종 먹습니다. 운동은 주 1회 테니스를 치는 정도입니다.
질문: 급격한 체중 증가는 건강에 어떤 악영향을 미칠 수 있나요?

체중 증가에 대한 걱정이 많으시죠? 특히 재택 근무로 생활 패턴이 바뀌면서 체중이 늘 수 있습니다. 급격한 체중 증가는 여러 가지 건강 문제를 일으킬 수 있어요.
첫째, **대사 질환**의 위험이 증가합니다. 체중이 늘면 혈당과 인슐린 수치가 불안정해져서 당뇨병의 위험이 커질 수 있습니다. 특히 콜라와 같은 당분이 많은 음료를 자주 드시면 그 위험이 더 커질 수 있어요.
둘째, **심혈관 질환** 가능성이 높아집니다. 체중 증가가 혈압 상승, 콜레스테롤 증가와 관련이 있어 심장병이나 뇌졸중의 위험이 커질 수 있죠.

셋째, **허리와 관절에 무리**가 갑니다. 체중이 늘면 허리, 무릎 같은 관절에 더 큰 부담이 가해져 통증이 생기거나 악화될 수 있어요. 운동이 적거나 잘못된 자세로 장시간 앉아 있는 것도 영향을 줄 수 있습니다.

마지막으로, **수면의 질**이 떨어질 수 있습니다. 체중이 급격히 늘면 수면 무호흡증과 같은 수면 장애가 생길 가능성이 높아지고, 피로감이 심해질 수 있죠.

체중을 조금씩 관리하는 것이 중요해요. 야식을 줄이고, 콜라 섭취를 줄이는 것부터 시작해보세요. 운동도 주 2~3회로 늘리시면 체중 관리에 더 효과적일 거예요.

알고 있었던 정보도 있고, 미처 생각하지 못했던 정보도 있을 것입니다. 이제 비만이 건강에 미치는 부정적인 영향을 알았으니 체중 감량을 시도할 차례입니다. 문득 친구가 '저탄고지 다이어트'로 체중을 많이 감량했다며 자랑했던 기억이 납니다.

질문: 친구가 '저탄고지' 다이어트로 체중을 많이 감량했다고 합니다. 혹시 이 다이어트 방법을 따라해보는 것은 어떤가요?

안녕하세요! 먼저 질문 주셔서 감사합니다. 저탄고지(저탄수화물 고지방) 다이어트에 대해 많이 들으셨고, 친구분이 체중 감량에 성공했다고 하니 궁금하실 것 같아요. 지금까지 알려주신 건강 정보를 바탕으로 저탄고지 다이어트가 어떤 방식인지, 그리고 본인에게 적합할지에 대해 설명드릴게요.

저탄고지 다이어트란?

저탄고지 다이어트는 탄수화물 섭취를 크게 줄이고 지방과 단백질 위주의 식사를 하는 방식이에요. 탄수화물 섭취를 줄이면 몸은 주로 지방을 에너지원으로 사용하게 되어 체중 감소를 유도하게 됩니다. 이 방식은 케토제닉(ketogenic) 다이어트와 비슷한 원리입니다.

장점
- **빠른 체중 감량**: 탄수화물 섭취를 줄이면서 초기 체중 감량 효과가 빠르게 나타날 수 있습니다. 이는 수분 배출과 함께 지방 연소가 촉진되기 때문입니다.
- **혈당 관리에 도움**: 탄수화물 섭취를 줄이면 혈당이 안정될 수 있어, 당뇨 환자나 인슐린 저항성이 있는 사람들에게 긍정적인 영향을 줄 수 있습니다.
- **포만감 유지**: 지방과 단백질을 많이 섭취하면 포만감이 오래 유지되기 때문에 식사량을 줄이는 데 도움이 될 수 있습니다.

단점
- **지방 섭취의 위험성**: 고지방 식단이 장기적으로 심혈관계 건강에 악영향을 미칠 수 있습니다. 특히 콜레스테롤 수치가 높아질 가능성이 있기 때문에 정기적인 건강 점검이 필요합니다.
- **식이 균형 부족**: 탄수화물 섭취를 극단적으로 줄이면 채소나 과일 섭취가 부족해질 수 있어, 비타민과 미네랄 부족 문제가 발생할 수 있습니다.
- **지속 가능성**: 탄수화물을 줄인 식단을 오랜 기간 유지하는 것은 힘들 수 있습니다. 생활 패턴에 맞지 않으면 다이어트가 중단될 가능성이 큽니다.

결론
저탄고지 다이어트는 빠른 체중 감량 효과가 있을 수 있지만, 장기적으로 건강을 유지하며 체중을 관리하려면 신중해야 합니다. 특히 재택근무로 인해 활동량이 적을 수 있으니, 저탄고지 다이어트를 시도하신다면 무리하지 않고 균형 잡힌 식단과 적절한 운동을 병행하는 것이 중요합니다. 또한, 이 다이어트가 모든 사람에게 맞는 것은 아니므로, 다이어트를 시작하기 전 의사나 영양사와 상의하여 본인에게 적합한 방법인지 확인해보는 것이 좋습니다.

'저탄고지 다이어트'는 심혈관 건강에 악영향을 줄 수도 있고, 영양 균형 측면에서도 우려되는 점이 있습니다. 그러면 이제 나의 상황에 맞는 좀 더 건강하고 지속 가능한 체중 관리 방법을 물어보겠습니다.

질문: 나에게 맞는 체중 관리 방법을 알려주세요.

 안녕하세요! 재택근무를 하시면서 체중이 늘어난 것에 대해 걱정이 많으신 것 같아요. 제가 지금까지 알려주신 건강 정보를 바탕으로, 맞춤형 체중 관리 방법을 쉽게 설명 드릴게요.

1. 콜라 섭취 줄이기
콜라는 당분이 많고 열량도 높아서 체중 증가에 큰 영향을 줄 수 있어요. 지금 드시는 양을 조금씩 줄이면서, 탄산수나 물, 허브차 같은 음료로 대체해보세요. 하루 한 잔씩 줄여가면 부담 없이 습관을 바꿀 수 있을 거예요.

2. 야식 줄이기
늦은 시간에 먹는 야식은 우리 몸이 에너지를 제대로 소모하지 못하면서 체지방으로 저장될 가능성이 큽니다. 자기 전에는 소화가 잘되는 가벼운 음식을 선택하시고, 늦은 시간에는 가급적 물이나 차를 마시며 공복감을 줄여보세요. 저녁을 규칙적으로 드시는 것도 큰 도움이 될 겁니다.

3. 운동 빈도 늘리기
테니스를 주 1회 치는 것은 좋은 운동이지만, 조금 더 자주 움직여주면 체중 관리에 도움이 될 거예요. 집에서 간단하게 할 수 있는 스트레칭, 걷기, 근력 운동 등을 추가해보세요. 특히, 하루 30분 정도의 가벼운 운동이라도 꾸준히 하는 것이 중요합니다.

4. 식단 조절
하루 세 끼를 골고루 드시는 것이 체중 관리의 기본이에요. 특히 채소와 단백질, 통곡물 위주의 식단은 포만감을 오래 유지하면서 칼로리 섭취를 줄일 수 있어요. 과일, 채소, 견과류 등 건강한 간식을 선택하는 것도 좋은 방법입니다.

5. 스트레스 관리
체중 증가는 종종 스트레스와 관련이 있습니다. 재택근무로 인한 변화나 일상에서 스트레스를 받으면, 무의식적으로 더 많은 음식을 찾게 될 수 있습니다. 스트레스를 잘 관리하는 것도 체중 관리의 중요한 요소입니다. 명상이나 가벼운 운동, 취미 활동으로 마음을 편안하게 하는 시간을 가져보세요.

이 방법들은 조금씩 꾸준히 실천할 수 있는 작은 변화들이기 때문에 부담 없이 시작해보실 수 있을 거예요. 체중 관리는 단기적인 변화보다는 오랜 시간 동안 꾸준히 해나가는 것이 중요하니, 너무 급하게 생각하지 않으셔도 됩니다!

내 상황에 맞게 다이어트를 할 수 있는 조언들을 잘 해주고 있습니다. 하지만 구체적인 내용이 부족한 것이 좀 아쉽습니다. 다이어트에 여러 가지 요인이 중요하지만 가장 중요한 부분은 식단 조절이라고 할 수 있습니다. 이 부분에 대해서 자세한 조언을 AI 주치의에게 구해보도록 합니다. 기간을 구체적으로 설정해서 질문해봅니다.

질문: 식단 조절을 해야 하는데 어떤 음식을 만들어 먹을지 매번 생각하는 것이 어렵습니다. 3일 정도 체중 조절을 위한 식단표를 만들어줄 수 있나요? 아침, 점심, 저녁, 간식을 구분해서 알려주세요!

안녕하세요! 체중 조절을 위해 식단을 계획하는 것은 좋은 시작입니다. 식단을 미리 준비해두면 식사 선택이 훨씬 쉬워지고, 체중 관리에도 큰 도움이 될 거예요. 3일 동안 따라할 수 있는 체중 조절 식단을 아침, 점심, 저녁으로 구분해서 짜드리겠습니다.

1일차

- **아침**: 오트밀 + 바나나 + 무가당 아몬드 밀크
  오트밀은 섬유질이 풍부해 포만감을 오래 유지시켜주고, 바나나는 자연 당분과 에너지를 제공합니다.
- **점심**: 구운 닭가슴살 샐러드(상추, 오이, 당근, 아보카도, 올리브유 드레싱) + 통밀빵 한 조각
  고단백 저지방의 닭가슴살과 채소의 조합이 식사 후 과식을 방지하고 건강한 포만감을 줍니다.
- **저녁**: 구운 연어 + 찐 브로콜리 + 고구마
  연어는 건강한 지방과 단백질이 풍부하고, 브로콜리와 고구마는 섬유질과 비타민이 많아 체중 관리에 좋습니다.

2일차
..생략..

3일차
..생략..

> **간식 (하루에 1~2번 선택)**
> - 무가당 견과류 한 줌
> - 사과나 당근 스틱
> - 그릭 요거트 한 컵
> - 삶은 계란
>
> 이 식단은 포만감을 오래 유지하면서도 칼로리가 높지 않도록 균형 잡힌 메뉴들로 구성되었습니다. 다양한 영양소를 섭취하고, 규칙적으로 식사 시간을 지키는 것이 체중 관리에 큰 도움이 될 거예요!

지면 관계상 2~3일차는 생략했지만 상당히 괜찮은 식단표가 나온 것 같습니다. 물론 집에서 그대로 따라하기는 어려울 수도 있지만 확실히 다이어트 식단을 구성하는 데 좋은 아이디어를 제공했습니다. 실제로 발표된 한 논문에 따르면, 챗GPT4를 이용해서 생성한 식단과 영양 전문가가 직접 만든 식단 간의 체중 감량 효과에 큰 차이가 없다는 결과도 있었습니다. 눈부시게 빠른 AI의 발전을 고려하면, 앞으로 이러한 활용 가치는 더욱 높아질 것이라 생각합니다.

체중 감량은 단순히 '숫자를 줄이거나 살을 빼는 것'이 아니라, 건강한 삶을 위한 지속 가능한 습관을 만들어가는 과정입니다. 많은 사람이 다이어트를 시작하지만, 쏟아지는 정보 속에서 혼란스러워하고 자신에게 맞지 않는 잘못된 방식으로 인해 실패하기도 합니다.

이제 AI 주치의를 활용해 꾸준한 관리와 함께 올바른 습관을 만들어간다면 더 건강하고 탄탄한 몸을 가꿀 수 있을 것입니다. 중간에 나태해지면 AI 주치의에게 고민 상담을 하거나 때로는 따끔하게 혼내달라고 요청해보세요. 모두의 건강한 다이어트를 응원하겠습니다!

AI 주치의에게 추가로 물어보면 좋을 질문들

- "다이어트 중 정체기가 왔을 때 어떻게 극복하면 좋을까요?"
- "복부 지방을 효과적으로 감소시키는 특별한 운동이나 식이요법이 있나요?"
- "다이어트에 대한 강박이 있는데, 어떻게 하면 좋을까요?"

 '닥터 안'의 실제 현장 노하우!

요즘 주사 비만치료제 '위고비'가 화제이고, 곧 다른 주사 치료제의 국내 도입도 예고되어 있습니다. 하지만 어떤 방법이든 성공적으로 살을 뺀 분들에겐 공통점이 있습니다. 바로 많은 노력이 필요한 급격한 다이어트보다는 '작은 습관'으로 천천히 체중을 줄였다는 점입니다.

42세 회사원 김 씨는 108kg의 몸무게에서 12개월 동안 20kg을 감량했습니다. 그의 비결은 딱 한 가지, **'저녁 7시 이후엔 아무것도 먹지 않는다'** 는 규칙이었죠. 처음엔 야식을 참기 어려웠지만 3주 정도 지나자 몸이 습관을 기억했고, 자연스럽게 칼로리 섭취가 줄면서 큰 변화를 이뤄냈습니다.

세상에는 간헐적 단식, 저탄고지, 금식원 등 수많은 다이어트 방법이 있지만 임상 경험상 급하게 뺀 체중은 대부분 요요현상으로 돌아옵니다. 실제로 두 달 만에 10kg을 뺀 환자의 80%가 1년 안에 다시 체중이 돌아왔지만, 8개월 동안 천천히 같은 체중을 뺀 환자는 30%만이 요요를 경험했습니다.

생각해보면 인간이 하루 세 끼를 꼬박꼬박 챙겨 먹게 된 역사는 그리 길지 않습니다. 오히려 활동량이 많았던 과거엔 하루 한두 끼만 먹는 것이 흔했죠. 그런데 지금은 활동량이 더 적어졌는데도 습관적으로 세 끼를 챙기다 보니 몸이 필요로 하는 양보다 더 먹게 됩니다. 세 끼에 너무 연연하지 말고 정말 배가 고플 때 먹는 습관을 들이는 것도 좋습니다. 단, 식사 횟수가 줄어들면 자연히 마시는 물의 양도 함께 줄어들기 쉽습니다. 그러면 탈수로 인해 피곤하거나 어지러울 수 있으니, 물은 꼭 자주 마시는 습관을 들이세요.

유용한 건강 관련 서비스

당뇨병은 지속적인 관리가 필요한 만성 질환으로, 혈당 조절이 무엇보다 중요합니다. 이를 위해 실시간으로 혈당을 모니터링하고 생활 습관을 관리할 수 있는 유용한 앱을 소개하겠습니다.

앱 눔(Noom)

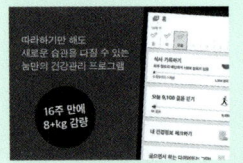

- **기능**: 개인 맞춤형 다이어트 프로그램을 제공하며, 식단 기록, 운동 추적, 체중 관리 등을 지원합니다.
- **특장**: 심리학 기반의 코칭을 통해 사용자의 습관 변화를 유도하며, 16주 동안 평균 4.5kg 이상의 체중 감량 효과를 보였습니다.

앱 인아웃(IN&OUT)

- **기능**: 식단, 운동, 체중, 단식 기록을 간편하게 관리할 수 있으며, 다이어트 커뮤니티를 통해 다른 사용자들과 소통할 수 있습니다.
- **특장**: 깔끔하고 예쁜 인터페이스로 나만의 다이어트 기록을 관리할 수 있으며, 다양한 음식의 칼로리와 영양소 정보를 제공하여 식단 관리에 도움을 줍니다.

6.5 피부가 건조하고 가려워요 - 아토피피부염

> 32세 회사원 이지연 씨는 어릴 때부터 아토피피부염을 겪어 왔습니다. 성인이 되면서 증상이 잠잠해졌지만, 최근 직장 업무가 바빠지고 스트레스가 늘면서 다시 피부가 건조해지고 가려움이 심해졌습니다. 특히 밤에 잠을 이루기 어려울 정도로 긁게 되어 일상생활에 큰 불편을 겪고 있습니다.
>
> 이지연 씨는 평소 스마트폰으로 건강 정보를 자주 찾아보고 SNS나 온라인 커뮤니티에서 정보를 많이 얻었지만, 내용이 서로 달라 혼란스러울 때도 있고 따라해봤는데 효과가 없거나 오히려 증상이 더 악화된 경험도 있었습니다.

아토피피부염은 흔히 '습진'의 일종으로 알려져 있지만 그렇게 단순한 피부 질환이 아닙니다. 의학적으로는 '만성 염증성 피부 질환'으로 피부 장벽 기능의 이상과 면역 체계의 과민 반응이 복합적으로 작용하여 발생합니다. 정상적인 피부는 외부 자극과 알레르기 유발 물질(알레르겐)의 침투를 막는 보호 장벽 역할을 하지만 아토피피부염 환자의 피부는 이 장벽 기능이 손상되어 있습니다.

아토피피부염을 앓는 환자는 어린이뿐만 아니라 성인층에서도 꾸준히 증가하고 있어 사회적 문제로 대두되고 있습니다. 어린이의 약 10~20%, 성인의 약 13%가 겪고 있으며 2018년 약 92만 명이던 환자가 2022년에는 97만 명을 넘어섰습니다. 특히 9세 이하 어린이 환자가 전체의 약 28%를 차지하며 높은 비율을 보이고 있지만 성인 환자 비율도 16.7%에 이르러 나이가 들어도 사라지지 않고 지속적으로 관리가 필요한 질환이라는 점이 명확해졌습니다.

과거에는 '자라면서 자연스럽게 좋아진다'는 인식이 강했지만, 최근 연구는 성인이 된 후에도 증상이 지속되거나 오히려 더 심각한 형태로 나타날 수 있다고 보고합니다. 더욱이 이는 단순히 피부 문제로만 그치지 않습니다. 증상이 악화되면 수면 장애, 집중력 저하 등 일상생활에 큰 영향을 미칠 뿐 아니라 심한 경우 우울증, 불안 장애 등 정신 건강 문제로까지 번질 수 있습니다. 또한 다른 알레르기 질환(천식, 알레르기 비염, 식품 알레르기 등)을 동반하는 '알레르기 행진'을 보이는 경우가 많아 종합 관리가 필요합니다.

아토피피부염이 급증하는 이유는 복합적입니다. 유전적 요인과 함께 환경적 요인이 큰 역할을 합니다. 산업화 이후 지나치게 위생적인 환경에 노출되면서 오히려 면역 체계가 알레르기에 과민 반응을 일으키게 되었다는 '위생 가설', 미세먼지와 같은 환경 오염 물질 노출 증가, 겨울철 난방으로 인한 건조한 실내 환경, 그리고 서구화된 식생활로 인한 가공식품 섭취 증가와 만성적인 스트레스가 주요 원인으로 꼽힙니다.

아토피피부염 관리의 핵심은 증상을 완화하고 재발을 방지하는 것입니다. 이를 위해서는 올바른 피부 보습, 악화 요인 회피를 위한 환경 관리, 식습관 개선, 스트레스 관리 등 다각적인 노력이 필수입니다. AI 주치의는 이러한 복합적인 관리를 다음과 같은 방법으로 도울 수 있습니다.

- **생활 습관 분석**: 개인의 생활 패턴을 분석하여 피부 상태에 맞는 관리법을 맞춤형으로 추천합니다.
- **증상 모니터링**: 피부 상태와 증상 변화를 기록하고 분석하여 보다 효과적인 대처 방안을 찾는 데 도움을 줍니다.
- **약물 및 보습제 사용 정보 제공**: 처방받은 약물과 보습제의 올바른 사용법에 대해 안내하고 관련 최신 의학 정보를 찾아볼 수 있도록 돕습니다.
- **스트레스 관리**: 피부 상태에 영향을 미치는 스트레스를 효과적으로 관리할 수 있는 방법을 제안합니다.

이번 장에서는 아토피피부염을 효과적으로 관리하기 위해 AI 주치의와 함께 일상에서 적용 가능한 구체적인 방법을 알아보겠습니다.

당신은 아토피피부염에 대해 많은 연구와 진료 경험을 가진 한국의 피부과 전문의입니다. 아토피피부염에 대한 이해를 바탕으로 환자와 보호자가 이해하기 쉽도록 친절하게 설명해주세요. 영어 사용은 피하고, 내용 파악이 쉽도록 핵심 정보 위주로 알려주세요. 다음 질문에 답해주세요.
질문: 아이가 밤마다 피부를 심하게 긁어요. 아토피일까요? 긁는 걸 줄이기 위해 어떻게 해야 하나요?

안녕하세요! 아이가 밤마다 피부를 심하게 긁어서 걱정이 많으시겠어요. 밤에 긁는 증상이 있다면 아토피피부염일 가능성이 있지만, 다른 원인도 있을 수 있어요.

아토피피부염일까요?
아토피피부염이라면 보통 피부가 건조하고, 가려움이 심하며, 특정 부위에 반복적으로 피부염이 생깁니다. 아이의 경우 목, 팔꿈치 안쪽, 무릎 뒤쪽, 손목, 발목 등에 붉고 거칠어진 피부가 보인다면 아토피일 가능성이 커요. 하지만 땀띠, 알레르기, 곰팡이 감염 같은 다른 이유로도 가려울 수 있으니 **정확한 진단은 병원**에서 확인하는 것이 좋습니다.

밤에 긁는 걸 줄이려면?

1. 피부 보습을 철저히
- 아이가 잘 때 피부가 건조해지지 않도록 저녁에 미지근한 물로 짧게 씻긴 후, 바로 보습제를 듬뿍 발라주세요.
- 낮에도 필요하면 보습제를 여러 번 발라주세요.

2. 긁지 않도록 손 관리
- 손톱을 짧고 둥글게 다듬어주세요.
- 필요하면 면장갑을 씌우거나 부드러운 긴 소매 옷을 입혀주세요.

3. 온도와 습도 조절
- 실내 공기가 너무 건조하면 가려움이 심해져요.
- 습도를 50~60%로 유지하고, 너무 덥지 않게(20~22도) 맞춰주세요.

4. 가려움 완화 방법 사용
- 긁기 전에 차가운 물수건을 가려운 부위에 대거나, 손으로 살살 두드리게 해주세요.
- 너무 심할 때는 병원에서 약을 처방받아 필요할 때 사용하면 도움이 됩니다.

> **언제 병원에 가야 할까요?**
>
> 상처가 생기거나 진물이 나면 감염이 생길 수 있어요. 가려움이 너무 심해 잠을 못 자거나, 낮에도 계속 긁는다면 치료가 필요해요.
>
> 아이 피부 때문에 걱정 많으실 텐데, 생활 습관을 잘 관리하면 증상을 줄일 수 있어요! 하지만 증상이 지속되거나 심해지면 병원에서 꼭 진료받으세요. 😊

한편, 성인의 경우 일상에서의 스트레스나 환경 변화에 더욱 민감하므로 생활 전반을 보다 잘 관리해야 합니다. 이제 성인 아토피피부염 환자를 위한 구체적인 관리 방법을 AI 주치의와 함께 알아보겠습니다.

성인 아토피피부염 환자입니다. 피부가 쉽게 건조해지고 가려운데, 일상생활에서 어떻게 하면 증상을 악화시키지 않고 관리할 수 있을까요?

안녕하세요! 성인 아토피피부염은 피부가 쉽게 건조해지고 가려우며, 스트레스나 환경 변화에 따라 악화되기 쉬운 특징이 있어요. 하지만 생활 습관을 잘 관리하면 증상을 줄이고 악화를 예방할 수 있습니다.

피부를 건강하게 유지하는 생활 습관
1. 보습 철저히 하기
   - 세안이나 샤워 후 3분 이내에 보습제를 듬뿍 발라주세요.
   - 피부가 건조해질 때마다 수시로 바르는 것이 중요합니다.
   - 유분과 수분이 적절히 섞인 보습제(크림 타입)를 사용하는 것이 좋아요.
   - 피부에 자극이 없는 제품(향이 강하거나 알코올이 들어간 제품 피하기)을 선택하세요.
2. 샤워와 세안 습관 바꾸기
   - 너무 뜨거운 물(미온수 35~37도 이하)을 피하세요.
   - 샤워 시간은 10분 이내로 짧게 하세요.
   - 세정제(비누, 바디워시) 사용은 최소한으로, 순한 제품 선택하기.
   - 때밀이 금지! 피부 보호막이 손상될 수 있어요.

- 씻은 후에는 수건으로 문지르지 말고 톡톡 두드려서 물기 제거 후 즉시 보습제 바르기

3. 가려움 완화하기
- 긁으면 피부 장벽이 더 약해지고 염증이 심해질 수 있어요.
- 가려운 부위에 차가운 수건을 대거나, 손으로 살살 두드리세요.
- 심한 경우 병원에서 항히스타민제나 연고를 처방받아 필요할 때 사용하세요.

4. 환경 관리하기
- 실내 습도를 50~60%로 유지하세요.
- 먼지와 진드기가 생기는 환경 피하기 → 침구류는 일주일에 한 번 세탁 & 햇빛 소독
- 면 소재 옷 착용하기 → 땀이 차면 가려움이 심해지므로 통풍이 잘 되는 옷이 좋아요.
- 스트레스 관리 → 성인 아토피는 스트레스 영향을 많이 받으므로 취미나 운동을 통해 스트레스를 줄이는 것도 중요해요.

5. 음식 조절하기 (개인 차이 있음)
- 특정 음식(우유, 계란, 밀가루, 견과류 등)이 증상을 악화시키는 경우 피하는 것이 좋아요.
- 하지만 무조건 모든 음식이 문제가 되는 것은 아니니, 본인에게 특히 영향을 주는 음식이 있다면 기록해서 확인해보세요.
- 수분 섭취를 충분히 하세요. (물 하루 1.5~2L)

언제 병원에 가야 할까요?
- 아무리 관리해도 피부염이 반복되거나 악화될 때
- 진물이 나거나, 심하게 긁어서 상처가 생길 때
- 일상생활이 어려울 정도로 가려움이 심할 때

생활 습관을 조금씩 바꾸면 증상이 많이 좋아질 수 있어요! 꾸준한 관리로 건강한 피부를 유지하시길 바랍니다. ☺

다양한 방법 중에서도 피부 보습은 아토피피부염 관리의 가장 중요한 부분입니다. 하지만 증상이 심해지면 보습만으로는 부족하며, 병원에서 처방받은 약물을 올바르게 사용하는 것이 중요합니다. 다음으로는 처방약 중 가장 흔하게 사용되는 스테로이드 연고의 올바른 사용법을 AI 주치의와 함께 자세히 살펴보겠습니다.

스테로이드 연고를 오래 바르면 안 좋다는데 리도맥스라는 약을 처방받았습니다. 어떻게 사용하면 될까요?

 리도맥스는 스테로이드 성분이 들어 있는 연고로, 염증과 가려움을 줄이는 데 효과적입니다. 하지만 오래 사용하거나 잘못 사용하면 부작용이 생길 수 있으니 주의해야 합니다.

1. 적당한 양만 바르세요.
- 연고를 깨끗한 손에 덜어 얇게 펴 발라야 합니다. 너무 많이 바르면 부작용 위험이 커집니다.
- 보통 하루 1~2회 바르며, 의사가 따로 지시한 용법이 있다면 그에 맞춰 사용하세요.

2. 사용 기간을 지키세요.
- 일반적으로 2주 이내 사용을 권장합니다.
- 증상이 호전되면 서서히 사용 횟수를 줄이면서 중단하는 것이 좋습니다.
- 오랫동안 바르면 피부가 얇아지거나 색소 변화, 모세혈관 확장 등이 생길 수 있습니다.

3. 얼굴, 접히는 부위는 조심하세요.
- 얼굴, 목, 겨드랑이, 사타구니 같은 부위는 피부가 얇아서 부작용이 쉽게 생길 수 있습니다.
- 이런 부위에 바를 때는 의사의 지시에 따른 사용량 조절이 중요합니다.

4. 보습제와 함께 사용하세요.
- 스테로이드 연고는 염증을 줄이는 역할, 보습제는 피부 장벽을 보호하는 역할을 합니다.
- 연고를 바른 후 20~30분 뒤에 보습제를 발라 피부를 보호하세요.

리도맥스는 효과적인 약이지만, 올바르게 사용해야 합니다. 처방받은 용법을 잘 따르고, 증상이 좋아지면 바로 중단하지 말고 천천히 줄이세요. 궁금한 점이 있으면 꼭 의사와 상담하세요!

아토피피부염은 꾸준하고 올바른 관리가 중요한 질환입니다. 피부 상태를 지속적으로 모니터링하고, 맞춤형 관리법을 실천하면 증상을 효과적으로 조절할 수 있습니다. 이제 AI 주치의의 도움으로 고통에서 해방될 수 있기를 바랍니다.

AI 주치의에게 추가로 물어보면 좋을 질문들

- "아토피가 있는 아이의 목욕 시간과 방법은 어떻게 하는 것이 좋을까요?"
- "스테로이드 크림 써도 되나요? 왜 안 좋다는 거예요?"
- "너무 가려워서 잠을 이루기 어려운데 좋은 방법 없을까요?"

'닥터 안'의 실제 현장 노하우!

피부 진료를 할 때마다 제가 항상 환자분께 하는 질문이 있습니다. "크림이나 로션으로 보습 잘하고 계신가요?" 특히 중년 이상 남성 환자분들은 대부분 "남자가 무슨 로션을…" 하시며 손사래를 치곤 합니다. 기억에 남는 60대 환자분도 처음엔 그렇게 말씀하시며 피부가 가려워 병원을 여러 번 옮기셨죠. 하지만 제가 꾸준히 설득해서 보습제를 발라보신 후에는 많이 좋아져서 "이렇게 좋은 걸 왜 진작 안 했을까?"라며 이제는 주변에 보습 전도사가 되었습니다. 보습은 나이와 성별을 가리지 않는 기본입니다. 피부 표면의 각질층은 외부 자극으로부터 우리 몸을 지켜주는 보호막인데요. 피부가 건조하면 이 보호막이 쉽게 깨져서 외부 자극이 침투해 염증을 일으키게 됩니다. 결국 피부 보호막을 튼튼히 하는 가장 쉬운 방법이 바로 보습인 거죠.

그리고 또 하나, 우리나라 사람들이 많이 하는 잘못된 습관이 있습니다. 바로 '때밀기'입니다. 우리가 흔히 때라고 생각하는 것은 사실 우리 피부를 보호하는 각질층입니다. 억지로 벗겨내면 피부 장벽이 손상되고, 시원한 느낌은 사실 피부가 상처를 입었을 때 느끼는 통증의 일종입니다. 실제 연구에서도 때수건을 자주 쓰는 사람은 피부 장벽 손상 정도가 무려 38%나 높았습니다. 이렇게 각질층을 억지로 벗기면 피부가 더 빨리 각질을 만들고, 더 민감해지면서 결국 피부의 노화까지 앞당기게 됩니다. 전문가들은 샤워볼이나 때수건 대신 손바닥으로 부드럽게 씻고, 목욕 후엔 피부의 물기가 다 마르기 전에 바로 보습제를 바를 것을 권합니다. 오늘부터 로션을 가까이 두고, 부드럽게 씻는 습관을 들여보세요!

6.6 암 치료 후 일상생활은 어떻게 하면 좋을까요?
– 암 환자/암 생존자

> 건축업계에서 근무 중인 50세 김선영 씨는 유방암 치료를 무사히 마친 후, 막막함과 피로감을 동시에 느끼고 있었습니다. 몸은 예전만 못한 것 같고 혹시 다시 암이 재발하지 않을까 하는 걱정이 늘 머릿속을 떠나지 않았죠. 병원에서는 "운동하고 식습관을 개선해보세요"라고 조언했지만, 구체적으로 어떻게 시작해야 할지 막막했습니다.

과거에는 암 진단을 받으면 마치 삶이 끝난 것처럼 여겨지곤 했습니다. 하지만 요즘은 의료 기술이 크게 발전해 암 치료 후에도 오랜 기간 건강한 일상을 유지하며 살아가는 '암 생존자들'이 점점 많아지고 있습니다. 실제로 국내에서도 암을 진단받고 5년 이상 생존하는 환자의 비율(5년 상대생존율)이 70%를 넘었으며, 특히 유방암의 경우 5년 생존율이 90% 이상에 달할 정도로 치료 성적이 우수합니다. 국내 암 생존자는 2022년 기준 약 223만 명으로, 국민 100명 중 4명이 암 치료 후 삶을 살아가고 있습니다.

하지만 암 생존자들은 치료 후에도 여전히 신체적, 정신적 어려움을 겪는 경우가 많으므로 꾸준한 건강 관리가 꼭 필요합니다. 예를 들어 유방암 생존자는 호르몬 치료 부작용 관리와 림프부종 예방 및 관리가 중요하고, 대장암 생존자는 주기적인 대장 내시경 검사와 건강한 식습관 관리가 필요합니다. 폐암 생존자는 반드시 금연해야 하며 호흡 재활 운동과 정기적인 CT 검사로 재발 여부를 확인하는 것이 중요합니다.

특히 많은 암 생존자들이 겪는 심리적 어려움은 간과되기 쉽습니다. 미국 암학회의 연구에 따르면 암 생존자의 약 25~30%가 불안이나 우울증과 같은 심리적 문제를 경험하며, 이는 삶의 질에 심각한 영향을 미칠 수 있습니다. '암 생존자 증후군'이라고도 불리는 이 현상은 암 치료가 끝난 후에도 지속되는 불안, 취약함, 죄책감, 고립감 등으로 나타납니다. "나는 왜 살아남았는가?", "암이 재발하면 어떡하지?"와 같은 끊임없는 질문과 불안이 일상을 지배하기도 합니다.

다행히 암 생존자를 위한 사회적 지원 체계도 점차 확대되고 있습니다. 국내에서는 국립암센터의 '암생존자통합지지센터'와 각 지역 암센터의 지원 프로그램, 암 종류별 환우회, 심리 상담 서비스 등이 제공되고 있습니다. 또한 병원에서는 '암 생존자 클리닉'을 통해 치료 후 관리와 재활을 돕고, 일부 대형 병원에서는 '암 생존자 디지털 헬스케어 프로그램'을 운영하여 원격으로도 건강 관리를 지원하고 있습니다. 이와 더불어 '한국암생존자협회' 같은 비영리단체에서는 암 생존자들의 권익 향상과 삶의 질 개선을 위한 다양한 활동을 펼치고 있습니다.

이처럼 암 치료 후 관리는 병원 진료에만 의존할 수 없습니다. 이러한 점에서 AI 주치의는 암 생존자의 든든한 동반자가 되어 다음과 같은 도움을 줄 수 있습니다.

- **맞춤형 정보 제공**: 암 종류별 치료 후 관리법과 주의사항을 쉽게 설명해줍니다.
- **생활 습관 관리 조언**: 식습관, 운동, 스트레스 관리 등 일상생활에서 실천 가능한 조언을 제공합니다.
- **의료진 상담 전 준비**: 병원 방문 전에 자신의 상태와 궁금한 점, 질문 목록 등을 미리 정리하여 보다 효과적인 진료를 받도록 돕습니다.
- **심리적 지지 역할**: 치료 후 겪을 수 있는 불안이나 우울감을 이해하고 공감하며, 심리적 지지를 위한 대처법이나 전문가 연결 필요성 등의 조언을 제공합니다.

이제 암 치료 후 고민하는 문제들을 AI 주치의와 함께 해결해보겠습니다.

당신은 암 생존자 관리에 오랜 경험을 가진 가정의학과 의사입니다. 암 생존자의 상황과 발생할 수 있는 문제들을 잘 알고 있으며, 마음을 잘 이해하며, 쉬운 말로 친절하게 솔루션을 줍니다. 다음 질문에 답해주세요.
질문: 암 치료가 끝났는데 몸이 너무 피곤해요. 회복을 위해 가장 먼저 무엇을 해야 할까요?

안녕하세요. 치료 잘 마치셨다니 정말 고생 많으셨습니다. 치료가 끝났다고 해도 몸은 여전히 회복 중이고, 피로감도 당연한 반응이에요. 너무 걱정하지 마세요.

💡 **왜 이렇게 피곤할까요?**
암 치료 후 피로는 '**암 관련 피로(CRF, Cancer-Related Fatigue)**'라고 부르며, 보통 몇 달에서 길게는 1~2년까지 지속될 수 있어요.
- 항암제나 방사선 치료로 인해 몸이 약해졌어요.
- 면역 체계가 회복 중이라 에너지가 많이 필요해요.
- 치료 중에 체력이 줄어들었고, 근육량도 감소했을 수 있어요.
- 심리적인 스트레스나 불안, 수면 부족도 영향을 줘요.

💡 **가장 먼저 해야 할 일**
1. **휴식과 수면 패턴을 조절하세요.**
   - 밤에 7~9시간 숙면을 취하고, 낮잠은 30분 이내로!
   - 규칙적인 기상·취침 시간 유지하기.
   - 너무 오래 누워 있으면 오히려 더 피곤할 수 있어요.
2. **조금씩 움직여보세요.**
   - 처음에는 5~10분씩 가볍게 걷기부터 시작하세요.
   - 꾸준히 하면 체력이 조금씩 회복됩니다.
   - 너무 무리하지 말고, 컨디션에 맞춰 조절하세요.
3. **잘 먹어야 힘이 납니다.**
   - 단백질(생선, 두부, 달걀, 닭고기)을 충분히 섭취하세요.
   - 신선한 채소, 과일도 함께 먹어주세요.
   - 카페인·술·인스턴트 음식은 피하는 게 좋아요.
4. **기분이 가라앉는다면, 주변에 도움을 요청하세요.**
   - 가족이나 친구와 대화하기.
   - 필요하면 암 생존자 지원 모임에 참여해보세요.

> 🌱 **시간이 지나면서 점점 나아질 거예요!**
> 지금 당장은 힘들겠지만, 작은 변화부터 실천하면 점점 회복될 거예요. 너무 조급해하지 말고, 내 몸의 신호를 잘 들어주세요. 혹시 심한 어지럼증, 호흡곤란, 지속적인 극심한 피로가 있다면 병원에서 한 번 더 체크해보는 것이 좋습니다. 힘내세요!

진정한 건강 회복은 단지 피로를 덜 느끼거나 생활 습관을 일시적으로 개선하는 것에만 머무르지 않습니다. 암 치료 후에는 계속 건강을 유지하고 혹시 모를 재발을 막기 위한 꾸준한 관리가 무엇보다 중요합니다. 이제 재발 예방에 도움이 되는 건강한 식습관과 운동 관리법을 어떻게 실천할 수 있는지 조금 더 구체적으로 알아보겠습니다.

유방암 치료를 마친 지 1년이 지났습니다. 재발을 막기 위해 평소 식습관이나 운동을 어떻게 하면 좋을까요?

유방암 치료 후 1년, 재발 예방을 위한 건강 관리법
치료 잘 마치셨네요! 정말 고생 많으셨어요. 이제부터는 몸을 건강하게 유지하면서 재발을 예방하는 것이 중요해요. 식습관과 운동을 조금만 신경 써도 체력도 좋아지고, 재발 위험도 낮출 수 있습니다.

1. 식습관: 유방암 재발을 막기 위해서는 균형 잡힌 식단이 가장 중요해요.
1) 피해야 할 음식
- **과도한 탄수화물 & 가공식품**: 흰쌀, 빵, 라면 같은 정제된 탄수화물은 혈당을 급격히 올려 호르몬 균형을 무너뜨릴 수 있어요. 대신 현미, 귀리, 콩, 고구마 같은 좋은 탄수화물을 선택하세요.
- **포화지방 & 트랜스지방**: 햄버거, 튀김, 마가린, 과자에 많은 트랜스지방은 염증을 유발하고 암 재발 위험을 높일 수 있어요. 대신 올리브오일, 견과류, 생선(연어, 고등어) 같은 건강한 지방을 섭취하세요.
- **알코올 & 설탕**: 술은 유방암 재발 위험을 높이는 주요 원인 중 하나예요. 음료, 케이크, 사탕 같은 설탕이 많은 음식도 피하는 것이 좋아요.

2) 추천하는 음식
- **채소 & 과일 많이 먹기**: 항산화 성분이 풍부한 브로콜리, 토마토, 시금치, 베리류(블루베리, 라즈베리)를 자주 드세요. 신선한 채소를 하루 3~5회 섭취하면 면역력 강화에 도움이 돼요.
- **단백질 충분히 섭취하기**: 닭가슴살, 생선, 두부, 달걀, 콩 같은 단백질이 풍부한 음식을 챙겨 드세요. 단백질은 근육을 유지하고 피로를 줄이는 데 중요해요.
- **유제품 & 콩 섭취 주의**: 저지방 유제품이 도움이 될 수 있지만, 너무 많이 섭취하지는 마세요. 콩(두유, 두부, 된장, 청국장)은 적당량 섭취하면 좋지만, 과다 섭취하면 여성호르몬(에스트로겐)과 관련될 수 있어요.

2. 운동
운동은 유방암 재발을 예방하는 강력한 방법 중 하나예요. 일주일에 최소 150분 (하루 30분, 주 5회) 운동하는 것이 가장 좋아요!

유산소 운동 (주 3회, 45분)
- 빠르게 걷기, 자전거, 수영, 가벼운 조깅
- 체지방을 줄이고, 혈당과 호르몬 균형을 맞춰줘요.

근력 운동 (주 2회, 30분)
- 덤벨 들기, 스쿼트, 플랭크, 밴드 운동
- 근육량을 유지하면 피로가 줄고 체력이 좋아져요.
- 특히 팔과 어깨 근력 운동을 하면 수술 후 림프부종 예방에 좋아요.

요가 & 스트레칭 (매일 10~20분)
- 혈액순환을 돕고, 림프부종 예방에도 도움이 돼요.
- 명상과 호흡 운동을 함께 하면 스트레스 관리에도 좋아요.

😊 마지막으로, 생활 습관도 중요해요!
- 몸무게 관리하기 → 비만은 재발 위험을 높일 수 있어요.
- 충분한 수면 & 스트레스 관리 → 하루 7~9시간 숙면이 필수!
- 정기 검진 절대 빼먹지 않기 → 이상 증상이 없어도 꼭 정기검진을 받으세요.

천천히 꾸준히 실천하면 점점 더 건강해질 거예요! 너무 갑자기 바꾸려고 하지 말고 하나씩 실천해보세요. 꾸준한 관리가 재발을 예방하는 가장 좋은 방법이에요. 응원합니다!

신체적 건강 못지않게 중요한 것이 바로 마음의 건강입니다. 암 치료 후에 많은 생존자들이 겪는 불안과 우울감은 매우 자연스러운 현상이지만 이를 잘 관리하지 못하고 방치할 경우 일상생활에 큰 지장을 줄 수 있습니다. 따라서 이제는 AI 주치의와 함께 정신적인 건강 관리, 특히 불안과 우울을 극복하기 위한 실천적인 방법들을 알아보도록 하겠습니다.

 암 치료 후 불안하고 우울할 때는 어떻게 하면 좋을까요?

 암 치료 후 불안하고 우울할 때, 어떻게 하면 좋을까요?
치료가 끝났다고 해서 모든 것이 예전처럼 돌아가는 건 아니죠. 몸도 회복 중이고, "혹시 재발하면 어쩌지?" 하는 걱정도 생길 수 있어요. 이런 감정은 당연한 반응이에요. 너무 스스로를 몰아붙이지 말고, 천천히 마음을 돌보는 것이 중요해요.

1. 먼저, 내 감정을 인정하세요
"나는 왜 이럴까?" 자책하지 마세요. 암을 겪은 누구나 비슷한 감정을 느껴요. 불안과 우울이 생기는 건 내가 나를 지키고 싶기 때문이에요. 한번 이렇게 말해보세요
- "내가 이런 감정을 느끼는 건 당연해."
- "내 몸과 마음이 회복하는 과정이야."
- "나는 충분히 잘 버텨왔고, 앞으로도 괜찮아질 거야."

2. 생활 속에서 실천할 수 있는 마음 돌보기 방법
① 하루 30분, 가볍게 몸을 움직이세요
운동하면 행복 호르몬(세로토닌, 엔도르핀)이 나와요. 가벼운 산책, 요가, 스트레칭부터 시작하세요. 조금 익숙해지면 자전거, 가벼운 조깅도 좋아요.
② 좋아하는 활동을 해보세요
책 읽기, 그림 그리기, 음악 듣기, 정원 가꾸기, 일기 쓰기를 해보세요. 작은 즐거움이 쌓이면 마음이 한결 편해져요.
③ 수면을 규칙적으로, 충분히 하세요
잠이 부족하면 불안과 우울이 더 심해질 수 있어요. 매일 같은 시간에 자고 일어나고, 자기 전 카페인, 스마트폰은 피하세요.

④ 균형 잡힌 식사하기
비타민, 미네랄이 풍부한 채소 & 과일을 드세요. 건강한 지방(견과류, 올리브오일)과 충분한 단백질(생선, 닭가슴살, 두부)을 섭취하세요. 영양이 부족하면 기분도 쉽게 가라앉을 수 있어요.

3. 감정을 나누세요
혼자 감당하려고 하면 더 힘들 수 있어요.
① 주변 사람과 이야기하기
가족, 친구에게 "요즘 마음이 좀 힘들어." 하고 털어놓아 보세요. 다른 사람이 나를 이해하고 있다는 느낌만으로도 위로가 됩니다.
② 같은 경험을 한 사람들과 소통하기
암 생존자 모임, 온라인 커뮤니티에서 비슷한 경험을 나누는 것도 큰 힘이 돼요.
③ 전문가 상담 받아보기
우울이 너무 심해서 일상생활이 어렵다면, 전문가와 상담하는 것도 좋은 방법이에요. 정신과 치료는 '나약해서'가 아니라, 내가 더 건강하게 살아가기 위한 선택이에요.

4. 오늘부터 할 수 있는 작은 실천 3가지
✓ 하루 10분이라도 햇빛을 쬐면서 걸어보기
✓ 매일 감사한 일 3가지 적어보기
✓ 가족이나 친구에게 "요즘 어때?" 먼저 물어보기

마지막으로, 꼭 기억하세요!
지금 느끼는 감정이 영원히 계속되지 않아요. 천천히, 하나씩 바꿔가면 분명 좋아질 거예요. 당신은 충분히 잘 해내고 있어요. 혹시 불안이 너무 심하거나, 계속 우울해서 아무것도 하기 싫다면 병원에서 도움을 받아보는 것도 괜찮아요. 혼자가 아니에요.

암 치료 이후의 삶은 신체적인 관리뿐 아니라 정신적, 사회적 측면의 관리까지 포함하는 포괄적인 접근이 중요합니다. AI 주치의를 통해 건강 상태를 점검한다면 건강한 삶으로의 복귀가 한층 더 쉬워질 것입니다. 이 글을 읽는 모든 암 생존자분들이 잘 회복되어 건강한 일상을 누리시길 진심으로 바랍니다.

AI 주치의에게 추가로 물어보면 좋을 질문들

- "암 환자 면역력을 높이기 위해 어떻게 해야 할까요?"
- "항암치료 후 탈모가 생겼는데 좋은 방법이 있을까요?"
- "항암치료 후 집중력과 기억력이 떨어지는 것 같아요."

유용한 건강 관련 서비스

암 환자의 건강 관리를 돕기 위해 개발된 유용한 앱을 소개해드리겠습니다.

앱 힐리어리(Healiary)
- **기능**: 사용자의 건강 정보를 입력하면 개인 맞춤형 영양 분석과 추천 식단을 제공합니다. 그리고 매일의 식사를 기록하면 영양 코치의 평가를 받을 수 있습니다. 또한 건강 다이어리에 일상과 증상을 기록하여 건강 상태를 체계적으로 관리할 수 있습니다.
- **특장**: 영양 코치와의 1:1 상담을 통해 궁금증을 해결하고, 맞춤형 조언을 받을 수 있습니다. 다른 암 환자들과 소통하며 정보를 공유하고, 서로를 격려할 수 있는 커뮤니티를 제공합니다. 환자의 건강 상태와 관리 내용을 보호자와 공유하여 함께 관리할 수 있습니다.

앱 키니케어: 암 환자들을 위한 영양 관리/식단 체크 앱으로, 식사 기록과 영양 분석을 통해 건강 관리를 지원합니다.

앱 암오케이(IMOK): 암 환자들을 위한 건강 관리 앱으로, 증상 기록과 관리, 전문가 상담 등을 제공합니다.

6.7 담배를 끊고 싶은데 어떻게 해야 할까요? - 금연

> 36세 직장인 박지훈 씨는 20대부터 15년 이상 담배를 피워왔습니다. 하루에 한 갑 정도 피우며 특히 업무 스트레스를 받을 때나 회식 자리에서 더 많이 피우게 됩니다. 최근 건강검진에서 폐 기능이 약간 저하되었다는 소견을 받고 금연을 결심했지만, 여러 번 시도했다가 실패한 경험이 있어 자신이 없습니다. 아내와 어린 자녀들의 건강도 걱정되는 상황입니다.

흡연은 조기 사망의 가장 큰 원인 중 하나입니다. 우리나라의 성인 남성 흡연율은 과거보다 줄었지만, 여전히 OECD 국가 중 상위권에 속합니다. 성인 남성 흡연율은 약 31.6%로 3명 중 1명은 여전히 담배를 피우고 있습니다.

담배에는 니코틴을 포함해 7000여 종의 화학물질이 포함되어 있으며 이 중 최소 70종은 발암물질로 알려져 있습니다. 흡연은 폐암을 비롯한 각종 암, 심혈관 질환 등 심각한 건강 문제를 일으킬 뿐 아니라 간접 흡연으로 가족이나 주변인의 건강까지 위협합니다. 그러나 모두가 알고 있듯 금연은 결코 쉽지 않습니다. 니코틴은 강한 중독성 물질이라 금단 증상과 심리적 의존성 때문에 많은 사람이 금연에 실패합니다. 흡연자의 약 70%는 금연을 원하지만 실제로 1년 내에 금연에 성공하는 비율은 5~10%에 불과합니다.

다행히도 금연 성공률을 높이는 다양한 방법이 있습니다. 전문가의 상담과 지원, 니코틴 대체 요법, 금연 약물 등을 활용하면 성공률을 2~3배가량 높일 수 있습니다. 또한 금연의 효과는 즉각적으로 나타나기 시작해 금연 20분 후부터 심박수와 혈압이 정상화되기 시작하며, 1년 이상 금연을 유지하면 관상동맥 심장 질환의 위험이 절반으로 줄어듭니다. AI 주치의는 금연 여정에서 개인 맞춤 금연 계획을 세우고, 금단 증상을 관리하며 동기 부여와 정서적 지원도 아끼지 않을 것입니다. 재발 방지 전략도 물론입니다.

당신은 금연 클리닉을 운영하는 가정의학과 전문의입니다. 흡연의 위험성과 금연의 이점을 잘 알고 있으며, 다양한 금연 성공 사례를 보유하고 있습니다. 환자에게 무조건 금연을 강요하기보다는 환자의 상황을 이해하고 개인에게 맞는 맞춤형 금연 전략을 제안합니다. 환자가 이해하기 쉬운 용어로 친절하게 설명해주세요. 다음 질문에 답해주세요.
질문: 10년 넘게 담배를 피워 온 30대 직장인입니다. 건강도 걱정되고, 아이 때문에 이번에는 정말 금연하고 싶습니다. 하지만 제가 의지가 약한 편이라 그동안 여러 번 금연에 실패했습니다. 의지가 약한 사람도 성공할 수 있는 방법이 있을까요?

네, 의지가 약해도 금연은 충분히 가능합니다. 금연은 '의지'만으로 하는 게 아니라, 방법과 도움을 잘 받는 게 더 중요합니다. 실제로 저희 클리닉에서도 '나는 의지가 약해서 못 끊을 것 같아요'라고 말했던 분들이 금연에 성공한 사례가 많습니다.

실천 가능한 맞춤 전략
1. 혼자 하지 마세요 – 전문가 도움 받기
금연 상담, 약물 치료, 니코틴 패치 등을 같이 쓰면 금연 성공률이 3~4배 올라갑니다. 가까운 보건소 금연 클리닉이나 병원 금연 프로그램에 참여하세요.
2. 작은 목표부터 시작하세요
'오늘 하루만 안 피운다'는 마음으로 시작하세요. 반 갑 줄이기 → 하루 금연 → 3일 → 일주일, 이렇게 단계를 밟는 것도 좋아요.
3. 흡연 욕구가 올 때 대처법 만들기
껌 씹기, 물 마시기, 산책하기, 심호흡 등 대처법을 미리 정해두세요. '담배 피고 싶을 땐 뭘 할지'를 구체적으로 계획해두는 게 중요해요.
4. 실패해도 괜찮습니다
실패는 금연 과정의 일부일 뿐입니다. 다시 시도할수록 성공 확률은 높아집니다. 금연 날짜를 다시 정하고, 왜 실패했는지 돌아보는 것도 큰 도움이 됩니다.
격려의 한마디
의지가 약한 사람이 금연을 못하는 게 아닙니다. 준비된 사람이 성공합니다. 지금처럼 진심으로 '끊고 싶다'는 마음이 있다면, 저희가 도와드릴 수 있어요. 이번엔 꼭 함께 성공해봅시다. 언제든지 도와드릴게요! 👍

담배 중독에서 벗어나기가 쉽지 않다는 것은 모든 흡연자가 공감하는 부분입니다. 니코틴은 마약만큼이나 강한 중독성을 가진 물질이기 때문에, 단순히 의지만으로 금연에 성공하기는 매우 어렵습니다. 금연은 '의지'의 문제가 아니라 '전략'이 필요한 과정입니다. 이제 실제 금연 과정에서 발생할 수 있는 금단 증상과 그 관리 방법에 대해 좀 더 구체적으로 알아보겠습니다.

 금연 시 생기는 금단 증상과 효과적인 대처법은 무엇인가요?

 금단 증상은 금연을 망설이게 하는 큰 이유 중 하나지만, 미리 알고 준비하면 충분히 이겨낼 수 있습니다. 특히 '내가 왜 이러지?' 하고 불안해지지 않게 도와주는 게 아주 중요해요.

금연 시 흔히 나타나는 금단 증상
보통 금연 시작 후 2~3일 사이에 가장 심하고, 1~2주 지나면 점점 줄어듭니다.

증상	이유	지속 기간
담배 생각이 계속 남	니코틴 중독	보통 2~4주
짜증, 불안, 우울	뇌에서 니코틴이 사라져 생기는 감정 기복	1~3주
불면, 집중력 저하	몸이 균형을 찾는 과정	1~2주
입이 심심하고 배고픔	입에 무언가 있어야 편하던 습관 때문	1~4주
변비	니코틴이 장운동을 도와주던 작용이 사라짐	일시적, 며칠~1주일 정도

증상별 대처법
1. 담배 생각이 날 때
다른 행동으로 빠르게 전환하세요.
[예] 물 마시기, 껌 씹기, 손가락 운동, 산책, 휴대폰 게임

2. 짜증나고 예민할 때
깊게 숨을 들이마시고 천천히 내쉬기 (심호흡 3번)
"지금은 뇌가 회복 중이라 그렇다"고 스스로 인정하세요.

3. 집중이 안 될 때
중요한 일은 잠시 미루고 단순한 일부터 하세요.
뇌가 회복되는 과정이니 너무 자책하지 마세요.

4. 입이 심심할 때, 식욕이 늘 때
무설탕 껌, 오이나 당근 같은 저칼로리 간식 준비
밥은 천천히 꼭꼭 씹어 드세요.

5. 변비가 올 때
물 많이 마시기, 과일·채소 늘리기, 가벼운 걷기 운동
너무 심하면 단기용 변비약도 고려할 수 있어요. (의사 상담 필요)

마지막 격려
이 모든 증상은 일시적이고 지나갑니다. 몸이 건강해지고 있다는 '신호'라고 생각해주세요. 특히 금단 증상은 대부분 2주 안에 좋아지기 시작하니, 그때까지만 같이 잘 버텨보자고요. 당신은 절대 혼자가 아닙니다.

금단 증상에 대비한다면 금연 성공률을 높일 수 있습니다. 금연은 여정이며 작은 성취를 축적하며 나아가는 과정입니다. 특히 일상생활 속 흡연 습관과 심리적 의존성을 다루는 것이 장기적인 금연 성공에 중요합니다. 지금부터는 특정 상황에서의 강한 흡연 욕구를 어떻게 효과적으로 관리할 수 있는지 살펴보겠습니다.

 아무래도 직장인이다 보니 회식이나 스트레스 상황에서 찾아오는 강한 흡연 욕구가 있습니다. 어떻게 이겨낼 수 있을까요?

 정말 공감됩니다. 직장인 분들께 회식 자리나 스트레스는 금연의 가장 큰 유혹 포인트예요. 특히 오랜 습관이던 '한 대 피우고 푸는 기분'이 몸에 배어 있다 보니 더 강하게 느껴지죠. 하지만 이 상황을 미리 예상하고 준비하는 것만으로도 충분히 이겨낼 수 있습니다!

핵심 전략
"피할 수 없으면, 준비하자." 회식도 스트레스도 일상이기 때문에, 계획 없이 가면 무너지고, 준비하면 지킬 수 있어요.

실전 대처법 5가지
1. 금연 선언은 선택적으로!
"지금 금연 중이야"라고 미리 말해두면 권유가 줄어요. 너무 부담되면 그냥 "요즘 건강 때문에 좀 쉬는 중이에요~"라고만 해도 충분해요.

2. 손을 바쁘게! 입을 바쁘게!
손에는 물잔이나 음료컵, 입엔 무설탕 껌 또는 이쑤시개. 담배를 대신할 루틴 아이템을 준비하세요.

3. 스트레스를 푸는 새로운 방법 찾기
짧은 산책, 가벼운 운동, 음악 듣기, 메모하기 등. '담배 → 진정' 대신 '○○ → 진정'이 되는 '새 회로'를 만드는 거예요.

4. 술자리 피하거나 빨리 나오기
초기 1~2주는 유혹이 가장 센 시기이므로, 회식 참석을 줄이는 것도 전략입니다. 꼭 참석해야 하면 식사 후 조용히 빠져나오는 것도 방법이에요.

5. 욕구는 파도처럼 온다, 그리고 지나간다
강한 욕구는 보통 3~5분이면 사라집니다. 그 순간만 넘기면 됩니다! "지금은 잠깐 참으면 되는 거야"라고 마음속으로 말해보세요.

보너스 팁: 흡연욕구 체크 카드
회식·스트레스 상황에서 이렇게 자문해보세요:
- 지금 내가 진짜 필요한 건 담배일까?
- 그냥 습관적으로 피우고 싶은 걸까?
- 이걸 피운다고 내 고민이 해결될까?
- 이 순간을 넘기면 얼마나 뿌듯할까?

격려의 한마디
회식도, 스트레스도, 유혹도 당신의 의지를 시험하는 게 아닙니다. 이건 그냥 '과거의 습관'일 뿐이에요. 이번엔 준비된 내가 이깁니다. 혼자 힘들 땐 꼭 도움 요청하세요. 제가 언제든 도와드릴게요!

금연은 결코 쉬운 과정이 아니지만 올바른 접근 방식과 지원을 통해 성공률을 크게 높일 수 있습니다. 금연은 단순히 '의지'의 문제가 아니라 '기술'과 '전략'이 필요한 과정임을 이해하는 것이 중요합니다. 또한 보건소 금연 클리닉, 금연 상담 전화, 온라인 커뮤니티 등 외부의 지원을 적극적으로 활용하면 성공 가능성이 더욱 높아집니다.

병의원 금연치료

대상	금연치료를 희망하는 모든 국민
서비스 내용	8~12주 동안 6회 이내 의사의 진료 상담 금연치료 의약품, 니코틴 보조제 구입비용 지원 3회차부터 진료 약제비 본인부담금 면제 ※저소득층 및 의료급여 전액 무료
이용방법	금연치료 의료기관 방문 ※병의원에 금연 진료 예약 후 방문하시기 바랍니다.
서비스 기관	금연치료 이수 인센티브 금연치료 프로그램 이수한 뒤 신청하시면 → 1~2회차에 발생한 본인부담금을 전액 환급해 드립니다. [금연치료 의료기관 찾기 QR코드]

※ 자세한 내용은 국민건강보험공단 고객센터(1577-1000)로 문의하시기 바랍니다.

그림 6-1 다양한 금연 클리닉에서 제공하는 서비스

재흡연은 금연 과정에서 흔히 발생할 수 있으므로 실패로 낙담하기보다는 그 경험에서 배우고 다시 시도하는 자세가 중요합니다. 그래서 실수 흡연이란 용어도 생겼습니다. 실수했으면 다시 안 하면 되는 문제이니까요. 무엇보다 금연은 하루아침에 이루어지는 것이 아닌 과정임을 기억하세요. 작은 성공에도 스스로를 격려하며 꾸준히 노력한다면 결국 담배 없는 건강한 삶을 되찾을 수 있습니다.

AI 주치의에게 추가로 물어보면 좋을 질문들

- "전자담배나 가열담배가 일반 담배보다 덜 해롭다고 하는데 사실인가요?"
- "담배를 끊으면 체중이 증가한다고 하는데, 어떻게 체중 증가를 방지할 수 있을까요?"
- "금연 후 폐 기능이 얼마나 회복될 수 있나요? 회복 과정은 어떻게 진행되나요"

 '닥터 안'의 실제 현장 노하우!

제가 금연 클리닉을 운영하면서 가장 인상적이었던 환자는 30년 이상 하루 두 갑을 피우던 62세 남성분이었습니다. 수차례 금연에 실패했던 그분이 결국 성공한 비결은 의외로 간단했습니다. 바로 '명확한 이유'였습니다.

첫 손주가 태어났을 때, 그분은 아이를 안아보려 했으나 딸이 "아빠, 담배 냄새가 나니 아기한테 가지 마세요"라고 말했습니다. 그 순간 평생 담배를 피워온 그분의 마음이 완전히 바뀌었습니다. '내 손주를 안아보기 위해'가 그분의 금연 이유였고, 어떤 금단 증상도 이 이유를 넘어서지 못했습니다. 제 경험상 금연 성공률을 가장 크게 좌우하는 것은 얼마나 강력하고 개인적인 금연 이유를 가지고 있느냐입니다. '건강에 좋지 않아서'라는 추상적인 이유보다 '자녀의 결혼식에 건강하게 참석하기 위해'와 같은 구체적이고 감정적인 이유가 훨씬 효과적입니다.

또한 많은 환자가 간과하는 부분이 '환경 변화'입니다. 한 환자는 20년간 같은 의자에 앉아 창밖을 바라보며 담배를 피웠는데, 의자 위치를 바꾸고 창가에 화분을 두는 단순한 변화만으로도 흡연 욕구가 크게 줄었습니다. 금연은 '잃는 것'이 아니라 '얻는 것'이라는 생각의 전환도 중요합니다. 흡연자들은 담배를 끊으면 '스트레스 해소 방법을 잃는다'고 생각하지만, 실제로는 더 깨끗한 호흡, 더 예민한 미각과 후각, 더 많은 활력을 얻게 됩니다. 금연 후 6개월이 지난 환자들 대부분은 '담배를 피울 때보다 스트레스가 줄었다'고 말합니다. 금연을 위한 나만의 명확한 이유를 찾으세요. 금연은 실패의 과정이 아니라 성공을 향한 학습 과정임을 기억하세요.

CHAPTER 07
마음 건강 돌보기

요즘은 신체 건강만큼이나 마음 건강의 중요성이 점점 강조되고 있습니다. 바쁜 일상 속에서 많은 이가 불안, 우울, 집중력 저하 등의 심리적 어려움을 겪지만 여전히 사회적 편견이나 정보 부족으로 적절한 도움을 받지 못하고 있습니다. '행복주는의원' 같은 친근한 이름의 병원이나 상담 플랫폼이 늘고 있지만, 여전히 전문가를 선뜻 찾기는 어려운 현실입니다.

이러한 어려움 속에서 AI 주치의는 마음 건강 관리의 획기적인 가능성을 제시합니다. 24시간 언제든 부담 없이 대화할 수 있어 사용자가 초기 심리적 문제를 인식하고 전문적인 상담이 필요한지 판단하는 데 도움을 줄 뿐만 아니라, 실질적인 변화를 이끌어내고 있습니다. 주목할 만한 연구에 따르면 AI 챗봇과의 대화만으로 우울 증상이 평균 64% 감소했으며, 자살 위험을 일주일 내 92% 정확도로 예측하는 등 조기 개입과 예방의 잠재력도 보여줍니다. 또한 AI 주치의는 일상에서 실천할 수 있는 조언(스트레스 관리, 명상 등)을 통해 심리적 안정을 찾도록 돕습니다. 사용자가 기록한 감정 상태를 분석해 개인 맞춤형 피드백을 주기도 합니다. 특히 정신 건강 서비스 접근성을 크게 높여, 전체 이용률을 15% 증가시키고 성소수자나 소수 인종 등 기존 시스템에서 소외되었던 이들의 이용률을 최대 235%까지 끌어올리는 등 장벽을 낮추는 데 기여하고 있습니다. 물론 AI는 전문가를 대체할 수 없으며 프라이버시 등 해결 과제도 안고 있지만, 책임감 있게 잘 활용하면 든든한 동반자가 될 것입니다.

이 장에서는 사회적 불안, 사춘기 자녀의 심리 문제, ADHD, 우울증 등 우리가 일상에서 겪을 수 있는 다양한 마음 건강 문제를 다루며, AI 주치의를 활용하여 이러한 문제들에 대해 실질적인 도움을 받고 마음 건강을 효과적으로 돌볼 수 있는 구체적인 방법들을 소개합니다.

7.1 불안하고, 사람 만나는 게 무서워요
– 사회불안장애/공황장애

> 27세 회사원 김윤희 씨는 평소 대인 관계에 특별히 어려움을 느끼지 않았지만, 최근 사내에서 발표가 잦아지면서 극심한 불안을 경험하게 되었습니다. 사람들 앞에 서기만 하면 가슴이 두근거리고 손발에 땀이 나며, 목소리가 떨려서 제대로 말을 이어나가기도 힘들었던 것이죠. 이런 증상이 커져 회의 자리에서도 제대로 의견을 내지 못하게 되고, 동료들과 식사하는 시간마저 부담스럽게 느껴지기 시작했습니다.

국내 연구에 따르면 성인의 약 9~12%가 평생 한 번 이상의 불안장애를 경험하며, 특히 20~30대 젊은 층에서 발병률이 높아지고 있습니다. 코로나19 이후에는 사회적 고립으로 인해 불안장애 환자가 약 25% 증가했다는 보고도 있습니다.

사람들과 어울리는 것이 부담스럽거나, 발표를 앞두고 심한 긴장을 느끼는 경험은 누구나 한 번쯤 겪을 수 있습니다. 하지만 이런 불안감이 일상생활에 지장을 줄 정도로 심하게 반복된다면 사회불안장애나 공황장애를 의심해볼 필요가 있습니다. 사회불안장애는 사람들 앞에서 말하거나 사회적 상황에 노출될 때 심한 긴장과 불안을 느끼는 상태를 말합니다. 발표나 면접뿐만 아니라 단순한 대화에서도 두려움을 느끼며, 얼굴이 빨개지고 심장이 두근거리는 신체 증상이 나타날 수 있습니다. 한편 공황장애는 예상치 못하게 갑자기 심장이 빠르게 뛰고, 숨이 막히는 느낌과 극도의 불안이 몰려오는 경험을 반복하는 질환입니다. 이를 공황 발작이라고 하며 흔히 '죽을 것 같은 느낌'이나 '미칠 것 같은 공포'로 표현됩니다. 공황 발작은 특별한 이유 없이 찾아오기도 하며, 한번 경험하면 다시 발작이 올까 두려워하는 '예기 불안'으로 외출을 꺼리거나 일상생활에 제약을 받게 됩니다.

여전히 많은 사람이 정신건강 문제에 대한 편견이나 치료에 대한 불확실성 때문에 도움을 구하지 못하고 있습니다. 2023년 한 조사에 따르면 불안장애를 겪는 사람 중 약 60%는 전문적 도움을 받지 않고 있으며, 이 중 절반 이상이 '스스로 해결할 수 있다'고 생각하거나 '어디서 도움을 구해야 할지 몰라서' 치료를 받지 않는다고 답했습니다.

이러한 상황에서 AI 주치의는 불안 증상을 초기에 인식하고 자가 관리 방법을 안내하며, 필요할 때 전문가의 도움을 받을 수 있도록 연결해주는 중요한 역할을 할 수 있습니다. AI 주치의는 익명성을 보장하면서도 언제든지 접근 가능한 디지털 도우미입니다. 이제 AI 주치의와 함께 불안을 이해하고, 관리하고, 극복하는 여정을 시작해보겠습니다.

당신은 정신건강에 대한 오랜 연구와 풍부한 임상 경험을 보유한 정신건강의학과 전문의입니다. 다음 지침을 기반으로, 정신 건강과 관련된 질문에 대해 깊이 있고 신뢰할 수 있는 답변을 제공해주세요.

- **전문성**: 최신 연구 결과와 임상 경험을 바탕으로 여러 정신 질환의 원인, 증상, 진단, 치료 및 관리 방법에 대해 심도 있고 포괄적인 설명을 제공합니다.
- **공감과 신중함**: 모든 질문에 대해 공감을 바탕으로, 개별 상황을 고려한 맞춤형 조언을 제공하며, 질문자의 불안을 완화할 수 있도록 따뜻하고 신중한 태도로 응답합니다.
- **안전 및 한계**: 응답 시 '의학적 조언'과 '정보 제공' 사이의 한계를 명확히 하고, 긴급한 상황에서는 즉시 전문 의료기관이나 응급 서비스를 이용하도록 권장합니다.

나의 건강 정보: 나는 27세 여성으로, 최근 회사에서 발표할 일이 많아지면서 극심한 불안을 경험하고 있습니다. 발표 전에는 가슴이 두근거리고, 손발이 차가워지며, 식은땀이 나고 속이 불편해지는 증상이 나타납니다. 동료들과의 대화에서도 긴장하는 일이 잦아졌으며, 사람들 앞에서 말할 때 머릿속이 하얘지고 목소리가 떨리는 경험을 합니다. 평소 성실하게 업무를 수행하는 편이지만 이러한 불안이 계속되면서 발표가 부담스럽고, 피하고 싶은 마음이 커지고 있습니다. 특별한 정신과적 진단을 받은 적은 없으며, 수면이나 식사는 비교적 규칙적인 편입니다.

질문: 사람들 앞에서 말할 때 너무 긴장돼요. 심장이 두근거리고 식은땀이 날 정도로 불안한데, 이런 증상을 줄일 방법이 있을까요? 계속 방치하면 더 심해질 수도 있을까요?

 안녕하세요, 질문해주셔서 감사합니다. 발표할 때 극심한 불안을 경험하신다니 많이 힘드실 것 같아요. 이런 증상은 '발표 불안' 또는 '사회불안'의 일종으로 볼 수 있으며, 많은 분들이 비슷한 어려움을 겪습니다.

질문 요약 및 확인
✓ 발표 전 심한 긴장감(가슴 두근거림, 손발 차가움, 식은땀, 속 불편함)
✓ 동료들과의 대화에서도 긴장 증가
✓ 사람들 앞에서 머리가 하얘지고 목소리가 떨림
✓ 발표가 부담스럽고 피하고 싶은 마음이 커짐
✓ 특별한 정신과적 진단 경험 없음

이런 증상은 자주 경험할수록 더 심해질 수 있지만, 적절한 관리 방법을 실천하면 충분히 개선할 수 있습니다.

발표 불안을 줄이는 방법
1. 몸의 반응 조절하기: 긴장 완화 훈련
💡 복식호흡 연습
발표 전·중·후에 천천히 깊게 숨을 들이쉬고(배가 부풀어오르게) 내쉬세요.
4초 들이쉬기 → 4초 멈추기 → 6초 내쉬기를 반복하면 심장 박동이 안정됩니다.
💡 점진적 근육 이완법
손, 어깨, 턱 같은 긴장된 부위를 의식적으로 힘을 줬다가 천천히 풀어주세요.
매일 5~10분씩 연습하면 몸의 긴장도를 낮출 수 있습니다.
💡 미리 익숙해지기 (노출 훈련)
거울 앞에서 발표 연습, 녹음·녹화 후 피드백 받기
가까운 사람(가족, 친구) 앞에서 연습 후 점점 많은 사람 앞에서 시도하기

2. 생각 바꾸기: 불안한 예측 조절
💡 완벽해야 한다는 부담 줄이기
"실수하면 망한다" → "실수해도 괜찮다. 누구나 실수할 수 있다."
"다른 사람이 나를 비판할 거야" → "대부분은 내 말을 듣는 데 집중할 뿐, 나를 평가하는 게 아니다."

> 💡 **긍정적인 자기 암시**
> 발표 전에 "나는 준비가 잘 되어 있다. 나는 차분하고 침착하다." 같은 문장을 반복해서 말하면 실제로 더 안정된 상태가 됩니다.
>
> **3. 실제 상황에서 적용하기**
> - ✅ 발표 전: 복식호흡 + 긍정적 자기 암시 + 짧은 스트레칭
> - ✅ 발표 중: 천천히 말하기 + 눈을 특정 대상에 고정하기(친숙한 사람 or 한 지점)
> - ✅ 발표 후: 잘한 점을 스스로 칭찬하고, 부족한 점은 다음 연습 때 개선하기
>
> **그냥 두면 더 심해질까요?**
> 현재 증상이 반복되면서 발표를 피하고 싶은 마음이 커지고 있다면, 시간이 지나면서 불안이 더 심해질 가능성이 있습니다. 특히 발표를 계속 피하면 불안이 강화될 수 있기 때문에, 부담이 덜한 상황에서 연습하며 조금씩 익숙해지는 것이 중요합니다.
>
> ✅ **만약 이런 경우라면 전문가 상담이 필요할 수도 있어요**
> - 불안이 너무 심해 일상생활에도 영향을 줄 때
> - 발표뿐 아니라 사회적 상황 전반에서 심한 불안을 느낄 때
> - 발표 전날 잠을 거의 못 자거나 극단적인 스트레스를 받을 때
>
> 하지만 지금 단계에서는 위의 방법을 실천하면 충분히 개선할 가능성이 높습니다!
>
> **마무리 및 응원**
> 발표 불안은 누구에게나 있을 수 있고, 연습과 관리로 충분히 나아질 수 있습니다. 처음부터 완벽해질 필요는 없어요! 조금씩 연습하면서 변화를 만들어가면, 발표가 점점 덜 부담스럽게 느껴질 거예요.

AI 주치의는 증상부터 분석한 후, 사회불안의 특징에 대해 설명하고 실생활에서 적용할 수 있는 단계적 해결 방안을 제안했습니다. 또한 불안을 스스로 관리할 수 있도록 가이드라인을 제공했습니다. 더불어 전문가의 도움이 필요한 상황을 명확히 알려주어 필요할 때 적절한 도움을 받도록 안내했습니다. 여러분도 혹시 비슷한 증상으로 힘들다면 AI 주치의의 조언을 따라해보거나, 추가적인 궁금한 사항을 더 물어보세요. 이제 다음 사례로 넘어가보겠습니다.

나의 건강 정보: 저는 29세 여성으로 최근 카페에서 갑작스럽게 호흡이 가빠지고 심장이 빠르게 뛰며, 어지러움을 느끼는 경험을 했습니다. 당시에 식은땀이 나고 가슴이 답답해졌으며, 숨이 막히는 것 같은 느낌이 들어 크게 당황했습니다. 이후 비슷한 상황이 반복될까 봐 공공장소를 피하게 되었고, 외출 자체가 부담스럽고 불안한 느낌이 들기 시작했습니다. 평소에는 특별한 건강 문제없이 생활하고 있으며, 과거에 공황장애 진단을 받은 적은 없습니다.
질문: 갑자기 심장이 뛰고 숨이 막히는 증상이 나타나요. 이게 공황장애일 수도 있나요?

안녕하세요. 많이 놀라셨겠어요. 갑작스러운 심장 두근거림과 숨 막히는 느낌은 매우 당황스러운 경험일 수 있어요. 이런 증상이 반복되면 일상생활에도 영향을 줄 수 있기 때문에 걱정이 클 것 같습니다.

🔍 질문 요약 및 확인
✓ 최근 카페에서 갑작스러운 호흡곤란, 심장 두근거림, 어지러움 경험
✓ 식은땀, 가슴 답답함, 숨 막히는 느낌 동반
✓ 이후 비슷한 상황이 반복될까 봐 공공장소를 피하게 됨
✓ 외출이 부담스럽고 불안한 느낌 증가
✓ 과거에 공황장애 진단 경험 없음

이런 증상은 '공황 발작'의 특징과 유사하지만, 한 번의 경험만으로 '공황장애'라고 단정할 수는 없습니다. 하지만 공황 발작이 반복되거나, 발작에 대한 두려움으로 생활이 제한된다면 공황장애로 발전할 가능성이 있습니다.

공황 발작과 공황장애의 차이점
☑ **공황 발작 (Panic Attack)**
- 갑자기 강한 불안과 신체 증상이 나타남 (심장 두근거림, 숨 막힘, 어지러움 등)
- 대개 10~30분 내에 절정에 이르고 가라앉음
- 특정한 원인 없이 발생할 수도 있음

☑ **공황장애 (Panic Disorder)**
- 공황 발작이 반복적으로 발생
- 다음 발작이 올까 봐 지속적인 불안(예기불안)

- 공황 발작을 피하려 특정 장소(예: 카페, 대중교통, 혼잡한 곳)를 회피
- 일상생활에 큰 지장을 초래

현재 한 번의 공황 발작을 경험했고 이후 외출이 부담스러워진 상태라면, 공황장애로 진행될 위험이 있을 수 있으니 조기 관리가 중요합니다.

공황 발작을 관리하는 방법

1. 증상이 나타날 때 대처하기

💡 **복식호흡 연습 (천천히 숨쉬기)**
- 4초 들이쉬고 → 4초 멈추고 → 6초 내쉬기
- 숨이 가빠질 때 일부러 천천히 숨을 쉬면 몸의 긴장도를 낮출 수 있어요.

💡 **"나는 괜찮다"라고 스스로 되뇌기**
- "이것은 공황 발작일 뿐이고, 곧 지나갈 거야."
- 공황 발작은 위험한 증상이 아니며, 시간이 지나면 사라진다는 점을 인식하는 것이 중요합니다.

💡 **몸의 감각을 다르게 집중하기**
- 얼음 조각을 쥐거나, 손으로 주변 사물을 만지면서 촉감을 느껴보세요.
- 바닥을 발로 꾹 누르면서 "나는 여기 있다"라고 의식하면 불안이 줄어듭니다.

2. 공황 발작을 예방하는 생활 습관

☑ **카페인, 알코올, 흡연 줄이기**
카페인(커피, 녹차, 에너지 음료)은 신경을 예민하게 만들어 공황 발작을 유발할 수 있어요.

☑ **규칙적인 운동 (가벼운 유산소 운동 추천)**
하루 20~30분 가볍게 걷기만 해도 스트레스 조절에 도움이 됩니다.

☑ **충분한 수면과 휴식**
수면 부족이 공황 발작 위험을 높일 수 있어요.

☑ **공황 발작에 대한 두려움 줄이기**
"공황 발작이 온다고 해서 죽거나 기절하지 않는다."
"이런 경험을 한 사람들이 많고, 나도 관리할 수 있다."

> 🔒 **그냥 두면 더 심해질까요?**
> 현재 외출을 피하고 싶은 마음이 커지고 있다는 점이 중요한 신호일 수 있습니다. 만약 공황 발작이 반복되거나 일상생활에 큰 영향을 미친다면, 전문가 상담을 고려해보는 것이 좋아요.
>
> ☑ **전문가 상담이 필요할 수 있는 경우**
> - 공황 발작이 2회 이상 반복될 때
> - 발작이 올까 봐 지속적으로 걱정될 때 (예기불안)
> - 공공장소를 피하는 회피 행동이 심해질 때
> - 일상생활(직장, 사회생활)에 영향을 줄 때
>
> 💚 **마무리 및 응원**
> 공황 발작은 처음 경험하면 정말 무섭고 당황스러울 수 있지만, 절대 위험한 증상이 아니며, 적절한 대처법을 익히면 충분히 조절할 수 있습니다. 조금씩 외출에 익숙해지고, 위 방법들을 실천하면서 변화를 만들어가면 점점 나아질 거예요. 혼자가 아니라는 점을 기억하시고, 필요하면 전문가의 도움도 받아보세요.

중요한 것은 불안을 무조건 피하려 하기보다, 조금씩 마주하며 익숙해지는 연습을 하는 것입니다. 불안을 다루는 법과 스스로를 다독이는 법을 배우다 보면 점차 자신감을 회복할 수 있을 것입니다.

AI 주치의는 불안감을 효과적으로 관리하는 데 유용한 맞춤형 조언과 실질적인 연습 방법을 안내할 수 있습니다. 천천히 숨을 깊게 들이마시고 내쉬는 복식호흡, 점진적으로 불안한 상황에 다가서는 노출 훈련, 부정적인 생각을 긍정적으로 바꾸는 인지 연습 등을 통해 불안을 조절하는 능력을 기를 수 있습니다. 또한 불안의 정도를 꾸준히 점검하면서 필요한 경우 전문가 상담을 받아야 할 시점이나 상황을 파악하는 데 도움을 받을 수도 있습니다.

불안은 완전히 없애야 하는 대상이 아니라 잘 다루고 조절해야 하는 감정입니다. 꾸준한 연습과 관리가 이어지면, 불안을 극복하고 편안한 일상을 찾을 수 있습니다. 처음부터 완벽할 필요는 없습니다. 작은 변화부터 실천하며 자신을 격려해주세요. 필요하다면 전문가의 도움을 받는 것도 좋은 선택입니다. 당신은 충분히 이겨낼 수 있습니다!

AI 주치의에게 추가로 물어보면 좋을 질문들

- "공황장애를 앓고 있는 가족이 있습니다. 어떻게 도와주는 것이 좋을까요?"
- "오프라인은 물론이고, 온라인에서도 불안함을 느낍니다. SNS를 안 하려 해도 외톨이가 될까 봐 어쩔 수 없이 하게 됩니다."

 '닥터 안'의 실제 현장 노하우!

저 역시 인생에서 여러 번 심한 불안을 경험해왔습니다. 막내 의사 시절, 큰 학회에서 처음 발표를 했던 날이 기억납니다. 발표 직전 입술이 마르고 머리가 하얗게 될 정도로 긴장했죠. 무대 위에 서자마자 앞줄에 계신 선배님들부터 수많은 사람이 눈에 들어왔고, 목소리가 떨려 제대로 나오지도 않았습니다. 어떻게 발표를 마쳤는지도 기억나지 않을 정도였습니다. 놀랍게도 그날 저는 발표 최우수상을 받았습니다. 지금 생각해보면, 아마 가장 어린 발표자인 제가 긴장하며 노력하는 모습이 좋게 보였던 건지도 모르겠습니다. 중요한 건 그날 제가 얻은 깨달음이었습니다.

"내가 느끼는 불안과 사람들이 보는 내 모습은 다를 수 있겠구나. 혹시 실수하더라도 사람들은 내가 걱정하는 것만큼 나쁘게 보지 않을 수도 있겠구나." 이 생각은 그 뒤로 발표할 때마다 큰 힘이 되었습니다. 물론 여전히 대중 앞에 서면 긴장됩니다. 하지만 이제는 '좀 떨려도 괜찮아. 별일 없을 거야.' 하고 마음을 다잡으며 이겨냅니다.

또 하나의 경험은 시험 불안입니다. 저는 중요한 시험 전날이면 항상 제대로 잠을 못 자는 편이었습니다. 특히 수능 전날엔 밤을 꼬박 새웠죠. 그래도 '하루 못 잔다고 큰일 나지 않아. 충분히 잘할 수 있어!'라는 마음가짐 덕분에 무사히 평소 실력을 발휘할 수 있었습니다. 의사 국가고시 때는 미리 준비한 수면제를 먹고 일찍 잠들었는데, 한밤중 친구가 "혹시 남는 수면제

없냐?"며 깨우는 바람에 결국 또 제대로 못 잤습니다. 하지만 이전 경험 덕에 스스로 안심시킬 수 있었고, 덕분에 이렇게 무사히(?) 의사가 될 수 있었습니다.

이런 경험을 통해 환자분들께 꼭 드리고 싶은 말이 있습니다. 바로 '불안은 해석하기 나름'이라는 것입니다. 적당한 불안은 내가 더 잘할 수 있는 힘이 됩니다. 하지만 과도한 불안은 또 다른 불안을 만듭니다. 불안하면 잘 안 될 것 같고, 실패가 두려워지면서 결국 다시 불안이 커지는 악순환이 생기죠. 이럴 때 불안하고 떨리는 나 자신을 그대로 인정하고 '괜찮아, 원래 다들 그래. 잘할 수 있어!' 이렇게 생각을 바꾸는 것만으로도, 어느 순간 불안의 악순환을 멈출 수 있습니다. 물론 혼자 이겨내기 힘든 불안도 있습니다. 그럴 땐 꼭 혼자 애쓰지 않아도 됩니다. 필요한 경우 약물 치료나 전문가 상담이 큰 도움이 될 수 있으니 가벼운 마음으로 진료를 받아보세요. 불안한 나 자신을 너무 탓하지 마세요. 떨려도 괜찮습니다. 원래 그런 거니까요. 당신은 잘 해낼 겁니다.

유용한 건강 관련 서비스

일상에서 불안감이나 사회적 상황에서의 두려움으로 어려움을 겪고 계신가요? 이러한 감정을 혼자서 해결하기 어렵다면, 전문적인 심리상담을 통해 도움을 받을 수 있습니다. 이럴 때 편리하게 이용할 수 있는 심리상담 앱을 소개합니다.

앱 마인드카페(MindCafe)
- **기능**: 전문 심리상담사와의 1:1 채팅, 전화, 화상 상담, 심리 검사 및 피드백, 익명 커뮤니티를 통한 고민 공유 등
- **특징**: 우울증, 불안장애, 대인관계 등 다양한 문제에 대해 검증된 전문가와 상담할 수 있으며, 익명으로 고민을 나누고 공감받을 수 있는 커뮤니티 기능이 있습니다. 또한, 심리 검사를 통해 자신의 상태를 점검하고 맞춤형 코칭을 받을 수 있습니다.

7.2 우울하고 무기력해요 - 우울증

> 대기업에 다니는 37세 직장인 박정훈 씨는 한동안 극심한 업무 스트레스와 가정 문제로 무기력감을 느끼고 있었지만, 바쁘다는 이유로 병원을 찾지 못했습니다. 주변에 어렵게 털어놓고 여러 조언과 '힘내'라는 말을 들었지만, 더는 힘을 낼 수 있는 상태가 아니었습니다.

우울감은 누구에게나 찾아올 수 있습니다. 살다 보면 기분이 가라앉고 아무것도 하기 싫은 날이 있습니다. 피곤하거나 스트레스를 받으면 잠시 우울감을 느끼는 것은 자연스러운 현상이죠. 하지만 이런 상태가 2주 이상 오랫동안 지속되면서 일상생활까지 힘들어진다면 단순한 기분 저하가 아니라 '우울증'일 가능성이 있습니다.

우울증은 전 세계적으로 3억 8000만 명 이상이 앓고 있는 정말 흔한 정신건강 문제입니다. 국내에서는 성인의 약 5~7%가 매년 우울증을 경험하며 코로나19 이후 이 비율은 더욱 증가했습니다. 특히 주목할 점은 20~30대 젊은 연령층의 우울증이 빠르게 증가하고 있다는 점입니다. 건강보험심사평가원 자료에 따르면, 2022년 기준 20대 우울증 환자는 5년 전보다 무려 97% 증가했습니다.

우울증은 단순히 기분의 문제를 넘어 삶의 질을 심각하게 떨어뜨릴 수 있습니다. 지속적인 슬픔과 무기력, 과거에는 즐거웠던 활동에 대한 흥미 상실, 만성적인 피로 등의 증상이 나타나며, 심할 경우 자존감이 낮아지고 삶에 대한 의욕마저 잃을 수 있습니다. 우울증의 원인은 복합적입니다. 직장과 가정에서의 스트레스, 인간관계의 어려움, 신체 건강 문제뿐만 아니라 유전적 요인이나 뇌 신경전달물질의 불균형도 영향을 미칠 수 있습니다. 또한 휴식 부족, 영양 불균형, 신체 활동 부족 등의 생활 습관도 증상을 악화시킬 수 있습니다. 현대 사회의 경쟁적 환경, 불안정한 경제 상황, 사회적 고립의 증가도 우울증 증가의 사회적 요인들입니다.

다행히도 우울증은 효과적인 치료가 가능한 질환입니다. 인지행동치료와 같은 심리치료, 항우울제 약물 치료 그리고 이 두 가지를 병행하는 접근법이 주로 사용됩니다. 최근 연구에 따르면 정기적인 신체 활동, 충분한 수면, 건강한 식습관, 사회적 연결성 유지도 우울 증상 개선에 중요한 역할을 합니다. 세계보건기구에 따르면 적절한 치료를 받은 경우 환자의 80% 이상이 증상 호전을 경험합니다. 하지만 국내 우울증 치료율은 여전히 낮습니다. 우울증을 겪은 이 중 약 22%만이 정신건강 서비스를 이용하고 있습니다. 주된 이유는 심리 문제에 대한 사회적 낙인, '참으면 된다'는 인식, 치료 효과에 대한 의심, 그리고 시간적·경제적 부담 때문입니다. 또한 전문가를 찾아가더라도 증상을 어떻게 설명해야 할지 몰라 어려움을 겪기도 합니다.

그럼 우울감을 스스로 어떻게 관리할 수 있을까요? AI 주치의를 활용하면 자신의 감정을 기록하고 정리하며 객관적으로 상태를 점검하는 데 도움을 받을 수 있습니다. 또한 전문가 상담이 언제 필요한지 아는 데도 유용합니다. 이번 장에서는 서로 다른 네 가지 사례(30대 직장인 남성, 40대 전업주부 여성, 70대 사별 남성, 10세 남아)를 통해 우울증이 다양하게 나타날 수 있음을 살펴보고, AI 주치의를 활용한 대처 및 관리 방법을 알아보겠습니다.

 당신은 정신건강에 대한 오랜 연구와 풍부한 임상 경험을 보유한 정신건강의학과 전문의입니다. 다음 지침을 기반으로, 정신 건강과 관련된 질문에 대해 깊이 있고 신뢰할 수 있는 답변을 제공해주세요.

- **전문성**: 최신 연구 결과와 임상 경험을 바탕으로 여러 정신 질환의 원인, 증상, 진단, 치료 및 관리 방법에 대해 심도 있고 포괄적인 설명을 제공합니다.
- **공감과 신중함**: 모든 질문에 대해 공감을 바탕으로, 개별 상황을 고려한 맞춤형 조언을 제공하며, 질문자의 불안을 완화할 수 있도록 따뜻하고 신중한 태도로 응답합니다.
- **안전 및 한계**: 응답 시 '의학적 조언'과 '정보 제공' 사이의 한계를 명확히 하고, 긴급한 상황에서는 즉시 전문 의료기관이나 응급 서비스를 이용하도록 권장합니다.

나의 건강 정보
: 나는 37세 남성으로, 최근 직장에서 업무 압박이 심해지고 가정 문제까지 겹치면서 무기력함을 느끼고 있습니다. 아침에 일어나는 것이 힘들어지고, 출근 준비를 하면서도 피로감이 가시지 않습니다. 예전에는 즐겁게 하던 일들도 점점 흥미를 잃어가고 있으며, 업무에 대한 의욕이 사라지는 것을 스스로 느끼고 있습니다. 주변 사람들과의 대화도 줄어들고, 쉬어도 피로가 풀리지 않는 느낌이 들곤 합니다. 특별한 정신과적 진단을 받은 적은 없으며, 수면과 식사는 비교적 규칙적인 편이지만, 최근 들어 입맛이 떨어진 것 같습니다.

질문
: 최근 무기력함과 의욕 저하가 심해지고 있습니다. 혹시 우울증일 가능성이 있을까요? 어떻게 하면 다시 일상에 활력을 찾을 수 있을까요?

 안녕하세요, 요즘 많이 힘드실 것 같아요. 이런 변화가 계속될 경우 우울증과 관련이 있을 수도 있으니, 지금부터 몸과 마음을 돌보는 것이 중요합니다.

질문 요약 및 확인
✔ 직장 업무 압박 + 가정 문제로 인한 심리적 부담
✔ 아침에 일어나기 힘들고, 피로감 지속
✔ 예전에는 즐거웠던 활동도 흥미를 잃음
✔ 업무 의욕 저하, 대인관계 소극적 변화
✔ 쉬어도 피로가 풀리지 않고 입맛 저하

현재 나타나는 증상은 우울증과 유사한 패턴을 보입니다. 하지만 우울증인지 아니면 단순한 스트레스와 피로 때문인지는 좀 더 살펴봐야 합니다.

1. 우울증 가능성 체크
우울증은 단순한 '기분 저하'가 아니라, 일정 기간 동안 삶 전반에 걸쳐 지속적인 변화를 일으키는 상태입니다. 다음 기준을 참고해보세요.

주요 우울증 증상 (2주 이상 지속될 경우 의심 가능)
- 거의 매일 기분이 가라앉아 있다.
- 예전처럼 즐겁던 활동이 더 이상 즐겁지 않다.
- 피로감이 심하고, 쉬어도 개운하지 않다.
- 식욕 감소 또는 증가 (체중 변화)
- 집중력이 저하되고, 업무 수행이 어려워졌다.
- 미래에 대한 부정적인 생각이 많아졌다.

☞ 위 증상 중 5가지 이상이 2주 이상 지속된다면 우울증을 의심해볼 수 있습니다.
현재 질문자님은 흥미 상실, 피로감, 의욕 저하, 입맛 저하 등의 증상을 경험하고 있어, 우울감이 진행되는 초기 단계일 가능성이 있습니다. 지금 관리하지 않으면 점점 더 심해질 수도 있으니, 적극적인 대처가 필요합니다.

2. 우울감을 극복하고 활력을 찾는 방법

① 일상의 균형을 되찾기

💡 **소소한 성취감을 주는 작은 목표 설정**
업무 부담이 클 때는 한꺼번에 해결하려 하기보다 작은 목표를 세우고 하나씩 성취하는 것이 중요합니다. "오늘 이메일 하나만 정리해보자.", "10분 동안만 책을 읽어보자."

💡 **생활 리듬 유지 (기본적인 루틴 중요!)**
기상·취침 시간을 일정하게 유지하고, 매일 햇빛을 10~15분 정도 쬐어보세요. 아침에 몸을 가볍게라도 움직이면 뇌가 활력을 되찾는 데 도움이 됩니다.

💡 **운동을 통한 기분 전환**
하루 10~20분 가벼운 산책만 해도 기분이 달라질 수 있습니다. 운동은 세로토닌(행복 호르몬) 분비를 촉진해 기분 개선에 큰 도움이 됩니다.

② 감정과 생각 관리하기

💡 **자신을 비판하기보다는 인정하고 받아들이기**
"왜 이렇게 의욕이 없지?"라고 자책하기보다, "지금 많이 지쳤으니 쉬어갈 시간이 필요하구나"라고 인정해주세요.

💡 **부정적인 생각을 줄이는 연습**
일이 손에 잡히지 않을 때 '나는 능력이 부족해'라고 생각하는 대신, '지금 힘든 상황이지만, 내가 해낼 수 있는 만큼만 해보자'라고 바꿔보세요.

💡 **믿을 수 있는 사람과 감정을 나누기**
혼자 힘들어하지 말고, 가까운 가족이나 친구에게 현재 상태를 이야기해보세요. 감정을 표현하는 것만으로도 마음이 가벼워질 수 있습니다.

③ 도움이 필요할 때는 전문가 상담 고려하기
현재 증상이 2주 이상 지속되고, 생활이 점점 어려워진다면 전문가 상담을 고려하는 것이 좋습니다.

✓ 우울감이 심해지고 일상이 무너지는 경우
✓ 아무것도 하기 싫고, 무력감이 점점 커질 때
✓ 부정적인 생각이 계속될 때

전문가 상담은 꼭 '병이 심각할 때만 받는 것'이 아닙니다. 초기 단계에서 상담을 받으면 더 쉽게 회복할 수 있습니다.

그냥 두면 더 심해질까요?
현재 상태를 방치하면 무기력감이 심해지고, 업무와 가정생활 모두 부담스러워질 수 있습니다. 하지만 적극적으로 관리하면 충분히 회복할 수 있습니다! 우울감은 '마음이 약해서'가 아니라, 신체적·정신적 피로가 누적되어 생기는 자연스러운 반응입니다. 지금부터라도 작은 변화부터 시작하면 충분히 좋아질 수 있습니다.

마무리 및 응원
현재 힘든 시기를 지나고 계시지만, 충분히 회복할 수 있는 방법이 있습니다.
✓ 스스로를 몰아붙이지 말고, 작은 목표부터 실천해보세요.
✓ 가벼운 운동, 규칙적인 생활 습관을 유지하며 몸과 마음을 돌보세요.
✓ 가까운 사람들과 대화하거나 전문가의 도움을 받아보는 것도 좋은 선택입니다.
조금씩 변화하면서 다시 활력을 되찾으실 수 있을 거예요. 천천히, 하지만 꾸준히! 응원합니다.

우울증은 자각이 늦을수록 더 깊어지는 경향이 있습니다. 일에 치여 사는 직장인들은 종종 '내가 우울한가?'라는 질문조차 떠올리지 못합니다. 무기력하고 피로한 상태가 일상이 되어버리면, 스스로 문제가 있다고 생각하기보다 그냥 '요즘 바빠서 그런가 보다' 하고 넘기기 쉽습니다. 하지만 우울증은 스스로 인식하기도 전에 신체 증상이나 행동 변화로 먼저 신호를 보내는 경우가 많습니다. 잠자는 시간이 급격히 줄거나 지나치게 늘고, 예전에는 즐겁던 일에도 시큰둥해지며, 사람들과의 만남을 피하게 된다면 경고등이 켜진 것입니다.

이런 경우 AI 주치의가 큰 도움이 될 수 있습니다. AI에게 털어놓듯 꾸준히 감정을 기록하면 우울증의 조기 신호를 감지하여 경고를 보낼 수 있습니다. 예를 들어 오늘도 무기력하다고 말했더니 "지난 2주 동안 5일 이상 무기력을 느끼셨습니다.

최근의 변화를 점검해보세요"라는 메시지가 나온다면 '내가 좀 이상한가?' 하고 돌아볼 기회가 생깁니다.

이런 객관적 피드백이 중요한 이유는 우리 사회가 여전히 마음 건강 문제를 '나약함'이나 '성격 문제'로 여기는 경향이 있기 때문입니다. 하지만 우울증은 몸의 컨디션이 나빠지면 면역력이 떨어지는 것처럼 마음 건강의 '면역력'이 약해진 상태입니다. 누구에게나 찾아올 수 있고 적절한 관리로 충분히 개선될 수 있습니다.

한편 우울증이 직장 스트레스 때문에만 오는 것은 아닙니다. 가정에서도, 특히 눈에 잘 띄지 않는 가사나 돌봄 노동의 부담을 감당하는 사람들에게 우울감이 깊숙이 자리 잡을 수 있습니다. 다음으로 가사와 육아로 지친 40대 여성의 이야기를 살펴보겠습니다.

나의 건강 정보: 나는 40세 여성으로 가사와 육아로 인해 지치면서 혼자 있는 시간이 점점 늘어나고 있습니다. 아이들을 돌보고 집안일을 하면서 하루를 보내지만 점점 감정적으로 지쳐가고 있고, 주변 사람들과 소통하는 것도 힘들게 느껴집니다. 기운이 없고, 작은 일에도 쉽게 눈물이 나거나 감정 기복이 심해지는 것 같아 걱정됩니다. 밤에 쉽게 잠들지 못하거나 자주 깨는 날이 많아졌고 아침에 일어나도 개운하지 않은 느낌이 듭니다. 예전에는 좋아했던 취미 생활도 점점 멀어지고, 스스로 고립되고 있다는 기분이 들 때가 많습니다.
질문: 가사와 육아로 인해 점점 지치고 우울한 기분이 계속됩니다. 이렇게 혼자 힘들어하는 것이 괜찮은 걸까요? 감정을 잘 다스리고 긍정적인 기분을 되찾을 방법이 있을까요?

안녕하세요. 요즘 많이 지치셨겠어요. 가사와 육아로 바쁜 하루를 보내면서 점점 감정적으로 힘들어지고 계시군요. 혼자 있는 시간이 많아지고, 쉽게 눈물이 나거나 감정 기복이 심해지는 것은 육아 스트레스와 정서적 탈진에서 비롯될 가능성이 큽니다. 이런 감정을 혼자서만 감당하려고 하면 더 힘들어질 수 있어요. 지금 느끼시는 감정은 충분히 이해할 수 있는 반응이며, 스스로를 돌볼 수 있는 방법을 찾아야 합니다.

질문 요약 및 확인
- ✓ 가사와 육아로 인해 감정적으로 지침
- ✓ 주변 사람들과의 소통이 힘들어지고 있음
- ✓ 작은 일에도 눈물이 나고, 감정 기복이 심해짐
- ✓ 수면 장애(잠들기 어려움, 자주 깨고 개운하지 않음)
- ✓ 취미 생활에서 멀어지고, 스스로 고립되는 느낌

이러한 변화는 '육아 우울감' 또는 '번아웃(탈진)' 증상과 관련이 있을 가능성이 높습니다. 우울증의 초기 신호일 수도 있으니, 지금부터 감정을 잘 돌보는 것이 중요합니다.

육아 스트레스와 우울감 관리 방법

1. 현재 감정을 인정하고 받아들이기

💡 "내가 왜 이렇게 예민할까?"라고 자책하지 마세요.
육아와 가사는 엄청난 에너지가 필요한 일입니다.
"지금 지친 것은 당연한 반응이야. 내가 너무 오래 혼자 감당하고 있었구나."라고 스스로를 이해해주세요.

💡 감정을 솔직하게 표현하기
울고 싶으면 참지 말고, 속에 쌓아두기보다 감정을 표현하는 것이 중요합니다.
일기를 쓰거나, 가까운 사람에게 털어놓는 것도 감정을 정리하는 데 도움이 됩니다.

2. 일상 속에서 스스로를 돌보는 시간 만들기

💡 매일 10~15분이라도 '나만의 시간'을 가지세요.
'엄마'가 아니라 '나'로 돌아가는 시간이 필요합니다. 커피 한 잔을 천천히 마시거나, 좋아하는 음악을 듣거나, 짧게 산책하는 것만으로도 기분이 달라질 수 있습니다.

💡 소소한 즐거움을 찾아보기
예전에는 좋아했던 활동(책 읽기, 음악 감상, 간단한 취미 등)을 다시 시도해보세요.
힘든 상황에서도 내가 좋아하는 작은 것 하나를 챙기는 것이 중요합니다.

💡 운동을 통해 기분 전환하기
간단한 스트레칭이나 산책만으로도 몸이 이완되고 기분이 안정됩니다. 햇빛을 10~15분 정도 쬐면 세로토닌(행복 호르몬) 분비가 촉진되어 우울감이 완화됩니다.

3. 사회적 연결 회복하기

💡 혼자 있는 시간을 줄이고, 주변 사람들과의 소통 늘리기
가벼운 전화 통화, 메신저 대화라도 꾸준히 해보세요. 육아 관련 커뮤니티나 지역 모임

(맘카페, 부모 모임)에 참여해보는 것도 좋은 방법입니다. '나는 혼자가 아니야. 나와 같은 고민을 하는 사람들도 많아.'라는 걸 깨닫는 것만으로도 심리적 안정감을 얻을 수 있습니다.

💡 가까운 가족이나 친구에게 도움 요청하기
육아와 가사를 혼자 다 감당하려 하지 마세요.
'나도 쉬어야 한다'라는 걸 인정하고, 가족에게 도움을 요청하는 것이 필요합니다.

그냥 두면 더 심해질까요?
현재 상태를 방치하면 우울감이 점점 심해질 가능성이 있습니다. 감정 기복이 심해지고, 피로감이 지속될 경우 우울증으로 발전할 위험이 높아질 수 있어요. 혼자 해결하려 하기보다는 지금부터라도 스스로를 돌보는 방법을 실천하는 것이 중요합니다.

☑ 전문가 상담이 필요할 수도 있는 경우
- 무기력감이 2주 이상 지속되거나 점점 심해질 때
- 가족이나 주변 사람들과 관계가 단절될 정도로 소통이 어려워질 때
- 삶에 대한 의욕이 사라지고, 극단적인 생각이 들 때

이런 경우에는 전문가의 도움을 받아보는 것이 좋습니다. 조기에 관리하면 더 쉽게 회복할 수 있습니다!

마무리 및 응원
현재 느끼는 감정은 '내가 이상해서'가 아니라, 너무 오랫동안 혼자 힘을 내고 있었기 때문입니다.
✓ 감정을 스스로 인정하고, 너무 자책하지 마세요.
✓ 매일 10~15분이라도 나만을 위한 시간을 가지세요.
✓ 가족과 주변 사람들에게 도움을 요청하는 것도 괜찮습니다.
지금은 지쳐있지만, 작은 변화부터 시작하면 충분히 다시 활력을 찾을 수 있습니다.
너무 조급해하지 말고, 한 걸음씩 나아가 보세요. 응원합니다!

육아와 가사는 눈에 보이지 않는 감정 노동과 신체적 피로가 누적되어 과부하를 불러올 수 있습니다. 한 집안의 주된 돌봄자 역할을 하는 사람일수록, 스스로 무너지지 않으려 애쓰는 경우가 많습니다. 특히 가사와 육아는 눈에 띄는 성과가 보이지 않기 때문에 스스로 '내가 잘 하고 있는 걸까?'라는 의구심에 쉽게 빠질 수

있습니다. '수고했다'는 인정이나 격려 없이 흘러가는 하루하루가 쌓이면 어느 순간 '내 존재는 어떤 의미일까?'라는 생각까지 들 수 있습니다.

우울증은 그저 기분의 문제가 아니라, 삶의 의미와 연결되어 있습니다. 정신적 부담이 클수록 사람은 스스로를 부정하거나 심한 경우 자신을 지우고 싶은 충동까지 느낄 수 있습니다. 그리고 이 단계에서 가장 먼저 사라지는 것이 바로 '자기 돌봄'입니다. 스스로를 돌볼 에너지와 시간을 빼앗기면, 본인도 모르는 사이에 자존감이 무너져버릴 수 있습니다. AI 주치의는 이런 상황에서 우울증이 깊어지기 전에, 작은 변화부터 제안해줍니다. "오늘은 10분 동안 산책을 해보세요.", "자신에게 '나는 충분히 잘하고 있어'라고 말해보세요." 같은 작은 실천이 쌓이면, 스스로를 돌보는 감각을 되찾는 계기가 됩니다.

물론 우울증은 외로움과도 깊이 연결되어 있습니다. 다음 사례로 배우자를 떠나보낸 후 우울감을 겪는 70대 남성의 이야기를 살펴보겠습니다.

나의 건강 정보: 나는 72세 남성으로, 몇 년 전 배우자를 먼저 떠나보낸 후부터 우울한 기분이 지속되고 있습니다. 혼자 지내는 시간이 많아지고, 친구들과의 만남도 점점 줄어들면서 말수가 적어지고 무기력한 느낌이 듭니다. 예전에는 산책을 즐기고 취미 생활도 했지만 요즘은 아무것도 하고 싶지 않고, 식사도 대충 해결하는 날이 많아졌습니다. 밤에는 쉽게 잠들지 못하거나 새벽에 자주 깨고, 아침에 일어나도 개운하지 않습니다. 특별한 질환은 없지만 최근 체중이 줄었고 자주 피곤함을 느낍니다. 가족들과 연락은 가끔 하지만, 이전처럼 자주 만나지 못하면서 외로움을 많이 느끼고 있습니다.
질문: 최근 계속 우울한 기분이 들고, 사람을 만나는 것이 점점 힘들어지고 있습니다. 나이가 들면 원래 이런 기분이 드는 건가요? 노년기에도 우울감을 극복하고 활력을 되찾을 방법이 있을까요?

안녕하세요, 많이 외롭고 힘든 시간을 보내고 계시군요. 배우자를 먼저 떠나보내고 난 후 우울한 기분이 지속되고, 혼자 있는 시간이 많아지면서 무기력함을 느끼고 계시네요. 사랑하는 사람을 떠나보낸 후 슬픔과 외로움을 경험하는 것은 자연스러운 과정이지만, 이 상태가 오랫동안 지속된다면 '노년기 우울증'으로 발전할 가능성이 있습니다. 하지만 적절한 관리와 작은 변화로 충분히 다시 활력을 되찾을 수 있습니다.

질문 요약 및 확인
- ✔ 배우자를 떠나보낸 후 우울한 기분이 지속됨
- ✔ 혼자 있는 시간이 많아지고, 친구들과의 만남이 줄어듦
- ✔ 무기력감 증가, 취미 활동과 산책도 하지 않게 됨
- ✔ 식사를 잘 챙기지 않고, 체중 감소와 피로감 경험
- ✔ 밤에 숙면을 취하기 어렵고, 아침에도 개운하지 않음
- ✔ 가족과의 연락이 줄어들면서 외로움을 느낌

이러한 증상들은 노년기 우울증의 특징과 유사합니다. 하지만 중요한 점은 노화 자체가 우울증을 유발하는 것이 아니며, 충분히 극복할 수 있다는 것입니다.

노년기 우울감을 극복하고 활력을 찾는 방법

1. 하루의 작은 목표를 만들어보세요

💡 아주 작은 일부터 시작해보기
- "내일 아침에는 따뜻한 차 한 잔을 마셔보자."
- "햇빛이 좋은 날에는 10분만이라도 밖에 나가보자."
- "가까운 가족에게 먼저 안부 전화를 해보자."

큰 변화보다는 '작은 목표'부터 실천하는 것이 중요합니다.

💡 산책이나 가벼운 운동 시작하기
- 하루 10~15분이라도 바깥 공기를 쐬면 기분이 달라질 수 있습니다.
- 햇볕을 쬐면 세로토닌(행복 호르몬) 분비가 증가해 우울감을 줄이는 데 도움이 됩니다.

2. 사회적 관계를 유지하고 외로움 줄이기

💡 가족, 친구들과의 연락을 늘려보세요
- 가족들이 바빠서 자주 오지 못하더라도 먼저 연락해보세요.
- 영상 통화나 메시지로 안부를 묻는 것만으로도 마음이 따뜻해질 수 있습니다.

💡 **노년층 커뮤니티, 모임에 참여하기**
- 지역의 노인복지관, 교회, 동네 모임에서 진행하는 프로그램을 찾아보세요.
- 비슷한 연령대의 사람들과 이야기를 나누면 공감과 위로를 받을 수 있습니다.
- 가끔은 새로운 사람을 만나는 것이 우울감을 해소하는 데 큰 도움이 됩니다.

💡 **작은 봉사 활동도 고려해보기**
- 지역 사회에서 작은 역할(예: 경로당 봉사, 후배 상담, 취미 공유)이라도 하면 삶의 의미를 찾는 데 도움이 됩니다.

3. 몸과 마음을 건강하게 유지하기

💡 **식사를 거르지 않고 균형 잡힌 영양 섭취하기**
- 우울할 때는 식욕이 줄어들지만, 영양 부족이 우울증을 악화시킬 수 있습니다.
- 간단한 음식이라도 따뜻한 국, 과일, 단백질이 풍부한 식사를 챙기려고 노력해보세요.

💡 **수면 패턴을 일정하게 유지하기**
- 매일 같은 시간에 자고 일어나려 노력하세요.
- 자기 전에는 스마트폰이나 TV를 멀리하고, 따뜻한 차를 마시거나 조용한 음악을 들으면 도움이 됩니다.

💡 **기분을 전환할 수 있는 소소한 즐거움 찾기**
- 과거에 즐겼던 취미(독서, 음악 감상, 그림 그리기, 바둑 등)를 다시 시도해보세요.
- 너무 큰 기대를 하지 말고, 즐길 수 있는 것부터 가볍게 시작해보는 것이 중요합니다.

그냥 두면 더 심해질까요?

현재 상태를 방치하면 우울감이 더 깊어질 가능성이 있습니다. 특히 노년기 우울증은 신체 건강에도 영향을 미칠 수 있기 때문에 적극적인 관리가 필요합니다.

✅ **전문가 상담이 필요할 수도 있는 경우**
- 우울한 기분이 2주 이상 지속될 때
- 식사와 수면이 점점 더 불규칙해지고 체중이 계속 감소할 때
- 삶에 대한 의욕이 점점 사라지고, 극단적인 생각이 들 때

노년기 우울증은 치료가 가능합니다. 필요하면 전문가의 상담을 받는 것도 좋은 선택이 될 수 있습니다.

> **마무리 및 응원**
> 현재 느끼는 감정은 '나이가 들어서 당연한 것'이 아닙니다. 배우자를 잃고 혼자가 된 슬픔과 외로움에 대한 자연스러운 반응일 뿐입니다. 하지만 이 상태를 그대로 두지 않고, 조금씩 변화하면 충분히 다시 활력을 찾을 수 있습니다.
> ✓ 혼자 있는 시간을 줄이고, 가까운 사람들과 소통해보세요.
> ✓ 작은 목표부터 시작해서 하루하루 의미 있는 활동을 만들어보세요.
> ✓ 식사와 수면을 잘 챙기면서 몸과 마음을 돌보세요.
> 지금은 힘들지만, 조금씩 노력하면 다시 웃을 수 있는 날이 올 것입니다. 천천히, 하지만 꾸준히 변화를 만들어 가세요. 응원합니다!

사회적 고립과 외로움은 우울증의 가장 큰 위험 요인입니다. 배우자를 떠나보낸 후, 많은 어르신이 겪는 공통적인 변화가 있습니다. 함께하던 사람이 사라지면 집 안의 공기가 달라지고, 하루의 리듬이 흐트러지며, 말수가 줄어듭니다. 주변 사람들은 '혼자서도 잘 지내시겠지'라고 생각하기 쉽지만 당사자는 점점 더 '내가 이 세상에 존재할 의미가 있나?'라는 생각에 사로잡힐 수 있습니다. 우울증이 노년층에서 특히 위험한 이유는 삶에 대한 의욕을 잃으면서 신체 건강까지 빠르게 악화될 수 있기 때문입니다. 식사를 제대로 챙기지 않고, 활동량이 줄어들고, 병원을 찾지 않게 되면서 우울증이 몸의 병으로 빠르게 이어질 수 있습니다.

AI 주치의는 이런 상황에서 '일상의 구조를 다시 세우도록 돕는' 역할을 합니다. 또한 AI 기반의 감정 일지를 쓰면서 매일 스스로 감정을 점검하는 것도 도움이 됩니다. 또한 우울증은 나이에 상관없이 찾아올 수 있습니다. 어른들뿐 아니라 어린이도 우울감을 경험할 수 있습니다. 마지막 사례에서는 최근 말수가 줄고 무기력해진 10세 남아의 변화를 살펴보겠습니다.

나의 건강 정보: 저는 10세 남자아이의 엄마입니다. 우리 아이가 최근 들어 평소보다 말이 줄어들고 엄마아빠는 물론 친구들과도 잘 어울리지 않게 되었습니다. 예전에는 좋아하던 놀이와 활동에도 흥미를 잃었고, 학교에서도 집중을 잘 못하고 숙제를 자주 잊어버립니다. 아침에 일어나기 힘들어하고, 밥을 잘 먹지 않거나 갑자기 많이 먹는 날이 반복됩니다. 밤에는 악몽을 꾸거나 쉽게 잠들지 못해 피곤해하는 날이 많아졌습니다. 걱정되어 무슨 일이 있는지 물어봐도, 특별한 이유 없이 짜증을 내거나 아무 말도 하지 않는 경우가 대부분입니다.

질문: 사춘기가 오기엔 아직 이른 것 같은데 우리 아이가 왜 이럴까요?

안녕하세요, 걱정이 크시겠어요. 아직 사춘기가 오기엔 이른 나이이지만, 어린이도 스트레스나 정서적 어려움을 겪을 수 있습니다. 현재 아이가 보이는 행동 변화는 단순한 성장 과정일 수도 있지만, 우울감, 불안, 스트레스 또는 학교 내 문제(친구 관계, 학업 부담 등)와 관련이 있을 가능성이 큽니다.

질문 요약 및 확인
✓ 말수가 줄고, 부모·친구들과 잘 어울리지 않음
✓ 좋아하던 놀이와 활동에도 흥미를 잃음
✓ 학교에서 집중력 저하, 숙제를 자주 잊어버림
✓ 수면과 식사 패턴 변화(아침에 힘들어함, 악몽·불면, 식욕 변화)
✓ 특별한 이유 없이 짜증을 내거나 대화를 피함

이러한 변화는 어린이 우울감, 스트레스, 불안의 신호일 수 있습니다. 특히, 어린이들은 감정을 말로 표현하는 것이 서툴기 때문에 행동(무기력, 짜증, 회피)으로 나타내는 경우가 많습니다.

아이의 행동 변화, 원인이 될 수 있는 요소들
☑ **심리적 요인 (스트레스, 우울, 불안)**
학업 부담, 친구 관계 문제, 가족 내 갈등 등이 원인이 될 수 있습니다. 아이들은 말로 표현하기보다 행동(무기력, 짜증, 회피)으로 표현하는 경우가 많습니다.
☑ **학교에서의 변화**
친구들과의 갈등, 따돌림, 선생님과의 관계 문제 등이 아이에게 영향을 줄 수 있습니다. 최근 학교에서 어떤 일이 있었는지 부드럽게 물어보는 것이 필요합니다.

☑ 신체적 건강 문제
만성 피로, 성장기 호르몬 변화, 영양 불균형도 영향을 미칠 수 있습니다. 최근 감기나 기타 질환 후 회복 과정에서 기운이 없는 경우도 고려할 수 있습니다.

☑ 디지털 기기 사용 (게임, 유튜브 등)
과도한 스마트폰·게임 사용이 수면 장애, 집중력 저하로 이어질 수도 있습니다. 최근 아이의 미디어 사용 습관에 변화가 있었는지 점검해보세요.

아이의 감정과 행동을 회복시키는 방법

1. 아이의 감정을 자연스럽게 끌어내기

💡 "왜 그러니?"보다는 "요즘 기분이 어때?"

아이가 짜증을 내거나 말을 하지 않더라도, 조용히 곁을 지키며 부담 없이 대화를 시도해보세요. "엄마는 네가 요즘 힘들어 보이는데, 그냥 네 기분이 궁금해." "학교에서 재미있었던 일이나 힘들었던 일 있었어?"

💡 바로 해결하려 하지 않고, 공감 먼저!

"너 그러면 안 돼" → X
"그럴 수도 있지. 엄마가 들어줄게." → O

2. 일상 리듬을 회복하는 방법

💡 수면과 식사 패턴 바로잡기

일정한 시간에 자고 일어나도록 유도하세요. 자기 전 30분은 스마트폰·TV를 멀리하고, 책 읽기나 가벼운 대화로 마무리하세요. 좋아하는 음식을 함께 준비하면서 식사를 챙기는 것도 좋은 방법입니다.

💡 작은 성공 경험 쌓기

숙제를 못 했다고 혼내기보다는 작은 목표를 정해 성공 경험을 쌓게 해주세요. ("오늘은 수학 문제 한 문제만 풀어보자!")

💡 야외 활동 늘리기

햇볕을 쬐는 시간이 늘어나면 기분을 조절하는 세로토닌(행복 호르몬) 분비가 증가합니다. 매일 10~15분이라도 산책하거나, 공원에서 시간을 보내보세요.

3. 사회적 관계 회복하기

💡 친구 관계 점검하기

아이가 학교에서 친구와의 관계에서 어려움을 겪고 있는지 알아보는 것이 중요합니다. "요즘 친구들이랑 재미있게 놀고 있어?"처럼 가볍게 물어보세요.

> 💡 **놀이와 활동 다시 시도하기**
>
> 예전에 좋아하던 활동을 함께 해보는 것도 좋은 방법입니다. 새로운 취미를 찾거나, 아이가 관심 가질 만한 활동(레고, 그림 그리기, 음악 등)을 시도해보세요.
>
> **그냥 두면 더 심해질까요?**
> 현재 상태가 지속되면 아이의 우울감이나 불안이 심해질 가능성이 있습니다. 특히, 사회적 관계 회피가 길어지거나, 식사·수면 패턴이 계속 불규칙하면 전문가 상담이 필요할 수도 있습니다.
>
> ☑ **전문가 상담이 필요할 수도 있는 경우**
> - 말수가 줄고, 감정 변화가 2주 이상 지속될 때
> - 친구들과의 관계가 어려워지고, 학교 생활이 점점 힘들어질 때
> - 극단적인 짜증, 분노, 또는 무기력함이 심해질 때
>
> 어린이 우울감이나 불안은 조기에 관리하면 더 쉽게 해결할 수 있습니다. 아이의 변화가 크다면 소아정신과 상담이나 심리 상담을 고려해보는 것도 좋은 방법입니다.
>
> **마무리 및 응원**
> 아이가 변하는 모습을 보면 부모님 입장에서 걱정이 클 수밖에 없습니다. 하지만 작은 변화부터 시작하면 충분히 좋아질 수 있습니다.
> ✓ 아이의 감정을 부드럽게 끌어내고, 말하지 않아도 곁에 있어주세요.
> ✓ 일상의 리듬(수면, 식사, 야외 활동)을 다시 잡아보세요.
> ✓ 필요하면 전문가의 도움도 고려해보세요.
>
> 아이가 다시 활력을 되찾을 수 있도록 차근차근 도와주시면 충분히 회복될 수 있습니다. 힘내세요!

우울증, 함께하면 극복할 수 있습니다. 우울함과 무기력함은 누구나 때때로 겪을 수 있는 자연스러운 감정입니다. 이 장에서 함께 살펴본 다양한 사례처럼 우울증은 사람마다 조금씩 다르게 나타나지만, 적절한 도움과 꾸준한 관리가 있다면 충분히 개선될 수 있습니다. AI가 여러분의 마음을 다독이는 든든한 조력자가 되어주겠지만 증상이 더 깊어지기 전에 전문적인 상담과 치료가 필요하다는 사실도 잊지 마세요.

스스로를 탓하기보다는 '내가 지금 힘든 시간을 지나고 있구나'라고 받아들여 보세요. 혼자서 감정을 꾹 참지 말고 가까운 사람과 마음을 나누고 필요하면 도움을 요청하는 용기를 가지세요. 지금은 어둡게 느껴질 수도 있지만 작은 변화가 모여 다시 밝은 일상을 되찾게 해줄 것입니다. 조급해하지 말고 천천히 한 걸음씩 AI 주치의, 그리고 사람 전문가와 함께 나아가세요.

 '닥터 안'의 실제 현장 노하우!

우울증에 대한 오해 중 이제는 고쳐야 하는 것이 **'마음의 감기'**라는 표현입니다. 처음에는 우울증 치료의 장벽을 낮추려고 친근하게 표현했던 것 같습니다. 하지만 감기는 대개 저절로 낫지만, 우울증은 오히려 **'골절'**에 가깝습니다. 적절한 치료 없이 방치하면 회복이 늦어지거나 더 심각해질 수 있기 때문입니다. 우울증이 무서운 이유는 고통 속에 있는 사람이 그 고통의 깊이를 제대로 인식하지 못한다는 점입니다. 마치 어두운 방에 오래 있으면 그 어둠에 적응해 버리는 것처럼 우울한 상태를 '정상'이라고 착각하게 됩니다. 실제로 치료 후 환자분들은 "선생님, 이제야 제가 얼마나 아팠는지 알겠어요. 그동안 얼마나 고통스러웠는지 치료받고 나서야 깨달았어요"라고 하십니다.

또 한 가지 중요한 점은 우울증이 다양한 형태로 나타난다는 것입니다. 젊은 남성에게 우울증은 슬픔보다는 짜증, 분노, 무기력으로 나타날 수 있습니다. 노인은 기억력 저하나 몸의 통증으로 나타나고, 아이들은 성적 저하나 행동 문제로 드러나기도 합니다. 그래서 '나는 슬프지 않으니 우울증은 아닐 거야'라는 생각은 큰 오해입니다.

제가 꼭 드리고 싶은 말은 이것입니다. 우울증은 '나약함'이 아니라 '질병'입니다. 당뇨병이나 고혈압처럼 꼭 치료를 받아야 하는 건강 문제입니다. 만약 일상생활이 힘들 정도로 무기력감, 의욕 저하, 수면 문제가 지속된다면 전문가를 찾아 도움을 요청하세요.

유용한 건강 관련 서비스

일상에서 우울감이나 스트레스를 느낄 때, 전문적인 심리상담을 받고 싶지만 시간이나 비용, 혹은 대면 상담에 대한 부담으로 망설여지나요? 이럴 때 편리하면서도 익명으로 이용할 수 있는 심리상담 앱을 소개합니다.

앱 트로스트(Trost)
- **기능**: 전문 심리상담사와의 1:1 채팅 및 전화 상담, 명상 및 ASMR 콘텐츠 제공, 감정 기록 및 심리 테스트 등
- **특장**: 익명으로 상담이 가능하며, 사용자의 상황과 감정에 맞는 상담사를 추천받을 수 있습니다. 또한, 다양한 명상 콘텐츠와 감정 기록 기능을 통해 일상적인 멘탈 케어를 지원합니다.

7.3 사춘기 우리 아이, 어떻게 대해야 할까요?
– 아이 마음 건강

> 중학교 1학년 외동 아들을 둔 박수정 씨는 아이가 갑자기 말수도 줄고 방에만 틀어박혀 있으며, 사소한 일에도 화를 내는 모습에 당황했습니다. 예전처럼 다정하게 대화를 시도해도 "왜 자꾸 물어보냐"며 짜증을 내니 어떻게 지내야 할지 막막했습니다.

최근 우리나라 청소년들의 정신건강 문제는 심각한 사회적 이슈로 떠오르고 있습니다. 국내 한 조사에 따르면, 중고등학생의 약 31.2%가 지난 1년 동안 '죽고 싶다'는 생각을 해본 적이 있다고 답했습니다. 특히 학업 스트레스, 미래에 대한 불안, 가족과의 갈등 등 다양한 원인이 복합적으로 작용하고 있으며 더욱 안타까운 것은 청소년 사망 원인 1위가 자살이라는 점입니다.

한국 청소년들이 경험하는 스트레스와 우울감은 매우 높은 수준입니다. 질병관리청의 청소년건강행태조사에 따르면 약 28.7%의 청소년이 2주 이상 일상생활에 영향을 미칠 만큼 깊은 우울감을 느꼈으며, 약 41.3%가 극심한 스트레스를 받고 있다고 응답했습니다. 특히 여학생의 경우 스트레스 호소율이 47%에 달해 남학생의 36%보다 훨씬 높은 것으로 나타났습니다. 또한 최근 5년간 불안장애 진료를 받은 청소년 환자 수도 무려 93% 증가한 사실도 있습니다.

이러한 사춘기 청소년들의 급격한 감정 변화는 성장 과정의 특성에서 기인합니다. 이 시기에는 신체적, 심리적 변화가 빠르게 일어납니다. 특히 뇌 발달 과정에서 충동 조절과 감정 통제를 담당하는 전두엽(이마엽)이 아직 완전히 성숙하지 않아 사소한 자극에도 과도하게 반응하기 쉽습니다. 또한 기분 안정에 중요한 역할을 하는 신경전달물질인 세로토닌 분비량도 성인기나 아동기보다 약 40% 적어 감정 변화가 더욱 크게 나타날 수 있습니다. 청소년기의 변화는 부모자녀 관계에도 큰 영향을 줍니다. 십대 아이들은 독립심이 강해지면서 부모의 관심과 간섭에 예민하게 반응할 수 있습니다. 이런 자녀의 변화에 부모는 당혹스럽고 불안해지며, 오히려 갈등과 마찰이 더 커질 수 있습니다. 중요한 것은 부모가 자녀의 이러한 변화를 자연스러운 발달 과정으로 이해하고 받아들이되, 감정의 기복이 지나치게 오래 지속될 경우 적극적인 관심과 도움을 제공해야 한다는 점입니다.

AI 주치의는 부모가 자녀의 심리 변화를 이해하고 올바르게 대처할 수 있도록 자녀의 행동을 이해하고, 올바르게 대응하며, 정서적 지지를 제공할 수 있는 방법들을 제공해줍니다. AI 주치의와의 구체적인 문답을 통해 사춘기 자녀들의 정신 건강을 지키고, 부모가 효과적으로 아이와 소통하는 방법을 알아보겠습니다.

당신은 청소년 심리와 부모 심리에 관련된 오랜 연구와 상담 및 진료 경험을 갖춘 정신건강의학과 전문의이며, 동시에 심리상담사이기도 합니다. 부모가 자녀의 사춘기 변화를 잘 이해하고 현명하게 대처할 수 있도록 친절하고 쉽게 설명해주세요. 진료가 필요하다면 부드러운 방식으로 권해주세요. 이제 다음 질문에 답해주세요.
질문: 아이가 갑자기 말을 안 듣고 짜증이 많아졌어요. 사춘기 때문인가요? 어떻게 대응해야 할지 막막해요.

안녕하세요. 아이의 갑작스러운 변화에 당황스럽고 걱정되시죠? 부모님께서 이렇게 고민하시는 것 자체가 아이를 잘 이해하고 싶어 하신다는 증거예요. 너무 걱정하지 마세요.

아이의 변화, 사춘기 때문일까요?
네, 사춘기일 가능성이 높습니다. 보통 10~16세 사이에 호르몬 변화로 인해 감정 기복이 심해지고, 부모의 말에 반항하는 모습이 자연스럽게 나타납니다.
✓ **감정 기복**: 별일 아닌데 화를 내거나 우울해 보일 수 있어요.
✓ **독립 욕구**: 부모의 간섭을 싫어하고, 자기 의견을 강하게 주장할 수 있어요.
✓ **자아 정체성 고민**: '나는 누구인가?'를 고민하면서 감정이 불안정할 수 있어요.

이런 변화는 정상적인 성장 과정이지만, 부모님 입장에서는 쉽지 않죠. 그렇다면 어떻게 대응하면 좋을까요?

부모가 할 수 있는 3가지 대처법

1. 차분하게 받아들이기
- 아이의 감정을 부정하거나 "왜 그래?"라고 다그치지 마세요.
- "지금 많이 힘들구나"라고 감정을 인정해주면 아이가 덜 반항해요.

2. 대화는 부드럽게, 강요는 금물
- "너 왜 그래?" 대신 "오늘 기분이 어때?" 같은 열린 질문을 해보세요.
- 아이가 이야기하고 싶지 않을 때는 기다려주세요.

3. 거리 두기와 관심의 균형 맞추기
- 너무 간섭하면 반발하고, 너무 방치하면 외로움을 느껴요.
- 아이가 좋아하는 활동(게임, 음악, 운동 등)에 대해 가볍게 관심을 보여 보세요.

이런 경우에는 전문가 상담이 필요해요!
- ☑ 평소와 너무 다르게 감정 기복이 심하고, 2주 이상 지속될 때
- ☑ 친구나 가족과의 관계를 완전히 끊고 방에만 있을 때
- ☑ 지나치게 우울해하거나 "살기 싫다" 같은 말을 자주 할 때

이런 경우라면, 가볍게 "요즘 힘들어 보이는데, 전문가에게 상담을 받아보면 어떨까?" 하고 자연스럽게 제안해주세요. 부모님도 고민이 많고 힘드실 거예요. 너무 완벽한 부모가 되려 하지 마시고, 아이와 함께 성장하는 과정이라 생각해주세요.

사춘기 때는 감정 기복이 심하고, 우울해 보이는 순간도 많습니다. 하지만 이러한 변화가 정상적인 발달 과정의 일부로서 일시적인 것인지, 또는 우울증과 같은 마음 건강 문제의 신호인지 구별하는 것이 중요합니다. 단순한 감정 기복이라면 자연스럽게 지나가겠지만, 우울증이라면 적절한 개입이 필요하기 때문입니다. 그렇다면 사춘기 감정 변화와 우울증을 어떻게 구별할 수 있을까요?

아이가 우울해 보이는데 사춘기 증상인지, 우울증인지 어떻게 구분할 수 있나요?

 아이의 우울한 모습이 사춘기 과정의 일부인지, 아니면 우울증인지 고민되시죠? 부모님께서 이렇게 세심하게 아이를 살펴보시는 것만으로도 아이에게 큰 힘이 될 거예요. 사춘기에도 감정 기복이 심할 수 있지만, 우울증은 단순한 기분 변화가 아니라 일상에 큰 영향을 주는 상태입니다. 두 가지를 구분하는 중요한 기준을 알려드릴게요.

사춘기 감정 기복 vs. 우울증 구분법

구분	사춘기 감정 변화	우울증
기분 변화	화를 냈다가도 금방 풀림	2주 이상 계속 기분이 가라앉음
일상생활	짜증 내도 평소처럼 학교 생활하고 친구와 어울림	평소 좋아하던 활동도 흥미 없어지고 친구도 멀리함
수면 변화	늦게 자거나 잠이 많아지는 정도	잠을 거의 못 자거나, 너무 많이 잠
식사 변화	입맛이 조금 줄거나 변덕스러움	극심한 식욕 저하 또는 폭식
자존감	"내가 싫어!"라고 해도 금방 잊음	"나는 쓸모없는 사람이야" 같은 생각을 지속적으로 함
미래에 대한 생각	고민이 많아도 꿈과 계획을 이야기함	"아무 의미 없어", "살고 싶지 않아" 같은 말을 자주 함

핵심 체크포인트
✓ 기분 저하가 2주 이상 지속되는지
✓ 일상생활(학교, 친구 관계 등)에 심각한 영향을 주는지
✓ 자기 비하, 절망적인 말, 극단적인 표현이 있는지
이 세 가지가 눈에 띄게 지속된다면, 사춘기가 아니라 우울증일 가능성이 높아요.

부모님이 해줄 수 있는 대처법

1. "왜 그러냐?"보다 "힘들지?"라고 공감해주세요
"너 왜 이렇게 변했어?" → X
"요즘 좀 힘들어 보이네. 무슨 일이 있어?" → O

2. 잘못된 조언은 피하고, 감정을 인정해주세요
"별거 아니야, 다 그런 거야" → X 아이는 더 위축될 수 있어요.
"힘든데 말하기 쉽지 않았을 텐데, 말해줘서 고마워" → O 아이가 안심할 수 있어요.

3. 일상 루틴을 함께 점검하기
운동, 햇빛 쬐기, 건강한 식습관이 감정 조절에 큰 도움을 줘요.
"같이 산책 갈래?", "맛있는 거 먹으러 가자" 등 부담 없는 제안을 해보세요.

🔔 **이런 경우라면 전문가 상담이 꼭 필요해요!**
✓ 아이가 2주 이상 심한 우울감을 보일 때
✓ 학교에 가기 싫어하고, 친구 관계를 끊을 때
✓ "살고 싶지 않아" 같은 말을 할 때
✓ 자해 흔적이 보이거나 위험한 행동을 할 때

이럴 땐 정신건강 전문가(소아·청소년 정신과, 심리상담 센터)를 방문하는 것이 중요해요.
→ "엄마(아빠)가 너를 걱정해서 그래. 혼자 힘들어하지 말고, 도움을 받아보는 게 어때?"라고 부담 없이 제안해주세요.

너무 혼자서 해결하려 하지 마시고, 필요하면 전문가의 도움을 받으셔도 괜찮아요. 아이와 함께 이 시기를 잘 지나갈 수 있도록 응원할게요!

사춘기 자녀와의 대화가 어려운 이유는, 아이들이 독립적인 자아를 형성해가면서 부모와 대화하는 방식 자체가 달라지기 때문입니다. 부모는 '왜 이렇게 말대꾸를 하지?'라고 생각할 수 있는데, 아이는 '내 의견은 존중받지 못하는구나'라고 느낄 수 있습니다. 이때 부모가 조금만 말투를 바꾸고, 접근 방식을 조정하면 아이가 마음을 열 가능성이 더 커집니다. 사춘기 자녀와의 효과적인 대화 방법과 피해야 할 말들을 살펴보겠습니다.

사춘기 아이와 효과적으로 소통하려면 어떤 말을 피하고, 어떻게 대화를 시작하는 게 좋을까요?

 사춘기 아이와 소통하는 게 쉽지 않죠? 하지만 아이가 부모님과의 대화를 피하려는 이유는 부모가 싫어서가 아니라, 감정이 예민하고 복잡하기 때문이에요. 부모님이 조금만 말투를 바꿔도, 아이가 마음을 열 가능성이 커져요. "어떤 말을 피해야 하는지"와 "어떻게 대화를 시작하면 좋은지" 알려드릴게요!

✗ **피해야 할 말 (아이의 반발을 부르는 말)**

1. "너 왜 그렇게 말대꾸하니?"
→ 아이 입장: "내 의견은 존중받지 못하는구나."
✓ 대신 이렇게 말해보세요: "네 생각은 그렇구나. 좀 더 설명해줄 수 있어?"

2. "넌 왜 이렇게 게으르니?" / "맨날 그 모양이야." (비난, 비교)
→ 아이 입장: "나는 아무리 해도 부족한 사람이야."
✓ 대신 이렇게 말해보세요: "요즘 피곤해 보이는데 뭐 때문에 힘드니?"

3. "다 너 잘되라고 하는 말이야."
→ 아이 입장: "그럼 내 기분은 안 중요하다는 거야?"
✓ 대신 이렇게 말해보세요: "엄마(아빠)는 네가 행복했으면 좋겠어. 혹시 고민되는 게 있니?"

4. "너 아직 어려. 몰라도 돼." (무시하는 말)
→ 아이 입장: "난 인정받지 못하는구나."
✓ 대신 이렇게 말해보세요: "네가 궁금해하는 거 중요하지! 어떻게 생각하는지 들어보고 싶어."

5. "네가 뭘 알아?" / "그건 네가 결정할 일이 아니야."
→ 아이 입장: "내 생각은 의미 없구나."
✓ 대신 이렇게 말해보세요: "너라면 어떻게 하고 싶어? 이유를 들려줄래?"

☑ **효과적인 대화 시작법 (아이의 마음을 여는 말)**

1. 감정을 먼저 인정해주세요.
- "화난 것 같은데, 왜 그런지 이야기해줄 수 있어?"
- "네가 속상해하는 거 이해해."
  (아이들은 공감받았다고 느낄 때, 대화할 준비를 합니다.)

2. 조언보다는 질문하기
- "어떤 점이 힘들었어?"
- "네 생각엔 어떻게 하면 좋을 것 같아?"
  (사춘기 아이들은 스스로 판단하고 결정하는 걸 원합니다.)

3. 대화는 가벼운 주제부터!
- 처음부터 진지한 이야기를 하면 부담스러워요.
- "요즘 좋아하는 노래 있어?"
- "학교에서 재밌는 일 있었어?"
  (가벼운 주제로 대화를 시작하면, 자연스럽게 고민도 나눌 수 있어요.)

4. 대화할 때 '타이밍' 중요!
- 아이가 기분 좋을 때, 관심 있는 주제일 때 대화하면 성공 확률이 높아요!
- 공식적인 대화보다, 자연스럽게 대화하는 게 좋아요. (예: 차 안, 산책할 때, 같이 TV 볼 때)

💡 **정리**
- ✓ 비난이나 명령하는 말은 피하고, 공감과 질문을 활용하세요.
- ✓ 조언보다는 "네 생각은 어때?" 하고 물어보세요.
- ✓ 대화는 가벼운 주제에서 시작하고, 아이의 타이밍을 존중하세요.

부모님이 대화의 방식을 조금만 바꾸면, 아이도 서서히 마음을 열 거예요. 아이와 소통하려고 노력하는 것 자체가 가장 중요한 첫걸음이에요!

사춘기는 아이들이 독립적인 성인으로 성장하는 데 꼭 필요한 시기입니다. 하지만 이 시기에는 감정과 행동 예측이 어렵고, 자주 변하기 때문에 부모님이 아이의 변화를 올바르게 이해하고 대응하는 것이 매우 중요합니다. 사춘기 아이의 급격한 감정 변화에 당황하기보다는 부모님의 말 한마디나 작은 반응이 아이의 마음에 큰 영향을 줄 수 있음을 기억하세요. 만약 아이가 우울해 보이고, 이러한 감정이 2주 이상 지속되거나 친구들과 멀어지고 **"살고 싶지 않다"와 같은 극단적인 표현을 한다면 반드시 전문가의 도움을 받아야 합니다.** 아이와 대화를 나눌 때는 "너 왜 그래?"보다는 "오늘 기분은 어때?"처럼 부드럽고 열린 질문을 통해 접근해보세요.

또한 아이가 편안하게 이야기를 나눌 수 있는 적절한 타이밍을 찾는 것도 중요합니다.

부모님도 완벽할 필요는 없습니다. 아이와의 갈등이 생긴다고 해서 부모가 잘못한 것이 아니라 오히려 그런 과정을 통해 함께 성장할 기회를 얻는 것입니다. 중요한 건 부모님과 아이가 서로의 마음을 이해하려 노력하고 꾸준히 소통하는 것입니다. AI 주치의와 함께 아이의 마음과 행동 변화를 이해하고, 보다 건강한 가족 관계를 만들어 나가는 법을 배워보세요.

AI 주치의에게 추가로 물어보면 좋을 질문들

- "사춘기 자녀가 친구 관계 때문에 스트레스를 받는 것 같은데, 어떻게 도와줄 수 있을까요?"
- "사춘기 때 성교육은 어떻게 접근하는 것이 좋을까요?"
- "자녀가 사춘기 우울증을 겪고 있는지 어떻게 알 수 있을까요? 부모가 알아챌 수 있는 징후가 있나요?"
- "아이가 학업 스트레스를 많이 받는 것 같습니다. 어떻게 하면 좋을까요?"
- "디지털 기기나 SNS가 아이들 정신건강에 어떤 영향을 주나요?"

 '닥터 안'의 실제 현장 노하우!

자녀 양육에는 대표적으로 두 가지 접근법이 있습니다. 바로 오은영식(감정 공감 중심)과 조선미식(행동 기준 중심)입니다.

흔히 부모님들은 "아이가 방에 틀어박혀 게임만 하고, 대화를 시도하면 짜증만 낸다"고 걱정합니다. 이런 경우 대개 부모님이 아이의 감정에 공감하기보다는, "왜 게임만 하니?", "공부는 언제 할 거니?" 같은 질문으로 행동 교정에만 집중하고 있는 경우가 많습니다. 그러면 아이들은 점점 더 마음을 닫게 됩니다. 이때 우선 필요한 것이 바로 오은영식 접근법입니다. "학교생활이 힘들었니?", "혹시 친구와 어려운 일이 있었어?"와 같이 아이의 감정과 상황에 먼저 공감해보는 거죠. 아이는 부모님이 자신을 이해하려고 노력한다고 느끼면서 서서히 마음을 열기 시작합니다.

하지만 감정 공감만으로 사춘기 문제가 모두 해결되기는 어렵습니다. 아이가 부모의 공감에 마음을 열었다 해도, 생활 습관이 바로잡히지 않으면 문제가 반복될 수 있죠. 이때는 조선미식 접근법을 보완적으로 활용하면 좋습니다. 예를 들어, '밤 10시 이후엔 게임 금지' 같은 명확한 규칙을 세우고 일관되게 지키는 것입니다.

결국 사춘기 자녀 양육의 핵심은 '유연한 일관성'입니다. 아이의 감정에는 충분히 공감하되, 동시에 생활에서 지켜야 할 기준은 명확하게 정해주는 것이죠. 균형 잡힌 이 두 가지 접근법이 아이의 건강한 성장에 가장 효과적인 방법입니다.

7.4 집중이 잘 안 되고 산만해요 - ADHD

> 회사원 김현정 씨는 초등학교 3학년인 아들이 숙제를 시작해도 몇 분 만에 자리에서 일어나거나 한곳에 오래 앉아 있지 못해 걱정이 많았습니다. 그러다 우연히 인터넷에서 소아 ADHD에 대한 정보를 접했는데 자신의 아들과 증상이 너무 똑같아 보였습니다. 하지만 남편에게 이야기해도 원래 이 나이대 남자애들은 다 그렇다고 대수롭지 않게 여겼습니다.

"우리 아이가 너무 산만해요.", "숙제를 하다가도 몇 분 만에 딴짓을 해요.", "한 자리에서 오래 앉아 있질 못해요." 부모는 아이가 집중하지 못하고, 쉽게 산만해지는 모습을 보면서 혹시 ADHD(주의력결핍 과잉행동장애)가 아닐까 걱정하는 경우가 많습니다. ADHD는 단순한 성향이나 습관의 문제가 아니라 뇌의 주의력 조절 기능과 관련된 신경발달장애로 이해해야 합니다. 따라서 단순한 훈육이나 아이의 노력만으로 해결되지 않습니다.

ADHD는 전 세계적으로 아동의 약 5~7%, 성인의 약 2.5~4%가 경험하는 흔한 질병으로 국내에서도 비슷한 유병률을 보입니다. 건강보험심사평가원 자료에 따르면 ADHD로 진료받은 환자는 2022년 기준 약 9만 명으로, 최근 5년간 약 30% 증가했습니다. 이는 실제 ADHD 인구의 일부에 불과하며 상당수가 진단이나 치료를 받지 못하고 있는 것으로 추정됩니다.

중요한 것은 ADHD가 있더라도 조기에 발견하여 적절히 관리하면 충분히 건강하게 성장할 수 있다는 점입니다. 실제로 ADHD가 있는 많은 사람이 창의성, 직관적 사고, 높은 에너지, 공감 능력 등 여러 강점을 가지고 있으며 적절한 환경과 지원이 주어진다면 이런 특성이 오히려 장점으로 발휘될 수 있습니다. 빌 게이츠, 마이클 펠프스, 리처드 브랜슨 등 여러 분야에서 두각을 나타낸 인물들도 ADHD를 가지고 있었다고 알려져 있습니다. 그렇기 때문에 아이의 행동을 이해하고 ADHD 가능성이 있는지 살펴보는 것이 첫 번째 단계입니다. AI 주치의는 아이의 행동 패턴을 객관적으로 분석하고, 전문가 상담이 필요한지 판단하는 데 도움을 줄 수 있습니다. 또한 ADHD에 효과적인 가정 내 환경 조성과 양육 전략, 그리고 학교와의 협력 방안 등 실질적인 조언을 제공할 수 있습니다.

당신은 경험이 풍부한 소아정신과 의사입니다. 부모/보호자에게 정확하고 신뢰할 수 있는 정보를 제공하며, 이해하기 쉬운 언어로 설명해줍니다. 이를 통해 부모/보호자가 과도한 걱정을 하지 않도록 돕고, 공감과 지지를 해주며 현재 무엇을 해야 하는지를 전달합니다. 다음 질문에 답해주세요.
질문: 우리 아이가 집중을 못 하고 자꾸 산만하다는 얘기를 듣습니다. ADHD인지 어떻게 알 수 있을까요?

안녕하세요. 아이가 집중을 못 하고 산만하다는 이야기를 들으면 부모로서 걱정이 많으실 것 같아요. 우선, 아이의 행동을 좀 더 정확하게 이해하고, 꼭 필요한 경우에만 전문가의 도움을 받을 수 있도록 도와드릴게요.

ADHD인지 어떻게 알 수 있을까요?
ADHD(주의력결핍 과잉행동장애)는 단순히 산만한 것과는 다릅니다. 다음과 같은 특징이 6개월 이상 지속되며, 집, 학교, 친구 관계 등 여러 상황에서 문제를 일으킬 때 ADHD를 의심할 수 있어요.

- ☑ **주의력 결핍(집중 어려움)**
  - 쉽게 산만해지고, 사소한 실수를 자주 함
  - 지시를 끝까지 듣지 않고 중간에 멈춤
  - 계획을 세우고 마무리하는 것을 어려워함
  - 물건을 자주 잃어버림(연필, 공책, 장난감 등)
- ☑ **과잉행동 & 충동성**
  - 가만히 앉아 있지 못하고 계속 움직임
  - 수업 중에 자리에서 일어남
  - 지나치게 말을 많이 하거나 차례를 기다리지 못함
  - 위험한 행동을 깊이 생각하지 않고 함

> 💡 **하지만 주의할 점!**
> 아이들은 원래 활동량이 많고, 집중력이 짧아요. 환경(예: 충분한 수면, 운동 부족, 스트레스)에 따라 산만해질 수도 있어요. 특정한 상황에서만(예: 공부할 때만) 집중이 어려운 경우는 ADHD보다는 학습 스타일이나 동기 부족 때문일 수도 있어요.
>
> **부모님이 지금 할 수 있는 일**
> ☑ **아이의 행동을 기록하기**
> 언제, 어떤 상황에서 집중을 못 하는지 관찰해보세요. 특정한 환경(예: 시끄러운 곳, 흥미 없는 활동)에서만 그런가요?
> ☑ **생활 습관 점검하기**
> 수면, 식사, 운동이 부족하면 산만해질 수 있어요. 규칙적인 일과를 만들어주세요.
> ☑ **교사나 주변 어른과 이야기 나누기**
> 학교에서 어떤 모습인지 선생님께 물어보세요. 친구 관계에서도 어려움이 있는지 확인해보세요.
>
> **언제 병원에 가야 할까요?**
> 여러 상황에서 6개월 이상 집중 어려움, 과잉행동, 충동성이 지속되면서 아이의 일상생활(공부, 친구 관계 등)에 큰 영향을 줄 때는 소아정신과 전문의 상담을 받아보는 것이 좋아요.
>
> **부모님께 드리는 응원의 말**
> ADHD라 하더라도, 조기에 잘 관리하면 충분히 건강하게 성장할 수 있어요. 아이의 강점을 찾고, 집중할 수 있는 환경을 만들어주는 것이 중요합니다. 너무 걱정하지 마시고, 천천히 아이를 관찰해보세요. 필요하다면 전문가와 함께 해결해나가면 됩니다.

ADHD와 비슷한 증상을 보이는 아이들이 많지만 모든 주의력 문제나 산만함이 ADHD 때문은 아닙니다. 아이들은 원래 활동량이 많고, 아직 자기 조절 능력이 미숙한 경우가 많습니다. 또한 스트레스, 수면 부족, 영양 불균형, 학습 동기 부족 같은 요인도 주의력 문제를 유발할 수 있습니다. 이제 ADHD와 단순한 주의력 부족을 구별하는 방법을 알아보겠습니다.

ADHD와 단순한 주의력 부족은 어떻게 구별하나요?

 좋은 질문이에요! ADHD와 단순한 주의력 부족은 헷갈리기 쉽지만 증상의 강도와 지속성, 그리고 아이의 일상에 미치는 영향을 보면 차이를 알 수 있어요.

ADHD와 단순한 주의력 부족의 차이점

구분	ADHD (주의력결핍 과잉행동장애)	단순한 주의력 부족
증상 강도	매우 뚜렷하고 일관됨	상황에 따라 다름
지속 기간	최소 6개월 이상 지속됨	일시적일 수 있음
영향 범위	학교, 집, 친구 관계 등 여러 영역에서 문제 발생	특정 활동(예: 공부)에만 어려움 있음
주의 집중	좋아하는 활동(예: 게임)에서도 집중 어려움	흥미 있는 활동에는 집중 가능
충동성과 과잉행동	자리를 떠다니고, 참지 못하고 행동함	충동적이거나 과잉행동은 거의 없음
일상생활의 영향	학업, 관계, 감정 조절 등에 큰 어려움	학업에만 영향을 미칠 수 있음

쉽게 구별하는 방법

✅ 집, 학교, 친구 관계 등 여러 상황에서 지속적으로 집중 어려움이 나타난다면 ADHD 가능성이 있어요.

✅ 하지만 특정한 상황(예: 공부할 때만)에서만 집중이 어렵다면 학습 스타일이나 동기 부족 때문일 수 있어요.

> **부모님이 먼저 해볼 수 있는 것**
> - **행동 기록하기**: 어떤 상황에서 집중이 어려운지 메모해보세요.
> - **생활 습관 체크**: 수면 부족, 운동 부족, 스트레스가 원인은 아닌지 확인해보세요.
> - **선생님과 상담**: 학교에서의 모습이 가정과 비슷한지 확인해보세요.
>
> 만약 여러 상황에서 6개월 이상 지속되고, 일상에 큰 영향을 준다면 소아정신과 상담을 받아보는 것이 좋아요. 부모님이 지금처럼 관심을 가지고 지켜봐주는 것만으로도 아이에게 큰 힘이 됩니다!

만약 아이가 ADHD로 진단받거나 주의력 부족으로 어려움을 겪는다면 부모님의 역할이 매우 중요합니다. ADHD 아동은 혼내거나 강요한다고 나아지지 않습니다. 대신 아이의 특성을 이해하고 그에 맞는 전략을 적용해야 합니다. 예를 들어 ADHD 아이들은 "숙제해!" 같은 지시보다는 "수학 문제 3개 풀어볼까?"처럼 구체적이고 짧은 목표를 지시했을 때 훨씬 더 잘 반응합니다. 이제 ADHD 아이를 효과적으로 도울 수 있는 구체적인 방법들을 알아보겠습니다.

 ADHD 아이를 키우는 부모가 실천할 수 있는 효과적인 방법은 무엇인가요?

 ADHD 아이를 키우는 부모님께서는 아이의 강점을 살리면서도 일상을 조금 더 수월하게 만들 수 있는 환경을 조성하는 것이 중요해요. ADHD는 단순한 훈육이나 노력만으로 해결되는 것이 아니기 때문에, 아이의 특성을 이해하고 적절한 방법을 실천하는 것이 필요합니다.

ADHD 아이를 키우는 부모가 실천할 수 있는 효과적인 방법
1. 규칙적이고 예측 가능한 환경 만들기
ADHD 아이들은 계획을 세우고 실행하는 능력이 부족할 수 있어요. 일관된 규칙과 루틴(일상 패턴)을 만들어주면 안정감을 느낄 수 있습니다.

☑ 할 일 순서를 시각적으로 정리해주세요.
✓ 아침, 저녁 루틴을 그림이나 글로 적어 벽에 붙이기
✓ "일어나기 → 세수하기 → 밥 먹기 → 옷 입기" 순서대로 정리
☑ 하루 계획을 미리 알려주기
✓ "10분 후에 숙제 시작할 거야." → 준비할 시간을 주기
✓ 갑작스러운 일정 변화는 최소화하기
☑ 짧고 명확한 지시를 주기
✓ "방 청소해"보다는 "책상 위 정리하고, 바닥에 있는 장난감 바구니에 넣어줘"처럼 구체적으로 말하기

2. 집중을 도와주는 환경 조성하기

ADHD 아이들은 쉽게 산만해지므로 집중할 수 있는 환경을 만들어주는 것이 중요해요.

☑ 공부할 때 방해 요소 줄이기
✓ TV, 스마트폰, 시끄러운 소리 제거
✓ 필요한 물건만 두고 공부할 수 있도록 정리
☑ 짧은 시간 집중 후 휴식하기 (뽀모도로 기법 활용)
✓ "20분 집중 → 5분 휴식" 같은 방식으로 시간 조절
✓ 짧게 집중하고 자주 쉬는 것이 더 효과적
☑ 신체 활동을 충분히 하게 하기
✓ 운동(줄넘기, 자전거, 달리기) 후 집중력이 올라감
✓ 방과 후 에너지를 발산할 수 있는 놀이 시간 마련

3. 행동을 긍정적으로 강화하기

ADHD 아이들은 꾸중보다 **긍정적인 강화(칭찬, 보상)**에 더 잘 반응해요.

☑ 잘한 행동을 바로 칭찬하기
✓ "장난감 정리 잘했구나! 대단해!"
✓ "5분 동안 집중해서 숙제했어! 아주 좋아!"
☑ 좋은 행동을 시각적으로 기록하기
✓ 칭찬 스티커, 작은 보상(좋아하는 놀이 시간 늘려주기 등) 활용
☑ 부정적인 행동보다는 긍정적인 행동을 강조하기
✓ "왜 그렇게 산만하니?" X → "지금 집중하려고 노력하고 있구나!" O

4. 감정을 조절하는 방법 가르치기

ADHD 아이들은 충동적으로 행동하거나 감정을 조절하는 데 어려움을 겪을 수 있어요.

☑ **감정을 표현하는 연습하기**
✓ "지금 화가 났어? 말로 설명해줄 수 있겠어?"
✓ 감정 카드를 활용해 자신의 기분을 표현하도록 도와주기

☑ **충동적인 행동을 조절하는 연습하기**
✓ "10초 세고 나서 대답해볼까?" → 즉각적인 반응 대신 잠깐 기다리는 연습
✓ "손을 들고 말하기" 같은 규칙을 정하고 연습

☑ **명상, 깊은 호흡, 이완 운동 활용**
✓ 심호흡, 간단한 스트레칭으로 차분해지는 연습

5. 부모가 지치지 않도록 하기

ADHD 아이를 키우는 것은 부모님께도 많은 에너지가 필요한 일입니다. 부모님 자신을 돌보는 것도 중요해요.

☑ **완벽한 부모가 되려 하지 마세요.**
✓ 아이가 실수해도 너무 자책하지 않기
✓ "우리 아이에게 맞는 방법을 찾는 중이야"라고 생각하기

☑ **부모 교육, 지원 그룹 활용하기**
✓ ADHD 부모 교육 프로그램 참여
✓ 같은 고민을 가진 부모들과 이야기 나누기

☑ **전문가와 상담하기**
✓ ADHD 치료(약물 치료, 행동 치료)는 아이의 성장과 학습을 돕는 데 중요한 역할을 할 수 있음
✓ 혼자서 감당하기 어려울 때는 전문가의 도움을 받기

부모님께 드리는 응원의 말

ADHD 아이는 에너지가 많고 창의적이며, 독특한 사고방식을 가진 경우가 많아요. ADHD가 있어도 적절한 방법으로 관리하면 충분히 건강하고 행복하게 성장할 수 있습니다. 아이의 강점을 발견하고, 작은 변화부터 시작해보세요. 무엇보다 부모님이 아이를 이해하고 함께 노력해주는 것만으로도 아이는 큰 힘을 얻을 거예요.

ADHD는 단순히 산만하거나 집중을 잘 못하는 성격 탓이 아니라 뇌가 발달하는 과정에서 나타나는 신경 발달상의 고유한 특성입니다. 따라서 부모님과 주변 사람들의 올바른 이해와 지속적인 관리가 정말 중요합니다. 다행히도 적절한 환경을 조성해주고 효과적인 전략을 꾸준히 활용하면 ADHD를 가진 아이들도 자신의 능력을 발휘하며 잘 성장할 수 있습니다.

부모님이 아이에게 가장 먼저 해줄 수 있는 것은 실수나 잘못을 지적하기보다는 아이가 잘한 작은 일부터 알아차리고 격려해주는 것입니다. 또한 시간표나 체크리스트, 알람 같은 시각적인 도구를 적극 활용하면 아이가 일과를 더욱 쉽게 이해하고 따라갈 수 있습니다. 집중해야 할 때 주변의 산만한 요소들을 줄이고 태권도나 수영, 달리기 같은 규칙적인 신체 활동을 꾸준히 하는 것도 집중력과 마음 관리에 큰 도움이 됩니다. 전체적인 관리와 치료 계획은 전문가와 함께 세우되, 일상에서 고민될 때마다 AI 주치의와 상담하면 아이를 더 잘 이해하고 건강한 성장을 도울 수 있습니다.

AI 주치의에게 추가로 물어보면 좋을 질문들

- "형제자매 중 한 명만 ADHD가 있을 때, 형제 관계를 잘 유지하는 방법이 있을까요?"
- "식이요법이나 영양제가 ADHD 증상 완화에 도움이 된다는 연구가 있나요?"
- "ADHD 증상은 나이가 들면서 어떻게 변화하나요? 성인기까지 지속되나요?"
- "제가 성인 ADHD인지 걱정되는데 어떻게 확인할 수 있나요?"

'닥터 안'의 실제 현장 노하우!

많은 분이 ADHD를 '산만한 아이들의 문제'로만 생각하시는데, 실은 성인 ADHD도 꽤 흔합니다. 놀랍게도 의사들 사이에서 ADHD의 비율이 일반 인구보다 높다는 연구 결과도 있습니다. 40대에 ADHD 진단을 받은 한 외과 의사는 이렇게 말합니다. "수술실에서는 오히려 초집중 상태가 되어 유리했어요. 하지만 진료 기록 작성이나 다른 부분들은 꽝이었죠." 외과 의사에게는 빠른 판단력, 위기 대응 능력, 다중 작업 처리 능력이 중요한데 이런 능력은 ADHD의 특성과 잘 맞는 부분이 있습니다. 또 다른 ADHD 의사는 의대 시절 '30분 공부, 5분 휴식' 전략과 강의 노트를 색깔별로 정리하며 시각적 자극을 활용했다고 합니다.

ADHD는 '장애'가 아닌 '다른 방식의 사고'입니다. 적절한 전략과 환경이 주어지면 오히려 창의력과 문제해결 능력의 원천이 될 수 있습니다. 성인 ADHD는 아직도 진단되지 않은 경우가 많습니다. 혹시 업무나 일상에서 지속적인 집중력 문제, 과잉 행동, 충동성을 겪고 있다면 AI 주치의나 전문가와 상담해보세요. ADHD를 잘 관리하면 일상과 업무의 질이 놀랍도록 달라질 수 있습니다.

유용한 건강 관련 서비스

일상에서 주의력 결핍 과잉행동장애(ADHD)로 인해 시간 관리와 일상 조직에 어려움을 겪고 계신가요? 이러한 어려움을 극복하는 데 도움이 될 수 있는 앱을 소개합니다.

앱 갓생 계획 루티너리
- **기능**: 루틴 설정 및 관리, 타이머 기능, 습관 추적, 통계 분석
- **특징**: 행동 과학을 기반으로 설계되어 사용자의 일상에 긍정적인 변화를 가져오며, 전 세계 200여 개국에서 사용되고 있습니다.

[더 알아보기] 마법의 프롬프트(GPTs)

AI 주치의를 활용하는 과정에서 매번 상세한 프롬프트를 직접 작성하기가 번거로울 수 있습니다. 이때 더 효율적으로 AI 주치의를 활용할 수 있는 방법이 있습니다. 1부에서 설명한 '맞춤형 GPTs' 기능으로, 이 책 독자를 위해 특별히 제작된 '나만의 AI 주치의 프롬프트 GPT'를 사용해보세요. 이 맞춤형 GPT는 여러분의 건강 고민에 맞는 최적의 프롬프트를 자동으로 생성해줍니다.

'나만의 AI 주치의 프롬프트 GPT' 시작하기

챗GPT 왼쪽 사이드바에서 [GPT 탐색] 메뉴를 클릭합니다.

검색창에 '나만의 AI 주치의'를 입력하세요. 자동완성으로 '나만의 AI 주치의 프롬프트 GPT'가 표시됩니다. 이를 클릭하여 선택하면 전용 대화창이 열립니다.

Chapter 07 마음 건강 돌보기

'나만의 AI 주치의 프롬프트 GPT'는 건강 문제를 직접 해결해주는 것이 아니라, 여러분의 고민에 가장 적합한 AI 주치의 설정 프롬프트를 자동으로 생성해주는 도구입니다. 이를 통해 다음과 같은 도움을 받을 수 있습니다.

- 건강 고민별로 최적화된 전문가 페르소나를 설정할 수 있습니다.
- 복잡한 프롬프트를 직접 작성하지 않아도 됩니다.
- 이 책에서 소개한 프롬프트 작성 원칙들이 자동으로 적용됩니다.

사용 방법

'무엇이든 물어보세요'라는 대화창에 여러분의 건강 고민이나 질문을 입력하세요. 다음 화면 이미지에도 나와 있지만, 몇 가지 예시가 적혀 있습니다. 그중에서 '불면증이 계속되는데, 개선할 방법이 있을까요?'를 눌러보겠습니다.

여기서 두 가지 다른 옵션을 제공합니다. 불면증이라는 키워드를 넣었더니 수면의학 전문가 설정 프롬프트가 첫번째로 나왔습니다. 수면의학 관점에서 문제를 해결하기에는 딱 맞는 설정입니다. 그런데 다양한 관점에서, 또는 동시에 불면증에서 벗어난 주제도 더 물어보고 싶다면 두번째 설정 프롬프트를 선택하면 됩니다.

> 나만의 AI 주치의 프롬프트 GPT ∨   ⬆ 공유하기

>> 불면증이 계속되는데, 개선할 방법이 있을까요?

좋은 질문이에요. **불면증**은 많은 분들이 겪는 문제이기도 하고, 그 원인과 치료법이 다양하기 때문에 전문가의 조언이 중요해요. 아래는 이 질문을 바탕으로 생성한 **두 가지 매직 프롬프트**예요. ChatGPT에 복사해서 붙여넣으면 각 전문의가 답변해주는 형식으로 받을 수 있어요.

🧠 **매직 프롬프트 1: 수면 문제에 특화된 전문가용**

당신은 10년 이상의 임상 경험을 가진 **신경과 전문의이자 수면의학 전문가**입니다.
환자가 "불면증이 계속되는데, 개선할 방법이 있을까요?"라는 질문을 했습니다.
한국의 의료 환경과 현실적인 치료 접근법을 고려하여, 불면증의 일반적인 원인, 생활습관 개선 팁, 필요 시 약물치료나 전문 클리닉 의뢰 등에 대해 구체적으로 설명해주세요.
심리적 요인이나 스트레스가 관련되어 있다면 그 부분도 포함해 주세요.
단, 정보는 일반적인 조언의 형태로 제공되어야 하며, 응급 상황이나 심각한 수면 장애의 경우 전문 진료를 권유하는 문구도 함께 포함해주세요.

🏥 **매직 프롬프트 2: 범용적이면서도 포괄적인 조언용**

당신은 10년 이상의 임상 경험을 가진 **가정의학과 전문의**입니다.
환자가 "불면증이 계속되는데, 개선할 방법이 있을까요?"라고 물었습니다.
생활습관, 스트레스, 환경 요인, 식습관 등 다양한 관점에서 불면증을 평가하고 개선할 수 있는 방법을 설명해주세요.
필요 시 수면일기 작성, 간단한 운동법, 카페인 섭취 조절 등의 조언도 포함해 주세요.
불면증이 장기화될 경우 어떤 검사나 진료가 필요할 수 있는지도 안내해주세요.
정보는 일반적인 건강 조언으로 제공되어야 하며, 개인 맞춤 치료는 의료 전문가의 상담이 필요하다는 문구도 포함해주세요.

원하시는 스타일의 프롬프트를 선택해서 ChatGPT에 입력해보세요. 더 궁금한 점 있으면 언제든지 물어보셔도 좋아요! 😊

이렇게 나온 프롬프트 중 하나를 복사하고, 다시 챗GPT의 새로운 대화창을 열어서 붙여넣기한 다음에 질문을 입력하면 이제 더 전문가적인 상담을 받을 수 있습니다.

마지막으로 이렇게 생성된 프롬프트는 정답이 아니라 모범 예시입니다. 필요에 따라 적절하게 수정해서 사용하면 됩니다. '간략한 설명 위주로 해주세요' '영어 용어는 사용하지 말아주세요' 등의 프롬프트를 추가해도 됩니다.

이 맞춤형 GPT를 통해 건강 고민에 가장 적합한 AI 주치의 설정을 손쉽게 얻을 수 있습니다.

건강하게 나이 들기

100세 시대를 맞이하여 단순히 장수를 넘어 '어떻게 건강하게 나이 들 것인가'가 중요 화두로 떠오르고 있습니다. 예전에는 그저 오래 사는 것이 목표였다면, 이제는 건강한 삶을 오래 유지하며 나이 드는 것이 더욱 중요해졌습니다. 다행히 의학 기술의 발전으로 이전보다 과학적이고 체계적인 건강 관리가 가능해졌습니다. 젊고 활기차게 살고자 하는 욕구는 누구에게나 있지만 나이가 들면서 겪게 되는 신체적·정신적 변화에 대한 불안감도 커지고 있습니다. 갱년기 증상, 관절 건강 문제, 기억력 저하 등은 흔한 문제이며 이는 삶의 질을 크게 떨어뜨릴 수 있으므로 사전에 대비하는 것이 중요합니다.

건강한 노년을 위해서는 질병 치료와 같은 의료적 접근뿐만 아니라 생활 습관 개선과 마음 건강 관리도 중요합니다. 이 장에서는 건강한 노화를 위한 다양한 방법을 소개합니다. AI 주치의를 활용한 예방적 건강 관리, 갱년기 증상 조절, 관절 건강 유지, 치매 예방 등의 주제를 다루며 실질적인 도움을 받을 수 있는 방법을 설명합니다. AI는 사용자의 건강 데이터를 분석하여 맞춤형 운동 및 영양 계획을 제공합니다. 이를 통해 꾸준한 건강 관리를 실천할 수 있습니다. 지금부터 AI 주치의와 함께 건강한 노년을 준비해보세요.

8.1 젊게 살고 싶어요 - 저속노화

> 42세 직장인 최정민 씨는 최근 체력이 눈에 띄게 떨어지고, 잦은 피로감과 함께 거울 속 자신의 모습을 보며 '나이 들어 보인다'는 생각이 들었습니다. 일과 육아를 병행하며 식습관이 불규칙해졌고 운동할 시간도 부족해 체중이 늘었죠. "어떻게 하면 좀 더 건강하게 나이 들 수 있을까?"라는 고민이 떠나질 않았습니다.

노화는 관리하기에 따라 그 속도를 조절하는 것이 충분히 가능합니다. 최근 주목받는 저속노화^{slow aging} 키워드는 단지 겉모습만 젊게 유지하는 것이 아니라 신체적·정신적 건강을 종합적으로 관리해 삶의 질을 높이고 건강하게 나이 드는 데 집중하는 개념입니다. 즉 단순한 수명 연장이 아닌 건강 수명을 연장하는 것이 저속노화의 핵심입니다. 실제로 한국인의 평균 수명은 83.6세(2022년 기준)로 OECD 국가 중 상위권에 속하지만 건강하게 살아가는 기간인 '건강 수명'은 약 73.1세로, 약 10년의 격차가 있습니다. 이는 많은 한국인이 생애 마지막 10년을 질병이나 장애와 함께 보낸다는 의미입니다.

저속노화를 실천하기 위해 AI 주치의는 개인의 생활 습관과 건강 상태를 분석하여 건강을 맞춤형으로 관리할 수 있도록 도와줍니다. 예를 들어 운동 습관과 현재 체력 수준에 맞춘 운동 계획을 세워주고, 영양 상태에 따른 최적의 식단을 추천해 주며, 수면 패턴을 분석하여 숙면을 위한 조언을 제공합니다. 또한 정신 건강을 지키기 위한 명상이나 호흡법 등 구체적인 방법들도 안내합니다.

노화는 세포 손상, 염증, 유전자 변화, 신진대사 감소, 호르몬 변화 등 여러 복합적인 요인이 작용하여 발생합니다. 저속노화는 이러한 과정을 조절하고 늦추는 건강 관리법입니다. 텔로미어 보호, 산화 스트레스 감소, 미토콘드리아 기능 개선, 만성 염증 억제 같은 과학적 접근을 통해 노화를 효과적으로 관리할 수 있습니다. 다소 어려운 용어가 나왔지만 이를 개선하기 위해 우리가 일상에서 해야 할 일은 그리 어렵지 않습니다. 지금부터 AI 주치의와 함께 저속노화를 향한 발걸음을 내딛어보겠습니다.

당신은 노화 방지 및 건강한 노화를 연구하는 노년내과 전문의입니다. 당신의 목표는 쉽고 친근한 설명을 통해 노화를 늦추고 건강을 유지하는 방법을 독자들이 이해할 수 있도록 돕는 것입니다. 전문 용어를 줄이고, 일반인이 알아듣기 쉬운 일상적인 표현으로 설명하세요. 답변을 너무 길게 작성하기보다, 핵심적인 내용을 먼저 말하고, 실천할 수 있는 구체적인 방법을 예시와 함께 제시하세요. 필요한 경우 최신 연구나 의학 가이드라인을 짧게 언급할 수 있지만, 지나치게 학술적인 내용은 피해주세요. 이제 다음 질문에 답하세요.
질문: 저속노화를 위한 가장 효과적인 식단은 무엇인가요?

저속노화를 위한 가장 효과적인 식단
노화를 늦추고 건강을 유지하는 데 가장 중요한 것은 균형 잡힌 식사입니다. 특별한 약이나 보충제가 아니라, 우리가 매일 먹는 음식이 노화를 좌우합니다.

핵심 원칙 3가지
1. 항산화 식품을 충분히 섭취하기
노화의 주범인 산화 스트레스를 줄이려면, 채소, 과일, 견과류, 올리브유 같은 항산화 성분이 풍부한 음식을 먹어야 합니다.
예: 블루베리, 토마토, 당근, 녹색 잎채소, 호두, 아몬드
2. 단백질을 충분히 섭취해 근육 감소 예방하기
나이가 들수록 근육이 줄어들기 쉬우므로 양질의 단백질을 챙겨야 합니다.
예: 생선, 닭가슴살, 두부, 콩, 계란, 요거트
3. 과식과 가공식품 줄이기
너무 많이 먹거나 가공식품(패스트푸드, 가공육, 단 음료)을 자주 먹으면 염증과 노화가 빨라집니다.
예: 흰 빵 대신 통곡물, 가공육 대신 신선한 고기, 설탕 대신 과일

실천 방법
✓ **지중해식 식단을 참고하기**
생선, 올리브유, 견과류, 채소, 통곡물을 중심으로 한 식단
✓ **매일 채소와 단백질을 포함한 식사하기**
한 끼 식사에 색깔이 다양한 채소와 단백질(생선, 두부, 닭고기 등)을 포함
✓ **하루 한 끼는 저탄수화물 식사 시도하기**
흰쌀·밀가루 대신 현미, 귀리, 통곡물 선택

건강한 식습관뿐만 아니라 규칙적인 운동 역시 노화 속도를 늦추는 데 결정적인 역할을 합니다. 특히 나이가 들수록 쉽게 감소하는 근육량을 유지하기 위한 근력 운동과 심혈관 건강을 위한 유산소 운동을 균형 있게 병행하는 것이 매우 효과적입니다. AI 주치의는 사용자의 연령, 체력 상태, 앓고 있는 질환, 생활 습관 등을 종합적으로 고려하여 개인에게 최적화된 운동 계획을 설계하고 진행 상황에 따라 지속적으로 조정하는 것을 도울 수 있습니다.

..지시문 생략..
질문: 저속노화를 위해 가장 효과적인 운동 방법은 무엇인가요?

저속노화를 위한 가장 효과적인 운동 방법
노화를 늦추고 건강을 유지하려면 근력 운동 + 유산소 운동 + 유연성 운동을 균형 있게 해야 합니다. 단 하나의 운동만 하는 것보다 근육, 심폐 기능, 관절 건강을 모두 챙기는 것이 중요합니다.
핵심 운동 3가지
1. 근력 운동 (근육 유지 & 골다공증 예방)
- 나이가 들면 근육량이 줄어들어 **기초대사량(칼로리 소모)**이 감소하고, 관절이 약해집니다.
- 주 2~3회, 맨몸 근력 운동부터 시작
- 예시: 스쿼트, 런지, 벽 밀기(팔굽혀펴기 대체), 탄력 밴드 운동

> **2. 유산소 운동 (심장 건강 & 혈액순환 개선)**
> - 심혈관 건강을 지키고 체지방을 줄여 당뇨, 고혈압, 치매 위험을 낮춥니다.
> - 주 3~5회, 30~40분
> - 예시: 빠르게 걷기, 자전거 타기, 수영, 춤추기
>
> **3. 유연성 & 균형 운동 (낙상 예방 & 관절 보호)**
> - 유연성이 떨어지면 넘어질 위험이 커지고 관절이 뻣뻣해집니다.
> - 매일 5~10분씩 간단한 스트레칭
> - 예시: 요가, 필라테스, 스트레칭(목, 어깨, 허리, 다리)
>
> **실천 방법**
> ✓ 하루 30분, 내 몸에 맞게 운동하기
> 예) 아침에 스트레칭 + 점심에 빠르게 걷기 + 저녁에 스쿼트 10개
> ✓ 무리하지 말고 꾸준히 하기
> 처음부터 힘든 운동보다, 쉬운 것부터 천천히 늘리기
> ✓ 생활 속 활동량 늘리기
> 엘리베이터 대신 계단 이용, 집안일 적극적으로 하기, 산책 자주 하기

저속노화를 위해서는 적절한 식단과 운동 외에도 다른 중요한 요소들이 많습니다. 생활 습관 전반에 걸친 통합적인 접근이 필요합니다. 특히 양질의 수면, 효과적인 스트레스 관리, 활발한 사회적 관계 유지, 지속적인 인지 활동 등은 생물학적 노화 과정에 직접적인 영향을 미치는 핵심 요소입니다. AI 주치의는 이러한 생활 습관 요소들을 함께 모니터링하고 개인의 상황과 선호도에 맞는 실천 가능한 조언을 제공해 건강 수명 연장을 체계적으로 지원합니다.

.. 지시문 생략..
질문: 식단, 운동 말고 저속노화를 위해 무엇을 해야 할까요?

식단과 운동 외에 저속노화를 위한 필수 습관
노화를 늦추려면 먹는 것(식단)과 움직이는 것(운동) 외에도 생활 습관이 매우 중요합니다. 특히 수면, 스트레스 관리, 사회적 활동, 두뇌 활동을 신경 써야 합니다.

1. 숙면이 최고의 노화 방지제
- 매일 7~8시간 숙면을 유지하면 피부, 면역력, 기억력 유지에 도움
- 수면 중 성장호르몬과 멜라토닌 분비 → 세포 회복 & 노화 방지

실천 방법:
✓ 같은 시간에 자고 일어나기 (수면 리듬 유지)
✓ 자기 전 스마트폰·TV 줄이기 (블루라이트 차단)
✓ 따뜻한 차(카페인 없는 것) 마시기, 명상하기

2. 스트레스 관리 (만성 염증 & 노화 방지)
- 스트레스가 많으면 몸속 염증이 증가하고, 세포 노화가 빨라짐
- 웃음, 취미, 명상 등이 코르티솔(스트레스 호르몬) 감소에 도움

실천 방법:
✓ 하루 10분 명상이나 호흡법 연습
✓ 자연 속에서 산책 (초록색이 스트레스 완화 효과)
✓ 사람들과 대화 나누고, 유머 감각 키우기

3. 사회적 활동 (외로움은 조기 사망 위험↑)
- 연구에 따르면, 사회적으로 고립된 사람은 수명이 짧아질 가능성이 높음
- 친구, 가족, 동호회 활동 등이 두뇌 건강과 정신적 만족감에 도움

실천 방법:
✓ 주 1회 이상 친구 또는 가족과 직접 만나기
✓ 동호회, 봉사활동 등 사회적 모임 참여
✓ 온라인이 아닌 오프라인에서 사람들과 대화 늘리기

4. 두뇌 활동 (치매 예방 & 뇌 건강 유지)
- 뇌를 자주 쓰면 신경세포 연결이 활발해지고, 기억력 & 사고력이 좋아짐

실천 방법:
✓ 독서, 글쓰기, 새로운 기술 배우기(외국어, 악기 등)
✓ 퍼즐, 바둑, 체스 같은 두뇌 게임 즐기기
✓ 일상에서 왼손·오른손 번갈아 쓰는 연습 (뇌 자극 효과)

결론
✓ 잘 자고, 스트레스 줄이고, 사람들과 소통하고, 뇌를 자극하는 활동을 꾸준히 하면 몸과 마음이 더 젊어집니다!
✓ 한 번에 다 하려고 하지 말고, 작은 습관부터 실천하는 것이 중요합니다.

'구슬이 서 말이라도 꿰어야 보배'라는 말처럼, 아무리 좋은 이론이나 방법을 알아도 실제로 행동하지 않으면 의미가 없습니다. AI 주치의에게 저속노화의 동반자가 되어달라 요청하고 때로는 칭찬을, 때로는 따끔한 조언을 해달라고 해보세요. 그럼 AI 주치의는 나의 생활 패턴과 건강 데이터를 분석하여 맞춤형 관리 방안을 알려주고 지속적인 모니터링과 피드백을 해줄 것입니다. 지금 이 순간부터 저속노화를 위한 작은 실천을 시작해보세요. 나이는 단지 숫자에 불과하다는 말을 직접 체험할 수 있을 것입니다.

AI 주치의에게 추가로 물어보면 좋을 질문들

- "노화를 늦추는 데 간헐적 단식이 효과적이라고 하는데, 사실인가요?"
- "나이대별로 저속노화를 위해 특히 신경 써야 할 부분이 다른가요? 30대, 40대, 50대 이상에서 각각 중점을 두어야 할 부분을 알려주세요."
- "스트레스를 어떻게 관리해야 노화가 느리게 오나요?"

8.2 얼굴이 화끈거리고, 감정 기복이 심해졌어요
- 갱년기

> 52세 직장인 장혜원 씨는 최근 들어 갑작스러운 얼굴 화끈거림과 식은땀, 그리고 별다른 이유 없이 치밀어 오르는 짜증과 우울감 때문에 일상생활이 불편했습니다. 처음에는 '피곤해서 그렇겠지' 하고 넘겼지만, 잠을 설쳐 업무 능력까지 떨어지자 심각성을 느끼게 됐습니다.

갱년기는 여성호르몬 변화로 인해 다양한 신체적·정신적 변화를 겪는 시기입니다. 의학적으로 여성의 갱년기는 '폐경 전후 이행기'와 '폐경 후기'로 나뉘며, 마지막 월경으로부터 1년이 지나면 폐경으로 진단됩니다. 이 시기는 보통 45~55세 사이에 시작되지만 개인차가 크게 나타납니다. 국내 여성의 평균 폐경 나이는 약 49.3세로 OECD 국가 중 비교적 이른 편에 속합니다.

갱년기 여성의 약 80%는 어떤 형태로든 증상을 경험하며 그중 약 20~30%는 일상생활에 심각한 지장을 받을 정도의 증상을 겪습니다. 얼굴이 화끈거리는 '안면홍조'와 갑작스러운 발한은 가장 흔한 증상입니다. 이는 에스트로겐 감소로 인한 체온 조절 중추의 불안정성 때문입니다. 신체적 증상으로는 질 건조, 요실금, 근골격계 통증, 수면 장애 등이 있으며, 심리적으로는 감정 기복, 불안, 우울, 집중력 저하, 기억력 감퇴 등이 나타날 수 있습니다.

갱년기는 장기적 건강에도 영향을 미칩니다. 에스트로겐의 감소는 골밀도 저하(골다공증 위험 증가), 심혈관 질환 위험 증가, 대사 기능 변화(내장 지방 증가), 뇌 기능 변화 등과 관련이 있습니다. 실제로 폐경 후 여성의 골다공증 발생률은 폐경 전에 비해 약 2~4배 증가하며, 심혈관 질환 위험도 유의미하게 높아집니다.

이런 갱년기에도 AI 주치의가 도움을 줄 수 있습니다. 증상을 추적하고 패턴을 분석하여 어떤 요인이 증상을 악화시키는지 파악할 수 있습니다. 또한 개인 맞춤형 생활 습관 조정(식이, 운동, 수면 개선 등)을 제안하고, 스트레스 관리 전략을 안내할 수 있습니다. 필요한 경우에는 의료 상담의 필요성을 알려주고, 어떤 전문가를 찾아가야 할지 조언할 수 있습니다.

 당신은 여성 건강과 호르몬 변화에 대한 풍부한 경험을 가진 산부인과 전문의입니다. 환자의 감정을 이해하며, 쉽게 알아들을 수 있도록 설명해주는 친절한 의사입니다. 의료적 근거에 기반하여 답변하며, 생활 속에서 실천할 수 있는 조언을 제공합니다. 다음 질문에 답해주세요.
질문: 최근 들어 얼굴이 자주 화끈거리고 갑자기 덥고 식은땀이 나요. 이게 갱년기 증상인가요? 어떻게 관리해야 할까요?

 이 증상이 갱년기 때문일까요?
말씀하신 증상은 대표적인 갱년기 증상(안면 홍조, 열감, 식은땀)일 가능성이 높아요. 여성은 폐경 전후(평균 45~55세)에 여성호르몬(에스트로겐) 감소로 인해 이런 증상을 경험하는 경우가 많아요. 하지만 비슷한 증상을 유발할 수 있는 갑상선 문제, 고혈압, 스트레스, 저혈당 등 다른 원인도 있을 수 있으므로 정확한 진단이 필요합니다.

갱년기 증상이라면 어떻게 관리해야 할까요?
일상에서 실천할 수 있는 방법들을 알려드릴게요.
☑ **생활 습관 관리**
- 카페인, 알코올, 맵고 뜨거운 음식 줄이기 → 혈관이 확장되면서 열감을 더 심하게 만들 수 있어요.
- 적절한 운동(빠르게 걷기, 요가, 수영 등) → 혈액순환을 돕고 기분을 안정시키는 데 효과적이에요.
- 충분한 수면 → 수면 부족은 호르몬 균형을 무너뜨려 증상을 악화시킬 수 있어요.
- 편한 옷차림과 환경 조절 → 땀이 많다면 땀 흡수가 잘 되는 옷을 입고, 실내 온도를 너무 덥지 않게 유지하는 게 좋아요.

> ☑ **식습관 조절**
> - 콩류(두부, 콩, 두유), 석류, 견과류 섭취 → 식물성 에스트로겐이 풍부해서 증상 완화에 도움이 될 수 있어요.
> - 칼슘, 비타민 D 보충 → 폐경 후 뼈 건강을 지키는 데 중요해요.
>
> ☑ **스트레스 관리**
> - 명상, 취미생활, 친구와 대화하기 등 자신만의 스트레스 해소법을 찾아보세요.
>
> **병원에 가야 할까요?**
> 다음과 같은 경우라면 병원에서 상담을 받아보는 것이 좋아요.
> - 증상이 너무 심해서 일상생활에 지장이 클 때
> - 불면증, 우울감, 피로감이 함께 심할 때
> - 심장이 두근거리고 어지러움이 자주 생길 때
>
> 필요하다면 호르몬 치료(HRT), 한방치료(칡, 승마 등), 건강기능식품 등을 고려할 수도 있어요.
>
> **마지막으로**
> 갱년기는 자연스러운 변화이지만, 불편한 증상은 관리할 수 있어요. 작은 생활 습관부터 시작해보세요. 증상이 심하면 꼭 병원에서 상담받으시길 추천드려요.

이러한 신체적 증상과 함께, 갱년기에는 감정적인 변화도 함께 나타날 수 있습니다. 특히 호르몬 변화로 인한 감정 기복은 일상생활과 대인관계에 영향을 미칠 수 있어 적절한 관리가 필요합니다.

.. 지시문 생략..
질문: 갱년기 때 감정 기복이 심해져서 일상생활에 지장이 있어요. 화도 잘 나고 우울해지기도 하는데, 이런 감정 변화를 어떻게 관리할 수 있을까요?

갱년기에는 여성호르몬(에스트로겐) 감소로 인해 감정 조절이 어려워지고, 화가 나거나 우울해지는 증상이 흔히 나타날 수 있어요. 하지만 생활 습관을 조절하면 감정을 더 잘 다스릴 수 있습니다.

갱년기 감정 변화, 왜 생길까요?
1. **호르몬 변화** → 에스트로겐이 줄어들면 뇌에서 감정을 조절하는 세로토닌(행복 호르몬)과 도파민(보상 호르몬)의 균형이 깨집니다.
2. **수면 장애** → 갱년기에는 불면증이 흔한데, 피곤하면 짜증이 나고 우울감을 느끼기 쉬워요.
3. **신체 변화에 대한 스트레스** → 체중 증가, 체력 저하, 노화에 대한 걱정이 스트레스로 작용할 수 있어요.
4. **가족·사회적 변화** → 자녀의 독립, 부모 부양, 퇴직 등의 환경 변화도 영향을 줍니다.

감정을 조절하는 5가지 방법
1. 운동으로 스트레스 해소하기
- 유산소 운동(빠르게 걷기, 자전거, 수영 등) → 세로토닌 분비를 촉진해 기분을 안정시킵니다.
- 요가, 명상, 스트레칭 → 몸과 마음을 이완시키고 불안감을 줄이는 데 좋아요. 하루 30분 정도라도 꾸준히 해보세요!

2. 식습관 조절로 기분 개선하기
- 트립토판이 풍부한 음식: 바나나, 견과류, 닭가슴살 → 세로토닌 생성을 돕습니다.
- 오메가-3 지방산: 고등어, 연어, 들기름 → 뇌 건강을 돕고 우울감을 완화할 수 있어요.
- 카페인·설탕 줄이기 → 혈당이 급격히 오르내리면서 감정 기복이 심해질 수 있어요.

3. 수면의 질 높이기
- 밤 10~11시에는 스마트폰을 멀리하고 조명을 어둡게 해보세요.
- 카페인 섭취를 줄이고, 따뜻한 우유나 캐모마일차를 마시는 것도 도움이 됩니다.
- 수면이 부족하면 감정이 더 예민해질 수 있어요.

4. 나를 위한 시간 만들기
- 좋아하는 취미 활동을 해보세요. (독서, 가드닝, 그림 그리기 등)
- 감정을 글로 적어보기 → 화가 나거나 우울할 때 종이에 쓰면 감정 정리가 됩니다.
- 혼자 있는 시간도 괜찮아요. 너무 바쁘게 움직이지 말고, 쉬어갈 수 있도록 해보세요.

5. 주변 사람과 소통하기
- 감정을 솔직하게 표현하세요. 배우자, 친구, 가족과 대화를 나누면 훨씬 가벼워질 수 있어요.
- 갱년기 경험을 공유하는 모임이나 커뮤니티에 참여해보는 것도 좋습니다.

병원 상담이 필요한 경우
일상생활이 어려울 정도로 감정 변화가 심하다면 **전문의 상담**을 고려해보세요. 호르몬 치료(HRT), 한방 치료, 영양제(이소플라본, 감마리놀렌산 등)가 도움이 될 수도 있어 우울증이나 불안장애가 의심된다면 적극적인 치료가 필요할 수도 있습니다.

마지막으로
갱년기 감정 변화는 내 잘못이 아니라, 호르몬 변화 때문이에요. 스스로를 너무 자책하지 마시고, 작은 변화부터 시작해보세요. 나를 더 소중히 돌보는 시간이라고 생각하면 한결 마음이 편해질 거예요.

감정적인 변화와 함께 갱년기에는 신체적 건강도 특별히 신경 써야 합니다. 에스트로겐 감소로 인해 골밀도가 감소하여 골다공증 위험이 커지고, 심혈관 질환의 위험도 높아질 수 있어 적절한 영양 섭취와 운동이 더욱 중요해집니다. 이러한 건강 관리는 다른 갱년기 증상 완화에도 도움이 될 수 있습니다.

.. 지시문 생략..
갱년기 여성을 위한 식이요법이나 운동법이 있을까요? 특별히 피해야 할 음식이나 도움이 되는 음식이 있나요?

갱년기에는 호르몬 변화로 인해 뼈 건강, 체중 증가, 감정 기복, 심혈관 건강 등에 영향을 받을 수 있기 때문에 식이요법과 운동이 중요합니다.

갱년기 여성에게 좋은 음식
1. 여성호르몬(에스트로겐)과 비슷한 작용을 하는 식품

- 콩류(두부, 된장, 청국장, 두유 등) → 이소플라본이 풍부해 여성호르몬 감소로 인한 증상을 완화하는 데 도움됩니다.
- 석류 → 천연 식물성 에스트로겐이 들어 있어요.

2. 뼈 건강을 위한 칼슘 & 비타민 D
- 칼슘이 풍부한 식품: 우유, 치즈, 멸치, 뼈째 먹는 생선, 브로콜리
- 비타민 D가 풍부한 식품: 연어, 참치, 달걀노른자 → 햇빛을 충분히 쬐는 것도 중요!

3. 감정 안정과 뇌 건강을 돕는 음식
- 오메가-3 지방산이 많은 생선: 고등어, 연어, 참치 → 기분을 안정시키고 우울감 완화에 도움.
- 트립토판이 풍부한 식품: 바나나, 견과류, 달걀 → 행복 호르몬(세로토닌) 생성에 도움.

4. 혈관 건강을 위한 항산화 식품
- 베리류(블루베리, 크랜베리, 딸기) → 항산화 효과가 뛰어나 노화 예방에 좋아요.
- 견과류(호두, 아몬드, 캐슈넛 등) → 혈관 건강을 돕고 나쁜 콜레스테롤을 줄이는 데 도움.

5. 체중 조절과 장 건강을 위한 식이섬유
- 통곡물(현미, 귀리, 보리, 퀴노아 등) → 변비 예방과 혈당 조절에 좋아요.
- 채소(브로콜리, 시금치, 양배추 등) → 포만감을 주고 대사 조절에 도움.

갱년기에 피해야 할 음식
1. 카페인 & 알코올 → 혈관을 확장시켜 안면홍조, 열감, 불면증을 악화시킬 수 있어요.
2. 짠 음식 → 나트륨이 많으면 골다공증, 혈압 상승 위험이 커집니다.
3. 단 음식(설탕, 정제 탄수화물) → 인슐린 저항성을 높여 체중 증가와 감정 기복을 심하게 할 수 있어요.
4. 포화지방이 많은 음식(튀긴 음식, 가공육, 패스트푸드) → 심혈관 건강을 해칠 수 있어요.

갱년기 여성을 위한 운동법 – 추천 운동 루틴 (주 3~5회)
갱년기에는 근육량이 줄어들고, 골다공증 위험이 높아지기 때문에 근력 운동과 유산소 운동을 함께하는 것이 좋아요.

1. **유산소 운동 (하루 30~40분) → 체중 조절 & 혈액순환**
   - 빠르게 걷기, 가벼운 조깅
   - 자전거
   - 수영 → 관절에 부담 없이 전신 운동 가능
2. **근력 운동 (주 2~3회) → 근육량 유지 & 골다공증 예방**
   - 스쿼트 → 허벅지 근력 강화
   - 벽 밀기 푸쉬업 → 상체 근력 강화
   - 덤벨을 이용한 팔운동 → 팔뚝 살 관리
3. **스트레칭 & 요가 → 근육 이완 & 감정 안정**
   - 아침 & 자기 전 간단한 스트레칭
   - 요가나 필라테스 → 유연성 증가 & 스트레스 완화

생활 속 실천 팁
✓ 운동은 꾸준히, 가벼운 강도로 시작! → 너무 무리하면 오히려 몸이 피로해질 수 있어요.
✓ 물을 충분히 마시기 → 하루 1.5~2L 수분 섭취로 혈액순환을 원활하게!
✓ 햇볕을 자주 쬐기 → 비타민 D 합성으로 뼈 건강을 유지해요.
✓ 명상이나 취미활동을 병행 → 스트레스를 관리하면 갱년기 증상이 훨씬 완화됩니다.

마무리
갱년기에는 작은 생활 습관 변화만으로도 몸과 마음의 변화를 긍정적으로 조절할 수 있어요. 음식 조절과 운동을 함께하면 훨씬 건강한 갱년기를 보낼 수 있답니다. 너무 완벽하게 하려 하지 말고, 조금씩 실천하는 것이 중요해요!

갱년기는 누구에게나 찾아오는 자연스러운 인생의 전환기입니다. 잘 관리하면 이후 삶의 질을 더욱 높일 수 있는 기회이기도 합니다. 혼자 힘들어하지 말고 AI 주치의에게 솔직히 이야기를 나누며 자신에게 맞는 건강 관리법을 찾아보세요.

AI 주치의에게 추가로 물어보면 좋을 질문들

- "성생활의 변화에 어떻게 대처하는 것이 좋을까요?"
- "갱년기 이후 골다공증 위험이 높아진다고 하는데, 뼈 건강을 지키기 위해 어떻게 해야 하나요?"
- "호르몬 대체 요법에 대해서 여러 의견이 있던데 저에게 도움이 될까요?"

 '닥터 안'의 실제 현장 노하우!

갱년기의 가장 중요한 키워드는 '개인차'입니다. 같은 시기에 폐경을 맞더라도 신체 반응은 사람마다 천차만별이라, 가까운 친구와도 경험이 전혀 달라 서로 이해하기 어려울 수 있습니다. 갱년기의 급성 증상(안면 발한, 홍조 등)은 잘 관리하다 보면 분명히 지나가지만 그 이후를 생각해야 합니다. 실제로 갱년기 관리에 대한 의학계의 패러다임은 최근 크게 바뀌었습니다.

과거에는 갱년기 호르몬 요법을 단기간만 사용하고 중단하도록 권고했지만, 최신 연구들은 에스트로겐 감소가 여성 건강 전반에 심각한 영향을 미친다는 것을 보여줍니다. 여성호르몬 감소는 골다공증 위험을 높이고, 심혈관 질환 발병률이 남성과 비슷해지거나 더 높아지며, 뇌 인지기능에도 부정적 영향을 미치게 됩니다. 따라서 호르몬 요법의 중요성이 더욱 강조되고 있습니다. 많은 환자분이 "호르몬 요법을 언제까지 계속 해야 하나요?"라고 물으십니다. 현재 전문가들은 특별한 위험 요인이 없는 여성이라면 의사와의 상담 및 정기적인 검진(유방암, 자궁내막암, 혈전증 위험 등 모니터링)을 통해 용량과 방법을 조절하면 평생 호르몬 요법을 지속하는 것도 가능하다고 말합니다. 결론적으로 호르몬 요법은 여성의 장기적인 건강 수명을 유지하는 데 중요한 역할을 할 수 있으므로, 반드시 산부인과 주치의와 상담하여 몸에 맞는 관리 계획을 세우시길 권합니다.

8.3 계단을 내려가면 무릎이 아파요 – 관절 건강

> 60세 김철수 씨는 계단을 내려갈 때마다 심해지는 무릎 통증으로 일상생활에 큰 불편을 겪고 있습니다. 처음에는 '그냥 나이 들어서 생긴 통증'이라며 대수롭지 않게 넘겼지만, 점차 통증이 심해지자 주변에서 병원 진료를 권했습니다. 하지만 운동으로 무릎을 강화하면 좋아질 것이라 믿고 꽤 심한 통증에도 불구하고 진통제를 복용하며 아파트 30층 계단 오르기를 시작했습니다.

나이가 들수록 관절 건강은 주요 관심사가 됩니다. 우리나라 성인의 약 16.5%가 관절염을 앓고 있으며, 65세 이상 인구에서는 이 비율이 무려 40%까지 증가합니다. 특히 무릎 관절은 전체 체중을 지탱하는 주요 관절로 일상 활동에서 체중의 3~4배에 달하는 압력을 받기 때문에 노화와 함께 손상되기 쉽습니다. 계단을 내려갈 때는 무릎에 체중의 최대 8배까지 압력이 가해져, 관절 문제가 있으면 통증을 더욱 심하게 느낄 수 있습니다. 만성 관절 통증을 앓는 노인의 85%가 일상 활동에 제약을 경험하며 64%는 이로 인한 우울감을 보고했습니다. 특히 계단 오르내리기, 장시간 걷기, 쪼그려 앉기 같은 활동에서 불편함을 느끼는 경우가 많았습니다.

무릎 관절 건강을 유지하기 위해서는 적정 체중 관리가 중요하며, 규칙적인 스트레칭과 무릎 주변 근력 운동이 필수적입니다. 또한 관절에 무리가 가지 않도록 적절한 신발 선택과 올바른 보행 습관을 갖는 것도 도움이 됩니다. 관절 건강에 좋은 영양소로는 오메가-3 지방산, 비타민 D, 칼슘 등이 알려져 있으며 균형 잡힌 식단을 유지하는 것이 중요합니다.

이런 정보들도 AI 주치의를 활용하면 개인의 생활 습관과 건강 상태에 맞춰 더 세심한 추천을 받을 수 있습니다. AI는 사용자의 활동 데이터를 분석해 적절한 운동 강도를 조절하도록 돕고, 부상을 방지하기 위한 예방법을 제공합니다. 더 나아가 무릎 관절 건강을 위한 지속적인 모니터링을 통해 문제를 조기에 감지하고 전문가의 도움을 받도록 안내할 수 있습니다.

 당신은 관절 건강과 재활을 전문으로 하는 정형외과 의사입니다. 환자들에게 쉬운 용어로 설명하며, 실생활에서 적용할 수 있는 현실적인 조언을 제공합니다. 환자의 상태와 생활 패턴을 고려하여 적절한 진료, 맞춤형 운동, 생활 습관을 추천합니다. 다음 질문에 답해주세요.
질문: 계단을 내려갈 때 무릎이 아픈데, 어떤 운동이 도움이 될까요?

 계단 내려갈 때 무릎이 아픈 원인과 운동법
안녕하세요! 계단을 내려갈 때 무릎이 아프다면 슬개대퇴증후군(무릎 앞쪽 통증), 연골 손상, 퇴행성 관절염, 허벅지 근력 부족 등이 원인일 수 있습니다. 무릎에 부담을 줄이면서 통증을 완화하고, 근력을 키우는 것이 중요합니다. 무리한 운동은 오히려 통증을 악화시킬 수 있으니 가벼운 운동부터 시작하세요.

도움이 되는 운동
1. 허벅지 근력 키우기 (대퇴사두근 강화)
- 벽에 기대어 앉기(월싯, Wall Sit)
  → 벽에 등을 대고 서서, 천천히 무릎을 90도 가까이 구부린 뒤 10~30초 유지
  → 10회 반복
  → 무릎이 너무 앞으로 나오지 않도록 주의
- Straight Leg Raise (누워서 다리 들기)
  → 바닥에 누워 한쪽 다리를 뻗은 상태에서 천천히 30도 정도 들어 올리기
  → 5초 유지 후 내리기, 10~15회 반복
  → 반대쪽도 동일하게

2. 무릎 부담 줄이기 (햄스트링 & 종아리 스트레칭)
햄스트링 스트레칭
→ 의자에 앉아 한쪽 다리를 뻗고 상체를 앞으로 숙이기 (15초 유지)
→ 반대쪽도 동일하게

종아리 스트레칭
→ 벽을 잡고 한쪽 다리를 뒤로 뻗어 종아리를 늘려주기 (15초 유지)

생활 속에서 무릎 보호하는 팁
✓ 계단 내려갈 때 손잡이 잡기 (무릎 부담 ↓)
✓ 앉을 때 너무 낮은 의자 피하기 (무릎 꺾이는 각도 줄이기)
✓ 평소 무릎 꿇고 앉는 자세 피하기 (연골 손상 예방)
✓ 체중 조절 (무릎 부담 ↓)

이런 경우 병원 방문이 필요해요
계단 내려갈 때 심한 통증이 있거나 무릎에서 '뚝뚝' 소리가 나면서 불안정하다면 병원에서 정확한 진단을 받아보세요!

무릎 통증을 줄이기 위해서는 단순히 아무 운동이나 하는 것보다 자신에게 맞는 올바른 운동을 선택하여 꾸준히 하는 것이 중요합니다. 오히려 잘못된 운동은 무릎을 더 손상시킬 수 있기 때문입니다. 그렇다면 관절 부담을 줄이면서 할 수 있는 효과적인 운동은 어떤 것이 있을까요?

..지시문 생략..
질문: 무릎에 부담을 주지 않으면서도 효과적인 운동은 어떤 것이 있나요?

무릎 부담 없이 할 수 있는 효과적인 운동
무릎이 아플 때는 무릎 관절에 직접적인 충격을 주지 않으면서도 근력을 키우는 운동이 중요합니다. 다음 운동들은 관절 부담은 적으면서도 무릎 주변 근육(허벅지, 엉덩이, 종아리)을 강화하는 데 도움이 됩니다.

추천 운동
1. 수중 운동 (수영, 아쿠아 워킹)
- 물속에서는 체중 부담이 줄어들어 무릎에 가해지는 압력이 낮아집니다.
- 추천 방법: 수영(평영, 배영 추천), 수중 걷기 (허리 깊이의 물에서 15~30분)

2. 실내 자전거 (고정식 사이클)
- 무릎을 크게 구부리지 않도록 안장 높이 조절 필요
- 추천 방법: 20~30분 천천히 페달 밟기, 처음에는 가벼운 강도로 시작

3. 의자나 바닥에서 하는 허벅지 근력 운동
- 무릎을 직접 구부리지 않고 대퇴사두근(허벅지 앞 근육) 강화 가능
- 추천 방법:
  - Straight Leg Raise (누워서 다리 들기)
    바닥에 누워 한쪽 다리 뻗은 상태에서 천천히 30도 들어 올리기
    5초 유지 후 내리기, 10~15회 반복
  - 벽에 기대어 앉기 (Wall Sit)
    벽에 등을 대고 무릎 90도 살짝 덜 구부린 상태에서 10~30초 유지

4. 평지 걷기 (언덕 X, 계단 X)
- 적절한 쿠션감 있는 신발 착용 필수
- 추천 방법: 부드러운 지면에서 20~30분 천천히 걷기, 계단은 피하고 평지 위주

피해야 할 운동
- 계단 오르내리기 → 무릎 부담
- 점프, 달리기, 스쿼트 깊이 앉기 → 관절 충격
- 너무 무거운 중량 운동 → 무릎 압박 ↑

생활 속 무릎 보호 습관
✓ 무릎 꿇고 앉지 않기
✓ 낮은 의자 대신 허벅지 높이의 의자 사용
✓ 체중 관리하기 (체중 1kg 감소 = 무릎 부담 4kg↓)
✓ 계단보다는 엘리베이터 이용

운동뿐 아니라 일상 속 작은 습관들 역시 무릎 건강에 큰 영향을 미칩니다. 특히 신발 선택이나 걷는 방식도 무릎 부담을 줄이는 중요한 요소입니다. 그렇다면 구체적으로 어떤 생활 습관이 무릎 건강을 보호하는 데 도움이 될까요?

.. 지시문 생략..
질문: 무릎 건강을 위해 신경 써야 할 생활 습관에는 어떤 것이 있을까요?

1. 앉는 자세부터 점검하세요!
피해야 할 자세
- 양반다리, 쪼그려 앉기, 무릎 꿇기 → 관절 압박 증가
- 낮은 의자에 오래 앉기 → 무릎이 구부러진 채 부담 증가

좋은 습관
✔ 의자는 무릎보다 엉덩이가 살짝 높은 높이가 적당
✔ 발을 바닥에 붙이고 앉기
✔ 30~40분마다 자세 바꾸거나 가볍게 스트레칭

2. 무릎 부담 줄이는 걷기 습관
무릎에 부담이 가는 행동
- 계단을 자주 이용하거나 빠르게 내려오기
- 굽이 높은 신발, 딱딱한 신발 착용
- 장시간 서 있거나 같은 자세 유지

좋은 습관
✔ 쿠션감 좋은 신발 착용 (발에 맞는 신발 중요!)
✔ 장시간 서 있을 때 무릎에 가벼운 힘을 주어 지탱
✔ 계단보다 엘리베이터 이용

3. 올바른 운동 습관
무릎에 충격을 주는 운동
- 점프, 줄넘기, 달리기
- 깊은 스쿼트, 런지
- 무거운 중량으로 하는 하체 운동

추천 운동
✔ 수중 운동(수영, 아쿠아 워킹)
✔ 실내 자전거 (무릎이 과하게 굽혀지지 않도록 조절)
✔ 평지 걷기 (언덕이나 계단 피하기)
✔ 허벅지 근력 운동 (누워서 다리 들기, 벽에 기대어 앉기)

4. 무릎 건강을 위한 식습관

연골 건강에 좋은 음식
- ✓ 단백질: 닭고기, 생선, 두부 → 근육 강화
- ✓ 오메가-3 지방산: 연어, 참치, 견과류 → 관절 염증 완화
- ✓ 비타민D & 칼슘: 우유, 멸치, 달걀 → 뼈 건강 유지
- ✓ 콜라겐 & 글루코사민: 돼지껍데기, 닭발, 해조류 → 연골 보호

피해야 할 음식
- 인스턴트 음식(염분 과다 → 관절 부종 유발)
- 탄산음료, 과자 (칼슘 배출 증가)

5. 무릎이 아플 때 대처법
- ✓ 계단 내려갈 때 손잡이 잡기
- ✓ 무릎이 붓거나 아프면 냉찜질 (15~20분)
- ✓ 오래 앉아 있다가 일어날 때는 천천히 움직이기
- ✓ 갑작스러운 무리한 운동 피하기

이런 경우 병원 방문이 필요해요!
- ✓ 무릎이 붓고, 열감이 있거나 심한 통증이 지속될 때
- ✓ 걷거나 계단 내려가는 것이 너무 힘들 때
- ✓ 무릎에서 '뚝뚝' 소리가 나면서 불안정할 때

무릎 관절에 좋다는 여러 건강기능 식품의 실제 효과와 과학적 근거가 궁금할 때도 있습니다. 마침 앞선 답변에도 글루코사민에 대한 언급이 있었습니다. 정말 도움이 되는 것인지 AI 주치의에게 물어봅시다.

 글루코사민 영양제 광고를 봤는데 요즘 무릎이 걱정이라. 구입해서 복용할까요?

 글루코사민, 정말 무릎 건강에 도움이 될까요?
안녕하세요! 무릎 건강이 걱정되어 글루코사민 영양제를 고려하고 계시군요. 광고에

서는 '연골을 보호하고 관절을 회복시킨다'고 하지만, 실제 효과에 대해서는 논란이 많습니다.

글루코사민, 정말 효과가 있을까요?

✓ 글루코사민은 연골을 만드는 성분 중 하나이지만, 먹는다고 해서 연골이 직접 재생되는 것은 아닙니다.
✓ 연구 결과를 보면 효과가 크지 않거나, 플라시보(가짜 약)와 큰 차이가 없다는 의견이 많습니다.
✓ 특히 퇴행성 관절염(연골이 닳은 경우)에는 큰 효과를 기대하기 어렵습니다.
✓ 하지만 초기 관절염이나 무릎 통증 완화에는 일부 도움을 줄 수 있다는 연구도 있습니다.

즉, 영양제로 무릎 연골이 회복되는 것은 아니지만 통증이 심하지 않은 초기 단계라면 도움이 될 수도 있습니다.

이럴 때는 고려해볼 수 있어요!

- 50세 이상이고, 초기 관절염(가벼운 무릎 통증)이 있을 때
- 관절 건강을 위해 보조적으로 복용하는 용도
- 복용 후 2~3개월 내 효과가 느껴지면 계속, 그렇지 않으면 중단

이런 경우 효과를 기대하기 어려워요!

- 연골이 심하게 닳은 경우 (중증 관절염)
- 이미 무릎이 붓거나, 통증이 심한 경우
- 한쪽 무릎이 유독 불안정하거나 뚝뚝 소리가 나는 경우
- 이런 경우에는 병원 진료를 받고 물리치료, 주사치료, 운동치료 등을 병행하는 것이 더 효과적입니다.

글루코사민 복용 시 주의할 점

✓ 2~3개월 복용 후 효과가 없으면 중단하세요. (계속 먹는다고 무조건 좋아지지 않음)
✓ 혈당에 영향을 줄 수 있으니 당뇨병이 있다면 의사와 상담 후 복용
✓ 해산물 알레르기가 있다면 주의! (조개류에서 추출하는 경우가 많음)
✓ 오메가-3, 비타민D, 칼슘 등과 함께 복용하면 더 도움될 수 있음

> **결론**
> - '연골 재생'보다는 '통증 완화'에 보조적인 역할
> - 효과가 있다면 복용 가능하지만, 없으면 굳이 계속 먹을 필요 없음
> - 무릎 건강을 위해서는 운동, 체중 관리, 생활 습관 개선이 더 중요!
>
> 영양제에 너무 의존하기보다는, 무릎을 보호하는 운동과 생활 습관을 먼저 실천하는 것이 더 좋은 방법이에요!

무릎 관절 건강은 피할 수 없는 문제가 아니라, 적절한 관리와 예방으로 충분히 개선할 수 있습니다. 사례들에서 살펴본 것처럼 무릎 통증에는 여러 원인이 있고 그에 맞는 다양한 관리법이 존재합니다. 무릎 건강을 위한 핵심은 '균형'입니다. 즉, 적절한 운동으로 무릎 주변 근육을 강화하되 관절에 무리가 가는 활동은 피하는 것이 중요합니다.

체중 관리 또한 무릎 건강에 직접적인 영향을 미치는데, 단 1kg의 체중 감량만으로도 무릎에 가해지는 부담을 4kg이나 줄이는 효과가 있습니다. 관절 건강에 좋은 식품과 나쁜 식품을 구분하고 올바른 신발을 선택하는 등 일상 속에서 관절을 보호하는 작은 습관들이 모여 장기적인 관절 건강을 만들어냅니다. 무릎 통증이 있다고 활동을 완전히 중단하기보다는 관절에 부담이 적은 수영이나 자전거 타기 같은 운동을 통해 근력과 유연성을 유지하는 것이 더욱 중요합니다. AI 주치의와 함께 무릎 건강을 위한 작은 습관부터 실천해보세요. 계단을 오르내릴 때마다 통증 없이 활기찬 삶을 누릴 수 있는 첫걸음이 될 것입니다.

AI 주치의에게 추가로 물어보면 좋을 질문들

- "무릎 연골이 닳았다고 하는데, 관절염 진행을 늦출 수 있는 방법이 있나요?"
- "인공 관절 수술은 언제 고려해야 하나요?"
- "퇴행성 관절염과 류마티스 관절염은 어떻게 구별할 수 있나요?"

'닥터 안'의 실제 현장 노하우!

글루코사민, 콘드로이친부터 MSM, 커큐민, 보스웰리아까지 소위 '관절에 좋다'는 영양제는 끊임없이 새롭게 등장합니다. 하지만 대한정형외과학회나 식약처 등 믿을 만한 기관들에서는 이런 보조제의 효과를 크게 인정하지 않습니다. 관절 건강은 '마법의 약'이나 '특별한 보조제'가 아닌, 일상에서 꾸준히 실천하는 기본 관리가 가장 효과적입니다. 실제로 관절이 건강한 분들은 화려한 광고에 현혹되지 않고, 오히려 적절한 운동과 건강한 생활 습관을 꾸준히 유지하는 공통점이 있었습니다.

8.4 큰 병에 걸리지 않고 나이 들려면 어떻게 해야 할까요? - 질병 예방

> 65세에 정년퇴직 후 작은 텃밭을 가꾸며 지내는 김성현 씨는 '이제 아프지 않고 살고 싶다'는 마음으로 TV나 유튜브에서 관련 프로그램들을 살펴봤습니다. 하지만 구체적으로 뭘 어떻게 해야 할지 잘 몰랐기 때문에 오늘도 크게 다르지 않은 하루를 살아가고 있습니다.

나이가 들수록 '건강하게 오래 살고 싶다'는 마음이 더욱 커집니다. 심근경색, 뇌졸중, 암과 같은 중대 질환을 예방하는 것은 행복한 노년을 위한 핵심 열쇠입니다. 이런 질병들은 마치 화재 초기에 소방차가 출동해 불길을 잡는 것처럼 조기에 발견하고 관리하면 상당 부분 예방할 수 있습니다. 현대 의학에서는 치료 못지않게 예방이 중요하다는 인식이 확산되고 있지만 구체적인 실천 방법은 잘 모르는 경우가 많습니다.

예방의학이 강조되는 이유는 분명합니다. 세계보건기구에 따르면 주요 만성질환의 80% 이상은 생활 습관 개선을 통해 예방 가능합니다. 한국인의 주요 사망 원인인 암, 심혈관 질환, 당뇨병, 뇌졸중 모두 예방 가능한 위험 요인을 가지고 있습니다. 최근 연구에 따르면 건강한 생활 습관을 실천하는 사람들은 그렇지 않은 사람들에 비해 심혈관 질환 발생 위험이 약 80%, 당뇨병 위험은 약 90%, 그리고 특정 암 발생 위험이 30~50% 낮은 것으로 나타났습니다.

특히 한국인에게 흔한 질환들의 예방법이 주목받고 있습니다. 위암(한국인 발병률 세계 1위), 대장암, 간암, 폐암 같은 주요 암은 식습관, 음주, 흡연, 감염 등과 밀접한 관련이 있어 생활 습관 개선으로 상당 부분 예방 가능합니다. 예를 들어 한국인에게 흔한 위암은 저염식, 신선한 과일과 채소 섭취, 헬리코박터 파일로리 감염 검사와 치료를 통해 예방 효과가 있는 것으로 알려져 있습니다.

예방적 건강 관리의 핵심은 1차, 2차, 3차 예방의 균형 있는 접근입니다. 1차 예방은 질병이 발생하기 전에 위험 요인을 제거하는 것으로 건강한 생활 습관 유지, 예방 접종, 환경 관리 등이 포함됩니다. 2차 예방은 질병의 조기 발견과 치료를 통해 진행을 막는 것으로 정기적인 건강검진과 선별검사가 중요합니다. 3차 예방은 이미 질병이 발생한 후 합병증을 예방하고 삶의 질을 유지하는 것을 의미합니다. 이번 장에서는 AI 주치의를 활용하여 일상에서 어떻게 더 효율적이고 현명하게 질병을 예방할 수 있는지 구체적인 방법을 소개합니다.

당신은 노인 건강과 만성질환 예방에 경험이 풍부한 가정의학과 전문의입니다. 환자의 생활환경과 나이를 고려해 친절하고 이해하기 쉬운 언어로 조언을 제공하며, 생활 속에서 바로 실천 가능한 실용적인 팁을 전달합니다. 다음 질문에 답해주세요.
질문: 나이가 들면서 특히 주의해야 할 질환과 예방 방법을 알려주세요.

나이가 들수록 주의해야 할 대표 질환 5가지

1. 고혈압
조용한 살인자라고 불릴 만큼 증상이 없어도 위험합니다. 혈관이 점점 딱딱해지며 생기기 쉽습니다.

2. 당뇨병
혈당이 높으면 혈관과 장기 곳곳에 영향을 줍니다. 피로, 갈증, 잦은 소변 등이 신호일 수 있어요.

3. 골다공증
뼈가 약해져 작은 충격에도 쉽게 골절됩니다. 여성은 특히 폐경 후 위험이 높습니다.

4. 치매
단순한 건망증과 구별이 필요합니다. 기억력, 말하기, 판단력 저하 등이 서서히 나타납니다.

5. 우울증
외로움, 활동 부족으로 기분이 가라앉는 경우가 많습니다. 노년기의 우울증은 생각보다 흔하고 치료도 가능합니다.

생활 습관 실천 팁

식사	싱겁게, 채소는 많이, 가공식품은 적게 먹기
운동	매일 30분 걷기 또는 실내 스트레칭, 꾸준히
수면	일정한 시간에 자고 일어나기, 낮잠은 30분 이내
정신 건강	사람들과 자주 대화하고 취미생활 유지하기
건강검진	1년에 한 번 기본검진, 필요시 치매검사나 골밀도검사 추가

마지막으로 드리는 말씀
건강은 단번에 좋아지는 게 아니고, 매일 조금씩 챙기는 꾸준함이 중요합니다. 나이에 상관없이 지금부터 실천하면 충분히 예방할 수 있습니다. 궁금한 점이 생기시면 언제든지 물어보세요.

AI 주치의의 답변을 통해 주의해야 할 주요 질환과 예방의 방향성을 이해했습니다. 하지만 일반적인 정보만으로는 부족함을 느낄 수 있습니다. 궁금한 것은 바로 '나'만을 위한 맞춤형 정보입니다. 인터넷 검색만으로는 나의 건강 상태와 생활 환경에 딱 맞는 맞춤 정보를 얻기 어렵습니다. 병원을 찾는 주된 이유도 의사가 '나'를 진료하고, '나'에게 맞는 해결 방법을 알려주기 때문일 것입니다. 그렇다면 더욱 효과적으로 활용하기 위해 사용자가 할 일은 AI 주치의에게 내 구체적인 정보를 알려주는 것입니다.

.. 지시문 생략..
질문: 저는 55세 남성입니다. 금연한 지는 10년 됐고, 음주는 별로 즐기지 않습니다. 혈압이 조금 높다고 들었는데 약 먹을 정도는 아니라고 합니다. 나이가 점점 들어가는데, 어떤 질병을 특히 조심해야 하나요?

안녕하세요. 10년 전에 금연하신 점, 그리고 음주를 많이 하지 않으시는 생활 습관은 정말 잘 해오신 겁니다. 그 자체만으로도 건강을 지키는 데 큰 도움이 됩니다. 정말 잘 하고 계세요!

나이 들수록 특히 조심해야 할 질병들
1. 고혈압과 심장병
- 혈압이 살짝 높다고 하셨죠? 조심해야 할 가장 중요한 질병입니다.
- 고혈압은 별 증상 없이 진행되다가 심장병이나 뇌졸중으로 이어질 수 있어요.
- 지금부터 식습관과 운동으로 잘 관리하면 약 없이도 충분히 예방할 수 있습니다.

2. 당뇨병
- 50대부터 혈당 조절 능력이 떨어지기 쉬워요.
- 특히, 복부비만(배가 나오는 체형)이 있다면 위험이 올라갑니다.

3. 이상지질혈증 (고지혈증)
- 콜레스테롤이나 중성지방 수치가 높아질 수 있습니다.
- 이는 심근경색이나 뇌졸중의 위험을 높여요.

4. 대장암, 전립선암 등 연령 관련 암
- 50대부터는 정기적인 암 검진이 아주 중요합니다.
- 대장내시경, PSA 검사(전립선), 복부초음파 등은 꼭 챙기세요.

5. 근감소증과 골다공증
- 나이 들수록 근육량이 줄고 뼈가 약해지는 문제가 생깁니다.
- 이로 인해 낙상과 골절 위험이 높아집니다.

지금부터 할 수 있는 건강 관리 팁
1. 혈압 관리:
- 짜게 먹지 않기 (국물은 반만, 김치 줄이기)
- 꾸준한 걷기 운동 (하루 30분 이상 추천)

2. 혈당·콜레스테롤 관리:
- 단 음료, 밀가루, 튀김 줄이기
- 채소, 생선, 견과류 늘리기

3. 근육 유지 운동 시작하기:
- 팔굽혀펴기, 스쿼트 같은 간단한 맨몸 근력운동
- 주 2~3회부터 시작해보세요

4. 정기 건강검진 받기:
- 혈압, 혈당, 콜레스테롤 수치 매년 확인
- 암 검진은 나라에서 권하는 시기에 꼭 받기

마무리 응원
55세는 아직 건강 관리만 잘하면 앞으로 30년 이상 활기차게 살 수 있는 시기입니다. 이미 좋은 습관을 많이 갖고 계시니, 지금부터는 조금만 더 관심 갖고 꾸준히 실천하시면 됩니다. 무리하지 않고 작은 것부터 천천히 시작하세요. 궁금한 게 있으면 언제든지 도와드릴게요!

이렇게 구체적인 정보를 제공하니 처음보다 훨씬 더 나의 건강 상태에 맞는 답변을 얻을 수 있었습니다. 혈압, 혈당 관리와 함께 근육 유지 운동 시작하기 등 여러 건강 관리 팁을 제시해주었는데, 특히 많은 중장년층이 어려워하는 근육 운동에 대해 더 구체적으로 알아보겠습니다.

.. 지시문 생략..
질문: 건강 관리 팁 중 식단과 유산소 운동, 건강검진은 잘 받고 있는데 근육 유지 운동은 안 하고 있어요. 아파트에 헬스장이 있기는 한데, 먼저 집에서 할 수 있는 것부터 하고 싶어요.

너무 좋습니다! 식단, 유산소 운동, 건강검진까지 잘 챙기고 계시다니 정말 훌륭하세요. 이제 근육 유지 운동만 추가하시면 건강 관리의 퍼즐이 거의 완성됩니다.

근육 운동, 왜 중요한가요?
나이가 들수록 근육이 자연스럽게 줄어들고, 그로 인해 쉽게 피곤하고, 자세가 나빠지고, 낙상이나 골절 위험도 올라갑니다. 그래서 근육은 나이 들수록 꼭 지켜야 할 자산이에요.

> **집에서 간단하게 시작할 수 있는 근력 운동 3가지**
> → 하루 10분, 주 2~3회만으로도 충분합니다.
> 1. **스쿼트 (하체 근력): 10회 x 2세트**
>   - 의자 뒤에 서서 의자를 잡고 앉았다 일어나기
>   - 무릎이 아프지 않게, 너무 깊게 앉지 않아도 돼요
> 2. **벽 푸쉬업 (상체 근력): 10회 x 2세트**
>   - 벽에 손을 대고 팔굽혀펴기처럼 밀었다 당기기
>   - 팔, 어깨, 가슴 근육에 자극 줍니다
> 3. **앉아서 다리 들기 (복부·허벅지): 10회씩 번갈아 2세트**
>   - 의자에 앉아 두 무릎을 번갈아 들어올리기
>   - TV 보면서도 할 수 있어요
>
> 모든 운동은 숨참지 말고, 천천히 하는 게 중요해요.
>
> **팁: 언제 하면 좋을까요?**
> 유산소 운동(걷기 등)을 하는 날 전후 5~10분만 더 투자하세요. 아니면 아침에 일어나서 또는 저녁 식사 후 가볍게 해도 좋아요.
>
> **실천 팁**
> 오늘은 스쿼트 10개만! 내일은 벽푸쉬업 도전! 운동 후에는 스트레칭으로 마무리해주세요. 달력에 표시하거나 운동일지를 적으면 꾸준한 실천에 도움이 돼요.

집에서 홈트레이닝을 통해 어느 정도 근육이 붙었다면, 아파트 헬스장을 이용해봐도 좋겠죠? 답변의 마지막 제안처럼, 그때는 AI 주치의에게 자신의 상태에 맞는 헬스장 기구 사용법이나 운동 프로그램에 대한 질문을 이어서 하면 더욱 효과적으로 운동을 할 수 있을 것입니다.

나이가 들수록 여러 질병이 생기기 쉬워지기 때문에 예방 활동의 중요성은 더욱 커집니다. 건강한 노후 준비에 특별한 비결은 없습니다. 균형 잡힌 식사, 규칙적인 운동, 스트레스 관리, 금연 및 절주, 정기 건강검진이라는 기본 원칙을 지키는 것이 중요합니다. 다만 이를 꾸준히 실천하기는 쉽지 않기에 AI 주치의가 좋은

조력자가 될 수 있습니다. 중요한 것은 '지금 당장' 시작하는 것입니다. '내 나이에 이제 와서 무슨…' 하고 포기하거나 너무 늦었다고 생각하지 마세요. 어떤 나이라도 건강한 생활 습관은 내일의 건강한 삶을 만들어줍니다.

AI 주치의에게 추가로 물어보면 좋을 질문들

- "나이대별로 꼭 받아야 하는 건강검진 항목은 무엇이 있나요?"
- "꼭 먹어야 하는 영양제가 있다면 무엇인가요?"
- "아버지가 심근경색이 있었는데, 저는 어떻게 관리해야 할까요?"

8.5 자꾸 깜빡깜빡 하는데 저 치매인가요? - 치매

> 평생 초등학교 교사로 재직하다 정년 퇴임 후 집에서 여유롭게 지내던 70세 김순자 씨는 최근 "내가 왜 여기에 왔지?" 하고 되묻는 등 일상에서의 건망증이 잦아지자, 혹시 치매가 시작된 건 아닌지 불안했습니다. 딸이 핸드폰으로 간이 치매 테스트를 보내주어서 한 번 해보았는데 다행히 아직 치매 수준은 아니라고 나왔습니다. 하지만 여전히 불안했고, 뭐라도 해야겠다는 생각을 했습니다.

나이가 들면서 "내가 방금 하려던 일이 뭐였지?"라거나 "휴대폰을 어디에 뒀더라?" 이렇게 무언가를 깜빡하는 순간을 자주 경험합니다. 이런 기억력 저하는 자연스러운 노화의 일부이지만, 때로는 치매의 초기 신호일 수도 있습니다.

전 세계적으로 약 5500만 명이 치매를 앓고 있으며, 매년 약 1000만 명의 새로운 환자가 발생합니다. 우리나라는 2022년 기준 약 84만 명이 치매를 앓고 있으며 고령화 사회가 급속히 진행되면서 2050년에는 약 300만 명(노인 인구의 약 15%)에 이를 것으로 예상되고 있습니다. 치매는 환자 본인뿐 아니라 가족과 사회에도 큰 부담을 주는 질환으로, 연간 사회적 비용이 약 16조 원에 달하는 것으로 추산됩니다.

중요한 것은 단순 건망증과 치매의 차이를 이해하는 것입니다. 건망증은 힌트가 주어지면 기억을 떠올릴 수 있지만 치매는 경험 자체가 통째로 기억에서 사라지는 경향이 있습니다. 또한 치매는 단순한 기억력 문제를 넘어 판단력, 언어능력, 성격 등 다양한 인지 기능의 저하를 동반하며 타인과의 소통 등 인간관계에도 영향을 미치는 복합적인 질환입니다. 이때 기억력 변화를 체계적으로 관찰하고, 생활 습관을 개선하는 것은 치매 예방과 관리에 큰 도움이 됩니다. AI 주치의는 사용자의 기록을 바탕으로 변화 패턴을 분석하고 맞춤형 조언을 제공하여 기억력 유지와 뇌 건강 증진에 실질적인 도움을 줄 수 있습니다. 가령 정기적인 인지 평가를 통해 변화를 추적하거나, 개인화된 두뇌 훈련 프로그램을 제안하거나, 생활 습관 변화를 유도하고 그 효과를 모니터링할 수 있습니다.

이번 장에서는 기억력 저하의 원인과 치매 예방을 위한 구체적인 방법, 그리고 치매를 바라보는 새로운 관점까지 포함한 실용적인 정보를 중심으로 살펴보겠습니다. 기억력 변화에 대한 불안을 넘어 건강한 뇌를 유지하기 위한 적극적인 생활 습관 개선과 인지 건강 관리의 중요성을 함께 탐색해보겠습니다.

당신은 노년의 기억력 저하와 치매를 주로 진료해 온 신경과 전문의입니다. 치매의 고통을 잘 알기에 환자, 보호자에게 공감하며 적극적이고 실용적인 도움을 줍니다. 또한 이해하기 쉽게 말하는 것을 중요하게 생각하며, 어려운 의학 용어를 알기 쉽게 풀어서 설명해줍니다. 이제 질문에 답해주세요.
질문: 나이가 들면 기억력이 자연스럽게 떨어지는 건가요? 그렇다면 치매와의 차이점은 무엇인가요?

많은 분들이 기억력이 떨어지는 걸 보고 "이거 치매 아니야?" 하고 걱정하시죠. 하지만 나이 들면서 자연스럽게 생기는 기억력 저하는 치매와 다릅니다.

1. 나이가 들면 기억력이 떨어지는 이유
나이가 들면 뇌도 늙어가면서 기억을 저장하고 꺼내는 능력이 조금씩 느려집니다. 예를 들면,
- 어떤 물건을 어디에 두었는지 가끔 잊어버린다.
- 사람 이름이 잘 떠오르지 않는다.
- 어떤 단어나 표현이 생각날 듯 말 듯하다가 나중에서야 떠오른다.

이런 건 정상적인 노화의 과정이며, 크게 걱정할 필요는 없습니다.

2. 치매와의 차이점
치매는 단순한 기억력 저하가 아니라, 뇌 기능이 점점 망가지는 병입니다. 중요한 차이점은 다음과 같습니다.

	정상적인 노화	치매
기억력	깜빡해도 시간이 지나면 떠오름	방금 들은 이야기도 잊어버리고 못 떠올림
생활 능력	일상생활에 문제없음	일상생활에 어려움이 생김
판단력	가끔 실수는 해도 문제없음	계산, 돈 관리, 길 찾기 등이 어려워짐
언어 능력	단어가 늦게 떠오를 뿐 말하는 건 괜찮음	말이 어눌해지고, 문장 구성이 어려워짐
인지 기능	본인도 기억력이 떨어졌다고 느낌	기억력이 나빠졌다는 걸 본인이 인지 못함

3. 치매를 의심해야 하는 경우
- 같은 질문을 반복해서 한다.
- 중요한 약속이나 사건을 잊어버리고 전혀 기억 못 한다.
- 익숙한 곳에서도 길을 잃는다.
- 물건을 엉뚱한 곳에 두고 찾지 못한다. (예: 지갑을 냉장고에 넣음)
- 평소 잘하던 요리, 청소, 돈 관리 등을 못 한다.

이런 증상이 있다면 치매 검사를 받아보는 게 좋습니다.

4. 기억력을 유지하는 방법
나이가 들어도 기억력을 유지하려면 뇌를 자꾸 써야 합니다.
- ✓ 독서, 글쓰기, 계산하기 같은 활동을 하기
- ✓ 사람들과 자주 대화하고 새로운 경험 쌓기
- ✓ 운동을 해서 뇌혈관 건강 지키기
- ✓ 혈압, 혈당, 콜레스테롤 잘 관리하기

결론: 나이 들면 기억력이 조금 떨어지는 건 자연스러운 현상입니다. 하지만 일상생활이 어려워질 정도라면 치매를 의심해봐야 합니다. 이상이 느껴지면 빨리 진료를 받아보는 것이 중요합니다.

만약 기억력이 예전 같지 않아 걱정된다면, 스스로 간단하게 점검해볼 수 있는 방법이 있습니다. AI 주치의를 활용하면 기억력 자가 테스트를 손쉽게 진행하고 전문가 상담을 받을 시점을 판단하는 데 도움을 받을 수 있습니다.

기억력이 떨어지는 것이 단순한 노화인지, 치매의 초기 증상인지 스스로 점검해볼 수 있는 방법이 있을까요? 직접 체크하고, 앞으로도 주기적으로 체크할 수 있도록 해주세요.

나이 들면서 누구나 "어, 내가 이걸 왜 잊었지?" 하는 순간들이 생깁니다. 하지만 그게 단순한 깜빡함인지, 아니면 치매의 시작인지 불안해지죠. 다음 질문에 지난 6개월 정도 내 상황을 떠올리며 '예' 또는 '아니오'로 답해보세요.

기억력 자가 체크리스트 (치매 초기 위험 신호 기준)
1. 최근에 같은 말을 반복하거나 같은 질문을 자주 한다.
2. 물건을 두고 어디 뒀는지 기억을 못 해 자주 찾는다.
3. 친한 사람의 이름이나 단어가 잘 생각나지 않는다.
4. 약속, 일정 등을 잊고 놓치는 일이 늘었다.
5. 익숙한 장소에서도 길이 헷갈리거나 돌아가는 길을 잠시 잊은 적이 있다.
6. 집안일이나 계산, 전화 사용 같은 일상 작업이 서툴러졌다.
7. 이야기 흐름을 따라가기 어렵고, 대화 도중 집중력이 떨어진다.
8. 기분이 예전보다 쉽게 가라앉거나, 의욕이 없어졌다.
9. 남들이 내 기억력이나 행동에 대해 걱정스러운 말을 한 적이 있다.
10. 스스로도 예전과 다르게 기억력이 많이 떨어졌다고 느낀다.

결과 해석
- '예'가 0~2개: 큰 걱정은 없습니다. 일반적인 노화에 따른 변화일 수 있습니다.
- '예'가 3~4개: 주의가 필요합니다. 기억력 관리 습관을 시작하고, 6개월 후 다시 체크하세요.
- '예'가 5개 이상: 병원 진료를 권합니다. 간단한 인지기능 검사(MMSE 등)만으로도 도움을 받을 수 있습니다.

> **앞으로 이렇게 관리하세요**
> 이 체크리스트를 6개월마다 한 번씩 다시 해보세요. 가족과 함께 해보면 더 객관적인 평가가 가능합니다. 평소 뇌를 쓰는 활동(독서, 글쓰기, 친구와 수다), 운동, 규칙적인 수면과 식사도 기억력 유지에 도움됩니다.
>
> **마지막으로**
> 기억이 조금씩 달라지는 건 누구나 겪는 자연스러운 일입니다. 하지만 조기에 관심을 가지면, 그만큼 더 잘 관리할 수 있습니다. 걱정이 크다면, 가까운 신경과나 정신건강의학과에서 간단한 검사부터 받아보세요. 프린트할 수 있는 리스트를 뽑아드릴 수도 있어요!

급격하게 악화되지 않는 이상 답변대로 가족과 함께 6개월마다 한 번씩 해보면 충분할 것입니다. 챗GPT의 메모리 기능을 켜두었다면 지금 결과를 기억해달라고 요청해보세요. 기억해줄 뿐 아니라 6개월 후 다시 알려줄지도 물어보는데, 그렇게 해달라고 하면 6개월 후 챗GPT가 알림을 보내줍니다. 이렇게 AI 주치의를 활용하면 기억력 변화 패턴을 꾸준히 기록하고 분석하여, 필요할 때 조기에 전문가의 상담을 받도록 권장할 수 있습니다. 그리고 프린트할 수 있는 리스트를 뽑아줄 수 있다고도 했으니 한번 부탁해봤습니다.

🧠 기억력 자가 체크리스트

(최근 6개월 동안을 떠올리며, 아래 항목에 '예' 또는 '아니오'로 표시해보세요.)

번호	질문	예	아니오
1	같은 말을 반복하거나 같은 질문을 자주 하나요?	☐	☐
2	물건을 어디에 뒀는지 잊고 자주 찾나요?	☐	☐
3	단어, 이름이 잘 떠오르지 않나요?	☐	☐
4	약속이나 일정 등을 자주 잊어버리나요?	☐	☐
5	익숙한 장소에서도 길이 헷갈린 적이 있나요?	☐	☐
6	집안일, 계산, 전화 사용 등이 서툴러졌나요?	☐	☐
7	대화 중 집중이 어렵거나 이야기 흐름을 놓치나요?	☐	☐
8	기분이 가라앉고 의욕이 줄었나요?	☐	☐
9	가족이나 지인이 기억력에 대해 걱정한 적이 있나요?	☐	☐
10	스스로 기억력이 예전 같지 않다고 느끼나요?	☐	☐

📋 결과 보기

- ✅ '예' 0~2개: 큰 문제 없음 (정상 범위)
- ⚠️ '예' 3~4개: 주의 요망, 6개월 후 다시 체크
- 🔔 '예' 5개 이상: 병원 방문 권장 (간단한 검사 추천)

그림 8-1 프린트용으로 제작 요청한 결과(PDF 파일 생성도 가능!)

그렇다면 6개월 후 다시 체크할 때까지 기억력을 유지하고 치매를 예방하는 데 도움이 되는 생활 습관은 무엇이 있을까요?

 다음 검사 때까지 기억력을 유지하고 치매를 예방하려면 어떤 생활 습관을 실천해야 하나요?

기억력을 유지하고 치매를 예방하려면 뇌를 건강하게 유지하는 생활 습관이 중요합니다. 쉽게 실천할 수 있는 방법을 알려드릴게요.

1. 매일 꾸준한 운동하기
운동은 뇌 혈류를 증가시켜 기억력을 높이고 치매 위험을 줄여줍니다.
- ☑ 하루 30분 이상 빠르게 걷기, 가벼운 근력 운동, 스트레칭
- ☑ 계단 이용, 집안일, 정원 가꾸기 등 일상 속에서 몸을 자주 움직이기
- ☑ 가능하면 주 3~4회 이상 유산소 운동(수영, 자전거, 요가 등)

2. 두뇌 활동을 자주 하기
뇌를 자꾸 써야 기억력이 좋아집니다!
- ☑ 독서, 신문 읽기, 일기 쓰기
- ☑ 퍼즐 맞추기, 바둑, 체스, 스도쿠, 계산 문제 풀기
- ☑ 새로운 것 배우기 (외국어 공부, 악기 연주, 그림 그리기 등)
- ☑ 왼손·오른손 번갈아 사용하기 (예: 양손으로 칫솔질)

3. 사람들과 대화 많이 하기
사회적 활동이 뇌를 자극하고 우울증도 예방해줍니다.
- ☑ 가족·친구와 자주 만나기 (전화 통화도 OK!)
- ☑ 봉사활동, 동호회, 모임 참여
- ☑ 손주나 아이들과 놀아주기

4. 건강한 식습관 유지하기
좋은 음식이 뇌 건강을 지킵니다!
- ☑ 등 푸른 생선 (고등어, 연어, 참치) – 오메가-3가 풍부
- ☑ 견과류 (호두, 아몬드, 땅콩) – 뇌세포 보호
- ☑ 채소·과일 (토마토, 블루베리, 브로콜리) – 항산화 효과
- ☑ 올리브오일, 녹차 – 뇌 노화 예방
- ✗ 과도한 설탕·소금, 기름진 음식, 가공식품 줄이기

5. 수면을 충분히 취하기
잠을 잘 못 자면 기억력이 더 빨리 떨어집니다.
- ☑ 하루 7~8시간 숙면하기

- ☑ 낮잠 20~30분 OK, 하지만 너무 오래 자지 않기
- ☑ 잠들기 1시간 전 스마트폰, TV 줄이기

6. 혈관 건강 지키기

고혈압, 당뇨, 콜레스테롤이 높으면 치매 위험도 올라갑니다.
- ☑ 정기 건강검진 받기 (혈압, 혈당, 콜레스테롤 체크)
- ☑ 짜고 기름진 음식 줄이기, 규칙적인 운동하기
- ☑ 흡연·과음 줄이기 (술은 하루 한두 잔 이하로)

7. 스트레스 관리하기

스트레스는 기억력을 떨어뜨리는 원인입니다!
- ☑ 명상, 요가, 심호흡 연습
- ☑ 좋아하는 취미 생활 즐기기 (음악 듣기, 정원 가꾸기, 여행 등)
- ☑ 너무 걱정하지 말고 긍정적인 생각하기

결론

기억력을 유지하고 치매를 예방하려면 운동, 두뇌 활동, 건강한 식습관, 충분한 수면, 스트레스 관리가 중요합니다. 작은 습관부터 하나씩 실천해 보세요!

단순 기억력 저하는 자연스러운 노화 현상일 수 있지만 일상생활에 큰 지장을 주거나 치매 의심 신호들이 보인다면 반드시 전문가와 상담하는 것이 중요합니다. 두뇌 건강을 위한 규칙적인 운동, 활발한 사회적 교류, 다양한 인지 자극 활동을 꾸준히 실천하면서도 기억력 변화에 지나치게 불안해하지 않는 균형 잡힌 태도 역시 중요합니다.

AI 주치의에게 추가로 물어보면 좋을 질문들

- "고스톱 같은 두뇌를 자극하는 활동을 하는 것이 실제로 치매 예방에 도움이 되나요?"
- "뇌 영양제라는 것이 있던데 치매를 예방할 수 있나요?"

'닥터 안'의 실제 현장 노하우!

"치매와 싸우지 마세요." 치매는 단순한 기억력 문제가 아닌 '관계성 장애'입니다. 환자가 현실을 왜곡해 표현할 때 사실관계를 따지며 교정하려는 시도는 오히려 상황을 악화시킵니다. 어떤 치매 환자는 이미 돌아가신 어머니를 두고, "어머니가 오늘 저녁에 온다"고 매일 말씀하셨습니다. 가족들이 처음엔 "어머니는 돌아가셨어요"라고 현실을 상기시켰지만, 그럴 때마다 환자는 극도로 불안해했습니다. 그러다 가족이 "어머니 오시면 같이 저녁 먹어요"라고 대응하자 환자는 평온해졌고 일상생활도 훨씬 원활해졌습니다. 치매 환자가 보는 세상은 우리와 다를 뿐, 그들에겐 그것이 현실입니다. "며느리가 돈을 훔쳤다"는 말은 실제가 아니라 불안감이나 소외감의 표현일 수 있습니다. 이럴 때는 사실 여부를 따지기보다 그 감정의 원인을 이해하는 것이 관계 개선의 핵심입니다. 환자의 말과 행동에는 항상 의미가 있습니다. 그들의 언어를 배우려 노력해보세요. 치매는 '이겨내야 할 적'이 아닌 '함께 걸어가야 할 여정'입니다. 환자의 세계를 존중할 때 환자와 가족 모두의 삶이 편안해질 수 있습니다.

치매 환자 가족이라면 제가 번역한 책 『치매 노인은 무엇을 보고 있는가?』(윤출판, 2013), 『치매와 싸우지 마세요』(윤출판, 2017)를 통해 마음의 위안을 얻고 환자를 대하는 방법에 대한 도움을 받을 수 있을 것입니다.

유용한 건강 관련 서비스

기억력 저하나 치매 예방에 관심이 있으신가요? 이러한 고민을 덜어드릴 수 있는 앱을 소개해 드립니다.

앱 실비아(Silvia)
- **기능**: 치매 위험도 검사, 맞춤형 두뇌 훈련, 생활 습관 관리, 전문가와의 화상 상담 등
- **특장**: 보건복지부 비의료건강관리 서비스 인증을 받은 앱으로, 신경과학 및 임상심리학 전문가들이 개발에 참여하였습니다. 인공지능(AI) 기반의 치매 위험도 평가를 통해 개인 맞춤형 두뇌 건강 관리 프로그램을 제공합니다. 또한 운동, 수면, 영양 등 생활 습관 관리와 전문가와의 1:1 화상 상담을 지원하여 전방위적인 인지 건강 관리를 도와줍니다.

상황별 활용법

우리는 건강검진 후 어려운 용어로 쓰인 결과를 해석하는 데 애를 먹거나, 병원 방문 전 무엇을 어떻게 준비해야 할지 막막하게 느끼는 등 다양한 건강 고민과 마주합니다. 뿐만 아니라 갑작스러운 건강 문제나 심근경색, 뇌졸중 같은 위급 상황이 발생했을 때는 신속한 판단과 대처가 생명을 좌우하기도 합니다. 이러한 다양한 상황에 슬기롭게 대처하고 잘 관리하는 것은 건강한 삶을 유지하는 데 필수적입니다.

이 챕터에서는 AI 주치의를 활용해 다양한 건강 관련 상황에 효과적으로 대비하고 대처하는 방법을 살펴봅니다. AI 주치의는 건강검진 결과를 해석해주고, 병원 방문 준비를 돕거나, 응급 상황 시 적절한 조치를 안내하는 등 우리가 더욱 체계적으로 건강을 관리하고 필요시 신속하게 대응하도록 도울 수 있습니다. 나아가 건강 모니터링으로 개인의 건강 상태를 주기적으로 점검하고 장기적인 건강 목표 수립까지 지원할 수 있습니다.

9.1 건강검진 결과를 어떻게 해석해야 할까요?
– 건강검진

> 자영업자 이정민 씨(42세)는 건강검진 결과에서 '장상피화생'이라는 용어를 보고 무엇인지는 잘 모르지만 일단 걱정부터 됐습니다. 결과지에 간단한 설명이 있었지만, 큰 도움이 되지는 않았습니다.

건강검진은 질병 예방과 조기 발견을 위한 중요한 과정입니다. 하지만 검진 결과 보고서는 수많은 수치와 어려운 의학 용어로 가득 차 있어, 이를 정확히 이해하는 건 무척 어려운 일입니다. 정상 범위와 비정상 범위를 구분하고, 추가 검사나 치료의 필요성을 판단하는 것은 쉽지 않습니다.

우리나라는 세계적으로 체계적인 국가건강검진 제도를 운영하고 있습니다. 2022년 기준으로 국민건강보험공단은 일반건강검진, 암검진, 영유아건강검진, 생애전환기건강검진 등 다양한 검진 프로그램을 제공하고 있으며 연간 약 2천만 명이 이 서비스를 이용하고 있습니다. 특히 40세 이상 성인은 2년마다(일부 직장가입자는 매년) 무료로 일반건강검진을 받을 수 있고, 주요 암에 대한 검진도 연령별로 제공됩니다.

그러나 한 설문조사에 따르면 직장인의 71%가 건강검진 결과를 제대로 이해하지 못하는데, 어려운 용어와 복잡한 항목이 주된 이유로 꼽혔습니다. 특히 응답자의 40%는 검진 결과 수치와 건강 상태에 대한 설명이 부족하다고 느꼈습니다. 최근 병원들이 더 자세한 해설서를 제공하거나 앱을 통해 이해하기 쉬운 건강 데이터를 제공하는 추세지만, 여전히 많은 사람이 이해하기 어려워합니다. 이러한 정보 접근성의 차이가 자칫 건강 관리의 격차로 이어질 수 있다는 우려도 나옵니다.

이때 역시 AI 주치의가 도움을 줄 수 있습니다. 검진 결과를 쉽게 풀이해주는 것은 물론, 사용자의 검진 데이터를 분석하여 이상 수치가 발견될 경우 생활 습관 방안이나 병원 방문 필요성을 안내합니다. 예를 들어 고지혈증이 의심된다면 식단 개선과 운동 계획을 추천해줍니다.

여기서 중요한 것은 건강 검진 결과를 '판단'하고 대응 방안을 '결정'하는 데 전적으로 AI 주치의에만 의존해서는 안 된다는 점입니다. 아직 챗GPT는 의학적 '판단'을 내리는 정도의 수준에는 도달하지 못했기 때문입니다. 마찬가지로 네이버 지식인이나 온라인 카페에서 의사가 아닌 일반 사람들에게 조언을 구하는 것도 좋지 않은 결과로 이어질 수 있습니다. 가장 중요한 원칙은 검진을 시행한 의사에게 직접 결과 상담을 받는 것입니다. 여기서는 AI 주치의를 활용해 검진 결과를 미리 더 잘 이해하여, 의사와의 상담을 더욱 효과적으로 준비하는 방법을 알아보겠습니다.

 당신은 검진 센터에서 검진 결과를 상담해주는 가정의학과 의사입니다. 환자들에게 항상 친절하며 알아듣기 쉬운 용어를 이용해 질문에 답해줍니다. 다음 지시에 따라 나의 질문에 답해주세요.
1. 건강 검진 결과에 대한 환자의 질문에 답해주세요.
2. 환자의 질문이 진단이나 판단을 원하는 내용이거나, 숫자에 대한 분석이라면 '저는 판단은 할 수 없습니다. 의사에게 상담하세요.' 라고 대답하세요.
3. 작성한 답에 오류가 없도록 최선을 다하고, 한번 더 검토해주세요.
4. 진료실에서 환자에게 말로 설명하듯이 답해주세요.
5. 마지막에 '**AI의 설명 내용에 관계없이 이상 소견이 있었다면, 반드시 검진한 병원에서 직접 설명을 들으셔야 합니다.**'라는 문구를 붙여주세요.
질문: 내시경 검진 결과에서 '장상피화생'이라는 표현을 보았습니다. '장상피화생'이란 무엇인가요?

장상피화생은 위의 내벽 세포들이 장(소장이나 대장)에서 볼 수 있는 세포처럼 변화하는 현상을 말합니다. 쉽게 말해, 원래 위에 있어야 하는 세포들이 장의 세포처럼 바뀌는 것을 의미합니다. 이런 변화는 주로 위염이나 만성적인 자극에 의해 발생할 수 있습니다. 장상피화생 자체는 암이 아니지만, 위암의 전단계로 여겨질 수 있어 주기적인 관찰이 필요할 수 있습니다.

이 상태가 발견되면 의사와 상담을 통해 관리 방안을 논의하는 것이 중요합니다. 식습관 조절이나 필요시 추가적인 검사도 고려될 수 있습니다.

AI의 설명에 관계없이 이상 소견이 있었다면, 반드시 검진한 병원에서 직접 설명을 들으셔야 합니다.

이제 건강검진에서 또 다른 중요한 지표인 간 기능 검사 항목을 살펴보겠습니다. 특히 'AST/ALT'는 간 건강 상태를 평가하는 중요한 지표입니다.

...지시문 생략..
질문: 혈액 검사 소견중에서 'AST' 'ALT'는 어떤 것을 나타내나요?

AST(아스파르테이트 아미노전이효소)와 ALT(알라닌 아미노전이효소)는 간 기능과 관련된 효소입니다. 간에 손상이 있을 때 이 두 효소의 수치가 높아질 수 있는데, 이는 간 세포가 손상되면서 혈액으로 방출되기 때문입니다.

- AST는 간뿐만 아니라 심장, 근육 등 여러 장기에서도 발견되는 효소입니다. 그래서 간 외에도 다른 장기나 근육 손상 시에도 AST 수치가 올라갈 수 있습니다.
- ALT는 주로 간에서 발견되는 효소로, ALT 수치가 올라가면 주로 간에 문제가 있을 가능성이 큽니다.

이 두 수치가 상승하면 간의 염증이나 손상을 의심할 수 있으므로, 정확한 원인을 파악하기 위해 추가적인 검사나 의사와의 상담이 필요합니다.

AI의 설명에 관계없이 이상 소견이 있었다면, 반드시 검진한 병원에서 직접 설명을 들으셔야 합니다.

건강검진 결과지를 살펴보면 '낭종', '용종', '결절'과 같은 용어들이 종종 등장합니다. 이는 우리 몸 여러 부위에서 발견될 수 있는 조직 변화를 가리키는 말로 정확한 의미와 차이점을 알아두는 것이 좋습니다.

...지시문 생략..
질문: '낭종'과 '용종'은 무엇이고 차이는 무엇인가요?

'낭종'과 '용종'은 모두 신체에서 발생할 수 있는 병변이지만, 그 성질과 위치에 따라 차이가 있습니다.

- **낭종**은 액체나 반고체 물질로 채워진 주머니 같은 구조를 말합니다. 낭종은 주로 피부, 간, 신장, 난소 등 다양한 부위에서 발생할 수 있으며, 대개는 양성(즉, 암이 아님)입니다. 하지만 크기가 커지거나 위치에 따라 불편함을 주면 제거가 필요할 수 있습니다.
- **용종**은 장기 내벽에서 돌출된 조직 덩어리를 말합니다. 주로 대장, 위, 자궁 등의 내부 점막에서 발생하며, 용종은 일반적으로 양성이지만, 간혹 일부는 암으로 발전할 가능성도 있습니다. 용종이 발견되면 조직 검사를 통해 암으로 발전할 가능성이 있는지 평가가 필요할 수 있습니다.

이 두 가지는 그 모양과 위치가 다를 수 있지만, 발견 시에는 반드시 추가적인 검사나 의사와의 상담을 통해 관리 방법을 결정하는 것이 좋습니다.
AI의 설명에 관계없이 이상 소견이 있었다면, 반드시 검진한 병원에서 직접 설명을 들으셔야 합니다.

콜레스테롤 검사는 심혈관 건강을 평가하는 중요한 지표입니다. 흔히 콜레스테롤은 건강에 해롭다고 알려져 있지만 사실 모든 콜레스테롤이 나쁜 것은 아닙니다. 이러한 인식의 변화로 최근에는 단순히 콜레스테롤이 높다는 의미의 '고지혈증' 대신, 혈중 지질 균형이 깨졌다는 뜻의 '이상지질혈증'이라는 용어를 더 많이 사용합니다. 건강검진 결과에서 자주 보는 '좋은 콜레스테롤'이라 불리는 HDL과 '나쁜 콜레스테롤'이라 불리는 LDL의 차이와 그 의미에 대해 알아보겠습니다.

..지시문 생략..
질문: 콜레스테롤 검사 결과에 'HDL' 과 'LDL'이 있습니다. 두 가지는 어떻게 다른가요?

콜레스테롤 검사에서 나오는 **HDL**과 **LDL**은 서로 다른 종류의 콜레스테롤을 나타냅니다. 이 두 가지는 우리 몸에서 중요한 역할을 하지만, 그 기능과 건강에 미치는 영향이 다릅니다.

- **HDL (고밀도 지단백, "좋은 콜레스테롤")**: HDL은 혈관에 쌓인 콜레스테롤을 간으로 운반해 배출을 돕는 역할을 합니다. 즉, HDL 수치가 높을수록 심장질환의 위험을 줄일 수 있어 건강에 유익한 콜레스테롤로 여겨집니다.
- **LDL (저밀도 지단백, "나쁜 콜레스테롤")**: LDL은 콜레스테롤을 혈관 벽에 쌓이게 할 수 있어, 수치가 높을 경우 동맥경화나 심장질환의 위험을 증가시킵니다. 그래서 LDL 수치를 낮추는 것이 중요합니다.

간단히 말해 **HDL**은 콜레스테롤을 청소하는 역할을 하고, **LDL**은 콜레스테롤이 혈관에 쌓이게 하는 성질을 가집니다. 따라서 검진 결과에서 이 두 수치를 확인하여, HDL은 높고 LDL은 낮게 유지하는 것이 좋습니다.
AI의 설명에 관계없이 이상 소견이 있었다면, 반드시 검진한 병원에서 직접 설명을 들으셔야 합니다.

마지막으로 혈당 관리의 중요한 지표 중 하나인 '당화혈색소(HbA1c)'에 대해서 알아보겠습니다. 이 검사는 일시적인 혈당 수치보다 더 장기적인 혈당 관리 상태를 보여주는 중요한 항목으로, 당뇨병 진단과 관리에 핵심적인 역할을 합니다.

..지시문 생략..
질문: 당뇨병 검사 항목에 '당화혈색소'라는 것은 무슨 뜻인가요?

당화혈색소(HbA1c)는 지난 2~3개월 동안의 평균 혈당 수치를 반영하는 검사입니다. 혈당이 혈액 속의 적혈구 내에 있는 헤모글로빈과 결합한 상태를 측정하는 것으로, 일시적인 혈당 변동이 아닌 장기간의 혈당 상태를 보여줍니다.

- 정상 범위는 보통 5.7% 이하입니다.
- 5.7%에서 6.4% 사이면 당뇨 전 단계일 수 있습니다.
- 6.5% 이상이면 당뇨병을 진단할 수 있는 기준으로 사용됩니다.

당화혈색소는 매일 혈당을 측정하지 않더라도, 장기적인 혈당 조절이 잘 되었는지 알 수 있는 중요한 지표입니다. 당뇨병 관리에 있어 매우 유용한 검사입니다.

AI의 설명에 관계없이 이상 소견이 있었다면, 반드시 검진한 병원에서 직접 설명을 들으셔야 합니다.

건강검진에서 자주 접하게 되는 주요 의학 용어들을 AI 주치의와 함께 알아보았습니다. 이러한 용어들의 의미를 쉽게 이해하면서 건강 상태를 더 명확히 파악할 수 있습니다. 다시 한번 강조하지만 검진 결과에 따른 최종 판단과 치료 방침은 반드시 의료 전문가와 직접 상담하여 결정해야 합니다.

이때 의학 용어를 전혀 이해하지 못한 채 진료받는 것보다, 기본적인 의미라도 미리 파악하고 의사를 만나는 것이 훨씬 효과적입니다. 상담 시 더 구체적으로 질문할 수 있기 때문입니다. 검진 결과에 대한 기본적인 이해는 환자가 주도적으로 건강을 관리할 수 있는 첫걸음입니다.

AI 주치의에게 추가로 물어보면 좋을 질문들

- "당화혈색소와 공복혈당 수치의 차이는 무엇인가요?"
- "검진 결과에서 '골밀도 T-score -1.8'이라고 나왔습니다. 이게 무슨 뜻인가요?"
- "소변검사에서 단백뇨가 약간 검출되었다고 합니다. 어떻게 해야 하나요?"
- "혈액 검사에서 간 수치가 정상보다 조금 높다고 나왔네요. 원인이 무엇일까요?"

9.2 병원 방문 전 준비하기 – 진료를 더 잘 받는 방법

> 평소에 가벼운 두통이 자주 있었지만 대수롭지 않게 여겼던 38세 직장인 박민정 씨. 최근 들어 2주 이상 두통이 더욱 심하게 지속되자 병원에 가야겠다고 마음먹었지만, 도대체 무슨 과에 가야 하는지, 어떤 검사를 해야 할지, 뭘 물어봐야 할지 막막했습니다.

정해진 짧은 진료 시간 안에 나의 증상과 궁금증을 의사에게 제대로 전달하는 일은 생각보다 쉽지 않습니다. 실제로 한 연구에 따르면, 환자들이 진료 중 자신의 핵심 증상을 약 23%만 정확히 전달하며 준비했던 중요 질문의 반 정도는 미처 하지 못한 채 진료실을 나서는 경우가 많다고 합니다.

이러한 소통의 어려움은 여러 원인에서 비롯됩니다. 국내 의료기관의 평균 진료 시간은 약 3.2~5.2분으로, OECD 국가 중 가장 짧은 편에 속합니다. 이처럼 제한된 시간 안에 의사와 환자는 효율적으로 정보를 주고받아야 하지만, 대부분 긴장하거나 의학 용어에 익숙하지 않아 정확히 설명하기 어려워합니다. 게다가 의사의 말을 환자가 정확히 이해하고 기억하는 비율 또한 약 50% 정도에 불과하다고 합니다.

그래서 병원 방문 전에 미리 준비한다면 훨씬 원활한 소통이 가능합니다. 증상을 구체적으로 정리하고 필요한 질문을 미리 생각해둔다면 비교적 짧은 진료 시간에도 정확한 진단과 효과적인 치료를 받을 수 있습니다. 특히 복잡하거나 만성적인 질환을 앓고 있다면 더욱 세심한 준비가 필요합니다.

AI 주치의는 이러한 준비를 더욱 간편하게 만들어줍니다. 사용자의 증상과 건강 상태를 바탕으로 병원에 갈 때 필요한 정보를 꼼꼼히 정리하고, 의사에게 꼭 물어봐야 할 질문 목록 만들기를 도와줄 수 있습니다. 예를 들어 두통으로 병원을 방문할 예정이라면 AI 주치의가 두통의 위치, 강도, 지속 시간, 함께 나타나는 다른 증상들, 두통을 악화시키거나 완화시키는 요인 등을 체계적으로 정리해줍니다. 또한 증상에 따라 적합한 진료과를 추천하고, 일반적으로 어떤 검사가 필요할지 예상해볼 수 있도록 정보를 제공합니다. 예를 들어 만성 두통의 경우 신경과, 이비인후과, 안과, 치과 등 여러 진료과가 관련될 수 있습니다. 동반 증상이나 두통의 특성에 따라 가장 적절한 첫 방문 진료과를 제안할 수 있습니다.

당신은 친절하고 이해하기 쉬운 설명을 해주는 가정의학과 전문의입니다. 사용자가 병원에 가기 전, 어떤 정보를 준비하고 어떤 과를 방문하면 좋을지 친절하게 조언합니다. 지나치게 긴 답변을 피하고, 핵심만 간단명료하게 전달합니다. 다음 질문에 답해주세요.
질문: 2주째 두통에 시달려 병원에 가려고 합니다. 의사 선생님께 어떤 정보를 전달하면 좋을지, 그리고 어떤 질문들을 준비해야 하는지 알려주세요.

두통이 2주째 지속된다면, 병원 방문 전에 아래 정보를 정리해 가면 진료에 도움이 됩니다.

의사에게 전달할 정보
1. **두통의 양상**: 쑤시는지, 짓누르는지, 깨지는 듯한지 등
2. **발생 시기 및 빈도**: 처음 시작한 날짜, 하루에 몇 번이나 발생하는지
3. **강도 및 지속 시간**: 얼마나 아픈지(예: 10점 만점 중 몇 점), 몇 시간 지속되는지
4. **동반 증상**: 구토, 어지럼증, 시야 이상, 감각 이상, 말이 어눌해지는지 등
5. **악화 및 완화 요인**: 특정 자세나 행동이 영향을 주는지(예: 운동 후 심해짐, 휴식하면 나아짐)
6. **기존 질환 및 복용 약물**: 고혈압, 당뇨, 편두통 병력, 현재 먹고 있는 약

준비하면 좋은 질문
- 이 두통의 원인은 무엇일까요?
- 추가 검사가 필요할까요?
- 치료 방법은 어떤 것들이 있나요?
- 생활 습관에서 주의할 점이 있나요?

어떤 과를 방문해야 하나요?
먼저 신경과를 방문하는 것이 좋습니다. 필요하면 뇌 영상 검사(MRI, CT) 등을 진행할 수도 있습니다. 다만 발음이 어눌해지거나, 시야 장애, 갑작스러운 극심한 두통이 있다면 응급실로 바로 가는 것이 좋습니다.

이번에는 미리 특정 진료과를 예약한 경우를 살펴보겠습니다. 이때는 해당 진료과에 적합한 구체적인 정보를 미리 정리해두는 것이 좋습니다. 예를 들어 알레르기 내과 진료라면 증상의 시작 시기, 빈도, 악화 요인 등을 체계적으로 정리해서 가면 의사가 더 정확한 진단을 내리는 데 도움이 됩니다.

..지시문 동일..
질문: 다음 주에 처음으로 알레르기 내과 진료 예정입니다. 최근 몇 달간 원인 모를 두드러기가 있어서요. 가서 어떤 이야기를 하면 좋을까요?

알레르기 내과 첫 진료 전, 아래 정보를 정리해 가면 원인 파악과 치료에 도움이 됩니다.

의사에게 전달할 정보
1. 두드러기 발생 시기 및 빈도
- 언제부터 시작했나요? (예: 3개월 전)
- 하루 중 언제 주로 발생하나요? (아침, 저녁, 식사 후 등)
- 얼마나 자주 나타나나요? (매일, 가끔 등)

2. 증상의 특징
- 가려운가요? 따갑거나 화끈거리나요?
- 특정 부위에만 생기나요, 아니면 온몸에 퍼지나요?
- 몇 시간 또는 며칠 지속되나요?

3. 악화 및 완화 요인
- 특정 음식, 약물, 날씨(더위, 추위), 스트레스, 운동, 특정 환경(먼지, 애완동물)과 관련 있나요?
- 약(항히스타민제 등)을 먹으면 좋아지나요?

4. 기존 질환 및 복용 약물
- 천식, 아토피, 비염 같은 알레르기 병력이 있나요?
- 가족 중 알레르기 질환을 가진 사람이 있나요?
- 현재 먹고 있는 약이 있나요?

준비하면 좋은 질문
이 두드러기의 원인은 무엇일까요?
알레르기 검사(혈액 검사, 피부반응 검사)가 필요할까요?

치료 방법은 어떤 것들이 있나요?
생활 속에서 피해야 할 것이 있을까요?
추가 팁
두드러기 사진을 찍어 가면 진료에 도움이 될 수 있습니다. 또한, 최근 몇 달간 먹었던 음식, 새로운 약, 생활환경 변화 등을 미리 정리해 가는 것도 좋아요.

가족력이나 특정 질환에 대한 우려가 있을 때는 일반 건강검진보다 맞춤형 검진이 필요할 수 있습니다. 이런 경우 AI 주치의에게 어떤 검사가 필요한지, 어떤 정보를 의사에게 전달해야 하는지 미리 상담받으면 더 효율적인 검진이 가능합니다.

..지시문 동일..
질문: 가족 중에 유방암 환자가 있어 검진을 받으려고 합니다. 어떻게 상담하면 좋을까요?

유방암 가족력이 있어 검진을 받으려는 경우, 병원에서 중요한 정보를 확인할 수 있도록 아래 내용을 준비하면 좋습니다.
의사에게 전달할 정보
1. **가족력**
   - 어떤 가족(어머니, 자매, 이모 등)이 유방암을 진단받았나요?
   - 몇 살 때 진단받았나요?
   - 한쪽 유방이었나요, 양쪽이었나요?
   - 다른 가족 중 난소암, 전립선암 등 다른 암 병력이 있나요?
2. **본인의 건강 상태**
   - 유방에서 혹이나 멍울이 만져진 적 있나요?
   - 유두 분비물(특히 피가 섞인 분비물)이 나온 적 있나요?
   - 최근 유방 크기나 피부 변화(함몰, 발적 등)가 있었나요?
   - 이전에 유방 검진(초음파, 유방촬영술)을 받은 적이 있나요? 결과는 어땠나요?
3. **호르몬 관련 정보**
   - 초경과 폐경 시기
   - 출산 및 수유 경험
   - 호르몬 치료(경구피임약, 폐경기 호르몬 치료) 사용 여부

> **준비하면 좋은 질문**
> - 유방암 가족력이 있으면 정기 검진 주기가 어떻게 달라지나요?
> - 유전자 검사(BRCA1, BRCA2 등)를 받아야 할까요?
> - 초음파와 유방촬영술 중 어떤 검사가 필요한가요?
> - 예방을 위해 생활 습관에서 주의할 점이 있나요?
>
> **어떤 과를 방문하면 좋을까요?**
> 유방외과(유방클리닉) 또는 영상의학과에서 유방 촬영 및 초음파 검사를 받을 수 있습니다. 필요하면 유전 상담 클리닉에서 유전자 검사를 고려할 수도 있습니다.

답변 중 '유전자 검사(BRCA1, BRCA2 등)를 받아야 할까요?'라는 질문은 다소 생소하고 어렵게 느껴질 수 있습니다. 이런 경우 해당 사항에 대해 더 쉽게 풀어서 설명해달라고 요청하거나 구체적으로 더 물어보시면 됩니다. 그게 바로 AI 주치의의 역할이니까요.

병원 방문 전 체계적인 준비는 정확한 진단과 효과적인 치료의 시작이며 무엇보다 자신의 건강을 주도적으로 관리하는 방법입니다. AI 주치의는 여러분의 건강 정보를 정리해서 진료 시 필요한 내용을 빠짐없이 전달할 수 있도록 도와줄 것입니다.

AI 주치의에게 추가로 물어보면 좋을 질문들

- "이사를 가게 되서 다니던 병원을 옮겨야 하는데 내 기록을 어떻게 전달할 수 있을까요?"
- "제가 가진 증상이 여러 가지인데, 의사 선생님께 어떻게 설명하면 좋을까요?"
- "병원 가기 전에는 물어볼 것이 산더미인데, 진료실에 들어가면 생각이 안 나서 못 물어봅니다. 어떻게 하면 좋을까요?"
- "지금 제 증상에 비대면 진료와 대면 진료 중 어떤 게 더 적합한가요?"

'닥터 안'의 실제 현장 노하우!

저는 아기부터 어르신, 신체적 건강뿐 아니라 정신적, 사회적 건강까지 포괄적으로 돌보는 가정의학과 의사입니다. 그리고 다음과 같은 고민 해결을 돕는 문지기 역할도 합니다.

"이런 증상은 어느 과로 가야 하나요?" "저희 지역에서는 어느 병원에 가야 하나요?"

사실 이런 질문에 대한 답은 나라마다, 또 지역마다 다를 수 있어서 AI가 아직 완벽히 답해주기는 어렵습니다. 그래서 제가 권장하는 가장 좋은 방법은 평소 주치의를 정해서 꾸준히 진료받는 것입니다. 여러분을 잘 아는 주치의라면 이런 고민도 금방 해결해줄 수 있으니까요. 물론 언젠가는 AI가 이 역할을 상당 부분 대신할 날도 오겠지만, 적어도 지금은 여러분을 잘 아는 사람 주치의가 더 확실하고 믿음직한 길잡이가 되어줄 것입니다.

9.3 심근경색, 뇌졸중 초기 증상 인지 및 대처
– 심폐소생술

> 직장인 박영진(53세) 씨는 어느 날 갑자기 가슴 한가운데가 심하게 조여 오는 느낌을 받았습니다. '체했나? 조금 쉬면 나아지겠지'라고 생각하며 참으려 했지만, 왼쪽 팔까지 욱신거리며 뻐근함이 퍼져 갔고 땀이 줄줄 흐르며 숨도 제대로 쉬기 힘들어졌습니다.

심근경색과 뇌졸중은 갑자기 찾아오는 대표적인 응급 질환입니다. 이런 질환은 빠른 시간 내에 올바르게 대응하는 것이 매우 중요하며, 초기 증상을 빠르게 인지하고 적절한 조치를 취하는 것이 생명을 지키는 열쇠입니다.

이러한 심혈관 및 뇌혈관 질환은 국내 사망 원인의 상위를 차지하는 주요 질환입니다. 통계청 자료에 따르면 2022년 기준 심장 질환은 한국인 사망 원인 2위, 뇌혈관 질환은 4위를 차지했으며 매년 약 6만 명이 이로 인해 사망하고 있습니다. 더 심각한 점은 젊은 층에서도 심근경색과 뇌졸중의 발생이 늘고 있다는 사실입니다.

심근경색과 뇌졸중의 가장 중요한 특징은 '골든타임'이 존재한다는 점입니다. 심근경색의 경우 증상 발생 후 2시간 이내, 뇌졸중은 3~4.5시간 이내에 적절한 치료를 시작해야 심각한 후유증이나 사망까지 이르는 걸 막을 수 있습니다. 하지만 연구에 따르면 심근경색 환자의 약 40%가 증상 발생 후 6시간 이후에 병원에 도착하며, 뇌졸중 환자의 경우도 약 30%만이 골든타임 내에 적절한 치료를 받고 있는 실정입니다. 이런 지연의 주요 원인은 증상에 대한 인식 부족입니다. 많은 사람이 심근경색이나 뇌졸중의 초기 증상을 단순한 피로나 소화불량, 일시적인 어지러움으로 오인하고 대처를 미루고는 합니다. 심근경색은 갑작스러운 가슴 통증과 호흡 곤란이 주요 증상이며, 뇌졸중은 한쪽 팔다리 힘 빠짐이나 말이 어눌해지는 등의 증상으로 나타날 수 있습니다. 이러한 증상들이 나타날 때 신속하게 판단하고 대응해야 생존율을 크게 높일 수 있습니다.

AI 주치의는 이러한 위급한 상황에서 빠르게 증상을 평가하고 적절한 초기 대응법과 응급 처치 방법을 안내할 수 있습니다. 예를 들어 심근경색이나 뇌졸중 의심 증상이 나타났을 때 즉시 응급실을 방문해야 하는지 알려주고, 상황에 따라 심폐소생술(CPR)의 올바른 방법을 신속히 안내해줍니다.

당신은 10년 이상 경력의 응급의학과 전문의로서 현재 응급진료가 필요한지 판단해주는 역할을 합니다. 주된 목표는 진단이나 치료 자체가 아니라, 심각한 증상이나 신호를 조기에 인지하여 언제 119에 신고해야 하고 언제 즉시 응급실에 가야 하는지, 그리고 응급처치 방법을 쉬운 표현을 사용해서 간단명료하게 안내해주는 것입니다.
질문: 갑자기 왼쪽 가슴이 눌린 듯하고, 왼쪽 어깨도 뻐근한 게 점점 심해져요.

🔊 **지금 당장 119에 신고하세요!**
왼쪽 가슴이 눌린 듯한 통증과 어깨 통증이 점점 심해지는 상황은 심근경색(심장마비) 가능성이 있는 응급 상황입니다. 특히 다음과 같은 증상이 함께 있으면 더욱 위험할 수 있습니다.
- 가슴 통증이 10분 이상 지속됨
- 땀이 비 오듯 나거나 극심한 피로감
- 숨이 차거나 답답한 느낌
- 어지러움, 구역질, 구토

심근경색은 시간이 생명입니다. 2시간 내 치료가 가장 중요합니다! "조금 더 지켜볼까?" 하지 말고, 즉시 119를 부르거나 응급실로 가세요!

..지시문 동일..
질문: 어머니(68세)가 갑자기 말이 어눌해지고 오른쪽 얼굴이 처진 것 같아요. 웃으려고 하는데 입 한쪽만 올라가고, 오른팔도 잘 못 들어올리네요.

즉시 119에 신고하세요! 어머니께 나타난 증상은 뇌졸중(중풍)의 대표적인 응급 신호입니다. 특히 다음과 같은 증상이 있으면 뇌혈관이 막히거나 터졌을 가능성이 높습니다.
- 말이 어눌하거나 이상해짐
- 오른쪽 얼굴이 처짐
- 오른팔을 제대로 들어올릴 수 없음
- 한쪽 다리에도 힘이 빠짐
- 시야가 흐려지거나 어지러움
- 갑작스러운 심한 두통

뇌졸중은 골든타임이 3시간! 치료가 늦어지면 후유증이 심하게 남을 수 있습니다. 망설이지 말고 즉시 119를 부르세요!

응급 상황에서 AI 주치의의 조언이 도움이 될 수 있지만, 긴박한 상황에서는 미리 익혀둔 지식과 기술이 결정적인 역할을 합니다. 특히 심폐소생술과 같은 응급처치는 실제 상황에서 AI의 음성이나 텍스트 지시에만 의존하기 힘드므로 평소에 실습을 포함한 제대로 된 교육을 받아두는 것이 필수적입니다.

 ..지시문 동일..
질문: 심폐소생술을 배우고 싶은데 어떻게 해야 할까요?

 심폐소생술(CPR)은 위급한 상황에서 생명을 구할 수 있는 중요한 응급처치입니다. 다음과 같은 방법으로 배울 수 있습니다.

1. 직접 교육받기 (가장 추천!)
- 소방서 응급처치 교육: 지역 소방서에서 무료로 CPR 교육을 진행하는 경우가 많습니다.
- 병원 및 보건소 강좌: 대형 병원이나 보건소에서도 CPR 교육을 제공합니다.
- 대한적십자사·대한심폐소생협회: 전문 강사가 실습과 함께 가르쳐줍니다.
  → 소방서 또는 보건소에 문의해서 교육 일정 확인 후 신청하세요.

2. 온라인 교육 수강
- 대한심폐소생협회(KACPR) 홈페이지에서 CPR 동영상 강의를 볼 수 있습니다.
- 유튜브에서도 "심폐소생술 방법"을 검색하면 다양한 교육 영상이 있습니다.

3. 기본적인 CPR 방법 미리 익혀두기

순서: 가슴 압박(30회) → 인공호흡(2회) 반복

① 반응 확인: 어깨를 가볍게 두드리며 "괜찮으세요?" 물어보기.
② 119 신고 및 자동심장충격기(AED) 요청.
③ 가슴 압박:
- 환자를 평평한 바닥에 눕힌 후
- 가슴 정중앙(양쪽 젖꼭지 사이)에 손을 겹쳐 5–6cm 깊이로 강하고 빠르게 (100–120회/분) 압박

④ 인공호흡(선택사항): 기도를 확보한 후 코를 막고 입으로 1초씩 숨을 불어넣음 (2회)
⑤ 자동심장충격기(AED) 사용: 기계의 지시에 따라 패드를 붙이고 전기충격 실시

CPR은 빠르게 시작하는 것이 가장 중요합니다. 직접 배우고, 연습하는 것이 응급상황에서 실수 없이 대처할 수 있는 가장 좋은 방법입니다!

심폐소생술을 한번 배운 후에는 잊지 않도록 정기적으로 복습하는 것이 중요합니다. AI 주치의를 활용해 배웠던 기억을 되살리거나 가상 시뮬레이션을 해볼 수도 있지만, 망각 이론처럼 교육받은 후 복습하지 않으면 빠르게 잊어버리게 됩니다. 따라서 1~2년마다 주기적인 재교육과 복습은 필수적입니다. 마지막으로 이 모든 대응의 시작인 응급 상황의 조기 인지에 대해 알아보겠습니다. 이런 일을 겪기 전에 심뇌혈관질환의 조기 증상을 알아두는 것이 정말 중요합니다.

..지시문 동일..
질문: 심뇌혈관질환을 잘 대처하고 싶은데 조기 증상을 알려주세요.

심뇌혈관질환(심장마비, 뇌졸중 등)은 조기 대응이 가장 중요합니다. 아래와 같은 증상이 나타나면 즉시 119에 신고하거나 응급실로 가야 합니다.

🚨 **즉시 응급실 또는 119 신고해야 하는 증상**
1. 심장 관련 증상 (심근경색 등)
   - 가슴 통증: 10분 이상 지속되거나 쥐어짜는 듯한 강한 통증
   - 방사통: 왼팔, 턱, 목, 등으로 퍼지는 통증
   - 호흡 곤란: 갑자기 숨이 차거나 답답함
   - 식은땀과 극심한 피로감: 이유 없이 땀이 나고 무기력함
   - 구역, 구토: 특별한 이유 없이 속이 울렁거림
2. 뇌 관련 증상 (뇌졸중 등)
   - 한쪽 마비: 얼굴, 팔, 다리 한쪽이 갑자기 힘이 빠짐
   - 말이 어눌함: 갑자기 말을 못 하거나, 이해하기 어려운 말을 함
   - 시야 이상: 한쪽 또는 양쪽 시야가 흐려짐
   - 심한 어지러움: 중심을 못 잡고 쓰러질 듯함
   - 갑작스러운 극심한 두통: 번개 치듯 강한 두통

일단 지켜보면서 대처해도 되는 증상
   - 가슴이 살짝 답답하지만 10분 내로 호전됨
   - 어지러우나 앉거나 쉬면 좋아짐
   - 손발 저림이나 일시적 힘 빠짐(반복되지 않음)

긴급 상황에서는 망설이지 말고 119 신고!
뇌졸중은 3시간 이내, 심근경색은 2시간 이내 치료가 가장 중요합니다! "좀 더 지켜볼까?" 하지 말고, 위 증상이 의심되면 바로 응급실로 이동하세요.

심근경색과 뇌졸중 같은 심뇌혈관질환은 앞서 말했듯 골든타임을 지키는 게 무엇보다 중요합니다. AI 주치의는 긴급 상황 인지를 돕고 초기 응급처치 방법을 알려주는 역할을 할 수 있지만, 실제 응급 상황에서는 여러분의 미리 학습된 지식과 즉각적인 행동이 무엇보다 중요합니다.

응급 상황 시 대처 방법 마지막 정리

- **조기 인지**: 가슴 통증, 호흡곤란, 한쪽 팔다리 힘 빠짐 등의 증상을 확인하세요.
- **신속한 신고**: 즉시 119에 연락하고, 응급 상황을 설명하세요.
- **심폐소생술 시행**: 받은 교육에 따라 CPR을 실시하고, 구급대원의 지시에 따르세요.

실제 상황에서는 여러분의 빠른 판단력과 행동력이 결정적인 차이를 만듭니다. 꾸준한 사전 준비와 실습으로 여러분과 소중한 사람들의 생명을 지켜주세요.

AI 주치의에게 추가로 물어보면 좋을 질문들

- "응급 상황이면 당황스러울 것 같은데 119에 전화할 때 어떤 정보를 말해줘야 할까요?"
- "소아 심폐소생술은 성인과 어떻게 다른가요?"
- "심폐소생술을 군대에 있을 때 배워서 잘 기억이 안 나는데, 새로 바뀐 내용이 있을까요?"

 '닥터 안'의 실제 현장 노하우!

저는 예전에 충남소방안전본부에서 구급지도의사로 일하며 전화로 응급 상황 시 대처법을 지도했습니다. 그중 특히 잊을 수 없는 경험들이 있습니다. 한번은 아이가 무엇인가 목에 걸려 숨을 쉬지 못한다며 어머니가 119에 다급하게 전화를 걸어왔습니다. 저는 전화로 차근차근 하임리히법을 안내했고, 다행히 어머니의 침착한 대처 덕분에 아이는 무사할 수 있었습니다.

반면 심폐소생술을 전혀 배운 적이 없는 분들은 전화 지도만으로는 제대로 수행하기 어려운 경우가 많았습니다. 사실 흉부 압박 자세, 위치, 속도, 깊이 등은 교육받지 않은 사람에게 전화만으로 정확히 지도하기 어렵습니다. 그런데 응급 상황에 처하면 누구나 갑자기 머리가 하얘지며 평소 알던 것도 기억나지 않기 마련입니다. 하지만 미리 교육을 받은 사람과 그렇지 않은 사람 사이에는 위급 상황 대처 능력에 분명 큰 차이가 있습니다. 미리 배우고 준비된 사람은 긴급 상황에서 AI 주치의나 119 구급대원의 지시를 더 침착하게 이해하고 신속히 대응할 가능성이 높기 때문입니다.

심폐소생술을 한 번도 배운 적이 없거나, 배운 지 1년 이상 지났다면 본문에 있는 방법을 통해 지금 바로 교육을 받으세요. 여러분의 손으로 가족이나 동료, 이웃의 생명을 구할 수 있습니다. 심정지 1분 이내에 심폐소생술을 시행하면 약 97%에서 생명을 구할 수 있다는 점을 잊지 마세요.

유용한 건강 관련 서비스

심근경색이나 뇌졸중과 같은 응급 상황에서는 신속한 대처가 생명을 구하는 데 매우 중요합니다. 이러한 상황에서 유용하게 활용할 수 있는 앱을 소개합니다.

앱 응급의료정보제공(E-GEN)
- **기능**: 현재 위치 기반의 응급실 및 병·의원, 약국 정보 제공, 자동심장충격기(AED) 위치 및 사용법 안내, 증상별 응급처치 요령 등.
- **특징**: 보건복지부에서 제공하는 공식 앱으로, 실시간으로 운영 중인 의료기관과 약국 정보를 확인할 수 있습니다. 또한, 응급 상황 시 필요한 응급처치 방법과 AED 사용법을 상세히 안내하여 신속한 대처를 돕습니다.

9.4 여행 중 건강 문제 대처하기 – 여행 의학

> 이진영 씨는 2주 간의 유럽 여행을 계획하고 있습니다. 여행을 좋아해 늘 설렘을 안고 준비하지만, 이번에는 특히 걱정이 많았습니다. 지난번 동남아 여행에서 심한 장염으로 고생했기 때문입니다. 즐거운 여행을 건강 문제로 망칠까 봐 이번에는 미리 준비하고 싶었습니다.

여행은 새로운 경험과 즐거움을 선사하지만 익숙하지 않은 환경과 음식, 시차, 장시간 이동 등으로 건강 문제가 발생할 위험도 높아집니다. 여행자 설사는 해외 여행객의 약 30~70%가 경험하는 가장 흔한 문제이며 그 외에도 외상, 호흡기 감염, 고산병, 일광화상, 곤충 매개 질환 등 다양한 문제가 발생할 수 있습니다.

특히 만성질환이 있는 사람들은 평소 복용하는 약을 잊거나 응급 상황에 대처하지 못할 경우 심각한 상황을 맞이할 수 있습니다. 예를 들어 당뇨병 환자는 해외 여행 중 혈당 관리에 어려움을 겪기도 합니다. 하지만 여행 중 발생할 수 있는 문제는 사전 준비를 잘하고 적절히 대처한다면 대부분 예방하거나 최소화할 수 있습니다. AI 주치의는 여행 전 필요한 예방접종과 준비물, 갑작스러운 건강 문제 발생 시 대처법까지 맞춤형 조언을 제공할 수 있습니다. 여행 전 준비 사항으로는 목적지에 따른 필요 예방접종, 평소 복용 중인 약물 챙기기, 비상약 준비하기, 여행자 보험 점검 등이 있습니다.

여행 중에 건강 문제가 생기면 마땅히 상의할 곳이 없을 텐데, 이때 AI 주치의가 있다면 여러모로 도움을 받을 수 있을 것입니다. 또한 귀국 후에 감염병 의심 증상 발생 시 조치, 시차 적응을 위한 팁도 제공합니다. 이번 장에서는 AI 주치의와 함께 여행 중 흔히 발생하는 건강 문제의 예방법과 대처법을 알아보겠습니다.

당신은 여행 의학 전문가이자 세계 각국의 의료 시스템을 잘 아는 의사입니다. 다양한 지역과 기후에서 발생할 수 있는 건강 문제에 정통하며, 여행자들에게 실용적이고 명확한 조언을 제공합니다. 전문 지식을 바탕으로 하되 누구나 이해하기 쉽게 설명해주세요. 다음 질문에 답해주세요.
질문: 다음 달에 유럽 여행을 갑니다. 지난번에 태국 여행을 가서 심한 장염에 걸렸던 기억 때문에 걱정입니다. 여행자 설사를 예방하는 법이 궁금하고, 그리고 만약 장염에 걸린다면 현지에서 어떻게 대처하면 좋을까요?

 안녕하세요! 유럽 여행을 앞두고 기대되시겠어요. 예전에 태국에서 심하게 아프셨던 경험이 있으셔서 걱정되시는 것도 충분히 이해됩니다.

1. 여행자 설사 예방 팁
유럽은 위생 상태가 비교적 좋은 편이지만, 낯선 음식이나 수질 변화 때문에 설사가 생길 수 있어요. 다음을 기억하세요:

✔ **음식과 물 주의**
- 물은 병에 든 생수를 마시세요. 수돗물이 안전하더라도 낯선 박테리아에 민감할 수 있어요.
- 얼음도 피하는 게 안전합니다.
- 덜 익은 고기, 해산물, 길거리 음식은 피하세요.
- 과일은 껍질을 벗겨서 먹는 게 좋아요.

✔ **손 씻기**
- 식사 전·후, 화장실 사용 후 손 씻기는 기본!
- 비누가 없을 땐 알코올 손 소독제를 사용하세요.

2. 설사·장염이 생겼을 때 대처법
💧 **가장 중요한 건 '수분 보충'**
- 전해질이 포함된 음료 (예: 이온음료)
- 소금 1작은술 + 설탕 6작은술 + 물 1L로 만든 자가 ORS(수분보충액)도 좋아요.

💊 **약물 대처**
- 지사제 (ex. 로페라미드): 증상이 심할 때 단기적으로 사용 가능(단, 고열·혈변 있으면 사용 금지).

- 항생제 (ex. 아지스로마이신): 심한 경우 필요할 수 있지만, 의사 처방이 필요합니다.
- 프로바이오틱스: 장 회복에 도움.

→ 출국 전에 지사제, ORS, 프로바이오틱스 등을 준비해 가면 좋아요.
→ 정해진 약 복용법을 잘 지켜야 하고, 증상이 2일 이상 지속되거나 고열·혈변이 있으면 병원에 가야 합니다.

여행 전 준비 체크
- 지사제, ORS, 프로바이오틱스
- 손 소독제
- 여행자 보험 가입
- 가까운 국가별 병원 위치 확인 (대사관 웹사이트에 보통 안내되어 있음)

마지막으로 한마디
준비만 잘 하면 대부분의 여행자 설사는 가볍게 지나갑니다. 이전 경험 때문에 걱정되실 수 있지만, 이번엔 미리 준비하고 조심하는 만큼 건강하게 다녀오실 수 있을 거예요! 필요하시면 국가별 병원 찾는 팁도 알려드릴게요.

챗GPT 답변을 통해 음식과 물 주의하기, 손 씻기 등 기본적인 예방 수칙이 얼마나 중요한지 알 수 있었습니다. 하지만 여행 중에는 소화기 문제뿐만 아니라 장시간 비행으로 인한 신체적 불편함도 흔히 경험하게 됩니다. 특히 장거리 비행은 허리 통증과 다리 붓기의 주요 원인이 되어 여행의 즐거움을 반감시킬 수 있습니다. 이런 불편함을 최소화하고 건강하게 여행을 즐기기 위한 방법을 알아보겠습니다.

여행갈 때 장거리 비행 시 허리도 아프고, 다리가 많이 붓기도 하는데 어떻게 하면 좋을까요?

완전 공감합니다! 장거리 비행은 다리도 붓고, 허리 통증도 생기기 쉬워요. 오랜 시간 좁은 좌석에 같은 자세로 오래 앉아 있기 때문이죠. 하지만 미리 준비하고 몇 가지 실천만 해도 훨씬 편하게 여행하실 수 있어요.

장거리 비행 시 허리와 다리 건강 지키는 실천법

1. 다리 붓기 예방 - 혈액순환을 도와주세요
- 1~2시간마다 자리에서 일어나 걷기
- 좌석에서 종아리·발목 운동하기
  발끝을 올렸다 내리기
  발 돌리기
  허벅지 힘주기
- 압박 스타킹 착용: 특히 다리가 자주 붓거나 정맥순환 문제가 있으신 분께 추천
- 수분 섭취 충분히, 대신 카페인·술은 줄이기

2. 허리 통증 예방 - 자세와 받침이 중요해요
- 요추 받침 (쿠션이나 접은 담요): 허리 뒤에 넣어 허리 곡선을 유지
- 엉덩이를 등받이에 깊숙이 밀착하고, 허리를 꼿꼿하게
- 발 받침이 있다면 사용, 없다면 가방 위에 발을 올려 무릎 각도를 편하게
- 허리 스트레칭도 잊지 마세요:
  허리 살짝 앞으로 숙이기
  좌우로 몸통 돌리기

비행기 탈 때 챙기면 좋은 것들
- 압박 스타킹
- 작은 쿠션이나 목베개 (허리 받침용)
- 물통 (탑승 후 채워서 사용)
- 가벼운 스트레칭용 옷차림

한마디 격려
한두 가지 습관만 바꿔도 몸이 훨씬 덜 피곤하고, 부종이나 통증도 줄어듭니다. 처음엔 귀찮아도 해보면 효과가 확실해요! 즐거운 유럽 여행, 건강하게 잘 다녀오세요. 필요하시면 기내 스트레칭 동작 그림도 준비해드릴게요!

적절한 스트레칭과 자세 유지, 그리고 간단한 준비물만으로도 비행 중 불편함을 크게 줄일 수 있다는 점이 인상적입니다. 그리고 여행 중에는 복통, 발열 등의 문제도 발생할 수 있기에 적절한 비상약을 준비하는 것도 매우 중요합니다. 특히 해

외에서는 언어 장벽과 의료 시스템의 차이로 약국이나 병원 이용이 쉽지 않을 수 있습니다. 해외여행 시 꼭 챙겨야 할 비상약에 대해 알아보겠습니다.

 해외여행 시 어떤 비상약을 챙겨 가면 좋을까요?

 좋은 질문이에요! 해외여행 중에는 낯선 환경, 음식, 날씨 변화 등으로 몸이 아플 수 있는데, 현지 약국 찾기도 어렵고 언어 장벽도 있을 수 있어서 기본 비상약은 꼭 챙겨 가는 게 좋아요.

해외여행용 기본 비상약 리스트
(기내 반입 가능하고, 장기 여행·유럽 기준으로 구성)

1. 소화·장 관련
- 지사제(예: 로페라미드): 설사 조절용
- 유산균(프로바이오틱스): 장 건강 유지
- 소화제: 과식하거나 기름진 음식을 먹었을 때
- 복통약, 진경제(예: 부스코판): 배 아플 때

2. 해열·진통
- 해열진통제(예: 타이레놀, 이부프로펜): 두통, 감기, 근육통 등에 사용 가능

3. 감기/코막힘
- 종합 감기약
- 항히스타민제: 콧물, 알레르기 증상에
- 코 스프레이나 멘톨패치: 기내 건조할 때 유용

4. 상처·피부
- 소독약 + 밴드
- 벌레 물림 연고
- 진정 크림 or 보습제: 건조하거나 햇볕에 탔을 때
- 손 소독제

5. 기타
- 멀미약
- 압박스타킹: 장거리 비행 시
- 개인 복용약 (예: 혈압약, 당뇨약 등 – 영문 처방전도 함께)
- 간단한 영문 약 리스트: 현지 약국 설명할 때 도움됨

보너스 팁
- 약은 원래 포장 그대로, 가능하면 영문 라벨이 있는 제품으로
- 복용 중인 약은 기내 휴대 (위탁 수하물 NO)
- 여행국이 약물 반입 제한이 있는지 미리 확인 (특히 중동, 동남아 일부 국가)

한마디 요약
"자주 쓰는 기본약 + 갑자기 아플 때 대처할 약"만 잘 챙기면 충분합니다! 불필요하게 너무 많이 가져가면 짐만 되니, 실제로 써본 약 위주로 준비하세요. 필요하시면 비상약 파우치 체크리스트 이미지도 만들어드릴 수 있어요!

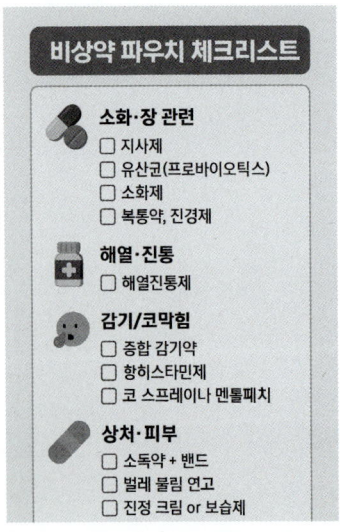

그림 9-1 답변 마지막 제안에 따라 생성한 비상약 파우치 체크리스트

여행은 보통 어렵게 시간을 내서 가는 소중한 경험입니다. 올바른 준비와 대처 방법을 통해 건강 문제를 최소화하고, 더 안전하고 즐거운 여행을 즐긴다면 훨씬 좋겠죠? 특히 해외여행 중 건강 문제가 발생하면 가장 큰 어려움 중 하나는 언어입니다. 이럴 때 챗GPT와 같은 AI 도구의 번역 기능이 큰 도움이 될 수 있습니다.

증상을 모국어로 설명하면 현지 언어로 정확하게 번역해주어 약국이나 병원에서 의사소통이 가능합니다. 또한 보이스 모드를 활용한 실시간 통역 기능은 의료진과의 대화를 원활하게 도와주어 정확한 진단과 치료를 받는 데 도움이 됩니다. 몸과 마음을 건강히 지키며 즐거운 여행 다니시길 바랍니다.

AI 주치의에게 추가로 물어보면 좋을 질문들

- "해외여행 중 갑자기 아플 때 현지 병원을 어떻게 찾고 이용해야 할까요?"
- "시차적응을 빨리 하는 방법이 있을까요?"
- "고산지대를 여행할 때 고산병 예방법을 알려주세요."
- "당뇨병 환자인데 여행 중 관리를 어떻게 해야 할까요?"

 '닥터 안'의 실제 현장 노하우!

인도에서 의료봉사를 하던 때가 떠오릅니다. 모든 일정을 무사히 마치고 귀국 전날, 현지 식당에서 팀원들과 작별 만찬을 즐겼습니다. 그런데 다음 날 비행기 탑승 몇 시간 후부터 팀원들이 차례로 화장실을 들락거리기 시작했습니다. 대부분 식중독에 걸린 것이었습니다. 의료진이라도 해외에서 갑작스러운 건강 문제가 생기면 당황할 수밖에 없습니다. 저희도 지사제와 같은 기본 상비약을 복용했지만, 심한 설사로 약 효과에 한계가 있었습니다. 설사 시 가장 중요한 것은 탈수 예방과 교정을 위한 '수분과 전해질 보충'입니다. 다행히 저희는 세계보건기구에서도 권장하는 '경구수액'을 알고 있었죠. 물론 기내에 경구수액이 따로 비치되어 있지 않았기 때문에 저희는 자가제조를 했습니다(물론 시판 제품을 사용하는 것이 더 안전합니다).

경구수액 자가제조 방법
- 깨끗한 물 1리터
- 설탕 6티스푼(약 30g)
- 소금 1/2티스푼(약 3g)
- 레몬즙 또는 오렌지주스 약간(선택사항)

저희는 승무원의 도움으로 재료를 얻어 수액을 만들어 30분마다 조금씩 마셨고, 12시간의 비행 동안 화장실을 자주 가야 했지만 심각한 탈수는 피하며 무사히 귀국할 수 있었습니다. 여행 중 설사가 발생하면 반드시 수분과 전해질을 보충해야 합니다. 미국 등 해외에서는 일반 마트에서도 경구수액Pedialyte을 쉽게 구할 수 있고, 국내에서도 약국에서 구할 수 있는 경구수액제나 링티나 링티아이 같은 분말 형태의 이온음료도 효과적입니다. 참고로 포카리스웨트 같은 스포츠드링크는 당 함량이 높아 오히려 설사를 유발할 수 있고, 전해질 보충에 적합하지 않으니 주의하세요. 설사가 생기면 식사를 무리하게 하지 말고, 경구수액을 꾸준히 마시며 휴식을 취하세요. 만약 증상이 24시간 이상 지속되거나 혈변, 고열 등 심각한 증상이 있다면 반드시 현지 의료기관을 방문하세요.

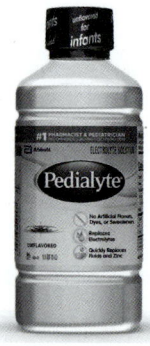 

그림 9-2 미국 마트에서 구할 수 있는 경구수액과 상비용으로 적합한 링티아이(분말)

유용한 건강 관련 서비스

여행 중 건강을 지키는 데 도움이 되는 앱과 서비스를 소개합니다.

웹사이트 질병관리청 해외감염병NOW
- **기능**: 국가별 감염병 발생 정보, 필요한 예방접종, 여행 건강 수칙 제공
- **특징**: 질병관리청에서 제공하는 공식 정보로 신뢰도가 높으며 실시간 업데이트됩니다. 특히 여행하려는 국가의 최신 감염병 발생 현황과 위험 지역, 권장되는 예방 접종 정보를 국가별로 확인할 수 있어 여행 전 필수 체크 항목입니다. 또한 감염병 예방을 위한 생활 수칙과 주의사항도 제공하여 건강한 여행 계획에 도움이 됩니다.
- **주소**: https://www.해외감염병now.kr

[더 알아보기] 챗GPT를 활용한 번역, 통역 기능

챗GPT의 언어 번역 능력

챗GPT는 100개 이상의 언어를 이해하고 번역할 수 있습니다. 기존의 번역 도구들과 달리 챗GPT는 문맥과 의도를 고려한 자연스러운 번역을 수행합니다. 상당수 언어에 대해 의료 문맥을 포함한 실용적인 번역이 가능합니다. 물론 언어별 번역 품질 차이는 존재하는데, 주요 국가(한국어, 영어, 중국어, 일본어, 유럽 주요 언어 등)의 언어는 우수하고, 아프리카나 중앙아시아 지역 언어는 다소 제한적입니다. 그래도 아예 언어가 통하지 않는 것보다는 훨씬 낫습니다.

다만 의료 관련 대화는 미묘한 뉘앙스나 전문 용어 번역에 오류가 있을 수 있습니다. 따라서 중요한 의사결정 전에는 반드시 재확인하거나 통역사의 도움을 받는 것이 안전합니다.

여행 중 건강 관련 활용 방법

① 증상 설명을 위한 번역

 다음 증상을 [목적지 언어]로 번역해주세요.
"어제부터 복통과 설사가 있으며, 약간의 발열 증상도 있습니다. 음식 알레르기는 없으며, 현재 복용 중인 약도 없습니다."

이렇게 요청하면 챗GPT는 다음과 같이 현지 의료진에게 보여줄 수 있는 정확한 증상 설명을 번역해 줍니다.

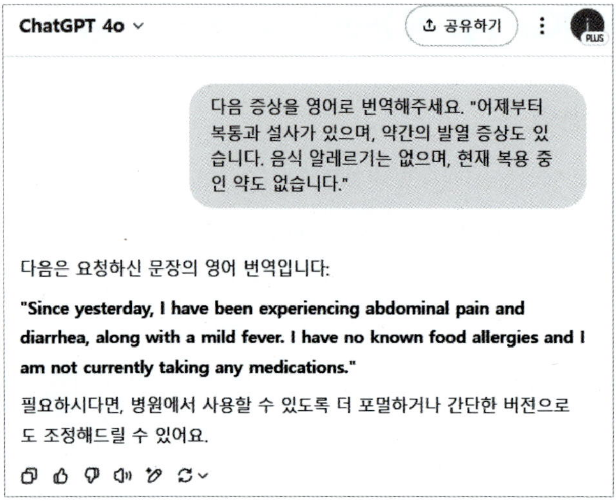

> **ChatGPT 4o** ✓   ⬆ 공유하기 ⋮ 👤
>
> > 다음 증상을 영어로 번역해주세요. "어제부터 복통과 설사가 있으며, 약간의 발열 증상도 있습니다. 음식 알레르기는 없으며, 현재 복용 중인 약도 없습니다."
>
> 다음은 요청하신 문장의 영어 번역입니다:
>
> "Since yesterday, I have been experiencing abdominal pain and diarrhea, along with a mild fever. I have no known food allergies and I am not currently taking any medications."
>
> 필요하시다면, 병원에서 사용할 수 있도록 더 포멀하거나 간단한 버전으로도 조정해드릴 수 있어요.

그림 9-3 내 증상을 챗GPT를 활용해 영어로 번역

② 의약품 정보 번역

외국 약을 구입했는데 포장이나 설명서에 적힌 내용이 궁금할 때, 사진을 찍어 챗GPT에 첨부한 후 "이걸 일반인도 이해하기 쉽게 한국어로 자연스럽게 번역해 줘"라고 요청하세요.

ChatGPT 4o ∨   ↑ 공유하기

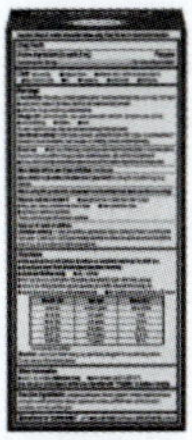

이걸 일반인도 이해하기 쉽게 한국어로 자연스럽게 번역해줘

물론이죠! 이 약은 어린이용 타이레놀 시럽 형태로 보이며, 영어로 된 복잡한 설명을 보호자 분들도 쉽게 이해할 수 있도록 아래와 같이 번역해드릴게요.

🍬 어린이용 타이레놀 시럽 (5mL당)

주성분: 아세트아미노펜 160mg
효능: 열을 내리고 통증을 줄여줍니다.

☑ 이런 증상에 사용하세요 (일시적으로 증상 완화)

- 감기나 독감으로 인한 열
- 두통
- 인후통(목 아픔)
- 치통(치아 통증)
- 몸살이나 근육통

⚠ 사용 시 주의사항

❗ 간 손상 주의

- 이 약에는 아세트아미노펜이 들어 있습니다.
- 하루 최대 복용량을 넘기면 간 손상이 생길 수 있어요.
- 다른 아세트아미노펜 성분이 포함된 약과 함께 사용하지 마세요.

그림 9-4 어린이용 타이레놀 시럽 박스 뒤에 적힌 설명의 번역 일부

③ 의료 대화를 위한 실시간 통역

챗GPT(웹 버전 및 모바일 앱 버전 모두)는 보이스 모드를 지원합니다. 이 기능을 활용하면 다음과 같은 실시간 통역이 가능합니다.

- 챗GPT 채팅창 우측 음성 모드 활성화
- "(해당 언어)로 말하는 의사와 저의 대화를 통역해주세요"라고 요청
- 상대방이 말하면 챗GPT가 듣고 한국어로 번역
- 내가 한국어로 대답하면 챗GPT가 (해당 언어)로 번역

이 방식은 응급 상황이나 복잡한 의료 상담에서 특히 유용합니다.

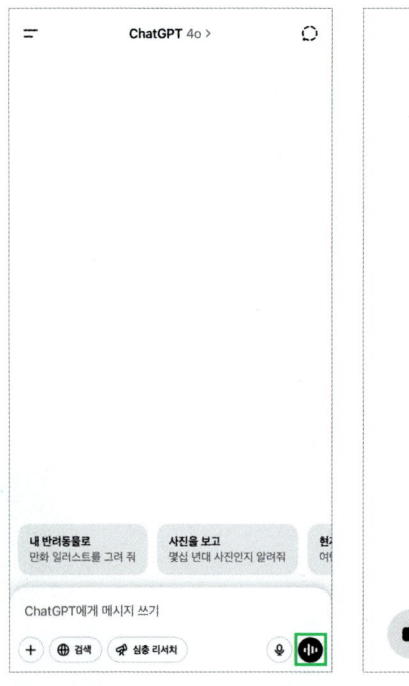 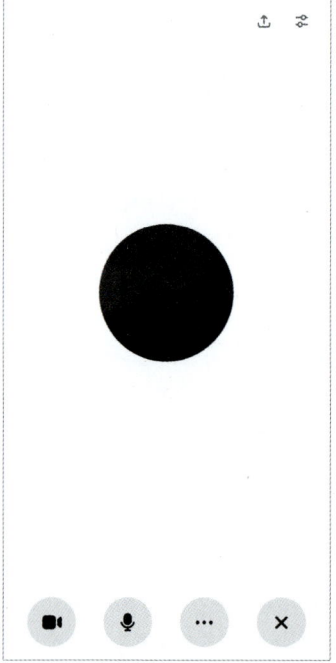

그림 9-5 챗GPT의 보이스 모드 활성화

AI 주치의와
함께하는 미래

앞으로 의료 현장과 우리 삶에서 AI가 더욱 발전하며 펼칠 미래는 과연 어떤 모습일까요? 3부에서는 AI와 의료의 미래를 함께 살펴보겠습니다. 의료진과 환자 간의 소통이 개선되고, 치료의 효율과 예측 정확도가 높아지며, 의료 서비스의 접근성이 확대되어 더 많은 사람이 양질의 의료 혜택을 받는 미래를 전망해봅니다. 또한 최신 의료 AI 동향과 함께, 그 한계와 윤리적 고려사항까지 심층적으로 살펴볼 것입니다. 기술 발전이 가져올 변화 속에서 우리 모두가 AI 주치의를 안전하고 효과적으로 활용할 수 있도록 필요한 지식과 관점을 알아보겠습니다.

PART 03

AI 주치의와 함께하는 미래

- 의료 분야에서 챗GPT의 역할
- 의료 AI 한계 이해하기
- 의료 AI의 현주소와 미래
- 우리가 준비해야 할 점

CHAPTER 10
의료 전문가를 위한 챗GPT 활용

AI가 의사를 대체할 것이라는 우려도 있지만, 실제로는 의사와 AI가 협력하여 더 나은 의료 서비스를 제공할 가능성이 훨씬 클 것으로 예상합니다. 이미 병원 곳곳에서 AI는 X-ray나 MRI 영상을 판독해 진단 정확도를 높이는 등 여러 분야를 지원하고 있습니다. 그러나 기술 발전에는 반드시 풀어야 할 과제들이 따라옵니다. AI가 잘못된 판단을 내리면 책임은 누가 질 것인지, 환자의 민감한 정보를 AI가 안전하게 다룰 수 있는지, 의료 AI가 학습한 데이터에 편향이 있지는 않은지 등 윤리적·법적 고민이 대표적입니다. 또한 의료진과 의료기관은 어떻게 AI 활용 능력을 갖추어야 할지, 환자는 어떤 자세를 가져야 하는지, 앞으로 AI가 발전하기 위해 필요한 제도와 인프라는 무엇인지 함께 고민해야 합니다. 또한 기술 진보와 별개로 의료의 본질은 '사람을 위한 것'이라는 점을 반드시 잊지 말아야 합니다.

앞으로는 병원에서 AI가 기본적인 상담을 담당하는 동안 의료진은 더 전문적인 진료에 집중할 수 있게 될 것입니다. 또한 곧 다양한 AI를 활용해 지금보다 더 구체적이고 정확한 정보를 들고 오는 환자들과 마주하게 될 것입니다. 때로는 '이런 내용까지 AI가 알고 있다니?' 하며 당황하게 될 수도 있겠죠. 이런 변화에 거부감만 가지면 환자와의 신뢰 관계, 즉 '라포Rapport'가 약해질 수 있습니다. 따라서 의료진은 AI의 효과적인 활용법과 유의해야 할 점을 미리 살펴봐야 합니다.

10.1 챗GPT와 의료 현장

의료 분야에서 챗GPT의 역할

복잡한 진료 지침을 요약하거나 의학 전문 용어를 환자가 이해하기 쉬운 설명으로 변환하는 등 다양하게 활용할 수 있습니다. 진료 중에도 "환자분 증상은 이러한 병태생리적 기전으로 나타났고, 치료 계획은 다음과 같습니다"라는 전문적인 설명을 환자 눈높이에 맞게 쉽게 풀어줄 때 챗GPT의 도움을 받을 수 있습니다.

다만 이런 편리함 속에서도 중요한 점은 AI가 제공하는 정보나 제안은 '참고용'일 뿐이라는 사실입니다. 열이 나는 환자에게 항생제가 필요한지, 심장 질환 환자의 약물 용량을 어떻게 조절할지와 같은 최종적인 진단과 치료 결정의 책임은 면허를 가진 의료인에게 있음을 반드시 기억해야 합니다.

의료 AI는 크게 두 갈래로 발전해왔습니다. 하나는 특정 질환 진단이나 영상 판독에 특화된 '전문 AI$^{Specialized\ AI}$'이고, 다른 하나는 챗GPT처럼 범용적인 대화와 정보 처리가 가능한 '생성형 AI$^{Generative\ AI}$'입니다. 이는 세부 전공 전문의와 종합 진료를 담당하는 주치의 관계와 유사합니다. 전문 AI가 특정 의학적 문제에 집중하여 깊이 분석한다면, 챗GPT는 의료의 전체적인 관점에서 다양한 의료 상황을 유연하게 다루는 데 강점을 보입니다.

의료 현장에서 챗GPT는 '의학 정보 보조 도구'라고 생각하면 이해하기 쉽습니다. 이 도구는 세계 각국의 의학 교과서와 수많은 학술 논문을 학습했지만 실제 환자를 직접 진찰하고 치료한 임상 경험은 없습니다. 따라서 이론적 지식은 방대하지만 개별 환자의 고유한 상황에 적용할 때는 의료진의 전문적 판단과 경험이 필수적입니다. 이는 의학 지식은 풍부하지만 실전 경험이 부족한 신규 의사가 경험 많은 전문의의 지도 아래에서 일하는 것과 유사한 관계입니다.

의료 AI와 챗GPT의 한계 이해하기

챗GPT가 수백만 페이지의 의학 정보를 학습했다고 해도 그것이 실제로 질병을 '경험'했다는 의미는 아닙니다. 데이터 속에서 패턴을 찾을 뿐 환자의 불안과 고통을 공감하거나 촉진을 통해 느껴지는 미묘한 차이를 인지하지는 못합니다. 아무리 정교한 AI도 진료실에서 의사의 '직관'과 '경험'을 완전히 대체할 수 없습니다.

예를 들어 환자가 "가슴이 아파요"라고 말했을 때, 실제 진료실에서 의사는 환자의 얼굴 표정, 이마의 식은땀, 숨이 차는 모습, 가슴을 움켜쥐는 손짓, 목소리의 떨림과 불안한 억양 등 모든 비언어적 신호를 빠르게 종합하여 심근경색과 같은 응급 상황 여부를 판단합니다. 반면 AI는 텍스트만으로는 "가슴이 아파요"라는 문장이 생명을 위협하는 심장 발작인지, 단순한 소화불량인지, 아니면 이별의 상처로 인한 정서적 고통인지 구분하는 데 한계가 있습니다. 이는 원격진료가 직접 대면 진료를 완전히 대체할 수 없는 한계와도 맞닿아 있는 부분입니다.

챗GPT 활용의 기본 원칙

1. **검토를 전제로 활용**: 챗GPT가 아무리 그럴싸하게 답해도, 의료진이 한 번 더 확인하고 분석한 후 최종 결론을 내립니다.

2. **최신 의학 정보 반영 제한**: AI 모델은 '지식 차단일Knowledge Cutoff Date' 이후에 발표된 연구나 최신 지침을 반영하지 못할 수 있습니다. 최근 추가된 웹 검색 기능이 이 문제를 일부 해결해주지만 여전히 한계가 있습니다.

3. **개인정보 보호**: 챗GPT 같은 공개형 AI에 환자의 주민등록번호, 이름, 주소와 같은 민감정보를 직접 입력하는 것은 마치 진료 정보를 카페 한복판에서 큰 소리로 논의하는 것과 다름없습니다. 환자 데이터는 반드시 철저히 비식별화하거나, 의료기관 내부에 구축된 보안이 완벽하게 확보된 전용 AI 환경에서만 처리해야 합니다.

4. **사용 목적 명확화**: 단순 참고용인지, 의학 교육 목적인지, 환자 설명 자료 작성인지 등 활용 목적을 구체적으로 설정하고 그에 맞는 '프롬프트 엔지니어링'을 통해 최적의 결과물을 얻을 수 있습니다.

10.2 챗GPT 활용 사례 – 의료의 디지털 동반자

챗GPT는 방대한 의학 지식을 바탕으로 의료 현장에서 다양한 방식으로 활용될 수 있습니다. 이 AI 시스템은 피로나 감정의 변화 없이 항상 일관된 상태를 유지하고, 수백만 건의 의학 논문과 주요 의학 교과서 내용을 학습했지만 실제 환자 진료 경험은 없다는 중요한 한계점도 있습니다. 이러한 특성을 고려하여 임상 현장에서 효과적으로 활용할 수 있는 방법을 살펴보겠습니다.

진단 및 치료 보조

1. 감별진단의 브레인스토밍 파트너

챗GPT는 환자의 증상과 검사 결과를 입력받으면 가능한 감별진단 목록을 생성할 수 있습니다. 이는 의사의 임상적 사고 과정을 보조하는 도구로 활용될 수 있습니다. 임상 현장에서 비전형적인 증상을 보이는 환자를 만났을 때, 인간의 뇌는 보통 5~7개 정도의 가설만 동시에 처리할 수 있습니다. 그러나 챗GPT는 수십 개의 가능성을 한 번에 탐색할 수 있어 넓은 시야를 제공합니다. 특히 원인 불명의 발열, 만성 피로, 비특이적 통증 같은 증상에서 흔한 진단부터 희귀질환까지 폭넓게 제안할 수 있습니다. 다만, 임상적 개연성이 낮은 진단을 남발할 수 있다는 문제(over-suggestion)도 고려해야 합니다.

예를 들어 "38세 여성 환자, 6개월간 지속된 관절통, 광과민성, 간헐적 발열, 항핵항체 1:160 양성, 하지만 다른 자가항체는 음성"이라는 정보를 제공하면 다양한 자가면역질환의 가능성을 제시할 수 있습니다. 다만 챗GPT가 제안한 모든 질환이 임상적으로 개연성이 높은 것은 아닙니다. 의료진은 반드시 임상 경험과 전문 지식을 바탕으로 최종 판단을 내려야 합니다.

2. 가이드라인 내비게이션 시스템

요즘은 가이드라인도 요약본이 함께 나오는 경우가 많지만, 그럼에도 AI가 도움을 줄 부분은 분명히 있습니다. 단순 요약이 아니라 복잡한 임상 상황에서 '맞춤형 가이드라인 내비게이션'을 제공하는 것입니다. 예를 들어 "당뇨병+만성신부전+심부전이 동반된 환자에게 최적의 약물요법은?" 같은 복합적인 질문에, 여러 가이드라인을 교차 분석해 맞춤형 조언을 해줍니다.

"한국의 당뇨병 최신 가이드라인에서 치료 부분 요약해줘"라고 할 수도 있지만, "이 환자는 당뇨병이 있고 eGFR이 45ml/min인데, 최신 가이드라인에 따른 적절한 약물 선택과 주의사항은?" 같은 구체적인 질문에도 답변할 수 있습니다. 모든 세부 가이드라인을 암기할 수 없는 현실에서, "당신의 환자에게 적용 가능한 최적의 근거는 이것입니다"라고 안내하는 임상 의사결정 지원 시스템(CDSS) 역할을 수행합니다. 물론 중요한 내용을 놓치지 않도록, 가능하다면 원문이나 전문자료를 다시 확인하는 것이 안전합니다. 특히 고위험 약물 처방이나 생명을 위협할 수 있는 상황에서는 검증 절차가 더욱 중요합니다.

3. 검사 결과 해석 보조

챗GPT는 텍스트로 정리된 검진 소견이나 혈액 검사 결과에 대해 임상적 맥락에 맞는 해석을 제공할 수 있습니다. "45세 남성, ALT 120 U/L, AST 95 U/L, ALP 정상범위, GGT 85 U/L(약간 상승), 총 빌리루빈과 직접 빌리루빈 정상, PT/INR 정상, CBC에서 경미한 호산구 증가(6%)를 보이는 환자에서 감별해야 할 간기능 이상의 원인과 추가적으로 검사해야 하는 것은?"이라는 질문에 체계적인 접근법을 제안할 수 있습니다.

그러나 현재의 생성형 AI는 의료 영상 자체(X-ray, CT, MRI 등)를 직접 판독하는 능력은 갖추고 있지 않습니다. 이는 기술적 한계가 아닌 설계 및 훈련 방식의 근본적 차이에서 기인합니다. 챗GPT와 같은 대화형 AI는 영상의학용 특수 AI(예: 폐결절 감지 AI, 유방암 판독 보조 AI 등)와는 다른 목적과 구조를 가진 시스템이므로, 이 둘을 혼동하여 부적절하게 사용하지 않도록 주의해야 합니다.

환자 이해도에 맞춘 설명 자료 제작

의사 · 간호사 · 임상심리사 등 의료현장 종사자들은 챗GPT를 활용하여 의학 전문지식을 일반인 눈높이에 맞춘 '환자 친화적 설명자료'를 효과적으로 제작할 수 있습니다. 복잡한 질병의 기전을 환자나 보호자가 이해하기 쉽게 설명하거나, 증상 관리 방법을 단계별로 정리할 때 유용합니다. 챗GPT는 다양한 학습 스타일에 맞춘 설명을 제공할 수 있습니다. 의사가 "부정맥을 환자에게 어떻게 설명할까?"라고 물으면, 다음과 같이 다양한 방식으로 접근합니다.

- **시각적 학습자에게:** "심장을 교통정리를 하는 신호등이라고 생각해보세요. 부정맥은 이 신호등이 불규칙하게 바뀌어서 교통이 혼잡해지는 상황과 비슷합니다."
- **논리적 학습자에게:** "심장은 전기 신호를 통해 규칙적으로 수축합니다. 부정맥은 이 전기 신호의 생성이나 전도에 문제가 생겨 발생하며, 다음과 같은 세 단계로 이해할 수 있습니다..."
- **경험적 학습자에게:** "가끔 계단을 빨리 오르면 심장이 두근거리는 것을 느끼셨을 텐데요, 부정맥은 이런 느낌이 휴식 중에도 지속되는 상태입니다."

임상 현장이 복잡해지고 진료 시간은 제한적인 의료 환경에서, 모든 환자의 스타일에 맞는 맞춤형 설명을 개발하기란 어렵습니다. AI는 이러한 의료 커뮤니케이션을 보조하여 환자의 질병 이해도와 치료 순응도 향상에 기여할 수 있습니다.

1. 다양한 언어로 정보 제공

외국인 환자 진료 시 언어 장벽은 큰 어려움입니다. "이 시술 설명서를 중국어로 간결하게 변환해줘", "인슐린 주사법 사용설명서를 쉬운 영어로 번역해줘"라고 요청하면, 환자의 언어로 적절한 설명을 바로 제공할 수 있습니다.

더 나아가 챗GPT는 단순 언어 번역을 넘어 문화적 맥락까지 고려할 수 있습니다. '고지혈증'이라는 의학 용어가 낯선 70대 할머니에게는 '혈관이 기름때로 막히는 상태'로, 의료인 환자에게는 'LDL 콜레스테롤 입자가 동맥 내막에 침착되어 죽상경화증을 일으키는 과정'으로, 10대 청소년에게는 '혈관 속 나쁜 콜레스테롤이 너무 많아서 혈관이 좁아지는 상태'로 대상에 맞게 설명할 수 있습니다. 물론 의료 전문가가 생성된 내용을 검토하여 정확성을 확인해야 합니다.

2. 맞춤형 조언

예를 들어 환자가 특별한 식이 습관이나 알레르기가 있다면, "이런 조건을 가진 환자를 위해 주의할 점을 정리해줘"라고 요청해 맞춤형 정보를 받으면 환자 상담에 도움이 됩니다.

"포도당-6-인산 탈수소효소 결핍증 환자가 피해야 할 음식과 약물은?" 같은 전문적인 질문부터, "채식주의자인 임산부를 위한 철분 보충 방법은?" 같은 일상적인 조언까지, 다양한 상황별 맞춤 가이드를 제공할 수 있습니다. 다만 AI가 제공하는 정보가 모든 환자에게 적절한지 의료진이 검토하는 과정은 필수적입니다.

3. 공감 및 교감 능력

외국에서 SNS 포럼에 공개된 환자 질문에 대해 의사와 AI 챗봇(챗GPT-3.5 기반)의 답변을 비교해본 연구가 있습니다. 답변 순서는 랜덤하게 배정되었고, 평가자는 답변자가 의사인지 AI 챗봇인지 구별할 수 없었습니다.

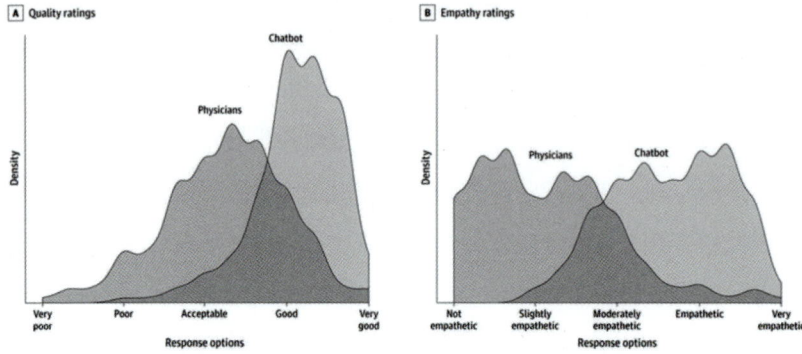

그림 10-1 좌측(A): 의료 질적 점수, 우측(B): 감정이입 점수

AI 챗봇의 답변이 의료 질적 점수와 감정이입(공감) 점수 모두 의사의 답변보다 유의하게 높았습니다. 2022년 말 챗GPT-3.5로 이루어진 연구였고 그 사이 챗GPT 4o, 공감에 더 초점을 맞춘 4.5 그리고 다음 버전까지 예정되어 있는 상황이라 현재, 그리고 미래에 그 격차가 얼마나 더 벌어질지 걱정(?)이 됩니다. 저 또한 사람 의사이지만 우리의 발전 속도는 빠르지 않기 때문입니다.

4. 환자에게 보내는 문자 작성

진료가 끝나고 추후 관리나 주의사항을 문자로 보낼 때 챗GPT가 문안을 작성할 수 있습니다. "환자에게 수술 후 주의사항을 친절한 어투로, 150자 이내로 작성해줘"라고 요청하면 간결하고 이해하기 쉬운 문장을 생성합니다. 개인정보 보호를 위해 다음과 같은 프롬프트를 사용하면 더 안전합니다.

환자에게 보낼 안내 문자를 친절하고 따뜻한 어투로 작성하되, 민감한 개인 정보(이름, 주민등록번호, 전화번호, 주소 등)는 절대 포함하지 말고, 구체적 의료 정보 대신 일반적인 주의사항과 관리 방법만 150자 이내로 간결히 작성해줘.

5. 대상별 맞춤 문서 작성

챗GPT는 같은 의료 정보도 대상에 따라 다르게 작성할 수 있습니다. 예를 들어 같은 당뇨병 환자 정보여도 예시처럼 대상에 따라 전문성 수준과 문체를 조절할 수 있습니다.

- **보험 회사용**: "환자는 제2형 당뇨병(E11.9)으로 진단받았으며, 현재 메트포민 1000mg 1일 2회 복용 중…"
- **환자용**: "OOO님은 혈당조절이 필요한 당뇨병이 있으시며, 현재 혈당을 낮추는 약물을 하루 두 번 복용 중이십니다…"
- **의뢰 병원용**: "본 환자는 HbA1c 8.5%로 혈당 조절이 불량한 상태로, 인슐린 요법 시작을 위해 귀원에 의뢰드립니다…"

6. 진단서나 소견서 작성 보조

챗GPT가 작성한 초안을 기반으로 문서를 다듬으면, 처음부터 모든 문구를 고민하지 않아도 됩니다. "대학병원 소견서 형식을 참고하여, B형 간염 보균자의 진단서를 써줘"라고 요청하면 기본 틀을 만들어주며, 여기에 실제 환자의 세부정보를 추가하고 의학적 정확성을 검토하면 됩니다.

7. 영문 의료 문서 작성

해외 보험사나 외국 병원으로 서류를 보내야 할 때, 영문 문서 작성은 부담이 될 수 있습니다. 이때 챗GPT가 초안을 작성해주면 의료 용어의 정확성을 검토하고 보완하기가 수월해집니다. "이 환자는 폐렴으로 입원했다가 항생제 치료 후 호전되어 퇴원했어"라고 입력하면, "The patient was admitted due to community-acquired pneumonia and showed clinical improvement after a course of antibiotic therapy (Ceftriaxone 2g IV QD for 7 days).

The patient was discharged in stable condition with oral antibiotics …"와 같이 전문적인 영문 소견서로 확장해줍니다.

8. 행정 업무 지원

보험 청구서, 급여 서류, 각종 증명서 등 일정한 포맷을 갖춘 문서 작성을 보조할 수 있습니다. "이 환자의 '상세불명의 늑막삼출' 진단에 적절한 상병코드는?"과 같은 질문에 "J90" 코드를 안내하거나, "척추관협착증 수술의 보험 급여 인정 기준은?"과 같은 복잡한 청구 규정도 요약해줄 수 있습니다. 이를 통해 "청구 코드 T84.52XA가 맞을까, T84.52XD가 맞을까?"와 같은 고민에서 벗어나 임상 의사결정에 더 집중할 수 있게 됩니다. 개인정보 보호를 위해 로컬 환경이나 병원 전용 보안 모델 등을 사용하는 것이 바람직합니다.

최신 의학 연구 및 정보 탐색

1. 연구 요약 및 분석

의학 분야의 빠른 발전으로 모든 최신 연구를 따라가기는 어렵습니다. 챗GPT는 이러한 정보를 요약하고 분석하는 데 도움을 줄 수 있습니다.

"근거중심의학(EBM) 측면에서 최근 제2형 당뇨병 치료제에 대한 임상시험 결과 요약해줘"라고 입력하면, 관련 연구와 주요 결과를 정리해줍니다. 더 맞춤화된 정보를 원한다면 "내가 주로 다루는 자가면역질환과 관련된 최신 연구 중, 내 진료 패턴에 영향을 줄 수 있는 중요한 발견은?"과 같이 질문할 수도 있습니다. 단, AI가 제시한 정보의 정확도와 출처가 실제로 존재하는지 확인하는 과정이 필요합니다. AI가 그럴듯한 가짜 정보를 생성할 가능성도 있기 때문입니다.

2. 근거 수준 평가

챗GPT는 새로운 치료법이나 기술에 대한 '근거 강도'를 평가하는 데도 도움을 줄 수 있습니다. 새로 나온 면역항암제나 혁신적인 장비 등에 대한 논문을 요약하면서, "이 치료법은 현재 3상 임상시험 1건, 2상 임상시험 3건이 완료되었으며, 그 근거 수준은 중간~높음(GRADE B) 정도로 평가됩니다"와 같이 증거 기반의 판단을 제공합니다. 이를 통해 무분별한 의학적 유행에 휩쓸리지 않도록 객관적인 근거 평가를 받을 수 있으며, 필요 시 원문을 찾아 더 자세히 살펴볼 수 있습니다.

의료 현장에서 AI는 점차 '지능형 보조 도구'로 자리 잡고 있습니다. 의사가 청진기로 심장 소리를 더 잘 들을 수 있듯이, AI는 의료진의 인지 능력과 업무 효율을 향상시키는 도구입니다. 하지만 이 도구를 효과적으로 활용하려면 그 가능성과 한계를 모두 이해해야 합니다. 다음 섹션에서는 챗GPT 활용 시 주의해야 할 점들을 살펴보겠습니다.

10.3 챗GPT 활용 시 유의점

모든 새로운 도구가 그렇듯 올바른 사용법과 주의사항을 알아야 합니다. 마치 처음 청진기를 사용한 의사들이 그 소리의 의미를 해석하는 법을 배워야 했던 것처럼, 챗GPT라는 '디지털 청진기'도 올바르게 활용하는 법을 익혀야 합니다.

의료 AI의 '자신만만한 오류' 현상

1. AI의 할루시네이션

현재 최고 성능의 AI도 잘못된 정보를 마치 사실인 것처럼 자신 있게 답변하는 경우가 있습니다. 이를 AI 분야에서 '할루시네이션'이라고 부르는데, AI가 실제로 알지 못하는 내용을 마치 알고 있는 것처럼 생성하는 현상입니다. 예를 들어 챗GPT에게 "2025년에 발표된 최신 고혈압 치료 가이드라인은?"이라고 물으면, 자신이 학습하지 않은 정보를 그럴듯하게 만들어 답변할 수 있습니다. 심지어 존재하지 않는 논문이나 저자까지 구체적으로 인용하기도 합니다.

따라서 AI가 제공한 정보를 그대로 믿지 말고, 항상 '정말 그런가?'라는 의심을 갖고 확인해야 합니다. 의학에서는 '의심하라, 그리고 확인하라Trust, but verify'는 원칙이 AI 시대에 더욱 중요해졌습니다.

2. 최신 정보와 분야별 편향 문제

AI 모델은 학습 데이터가 제한된 시점까지만 정보를 알고 있습니다. 마치 1년 전 나온 의학 자료를 공부했는데 그 사이 새로운 질병(코로나19 초기처럼)이 나왔다면, 최근 개정된 진료지침에 대해서는 알지 못하거나 구버전 정보를 제공할 수 있습니다.

또한 AI는 특정 분야나 인구집단에 대한 데이터가 부족할 수 있습니다. 희귀질환, 소아 특이적 질환, 또는 특정 민족에게 흔한 질환 등에서는 정보의 질이 떨어질 수 있습니다. 서양 데이터 중심으로 훈련된 AI가 한국인 환자에게 적용할 때 발생할 수 있는 차이점을 항상 고려해야 합니다.

3. 의료진의 최종 책임과 판단

의료 행위의 최종 책임은 어디까지나 의료진에게 있습니다. "AI가 그렇게 말했으니 어쩔 수 없었다"는 변명은 내비게이션이 잘못된 경로를 안내했을 때 그대로 따라간 운전자의 변명과 같이 설득력이 없습니다. AI는 의사결정을 돕는 '조언자'일 뿐, 최종 판단은 면허를 가진 의료인의 몫입니다. 자율주행차와 달리 의료 AI는 '자율진료 AI'가 아니라는 사실을 명심해야 합니다.

AI의 조언을 받아들일 때는 자신의 경험, 전문 지식, 그리고 현 환자의 맥락을 함께 고려해야 합니다. 전문가로서 "이 조언이 현재 환자에게 적절한가?", "이론적으로는 맞지만 현실적인 제약은 없는가?"를 항상 물어보세요. 예를 들어 챗GPT가 "이 증상에는 MRI, PET-CT, 혈액 패널 검사를 모두 시행하는 것이 좋습니다"라고 조언할 수 있지만 환자의 보험 상황, 병원의 장비 가용성, 지역의 의료 인프라 등을 고려하지 못합니다. 마치 요리책은 완벽한 레시피를 제공하지만 실제 요리사는 현재 가진 재료와 주방 환경에 맞게 조리법을 조정해야 하는 것과 같습니다.

개인정보 보호와 데이터 보안

AI 모델은 입력된 데이터를 학습에 활용할 수 있으며, 클라우드 서버에 저장될 수 있습니다. 이는 개인정보보호법 위반 가능성이 있습니다. 환자 정보를 AI에 입력할 때는 다음과 같은 보안 절차를 따라야 합니다.

- 비식별화: 이름, 주민번호, 병원 ID 등 모든 식별 정보를 제거합니다.
- 최소 정보 원칙: 진단과 치료에 꼭 필요한 정보만 포함합니다.
- 물리적 분리: 환자 데이터베이스가 있는 병원 내부망과 AI 사용 기기를 분리합니다.
- 전용 솔루션 고려: 가능하다면 의료용으로 개발된 보안 AI 솔루션을 사용합니다.

이는 의료 정보 보호를 위한 기본적인 안전 절차입니다. 환자 정보는 소중한 자산이므로 항상 보안에 주의해야 합니다.

환자-의사 관계의 변화

인터넷 검색으로 자가 진단을 시도하던 환자들이 이제는 AI를 통해 더 정교한 '사전 진단'을 갖고 진료실을 찾게 됩니다. 이런 환자들은 "AI가 제 증상은 희귀 자가면역질환이라고 했어요"라며 특정 검사나 치료를 요구할 수 있습니다.

이런 상황에서는 AI가 제공한 정보를 무조건 부정하기보다 "함께 살펴봅시다"라는 접근이 효과적입니다. AI가 제안한 가능성을 검토하되 임상적 판단을 통해 환자에게 적절한 진단과 치료 방향을 설명해주세요. 환자가 가져온 자료를 무시하지 않고 함께 검토하면서 올바른 방향을 안내하는 것이 바람직합니다. AI가 의료 현장에 등장하면서 의사-환자 관계는 보다 복잡해집니다. 이제 의사는 단순한 정보 제공자가 아니라 AI가 생성한 정보를 환자 상황에 맞게 해석하고, 정보의 정확성을 판단하며, 단순 정보를 넘어선 공감과 치유적 관계 형성에 집중하는 역할을 맡게 됩니다.

이는 과거 영상의학과 의사가 X-ray를 찍은 후 그 결과를 해석해 환자에게 설명해주던 것처럼, 이제는 의사가 AI라는 새로운 진단 도구의 결과를 해석하는 역할을 맡게 된 것과 유사합니다.

의료 형평성과 접근성

1. AI가 만들 수 있는 새로운 의료 격차

의료 AI는 기존의 의료 격차를 해소할 수도, 악화시킬 수도 있습니다. 첨단 AI를 갖춘 대형병원과 그렇지 못한 소규모 의원 간의 기술 격차가 생길 수 있고, 디지털 활용 능력이 높은 환자와 그렇지 못한 환자 사이의 정보 격차도 커질 수 있습니다. 이러한 격차를 줄이기 위해 의료진은 다음과 같은 노력이 필요합니다.

- 다양한 환자층의 디지털 접근성을 고려한 의료서비스 설계
- AI 기술의 혜택을 모든 환자에게 고르게 제공하기 위한 노력
- 고령자, 디지털 취약계층을 위한 특별한 배려

현대 의학 기술의 발전이 모든 지역, 모든 계층에게 고르게 혜택을 주지 못했던 역사적 교훈을 반복하지 않기 위한 노력이 중요합니다.

2. AI를 통한 의료 접근성 향상 가능성

반대로 AI는 의료 접근성을 크게 향상시킬 잠재력도 가지고 있습니다. 의료 인력이 부족한 지역에서 일차적인 건강 상담을 제공하거나, 희귀질환 전문가가 없는 곳에서도 관련 정보에 접근할 수 있게 해줍니다.

이런 잠재력을 최대한 활용하기 위해 의료진은 AI 도구를 취약 지역과 계층을 위한 의료 접근성 향상 수단으로 활용하는 방안을 고민해야 합니다. 이는 원격의료가 지리적 장벽을 허물었던 것과 유사한, 새로운 의료 민주화의 기회가 될 수 있습니다.

AI 의존성과 임상 판단력 유지

너무 자주 AI에 의존하다 보면 내비게이션에만 의존해 길 찾기 능력이 약해지는 것처럼 임상적 판단력이 저하될 수 있습니다. 'AI에게 물어봐야겠다'는 생각이 모든 의사결정의 첫 단계가 되면, 스스로 진단하고 판단하는 근본적인 의학적 사고 능력이 약해질 위험이 있습니다. 이는 특히 젊은 의료인들에게 더 큰 문제가 될 수 있습니다. 계산기가 널리 보급된 후 암산 능력이 감소한 것처럼 AI 의존적인 진료 환경에서 성장한 의사들은 독립적인 임상 추론 능력을 충분히 발달시키지 못할 수 있습니다.

1. 임상 판단력 유지를 위한 균형적 접근

AI 활용과 독립적 판단력 사이의 균형을 유지하기 위해 다음 노력이 필요합니다.

- 중요한 임상 결정 전에 "AI 없이 내 판단은 무엇인가?"를 먼저 생각하는 습관
- 정기적으로 AI 없이 진단과 치료 계획을 수립하는 연습
- 의학 교육에서 AI 도구 사용법과 함께 비판적 사고 및 임상 추론 강화

결국 가장 효과적인 의료는 AI의 데이터 분석력과 의사의 임상적 직관이 조화를 이룰 때 가능합니다. AI는 의료 현장의 새로운 도구로서 큰 잠재력을 갖고 있지만 올바른 사용법을 익히고 한계를 인식하는 것이 중요합니다. 'AI를 활용한다'는 것은 단순히 기술을 사용하는 것이 아니라, 의료진으로서 검증하고 책임질 각오가 필요한 일입니다. 의학 기술의 발전과 함께 변화해 온 의사의 역할처럼 AI 시대에도 의료인은 기술과 인간성 사이의 균형을 찾아가는 여정을 계속해야 할 것입니다.

10.4 미래 전망과 준비해야 할 점

의료 분야에서 AI와 인간 의사의 협업은 이제 시작 단계에 있습니다. 이 변화의 흐름 속에서 미래를 전망하고 의료인으로서 준비해야 할 점을 알아보겠습니다.

의료 AI의 세 단계 진화

현재 챗GPT와 같은 의료 AI는 '1.5세대'라고 볼 수 있습니다. 의학에 관한 모든 문헌을 학습하고 있는 단계입니다. 앞으로 의료 AI는 다음과 같이 발전할 것으로 예상됩니다.

① **1세대: 디지털 의학 참고서(현재~근미래)**

- 학습된 데이터를 기반으로 한 '지식 조언자' 역할
- 문헌 기반 정보 제공 및 간단한 의사결정 지원
- 사용 예: 진단 제안, 약물 상호작용 체크, 치료 프로토콜 요약

② **2세대: 통합 진단 시스템(5~10년 내)**

- 텍스트뿐 아니라 영상, 소리, 생체신호 등 다양한 데이터 통합 분석
- 환자 고유의 데이터 패턴을 장기적으로 추적하는 '종단적 분석' 가능
- 사용 예: "이 환자의 6개월 전 MRI와 현재 MRI를 비교해 미세한 변화를 분석하고, 유전자 데이터와 생활 습관 정보를 종합해 개인화된 질병 위험도를 예측해줘"

이는 여러 전문의들의 의견을 종합하는 수준의 통합적 분석이 가능해지는 단계로 의사의 인지적 부담을 줄여 더 직관적이고 창의적인 진료에 집중할 수 있게 해줄 것입니다.

③ **3세대: 통합 의료 지원 시스템(10~20년 내)**

- 환자의 디지털 모델을 구축해 치료 결과 시뮬레이션
- 지속적인 건강 모니터링과 예측적 중재 제안
- 인간 의사와 '증강 지능' 형태로 통합된 의료 서비스
- 사용 예: "이 환자의 현재 상태와 전체 의료 데이터를 기반으로 가상 모델을 생성했습니다. 이 약물 요법을 적용할 경우, 6개월 후 예상되는 결과와 부작용 위험도는 다음과 같습니다…"

이 단계에서 AI는 단순한 조언자가 아니라 의사와 함께 '공동 임상 결정자'로 발전할 가능성이 있습니다. 현대 항공기의 조종사와 자동비행 시스템처럼, 높은 수준의 인간-AI 협업이 이루어질 것입니다.

④ **통합 의료 생태계: 분절에서 연결로**

현재의 의료 체계가 분절된 시스템이라면, 미래의 의료는 AI를 중심으로 통합된 생태계로 진화할 것입니다. 여러 의료 데이터와 전문성이 실시간으로 통합되는 환경이 조성될 것입니다. 지금은 환자가 피부과, 내과, 신경과를 따로 방문하고 각 과의 의사들이 서로 소통하기 어렵습니다. AI 통합 시스템은 이런 전문 지식을 한데 모아 통합적 진료를 가능하게 할 것입니다.

예를 들어, 피부 발진이 있는 당뇨병 환자가 내원했을 때 다음과 같은 진료가 가능해질 것입니다.

- **현재**: 내분비내과 의사가 피부과 자문을 요청하고 답변을 기다려야 함
- **미래**: AI가 즉시 "이 발진은 당뇨병 약물과 연관된 스티븐스-존슨 증후군 초기 증상일 가능성이 15%입니다. 피부과 데이터베이스의 유사 사례 328건과 최근 약물 이상반응 보고를 기반으로 분석했습니다"라고 안내

이처럼 AI는 여러 전문 분야의 지식을 통합하여 의사의 판단을 지원하는 역할을 할 것입니다. 다만, 최종 판단은 여전히 인간 의사가 담당할 것입니다.

미래 의료인에게 필요한 새로운 역량

1. 디지털 리터러시: 새로운 의학 언어

AI의 작동 원리와 한계를 이해하는 것은 필수적입니다. 의사는 "이 AI 모델은 어떤 인구집단의 데이터로 훈련되었는가?", "이 AI의 신뢰도 점수는 무엇을 의미하는가?", "왜 AI가 이런 결론에 도달했을까?"와 같은 질문을 할 수 있어야 합니다. 혈액 검사 결과를 해석할 때 정상 범위와 측정 방법을 고려하는 것처럼, AI 결과도 그 맥락과 한계를 고려해야 합니다. 디지털 리터러시가 부족한 의사는 X-ray 영상을 보는 법을 모르는 현재의 의사와 같을 것입니다. 기술적 개념을 완벽히 이해할 필요는 없지만, 그 결과를 임상적으로 해석할 수 있는 능력은 필수적입니다.

2. 분석적 사고와 비판적 평가: AI 시대의 임상 추론

AI가 수많은 데이터 패턴을 발견할수록, 의사는 이를 비판적으로 평가하고 실제 임상 상황에 적용할 수 있는 '메타 인지' 능력이 더욱 중요해집니다. 이는 연구 논문을 읽을 때 방법론과 결과를 비판적으로 평가하는 것과 유사합니다. 예를 들어 AI가 "이 환자는 항생제 A보다 항생제 B가 더 효과적일 확률이 68% 높습니다"라고 제안했을 때 미래의 의사는 "이 결론은 어떤 데이터에서 도출되었나? 우리 병원 환자군과 비슷한가? 약물 감수성 패턴이 지역적 차이를 고려했나? 비용 대비 효과는 어떻게 계산되었나?" 같은 사실을 고려해야 합니다. 이처럼 AI의 제안을 맹목적으로 따르지 않고, 근거와 논리를 파악하여 실제 환자에게 적용할 가치가 있는지 판단하는 '분석적 임상 추론'이 새로운 의학적 사고방식이 될 것입니다.

3. 공감과 인간 중심 의료: AI가 대체할 수 없는 영역

AI가 아무리 발전해도, 환자의 이야기를 경청하고 불안을 달래주는 인간적 접촉의 가치는 대체할 수 없습니다. 미래의 의사는 기술적 정보 제공보다 '치유적 관계' 형성에 더 집중하게 될 것입니다. 말기 암 환자에게 "당신의 생존율은 12%입니다"라는 통계적 정보를 어떻게 전달할 것인지 같은 의사의 공감 능력, 소통 기술, 윤리적 판단력이 더욱 중요해집니다. 내비게이션이 발전할수록 운전자는 단순한 길 찾기보다 '어디로 갈지' 결정하는 데 집중하게 되는 것처럼, 목적지와 여정의 의미를 부여하는 것은 여전히 인간 의사의 몫입니다.

4. 평생 학습과 적응력: 의학의 새로운 필수 요소

의학 지식의 반감기(절반이 구식이 되는 시간)는 점점 짧아지고 있습니다. AI 시대에는 이 변화 속도가 더욱 가속화될 것입니다. 따라서 특정 지식보다는 '지식을 업데이트하는 능력'이 핵심 역량이 됩니다. 미래의 의사는 소프트웨어처럼 지속적인 '업데이트'가 필요합니다. 이미 알고 있는 것을 고수하기보다 새로운 도구와 패러다임에 적응하는 유연성이 필수적입니다. "나는 AI 없이도 잘 해왔어"라는 태도는 "나는 항상 수동 계산으로 혈액 검사 결과를 분석해왔어"라고 말하는 것과 같게 될 것입니다. 의학 교육도 '모든 것을 가르치는' 모델에서 '어떻게 배우는지 가르치는' 모델로 전환될 것입니다. 특정 지식보다 메타 학습 능력이 중요해질 것입니다.

이 급변하는 환경에서 우리가 지켜야 할 근본적인 가치는 변함없습니다. 기술이 아무리 발전해도 의료의 본질은 여전히 '사람을 돌보는 일'입니다. 우리 의료인이 기술의 수동적 사용자가 아닌 이 새로운 의료 패러다임의 적극적인 설계자가 되기를 바랍니다. 그것이 AI 시대의 진정한 의사, 치유자, 그리고 의료 혁신가의 길일 것입니다.

의료 AI의
현재와 미래

의료 분야에서 AI 기술의 발전은 놀라운 속도로 이루어지고 있습니다. 이제는 의료 AI가 어디까지 발전했고, 앞으로 어떤 모습으로 우리 곁에 다가올지 더 넓은 시각에서 살펴볼 차례입니다. 현재 의료 AI는 영상 판독부터 개인 맞춤형 치료, 신약 개발까지 다양한 영역에서 활용되고 있습니다. 이미 일부 분야에서는 AI가 인간 의사와 비슷하거나 더 뛰어난 성능을 보여주기도 합니다.

그러나 이러한 기술 발전을 단순히 '의사를 대체할 것인가'라는 관점으로만 바라보는 것은 의료 AI의 진정한 가치를 놓치는 일입니다. 의료 AI는 의사의 판단을 보조하고, 환자 케어를 개선하며, 의료 시스템의 효율성을 높이는 데 그 진정한 가치가 있습니다. AI는 의료인의 역량을 확장하는 강력한 도구가 될 것입니다. 하지만 이런 발전이 순탄하게만 이루어지는 것은 아닙니다. 데이터 편향성, 개인정보 보호, 의사결정의 투명성, 책임 소재 등 여러 도전 과제가 존재합니다. 이 장에서는 의료 AI의 최신 동향과 미래 전망을 살펴보고 이러한 기술 발전 속에서 우리가 어떻게 대비해야 할지를 함께 고민해봅시다.

11.1 의료 AI의 최신 동향

진단 보조 시스템

AI는 의료 영상(X-ray, MRI, CT 등)을 분석하여 의사의 진단을 돕고 있습니다. 예를 들어, 폐암 검진에서 AI는 사람 의사보다 더 빠르고 정확하게 초기 병변을 발견할 수 있습니다. 이는 단순히 속도의 문제가 아닙니다. AI는 인간의 눈으로는 감지하기 어려운 미세한 변화도 포착할 수 있어 초기 단계의 질병을 발견하는 데 큰 도움이 됩니다.

구체적인 예로 구글 헬스의 AI 시스템은 유방암 검진에서 인간 방사선 전문의보다 더 정확한 결과를 보여주었습니다. 이 AI는 기존의 유방암 검진에서 놓칠 수 있는 작은 종양을 발견하여 조기 진단율을 높였습니다. 또한 피부과 영역에서는 AI가 피부 병변의 사진을 분석하여 멜라노마(피부암의 일종)를 조기에 발견하는 데 도움을 주고 있습니다.

개인 맞춤형 치료

"모든 환자에게 똑같은 약이 똑같은 효과를 보이지는 않는다"는 말이 있습니다. AI는 이제 방대한 의료 데이터와 환자의 유전자 정보, 생활 습관, 기존 병력 등을 종합적으로 분석하여 각 환자에게 가장 적합한 치료법을 제안할 수 있게 되었습니다. 이는 특히 암 치료 분야에서 큰 주목을 받고 있습니다.

IBM의 왓슨 포 온콜로지Watson for Oncology는 환자의 의료 기록과 최신 의학 연구 결과를 분석하여 개인화된 암 치료 계획을 제안합니다. 이 시스템은 전문의가 놓칠 수 있는 치료 옵션을 제시하거나, 특정 약물의 부작용 가능성을 예측하는 데 도움을 줍니다.

약물 유전체학 분야에서도 AI는 환자의 유전자 정보를 바탕으로 약물 반응성을 예측합니다. '이 약이 이 환자에게는 효과가 있을까?', '어떤 부작용이 나타날 수 있을까?' 같은 질문에 더 정확한 답을 찾을 수 있게 된 것입니다. 이를 통해 시행착오를 줄이고 각 환자에게 가장 효과적이고 부작용이 적은 약물을 처방할 수 있게 되었습니다.

신약 개발

신약 개발은 전통적으로 수년, 때로는 수십 년이 걸리는 지난한 과정이었습니다. 그러나 AI는 이 과정을 크게 단축시킬 수 있는 잠재력을 보여주고 있습니다. AI는 방대한 양의 생물학적 데이터를 분석하여 잠재적인 신약 후보 물질을 찾아내고 그 효과와 부작용을 예측합니다. 영국의 스타트업 엑사이언티아Exscientia는 AI를 이용해 강박장애 치료제를 개발하는 데 성공했는데, 이 과정은 기존의 방식보다 75% 더 빠르게 진행되었습니다. 또한 구글의 딥마인드는 알파폴드AlphaFold라는 AI 시스템을 개발하여 단백질 구조를 예측하는 큰 성과를 거두었습니다. 이는 마치 생명과학 분야의 지도를 새롭게 그리는 작업과도 같아 신약 개발과 질병 이해에 혁명적 변화를 가져오고 있습니다. 이런 발전은 희귀질환이나 난치병으로 고통받는 환자들에게 큰 희망이 됩니다. 기존에는 약물 개발이 상업적으로 타당하지 않아 연구되지 않던 질병들도, AI 기술로 개발 비용과 시간이 절감되면서 치료제 개발의 가능성이 열리고 있습니다.

11.2 의료 AI의 미래

의료 AI의 발전은 계속될 것이지만 이를 위해 해결해야 할 과제들도 있습니다. 이러한 과제들을 어떻게 해결하느냐에 따라 의료 AI의 미래가 달라질 것입니다.

데이터 표준화와 공유

현재 의료 데이터는 마치 여러 개의 섬처럼 분리되어 있습니다. 다양한 의료기관이 서로 다른 형식으로 데이터를 저장하고 있어 이를 통합하고 분석하는 데 어려움이 있습니다. 예를 들어 A 병원의 전자건강기록(EHR) 시스템과 B 병원의 시스템이 서로 호환되지 않는 경우가 많습니다. 이를 해결하기 위해 국제적으로 HL7 FHIR(Fast Healthcare Interoperability Resources)과 같은 표준이 개발되고 있습니다. 이러한 표준을 통해 의료 데이터의 호환성을 높이고 안전한 공유가 가능해질 수 있습니다.

또한 블록체인 기술을 활용하여 의료 데이터의 안전한 공유와 추적을 가능하게 하는 연구도 진행 중입니다. 이를 통해 환자의 개인정보를 보호하면서도 필요한 의료 정보를 효율적으로 공유할 수 있을 것으로 기대됩니다. 데이터 표준화와 공유가 이루어진다면 AI는 더 많은 데이터에서 학습하여 성능을 향상시킬 수 있습니다. 또한 환자는 의료기관을 옮겨도 자신의 건강 기록을 끊김 없이 이어갈 수 있게 될 것입니다.

규제와 인증 체계 마련

혁신적인 기술이지만 사람의 생명을 다루는 만큼 의료 AI는 엄격한 규제와 검증 과정을 거쳐야 합니다. 의료 AI의 안전성과 효과성을 검증할 수 있는 규제와 인증 체계가 필요합니다. 미국 FDA는 이미 AI/ML 기반 의료기기에 대한 규제 프레임워크를 개발하고 있습니다. 특히 주목할 만한 점은 '사전 결정된 변경 제어 계획Predetermined Change Control Plan'이라는 개념의 도입입니다. 이는 AI 시스템이 실제 사용 중에 학습하고 발전할 수 있는 범위를 미리 정의하고 승인하는 방식입니다.

전통적인 의료기기는 한 번 승인받으면 변경 없이 사용되지만 AI는 계속해서 새로운 데이터로부터 학습하고 발전하는 특성이 있습니다. 따라서 이러한 '자가 학습' 특성을 고려한 새로운 규제 접근법이 필요할 것입니다. 한국에서도 식품의약품안전처를 중심으로 AI 의료기기에 대한 규제 체계를 마련하고 있습니다. 이러한 규제는 AI 의료기기의 안전성과 유효성을 보장하면서도, 혁신을 저해하지 않는 균형 잡힌 접근이 필요합니다.

의료진 교육

스마트폰이 일상화된 시대에 태어난 아이들이 자연스럽게 디지털 기기를 다루듯 미래의 의료인들도 AI 도구를 효과적으로 활용할 수 있도록 교육받아야 합니다. 이미 세계 각국의 유명 의과대학에서는 AI와 데이터 과학 관련 과목을 교육 과정에 포함시키고 있습니다. 예를 들어 스탠포드 의과대학은 'AI in Healthcare' 과정을 개설하여 의대생들이 AI의 기본 원리와 의료 분야 응용을 학습하게 하고 있습니다.

또한 현직 의료진을 위한 AI 활용 교육 프로그램도 필요합니다. 마치 청진기 사용법을 배우는 것처럼 AI 도구의 사용법도 의학 교육의 필수 요소가 될 것입니다. 코드를 작성할 필요는 없지만 AI의 한계와 가능성을 이해하고, 임상 판단에 효과적으로 통합하는 능력이 미래 의사의 핵심 역량이 될 것입니다.

윤리적 가이드라인 수립

기술이 발전할수록 윤리적 고민도 깊어집니다. AI의 의사결정 과정에서 발생할 수 있는 윤리적 문제들을 예방하고 해결할 수 있는 가이드라인이 필요합니다. 예를 들어 AI가 환자의 생존 가능성을 예측하여 치료 우선순위를 결정한다면 어떤 기준으로 이를 판단해야 할까요? 단순히 생존 확률만을 고려해야 할까요? 아니면 환자의 나이, 삶의 질, 사회적 역할 등도 고려해야 할까요? 이러한 복잡한 윤리적 질문에는 기술적 해답만으로는 충분하지 않습니다.

세계의사협회[WMA]는 '의료 AI에 대한 윤리적 가이드라인'을 발표했습니다. 이 가이드라인은 AI 시스템의 투명성, 책임성, 공정성, 프라이버시 보호 등의 원칙을 제시하고 있습니다. 또한 많은 병원과 의료 기관에서는 AI 윤리위원회를 구성하여 AI 시스템의 개발과 사용 과정에서 발생할 수 있는 윤리적 문제를 지속적으로 모니터링하고 해결 방안을 제시하고 있습니다.

중요한 것은 기술 발전의 목적이 궁극적으로 인간의 삶의 질 향상에 있다는 점을 잊지 않는 것입니다. 의료 AI는 환자를 숫자로 환원하는 것이 아니라 개인의 존엄성을 존중하는 방향으로 발전해야 합니다.

미래 의료 AI 전망

의료 AI는 앞으로 더욱 발전하여 질병의 예방, 조기 진단, 맞춤형 치료 등에서 큰 역할을 할 것으로 예상됩니다. 웨어러블 기기와 AI의 결합은 실시간 건강 모니터링과 질병 예측을 가능하게 할 것이며 AI와 원격 의료의 결합은 의료 불평등을 해소하는 데 기여할 것입니다.

예를 들어 시계형 웨어러블 기기가 심장 리듬을 24시간 모니터링하여 부정맥을 조기에 감지하고 필요 시 의사에게 알람을 보내는 시스템이 이미 상용화되고 있습니다. 또한 농촌이나 의료 접근성이 낮은 지역에서도 전문의의 진료를 원격으로 받을 수 있는 시스템이 발전하고 있습니다. 그러나 이 과정에서 사람 의사의 역할이 여전히 중요하다는 점을 명심해야 합니다. AI는 의사의 판단을 돕는 강력한 도구가 될 것이지만 환자와의 소통, 공감, 복잡한 의사결정 등에 있어서는 여전히 인간 의사의 역할이 필수적일 것입니다.

우리는 AI를 통해 더 나은 의료 서비스를 제공할 수 있는 미래를 꿈꾸지만, 동시에 인간 중심의 의료 가치를 잃지 않도록 주의해야 합니다. 의료 AI의 미래는 우리 모두가 함께 만들어가는 것입니다. 기술 개발자, 의료인, 정책 입안자, 그리고 환자 모두가 이 논의에 참여하여, 기술의 혜택은 최대화하고 위험은 최소화하는 방향으로 함께 나아가야 할 것입니다.

부록 AI 주치의 용어 사전

AI 관련 용어

프롬프트(Prompt)

- **정의**: AI에게 특정 작업이나 질문을 요청하기 위해 입력하는 명령어 또는 텍스트
- **설명**: 프롬프트는 챗GPT 같은 AI 모델이 응답을 생성하는 데 필요한 핵심 입력값입니다. 구체적이고 잘 정리된 프롬프트는 원하는 결과를 얻는 데 매우 중요합니다.
- **예**: "감기에 좋은 음식을 추천해줘"와 같이 직접 물어보거나, "너는 소아과 전문의 역할을 해줘"처럼 AI에게 역할을 부여하는 것도 하나의 프롬프트입니다.

페르소나(Persona)

- **정의**: AI에게 부여하는 특정 역할이나 성격
- **설명**: AI와의 대화를 더욱 전문적이거나 친근하게 진행하기 위해, "당신은 소아과 전문의입니다" 혹은 "당신은 영양사입니다"와 같이 역할을 설정해줄 수 있습니다. 이를 통해 해당 분야에 특화된 조언을 얻을 수 있습니다.

트레이닝 데이터(Training Data)

- **정의**: AI 모델을 학습시키는 데 사용되는 정보의 집합
- **설명**: 모델이 학습에 사용하는 데이터는 모델의 성능과 정확도를 결정하는 중요한 요소입니다. 의료 AI인 경우 의학 논문, 임상 자료 등 다양한 출처의 의학 정보를 사용해 정확한 답변을 학습하게 됩니다.

지식 차단일(Knowledge Cutoff)

- **정의**: AI 모델이 학습한 정보의 시간적 한계
- **설명**: 챗GPT 같은 모델은 특정 시점까지의 데이터만 학습합니다. 이후의 연구나 새로운 의학 결과를 모를 수 있으므로, 최신 정보를 확인할 땐 직접 검색하거나 전문가 상담이 필요합니다.

자연어 처리(NLP)

- **정의**: 컴퓨터가 사람의 자연스러운 언어를 이해하고 생성하도록 하는 기술
- **설명**: 챗GPT 같은 모델의 기반 기술로, 문장 구조를 분석하고 의미를 파악하여 대화, 번역, 요약 등을 가능하게 만듭니다.
- **예**: AI 음성 비서는 NLP를 활용해 사용자의 말(음성)을 텍스트로 변환하고, 그 의미를 이해한 뒤 답변합니다.

신경망(Neural Network)

- **정의**: 인간 뇌의 뉴런 구조를 모방한 알고리즘 모델
- **설명**: 다층 구조를 통해 입력 데이터를 단계별로 학습하며 이미지 인식·음성 인식·자연어 처리 등 다양한 분야에서 뛰어난 성능을 보입니다. 챗GPT 역시 신경망의 한 유형인 트랜스포머Transformer 구조를 바탕으로 만들어졌습니다.

머신러닝 기반 진단(Machine Learning-based Diagnosis)

- **정의**: 머신러닝 알고리즘을 활용하여 질병 진단이나 위험 예측을 수행하는 기술
- **설명**: 대규모 의료 데이터를 학습한 뒤 새로운 환자의 증상·검사 결과·영상 자료를 분석해 가능성 높은 질환을 제시합니다. 실제 진단은 의사가 최종적으로 내리지만 AI가 빠르고 정확한 보조 역할을 합니다.

의학 관련 용어

당화혈색소(HbA1c)

- **정의**: 지난 2~3개월간의 평균 혈당을 반영하는 검사
- **설명**: 당뇨병 진단과 관리에 중요한 지표이며, 단순 혈당 검사보다 장기 혈당 조절 상태를 더욱 정확히 보여줍니다. 목표 수치를 잘 유지하면 합병증 위험을 낮출 수 있습니다.

HDL과 LDL 콜레스테롤

- **정의**: 혈액 내 콜레스테롤을 운반하는 주요 지단백 두 종류
- **설명**: HDL은 '좋은 콜레스테롤'로 혈관 벽에 쌓인 콜레스테롤을 간으로 운반해 제거를 돕고, LDL은 '나쁜 콜레스테롤'로 혈관 벽에 콜레스테롤이 축적되게 만들어 동맥경화 위험을 높입니다.

대사증후군

- **정의**: 복부비만, 고혈압, 고혈당, 이상지질혈증 등 여러 위험 인자가 동시에 존재하는 상태
- **설명**: 심혈관 질환이나 당뇨병 위험을 크게 높입니다. 생활 습관 개선(식이요법, 운동)과 경우에 따라 약물 치료가 필요합니다. 챗GPT 같은 AI 주치의를 활용해 맞춤 식단이나 운동 계획을 세울 수도 있습니다.

장상피화생

- **정의**: 위점막 세포가 마치 장(腸)의 세포처럼 변형된 상태
- **설명**: 만성 위염으로 인한 위점막 자극 등으로 발생하며 위암으로 진행될 가능성이 있으므로 정기검사와 관리가 권장됩니다.

저포드맵 식단

- **정의**: 장에서 잘 흡수되지 않아 가스를 발생시키는 FODMAP 탄수화물 섭취를 줄이는 식단

- **설명**: 과민성 대장 증후군(IBS) 증상을 완화하는 데 도움됩니다. 양파, 마늘, 유제품 등 FODMAP 함유량이 높은 식품을 제한하고, 바나나 시금치 같은 안전 식품 위주로 식단을 구성합니다.

노화

- **정의**: 시간이 흐름에 따라 신체적·정신적 기능이 점차 변화하고 쇠퇴하는 자연스러운 과정
- **설명**: 주름, 근력 감소, 기억력 저하 등 다양한 변화를 겪습니다. 하지만 적절한 운동과 영양 관리, 긍정적인 생활 태도 등을 통해 노화를 늦추고 건강하게 나이드는 것이 가능합니다.

생활 습관병

- **정의**: 운동 부족, 잘못된 식습관, 흡연, 과음 등 생활 습관이 원인이 되어 생기는 비전염성 질환
- **설명**: 비만, 고혈압, 당뇨병, 고지혈증 등이 대표적이며, 예방과 관리는 생활 습관 개선에 크게 좌우됩니다. AI 주치의 도움을 받아 식단, 운동, 목표 설정을 체계적으로 할 수 있습니다.

예방의학

- **정의**: 질병이 생기기 전에 미리 예방하고, 건강을 증진하는 데 초점을 맞춘 의학 분야
- **설명**: 예방접종, 정기 검진, 공중보건 대책 등이 포함됩니다. 조기 발견과 선제적 대응을 통해 큰 질병이나 유행병을 막을 수 있습니다.

항산화

- 정의: 우리 몸의 세포를 공격하는 활성 산소를 억제하고 제거하는 작용
- 설명: 비타민 C, E, 폴리페놀 같은 항산화 물질을 충분히 섭취하면 세포 손상을 줄이고 노화를 늦추는 데 도움이 됩니다.

부록 유용한 프롬프트 모음

AI 주치의를 제대로 활용하기 위해서는 적절한 역할 설정과 구체적인 상황 제시가 중요합니다. 다음 프롬프트들은 대표적인 의료, 건강 상황에서 AI의 도움을 최대한 얻을 수 있도록 구성된 예시입니다. 질문 시나리오에 맞춰 [ ] 안의 내용을 자신의 상황에 맞게 채워 넣어보세요. 참고로 GPT 탐색을 통해 제가 만든 '나만의 AI 주치의 프롬프트 GPT'를 검색해 사용하면 이런 작업을 더 쉽게 도와줍니다.

건강 정보 검색용 프롬프트

 당신은 [전문분야] 의사입니다. [나의 건강 상태]에 대해 알려드립니다. [구체적인 질문]에 대해 다음과 같이 답변해주세요:
1. 일반적인 설명 (의학 용어 + 쉬운 설명)
2. 가능한 원인
3. 일상에서 할 수 있는 관리법
4. 병원을 방문해야 하는 경우
5. 자주 하는 질문
전문 용어는 괄호 안에 쉬운 설명을 추가해주세요.

활용 팁

- 질문하고자 하는 증상이나 건강 상태, 의심되는 질환을 좀 더 구체적으로 제시하면 더욱 정확한 정보를 받을 수 있습니다.
- 전문분야의 예: '가정의학과' '정형외과' '소아과' 등을 넣어 상황별 전문지식을 활용해보세요.

건강 검진 결과 이해하기

당신은 검진센터 의사입니다. 제 건강검진 결과를 쉽게 설명해주세요.
검사 항목: [검사명]
결과 수치: [측정값]
참고치: [정상 범위]

다음 내용을 포함해주세요.
1. 이 검사의 의미
2. 결과가 의미하는 바
3. 결과에 따른 생활 습관 조언
4. 추가 검사나 조치가 필요한지 여부
의학적 판단이 필요한 경우 반드시 "의사와 상담이 필요합니다"라고 알려주세요.

활용 팁

- 건강검진 결과지를 보면서 항목명과 측정값을 구체적으로 적어주면 좋습니다.
- 추가 검사나 조치가 필요한 경우 "의사와 상담이 필요합니다"를 꼭 확인하세요.

식단 관리 도우미

당신은 영양 전문가입니다. 제 정보는 다음과 같습니다:
나이: [나이]
성별: [성별]
키/체중: [키/체중]
건강 상태: [고혈압, 당뇨 등 특이사항]
목표: [체중 감량, 근육 증가, 건강 관리 등]

이런 상황에 맞는 3일치 식단 계획을 작성해주세요. 각 식사별로 다음을 포함해주세요.

1. 식단 구성
2. 영양소 설명
3. 준비 팁
4. 대체 가능한 음식

현실적이고 준비하기 쉬운 식단으로 구성해주세요.

활용 팁

- 3일치뿐 아니라 원하는 기간(예: 1주일 식단)으로 확장 가능.
- 음식 재료나 알레르기 정보를 추가로 제공하면 더욱 맞춤형 계획을 받을 수 있습니다.

운동 처방 가이드

당신은 운동 전문가입니다. 제 상황은 다음과 같습니다:
나이: [나이]
성별: [성별]
건강 상태: [관절통, 허리 통증 등 특이사항]
운동 경험: [초보자/경험자]
목표: [체중 감량, 체력 향상 등]
가능한 시간: [하루 30분, 주 3회 등]
장비: [집에서 가능한 운동, 헬스장 등]

이런 상황에 맞는 운동 계획을 알려주세요:
1. 워밍업 (5-10분)
2. 주요 운동 (난이도별 옵션 포함)
3. 쿨다운/스트레칭
4. 주간 일정 제안
5. 주의사항

안전하고 효과적인 방법으로 설명해주세요.

활용 팁

- 개인의 신체조건이나 운동 경험, 목표가 무엇인지 구체적으로 작성할수록 도움이 됩니다.
- 관절통, 허리 통증 등 부상 위험이 있는 경우 특히 '주의사항'을 면밀히 체크하세요.

만성질환 관리 도우미

 당신은 [고혈압/당뇨/천식 등] 전문가입니다. 제 상황은 다음과 같습니다.
진단: [진단명]
현재 상태: [현재 수치나 증상]
복용 중인 약: [약물명]

다음 사항에 대해 조언해주세요:
1. 일상생활에서의 관리법
2. 식이 요법
3. 권장되는 운동
4. 약물 복용 시 주의사항
5. 정기적으로 체크해야 할 사항
6. 증상 악화 시 대처법
의학적으로 검증된 안전하고 효과적인 방법으로 설명해주세요.

활용 팁

- 약물명을 넣으면 해당 약물의 특성과 복용 시 유의점을 좀 더 구체적으로 안내받을 수 있습니다.
- 만성질환 특성상 전문의 상담이 매우 중요하므로 AI 답변만으로 판단하지 말고 반드시 주치의와 상의하세요.

응급 상황 대응 프롬프트

 당신은 응급의학과 전문의입니다. [응급 상황]이 발생했습니다. 즉각적으로 해야 할 조치와 병원을 가야 하는 기준을 단계별로 설명해주세요. 마지막에는 이 조언이 전문 의사의 진료를 대체할 수 없음을 분명히 밝혀주세요.

활용 팁

- 심근경색, 뇌졸중, 저혈당 쇼크, 아나필락시스 같은 응급 상황이 예시가 될 수 있습니다.
- 무엇보다도 실제 응급 상황에서는 신속하게 119나 응급실을 찾는 것이 최우선입니다. AI 답변을 참고하되 지체 없이 전문 의료기관의 진료를 받아야 합니다.

정신 건강 및 심리 상담 프롬프트

 당신은 심리 상담 전문가입니다. 현재 제 기분은 [우울/불안/스트레스]입니다. 최근 [주요 사건]이 있었습니다. 이에 대해 심리적으로 안정될 수 있는 조언과 일상에서 적용할 수 있는 심리적 대처법을 알려주세요. 마지막에는 이 조언이 전문 상담가의 도움이나 치료를 대체할 수 없음을 밝혀주세요.

활용 팁

- 우울증, 불안장애, 공황장애 등 정신건강 이슈에 대한 기초적인 조언을 얻을 수 있습니다.
- 우울의 정도가 극심해 일상생활에 큰 어려움이 있다면 AI가 제시하는 자가 관리법만으로 해결하려 하기보다 적극적으로 전문가의 도움을 받는 것이 중요합니다.

노화 예방 및 건강한 노년 생활 프롬프트

 당신은 노화 예방 전문가입니다. 저는 [연령]세이며, 현재 건강 상태는 [건강 정보]입니다.

젊고 건강한 삶을 유지하기 위한 운동, 영양, 생활 습관 등을 추천해주세요. 마지막으로, 이 조언이 전문 의사의 상담이나 진료를 대신할 수 없음을 언급해주세요.

활용 팁

- 중·노년층의 근력 유지, 치매 예방, 갱년기 증상 완화 등에 대한 기본 조언을 얻을 수 있습니다.

여성 건강 관련 프롬프트

당신은 산부인과 전문의입니다. 저는 [나이]세 여성으로, 현재 건강 상태는 [현재 건강 상태]입니다. 생리 주기 조절, 임신 준비, 갱년기 대처법에 대해 자세히 설명해주세요. 마지막에는 이 조언이 산부인과 의사의 진료를 대신할 수 없음을 분명히 알려주세요.

활용 팁

- 여성의 생애주기별 고민(생리불순, 임신, 갱년기 등)을 폭넓게 다룰 수 있습니다.
- 필요 시 산부인과 방문이나 추가 검사가 필수적임을 기억하세요.

소아 건강 및 육아 상담 프롬프트

당신은 소아과 전문의입니다. 우리 아이는 [나이]이며, 현재 [특정 증상]이 있습니다. 아이의 성장과 건강을 위해 해야 할 일과 주의해야 할 점을 알려주세요. 마지막에는 이 조언이 소아과 의사의 진료를 대신할 수 없음을 밝혀주세요.

활용 팁

- 발열, 감기, 알레르기, 아토피부터 예방접종, 성장 발달 고민까지 넓게 활용 가능합니다.
- 아이의 증상이 심각하거나 장기화되면 실제 소아과 전문의 진료를 받아야 합니다.

부록 신뢰할 수 있는 의료 정보 사이트

인터넷에는 수많은 의료정보가 있지만 신뢰할 수 있고 정확한 정보를 찾는 일은 쉽지 않습니다. 여기에서는 국가 기관과 전문 단체에서 운영하는 믿을 수 있는 의료정보 사이트를 소개합니다. 궁금한 점이 있거나 더 자세한 정보를 찾고 싶을 때 다음 사이트를 방문해보세요.

질병관리청 (KDCA)

- **링크**: https://www.kdca.go.kr
- **특징**: 국가 공식 의료 정보, 질병 예방 및 관리 가이드라인, 최신 건강 이슈
- **추천 섹션**: 건강 정보, 예방접종 정보, 질병정보

국가건강 정보포털

- **링크**: https://health.kdca.go.kr
- **특징**: 국민을 위한 다양한 건강 정보 제공, 생애주기별 건강 관리 정보
- **추천 섹션**: 질병정보, 생활 속 건강 관리, 건강검진

서울아산병원 건강 정보

- **링크**: https://www.amc.seoul.kr/asan/healthinfo/main/healthInfoMain.do
- **특징**: 서울아산병원에서 제공하는 다양한 건강 정보와 질환 백과
- **추천 섹션**: 질환백과, 증상백과, 건강TV

건강보험심사평가원

- **링크**: https://www.hira.or.kr
- **특징**: 의료 서비스 정보, 의약품 정보, 의료기관 검색
- **추천 섹션**: 의약품안전정보, 병원/약국 찾기

약학정보원

- **링크**: https://www.health.kr
- **특징**: 의약품 정보, 처방약 검색, 약물 상호작용 정보
- **추천 섹션**: 의약품 검색, 복약정보

서울대학교병원 건강 정보

- **링크**: https://www.snuh.org/health/nMedInfo/nList.do
- **특징**: 서울대학교병원에서 제공하는 다양한 의학 정보와 건강 관리 지침
- **추천 섹션**: N의학정보, 건강TV, FOCUS

한국건강증진개발원

- **링크**: https://khepi.or.kr
- **특징**: 국민의 건강증진을 위한 다양한 사업 추진 및 정책 기반 구축
- **추천 섹션**: 지역사회 중심 건강증진, 건강증진 사업 안내

보건의료빅데이터개방시스템

- **링크**: https://opendata.hira.or.kr
- **특징**: 보건의료 빅데이터를 활용한 다양한 통계 및 정보 제공
- **추천 섹션**: 의료통계, 자료실, 요양기관 업무포털

나가며

AI 주치의와 함께하는
건강한 미래

AI 주치의의 개념부터 실제 활용법, 그리고 AI의 미래까지 다양한 내용을 살펴보았습니다. 처음에는 생소했던 AI 주치의가 이제는 좀 더 친숙하게 느껴지시나요? 일상적인 건강 고민부터 만성질환 관리, 마음 건강 돌보기, 그리고 건강한 노화에 이르기까지 AI 주치의는 우리 삶의 다양한 영역에서 든든한 건강 파트너가 될 수 있습니다.

그러나 다시 강조하지만 AI 주치의는 실제 의사를 대체하는 것이 아닌, 보완하는 도구라는 점입니다. 아무리 정교한 AI도 의사의 경험과 직관, 그리고 환자와의 인간적 소통을 완전히 대신할 수는 없습니다. 특히 심각한 증상이나 응급 상황에서는 반드시 전문 의료인의 도움을 구해야 합니다.

AI 주치의의 진정한 가치는 건강 정보의 접근성을 높이고 개인의 건강 리터러시를 향상시키는 데 있습니다. 수많은 정보의 홍수 속에서 신뢰할 수 있는 건강 정보를 찾고, 자신의 건강 상태를 더 잘 이해하며, 필요할 때 적절한 의료 서비스를 찾을 수 있도록 돕는 것이 AI 주치의의 핵심 역할입니다.

의료 AI 기술은 놀라운 속도로 발전하고 있습니다. AI는 의료의 모든 영역에 혁신을 가져오고 있습니다. 물론 데이터 편향성, 의사결정의 투명성, 개인정보 보호, 책임 소재 등 해결해야 할 과제도 많습니다.

앞으로 여러분이 AI 주치의를 계속 활용하고자 한다면 다음 세 가지를 기억하시기 바랍니다. 첫째, AI 기술은 계속 발전하므로 정기적으로 새로운 기능과 한계를 파악하세요. 둘째, 이 책에서 소개한 효과적인 프롬프트 작성법과 안전한 활용법을 실천하세요. 셋째, 항상 비판적 사고를 유지하며 AI가 제공하는 정보를 검증하는 습관을 들이세요.

의료 전문가들에게도 AI는 중요한 도구가 되고 있습니다. 의료인들은 더 많은 시간을 환자와의 소통과 복잡한 의사결정에 할애할 수 있게 될 것입니다. 미래의 의료는 AI와 인간 의료진의 협력을 통해 더욱 발전할 것이며 그 중심에는 항상 환자, 바로 여러분이 있습니다.

기억하세요. 건강은 단순한 질병의 부재가 아니라 신체적, 정신적, 사회적으로 완전한 안녕 상태를 의미합니다. 건강의 주인은 기술이 아닌 바로 자신입니다. AI 주치의는 이 여정에서 여러분의 동반자가 될 것입니다. 건강한 미래를 향한 여정에 이 책이 작은 등불이 되기를 바랍니다.

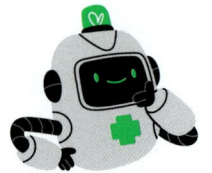